房屋买卖、租赁纠纷案件胜诉实战指南

——疑难案件办理思路和实务要点详解

主 编 李 舒
副主编 龚 炯 张 烨

SALING AND
PURCHASING HOUSES
CASES AND RULES

中国法制出版社
CHINA LEGAL PUBLISHING HOUSE

前　言

二手房买卖市场活跃，写字楼租赁流转频繁。俗话说，钱多是非多，上述领域均为民商事纠纷常见的争议类型。本律师团队在上述领域承办过形形色色的案件，解答过五花八门的咨询，现静下心来，挤出并利用办案余闲，对案例进行归纳整理，提炼裁判要旨，以飨读者；并根据既有的裁判经验总结，以期建立标准化的办案流程，最终达到高效识别争议焦点，精准出具诉讼策略，更好地维护委托人权益的目的。

从法律层面来讲，这些争议属于不动产买卖及租赁，其请求权基础的两大来源为物权法及合同法。而且，大额交易需要银行提供贷款，故争议多涉及担保法。

从司法实务层面来讲，最高人民法院在房屋买卖及租赁领域出台了两部司法解释，一是《最高人民法院关于审理商品房买卖合同纠纷案件适用法律若干问题的解释》(法释〔2003〕7号)，二是《最高人民法院关于审理城镇房屋租赁合同纠纷案件具体应用法律若干问题的解释》(法释〔2009〕11号)。但商品房买卖毕竟与二手房买卖在侧重点上有所不同，商品房更多地体现了行政调控与干预的色彩，二手房则更好地贯彻了当事人意思自治的民商法规则。因此，在争议类型与裁判规则上，二者存在较大的差异。而写字楼租赁相比于房屋租赁，也有自己的特点，盖因写字楼租赁中承租人多为企业，且承租用作办公经营，因此对租赁物的合理使用及适租条件等方面均有独特的要求。相关案件的裁判规则并不能完全照搬，需要在实务中具体把握与适用。

如美国著名人类学家克利福德·吉尔兹所言，一切知识均为“地方性知识”(local knowledge)。全国地域性经济发展不平衡导致裁判规则的非普适性，尤其在一线城市，特别是北京，二手房买卖争议解决领域存在大量的地方性实践与规则。

例如，自2007年以来，北京市房价飞涨，广大白领挣的钱的一大半交了房租。房地产市场屡经政策调控，购房人资格、税费缴纳金额、首付款比例、贷款按揭比例多次调整，导致实践中二手房买卖合同的效力及履行受到重大影响，争议众多。北京市高级人民法院就因政策调控导致的房屋买卖合同争议，多次出台相应的规范性文件，如《北京市高级人民法院关于涉及住房限购政策的房屋买卖合同纠纷案件处理的暂行意见》（京高法发〔2011〕400号）、《北京市高级人民法院民一庭关于妥善处理涉及住房限购政策的房屋买卖合同纠纷案件若干问题的会议纪要》（2011年12月13日）、《北京市高级人民法院关于妥善处理涉及"新国五条"的房屋纠纷案件若干问题的会议纪要》（2013年7月9日）及《北京市高级人民法院民一庭关于妥善处理涉及"3·17新政"的房屋纠纷案件若干问题的会议纪要》（2017年12月18日）。本书专门辟出"政策调控"部分，结合案例（包括因"3·17新政"导致房屋买卖纠纷的最新案例）进行深入解读。

再如，央产房（中央在京单位保障性住房）交易，属于北京特色，其在购房资格、上市交易条件及过户上均有独特的规则，本书在"特殊房屋"部分辟专栏结合案例予以深入解读。

另如，对于《北京市高级人民法院关于规范合同纠纷级别管辖及案件受理费问题的意见》（京高法发〔2014〕450号），本律师团队经检索全国范围内的同类案例并研判最高人民法院对此的裁判规则后，认为，该指导意见对房屋买卖合同纠纷中如何认定诉讼请求标的额以确定级别管辖的重大争议问题，总结了当前的裁判规则，且司法实务中操作效果良好，可为全国其他地方法院裁判所借鉴，乃至由最高人民法院择善采纳并就此制定相应的司法解释。

本律师团队在搜索参阅市面上已有同类书籍的基础上，重点策划并突出了本书的两大特色。一是本书解读的案例以北京市的为主，这不仅是因为本律师团队均为北京律师，更是因为北京市的上述领域的交易多、纠纷多，且法官的裁判理念及规则先进，为我们提供了高质量、有水平的裁判文书与写作素材；二是本书解读的案例以北京市法院终审及近年的案例为主，以吸收最新裁判观点、紧跟司法实务动态并掌握实践前沿进展，保证本律师团队代理案件的思路契合当前法官的裁判观点。

本书上编为二手房买卖合同纠纷，分为"争议管辖""合同效力""合同履行""解约赔偿""借名买房""贷款纠纷""政策调控""家庭房事"与"特殊房屋"（如央产房、经适房等）九个专题；下编为写字楼租赁合同纠纷，重点选取了司法实务中的疑难案例（如再审案例）进行分析。全书共计选取百余篇案例并予以深入解读，且附该领域各地法院的指导性意见（以北上广深为主），以飨读者。

阅读提示

一、本书解读的案件事实纷繁复杂，证据较多，且往往涉及多个法律焦点。为了写作和理解方便，我们可能仅选取某个具体角度或某个焦点问题进行解读和评析，难免挂一漏万。需要完整了解某个案件的，请通过法院官方网站或其他渠道获取裁判文书原文进行研读。

二、与此同时，有些案件事实似乎相同的案件，却出现不一样甚至相反的判决结果，这可能是因为案件事实看似相同实际上却存在某些细微但关键的差别，也可能是法院根据社会发展的变化调整了裁判规则和思路，甚至可能是法律法规本身出现了变化。裁判文书一旦作出就固化了，但是立法和司法实践是不断向前发展变化的。

三、我国不是判例法国家，除最高人民法院正式发布的指导性案例（根据《最高人民法院关于案例指导工作的规定》第七条的规定，最高人民法院发布的指导性案例，各级人民法院审判类似案例时应当参照）外，即使是最高人民法院的裁判文书也并不具有指导另案的法律效力。

目　录

Contents

上　编　二手房买卖合同纠纷

上　编

二手房买卖合同纠纷

一、争议管辖

001 房屋买卖合同纠纷中如何认定诉讼请求标的额以确定级别管辖

阅读提示

房屋买卖合同纠纷诉讼，适用合同纠纷管辖。原告的诉讼请求与据以确定级别管辖的数额相关，需要谨慎选择诉讼方案。北京市高级人民法院对此出台了《北京市高级人民法院关于规范合同纠纷级别管辖及案件受理费问题的意见》（京高法发〔2014〕450号），该规范性文件明确规定合同纠纷应以诉讼请求标的额作为确定级别管辖的依据。

但如何认定“诉讼请求标的额”在实践中颇多争议。如原告仅仅诉请继续履行合同的，则以房屋买卖合同标的总额确定级别管辖；原告诉请继续履行部分合同义务的，应以诉讼请求涉及的合同标的额作为诉讼请求标的额，据以确定级别管辖。

本案中，买受人不依约支付第二笔购房款，出卖人虽屡次催告其继续履行合同，但出卖人的诉讼请求是要求买受人支付第二笔购房款本息及赔偿房屋租赁损失，故应该以诉讼请求涉及的合同标的额及其他请求金额作为诉讼请求标的额，而非合同标的额作为确定级别管辖的依据。

裁判要旨

房屋买卖合同纠纷诉讼，原告的诉讼请求有明确的金额而非仅为继续履行合同的，应以诉讼请求涉及的合同标的额及其他请求金额作为诉讼请求标的额，而非仅以合同标的额，作为确定级别管辖的依据。

案情简介

2014年6月10日，林某（出卖人，加拿大国籍）与中国供销合作对外贸易有限责任公司（以下简称供销贸易公司，买受人）签订《北京市房屋买卖合同》。涉诉房屋坐落于北京市朝阳区京顺路××号。合同约定，房屋成交价格为3,200万元。首付款为500万元；第二笔款项2,500万元买受人应于过户当天支付给出卖人。自合同签订之日起100日内，双方共同向房屋权属登记部门申请办理房屋所有权转移登记手续。争议解决方式为：向房屋所在地北京市朝阳区人民法院起诉。

后供销贸易公司依约支付首付款500万元，林某将房屋交付给其居住使用。但供销贸易公司一直不配合办理房屋网签等过户手续，也不依约支付第二笔款项2,500万元。

自2014年9月22日起，林某数次致函供销贸易公司，要求其继续履行合同，但其至今未履行。故林某向一审法院（北京市第一中级人民法院）起诉，请求判决供销贸易公司支付购房款2,500万元本息及房屋租金损失，合计2,600余万元。

被告供销贸易公司提出管辖权异议，认为根据合同约定，发生争议后应当由房屋所在地法院即北京市朝阳区人民法院管辖，且原告林某起诉的标的额2,600余万元并未超过基层人民法院级别管辖的范围，因此北京市第一中级人民法院对本案没有管辖权，应当移送至北京市朝阳区人民法院审理。

一审法院认为，本案应以诉讼请求涉及的合同标的额（3,200万元）作为诉讼请求标的额，并据以确定级别管辖，裁定驳回供销贸易公司的管辖权异议申请。供销贸易公司上诉。二审法院（北京市高级人民法院）认为，本案诉讼请求标的额为2,600余万元，应由基层人民法院管辖，裁定撤销一审管辖权异议裁定，指定北京市朝阳区人民法院审理本案。

裁判要点

二审法院认为本案应由基层人民法院即北京市朝阳区人民法院管辖的原因在于：

1. 本案为合同纠纷，适用协议管辖。

出卖人林某的诉请为支付第二笔购房款及赔偿相应损失，因此本案系合同纠纷，并非因不动产的权利确认、分割、相邻关系等引起的物权纠纷。

《中华人民共和国民事诉讼法》第三十四条规定："合同或者其他财产权益纠纷的当事人可以书面协议选择被告住所地、合同履行地、合同签订地、原告住所地、标的物所在地等与争议有实际联系的地点的人民法院管辖，但不得违反本法对级别管辖和专属管辖的规定。”

本案房屋买卖合同约定的争议解决方式为：向房屋所在地北京市朝阳区人民法院起诉。故北京市朝阳区人民法院作为涉诉标的物所在地具有管辖权。

2. 本案诉讼请求标的额为 2,600 余万元，而非 3,200 万元，应由基层人民法院管辖。

《北京市高级人民法院关于规范合同纠纷级别管辖及案件受理费问题的意见》（京高法发〔2014〕450 号）明确规定，合同纠纷应以诉讼请求标的额作为确定级别管辖的依据。另，《北京市高级人民法院关于指定北京市基层人民法院审理部分一审涉外民商事案件的通知》（京高法发〔2012〕387 号）明确规定，基层人民法院管辖诉讼标的额在 3,000 万元以下的第一审涉外（含涉港澳台）民商事案件。

本案中，一审法院及二审法院关于“诉讼请求标的额”的认定不同，存在争议。一审法院认为，本案应以诉讼请求涉及的合同标的额（3,200 万元）作为诉讼请求标的额，故按照级别管辖本院有管辖权。二审法院撤销一审裁定，认为，根据林某的起诉，其诉讼请求标的额为 2,600 余万元，指定本案由北京市朝阳区人民法院管辖。

本书赞同二审法院的裁判观点，“诉讼请求标的额”在文义上明显不同于“诉讼请求涉及的合同标的额”，且上述北京市高级人民法院意见规定，当事人的诉讼请求仅为继续履行合同的，应以合同标的总额作为诉讼请求标的额，据以确定级别管辖。此前，出卖人林某虽然数次致函供销贸易公司，要求其继续履行合同，但是林某的诉讼请求并非“仅为继续履行合同”，而是有明确的金额，包括支付第二笔购房款本息及赔偿房屋租赁损失。故应按照诉讼请求金额确定诉讼请求标的额。

实务经验总结

前事不忘，后事之师。为避免未来发生类似败诉，提出如下建议：

房屋买卖合同纠纷，属于合同纠纷，故当事人可以在合同中协议管辖，选定管辖法院。在发生纠纷后，根据北京市高级人民法院上述的规范性文件，不同的诉讼请求可能导致不同的法院管辖。因此，起诉人需咨询律师，评估相应的风险，谨慎确定诉讼请求的方案与内容：

1. 合同纠纷应以诉讼请求标的额确定级别管辖。

2. 诉讼请求仅为确认合同效力、继续履行合同或者变更、解除、撤销合同的，应以合同标的总额作为诉讼请求标的额，据以确定级别管辖。

3. 诉讼请求为确认部分合同条款的效力、继续履行部分合同义务或者变更、撤销部分合同条款的，应以诉讼请求涉及的合同标的额作为诉讼请求标的额，据以确定级别管辖。

4. 诉讼请求为确认合同效力或者变更、解除、撤销合同，同时又提出返还财产、支付违约金、赔偿损失等其他诉讼请求的，应按照诉讼请求标的额较高的一项确定级别管辖。

5. 当事人请求继续履行合同的，应以诉讼请求涉及的合同标的额加上其他请求金额作为诉讼请求标的额，据以确定级别管辖。

6. 提出返还财产、支付违约金、赔偿损失等其他诉讼请求，未提出确认合同效力、继续履行合同或者变更、解除、撤销合同诉讼请求的，应以其诉讼请求的金额作为诉讼请求标的额，据以确定级别管辖。

法院判决

本院认为，本案为房屋买卖合同纠纷。根据林某的起诉，其诉讼请求标的额为 26,466,333.33 元。依据《北京市高级人民法院关于指定北京市基层人民法院审理部分一审涉外民商事案件的通知》的规定，基层人民法院管辖诉讼标的额在 3,000 万元以下的第一审涉外（含涉港澳台）民商事案件。本案应由基层人民法院管辖。依据《中华人民共和国民事诉讼法》第三十四条的规定，合同或者其他财产权益纠纷的当事人可以书面协议选择被告住所地、合同履行地、合同签订地、原告住所地、标的物所在地等与争议有实际联系的地点的人民法院管辖，但不得违反本法对级别管辖和专属管辖的规定。双方当事人签订《北京市房屋买卖合同》约定争议解决方式为“依法向房屋所在地北京市朝阳区人民法院起诉”。该约定不违反法律规定，应为有效。故本案应由北京市朝阳区人民法院管辖。一审裁定不当，本院予以纠正。

相关法律规定

《中华人民共和国民事诉讼法》

第三十四条 合同或者其他财产权益纠纷的当事人可以书面协议选择被告住所地、合同履行地、合同签订地、原告住所地、标的物所在地等与争议有实际联系的地点的人民法院管辖，但不得违反本法对级别管辖和专属管辖的规定。

《北京市高级人民法院关于规范合同纠纷级别管辖及案件受理费问题的意见》（京高法发〔2014〕450号）

一、合同纠纷应以诉讼请求标的额作为确定级别管辖的依据，并据以收取案件受理费。

二、当事人的诉讼请求仅为确认合同效力、继续履行合同或者变更、解除、撤销合同的，应以合同标的总额作为诉讼请求标的额，据以确定级别管辖并收取案件受理费。当事人请求确认部分合同条款的效力、继续履行部分合同义务或者变更、撤销部分合同条款的，应以诉讼请求涉及的合同标的额作为诉讼请求标的额，据以确定级别管辖并收取案件受理费。

当事人仅请求对方履行一定的行为，如交付单证、返还印章、账簿等的，按件收取案件受理费。

三、当事人在请求确认合同效力或者变更、解除、撤销合同的同时，又提出返还财产、支付违约金、赔偿损失等其他诉讼请求的，应按照诉讼请求标的额较高的一项确定级别管辖并收取案件受理费。

当事人请求继续履行合同的，应以诉讼请求涉及的合同标的额加上其他请求金额作为诉讼请求标的额，据以确定级别管辖并收取案件受理费。

四、当事人提出返还财产、支付违约金、赔偿损失等其他诉讼请求，未提出确认合同效力、继续履行合同或者变更、解除、撤销合同诉讼请求的，应以其诉讼请求的金额作为诉讼请求标的额，据以确定级别管辖并收取案件受理费。

五、本意见中的“合同纠纷”包括传统民事、商事、知识产权合同纠纷。

六、本意见自下发之日起施行。

七、本意见由北京市高级人民法院立案庭负责解释。

《北京市高级人民法院关于指定北京市基层人民法院审理部分一审涉外民商事案件的通知》（京高法发〔2012〕387号）

市第一、第二中级人民法院；

各区、县人民法院：

为贯彻矛盾纠纷基层化解的原则，进一步便利当事人诉讼，综合考虑北京市基层人民法院辖区经济发展情况及法官审理能力，根据《最高人民法院关于加强涉外商事案件诉讼管辖工作的通知（法〔2004〕265号）》第二条的规定，北京市高级人民法院现指定辖区内的基层法院管辖部分第一审涉外（含涉港澳台）民商事案件。该方案已经北京市高级人民法院第312次审委会讨论通过，并报最高法院备案，请认真贯彻执行。

具体方案如下：

1. 基层法院管辖诉讼标的额在3,000万元以下的第一审涉外（含涉港澳台）民商事案件

可以管辖第一审涉外（含涉港澳台）民商事案件的基层法院名单：略

2. 中级法院管辖下列第一审重大涉外（含涉港澳台）民商事案件

（1）诉讼标的额在3,000万元以上的案件；

（2）案情复杂或者居住在国外的当事人人数众多的案件；

（3）申请撤销、承认与强制执行国际仲裁裁决的案件；

（4）审查有关涉外民商事仲裁条款效力的案件；

（5）申请承认和强制执行外国法院民商事判决、裁定的案件。

3. 高级法院管辖本辖区有重大影响的第一审涉外（含涉港澳台）民商事案件。

4. 对疑难、新类型和在适用法律上有普遍意义的第一审涉外（含涉港澳台）民商事案件，由上级法院自行决定由其审理，或者根据下级法院报请决定由上一级法院审理。

5. 本方案所称的"以上"包括本数，"以下"不包括本数。

6. 本方案所称的涉外民商事案件范围指《最高人民法院关于涉外民商事案件诉讼管辖若干问题的规定（法释2002五号）》中集中管辖的案件。

7. 本方案自2013年1月1日起施行。

案件来源

中国供销合作对外贸易有限责任公司与林某房屋买卖合同纠纷二审民事裁定书［（2015）高民终字第02494号］

002 诉讼请求过户登记根据请求权发生的权利依据，适用不同的法院管辖规则

阅读提示

过户登记的诉讼请求，根据其请求权发生的权利依据，分为合同纠纷及物权纠纷，分别对应不同的法院管辖规则。

基于房屋买卖等合同，过户登记属于出卖人的主合同义务，买受人诉讼请求出卖人过户登记，显然属于合同纠纷，适用合同纠纷管辖或协议管辖。本书经检

索公开案例，管辖权异议裁定较多，但法院就此的裁判规则较为明确，参见本书的延伸阅读。在房屋买卖等合同纠纷情形下，管辖权异议虽为当事人的程序性权利，但有滥用诉讼权利的嫌疑。

因借名买房导致实际权利人诉讼请求出名人过户登记的，属于“因不动产纠纷提起的诉讼”，为不动产权利确认导致的物权纠纷，适用不动产专属管辖。本书引用的案例中，二审法院虽维持了一审法院的管辖权异议裁定，但改变了一审法院认定的理由，适用不动产所在地而非合同履行地，据此确认本案依然由北京市朝阳区人民法院管辖。

裁判要旨

过户登记的诉讼请求，根据其请求权发生的权利依据，分为合同纠纷及物权纠纷，分别对应不同的法院管辖规则。因借名买房导致实际权利人诉请出名人过户登记的，适用不动产专属管辖。

案情简介

2010 年 2 月，宋某签订《北京市存量房屋买卖合同（经纪成交版）》，依约支付了购房款，实际取得并占有使用涉案房屋（位于北京市朝阳区）至今。

宋某为保留再次购买其他房屋的购房资格，在购买该涉案房屋时与武某协商一致，由宋某借用武某的名义办理涉案房屋的过户登记手续，将涉案房屋直接过户登记到武某的名下，而与房屋买卖有关的所有费用均由宋某承担和支付。

2015 年，宋某诉至一审法院（北京市朝阳区人民法院），请求判令武某为宋某办理涉案房屋的过户登记手续。武某提出管辖权异议，请求将该案移送至其住所地河北省某县审理。一审法院认为，本案争议的合同为房屋买卖合同，合同所涉标的物位于北京市朝阳区，一审法院对本案具有管辖权。武某提起上诉，二审法院（北京市第三中级人民法院）认为，本案属于不动产专属管辖，裁定驳回上诉，维持原裁定。

裁判要点

二审法院认为本案应由北京市朝阳区人民法院管辖的原因在于：

1. 过户登记为宋某对于涉案房屋具有所有权提起的诉讼请求。

根据事实情况，本案属于借名买房导致的过户登记纠纷。对于第三人而言，武某作为登记权利人，具有公示公信力，可以推定为房屋所有权人。但是就借名人宋某与出名人武某而言，房屋实际权利人为宋某，双方当事人对此主观上均为明知。因此，过户登记为宋某对于涉案房屋具有所有权提起的诉讼请求。

2. 本案适用不动产专属管辖，而非合同纠纷管辖。

一审法院将本案定性为房屋买卖合同纠纷，二审法院认为本案其实属于“因不动产纠纷提起的诉讼”。因此，本案管辖确定的关键在于厘清本案系合同纠纷，还是因不动产的权利确认、分割、相邻关系等引起的物权纠纷。

根据上述第一条分析，宋某诉请武某过户登记，其法律意义在于确认其房屋权利人身份，属于因不动产的权利确认引起的物权纠纷，而非房屋买卖合同引起的过户登记纠纷。因此，二审法院虽裁定维持原裁定，但改变一审法院认定的理由，适用不动产所在地而非合同履行地，确认本案依然由北京市朝阳区人民法院管辖。

实务经验总结

前事不忘，后事之师。为避免未来发生类似败诉，提出如下建议：

1. 房屋买卖合同纠纷，属于合同纠纷，当事人可以在合同中协议管辖，选定管辖法院。

2. 过户登记的诉讼请求，根据其请求权发生的权利依据，分为合同纠纷及物权纠纷，分别对应不同的法院管辖规则。本案属于因借名买房导致的过户登记纠纷，为避免后续争议，双方当事人可以在借名协议中直接明确约定，争议由不动产所在地法院管辖。

法院判决

本院经审查认为，本案是宋某认为其对涉案房屋具有所有权提起的诉讼，并请求判令武某为其办理房屋过户登记手续等。《中华人民共和国民事诉讼法》第三十三条第一项规定：“因不动产纠纷提起的诉讼，由不动产所在地人民法院管辖。”本案中，涉案房屋位于北京市朝阳区，故北京市朝阳区人民法院依法对本案有管辖权。

相关法律规定

《中华人民共和国民事诉讼法》

第二十三条 因合同纠纷提起的诉讼，由被告住所地或者合同履行地人民法院管辖。

第三十三条　下列案件，由本条规定的人民法院专属管辖：

（一）因不动产纠纷提起的诉讼，由不动产所在地人民法院管辖；

（二）因港口作业中发生纠纷提起的诉讼，由港口所在地人民法院管辖；

（三）因继承遗产纠纷提起的诉讼，由被继承人死亡时住所地或者主要遗产所在地人民法院管辖。

第三十四条　合同或者其他财产权益纠纷的当事人可以书面协议选择被告住所地、合同履行地、合同签订地、原告住所地、标的物所在地等与争议有实际联系的地点的人民法院管辖，但不得违反本法对级别管辖和专属管辖的规定。

《最高人民法院关于适用〈中华人民共和国民事诉讼法〉的解释》

第二十八条　民事诉讼法第三十三条第一项规定的不动产纠纷是指因不动产的权利确认、分割、相邻关系等引起的物权纠纷。

农村土地承包经营合同纠纷、房屋租赁合同纠纷、建设工程施工合同纠纷、政策性房屋买卖合同纠纷，按照不动产纠纷确定管辖。

不动产已登记的，以不动产登记簿记载的所在地为不动产所在地；不动产未登记的，以不动产实际所在地为不动产所在地。

案件来源

武某与宋某房屋买卖合同纠纷二审民事裁定书［（2015）三中民终字第15752号］

延伸阅读

买受人基于房屋买卖等合同，诉请出卖人过户登记，属于合同之诉，依法适用合同纠纷管辖或协议管辖规则。

［案例一］基于以房抵债合同纠纷，诉请过户登记。

《樊某与中农工贸有限责任公司（以下简称中农公司）买卖合同纠纷二审民事裁定书》［（2016）京02民辖终526号］：本院经审查认为，中农公司系依据其与辽宁公司、樊某签订的《协议书》，提起本案诉讼，请求判决樊某将大连市旅顺口区向阳街42号房屋过户给中农公司、大连农商银行配合樊某完成过户手续，故本案系合同纠纷，并非因不动产的权利确认、分割、相邻关系等引起的物权纠纷。因《协议书》第一条约定，辽宁公司及樊某同意通过合法程序将樊某拥有的位于辽宁省大连市旅顺口区向阳街42号的623.67平方米地上建筑物转让给中农公司，以抵偿辽宁公司所欠中农公司的债务，故本案明显不属于应按照不动产纠纷确定管辖的“农村土地承包经营合同纠纷、房屋租赁合同纠纷、建设工程施工合同纠纷、政策性房屋买卖合同纠纷”。综上，本案并非不动产纠纷，不应按照不动产纠纷确定管辖法院。

［案例二］案由虽为所有权确认纠纷，但本案实质为基于合同关系提起的诉讼，诉讼请求为过户登记。

《刘某1与刘某2所有权确认纠纷二审民事裁定书》[（2015）三中民终字第10228号]：本院经审查认为，虽然本案立案案由为所有权确认纠纷，但原审原告已经将其诉讼请求变更为要求办理过户手续，故本案实质为基于合同关系而提起的诉讼，属于合同之诉。《中华人民共和国民事诉讼法》第二十三条规定：“因合同纠纷提起的诉讼，由被告住所地或者合同履行地人民法院管辖。”本案中，涉诉房屋位于北京市朝阳区，因此合同履行地位于北京市朝阳区，刘某2选择向合同履行地人民法院提起诉讼，符合《中华人民共和国民事诉讼法》第三十五条关于“两个以上人民法院都有管辖权的诉讼，原告可以向其中一个人民法院起诉；原告向两个以上有管辖权的人民法院起诉的，由最先立案的人民法院管辖”之规定，本院应予支持。

［案例三］房屋买卖合同之诉，诉请过户登记，适用合同纠纷管辖。

《雷某与任某等房屋买卖合同纠纷二审民事裁定书》[（2014）三中民终字第08939号]：本院经审查认为，任某、路某系以房屋买卖合同纠纷为由提起的诉讼，并请求判令雷某继续履行房屋买卖合同的过户义务将北京市朝阳区××室的房屋变更登记在任某、路某名下等。本案应当依据《中华人民共和国民事诉讼法》第二十三条关于“因合同纠纷提起的诉讼，由被告住所地或者合同履行地人民法院管辖”的规定确定管辖法院。因本案合同履行地即房屋所在地位于北京市朝阳区，故北京市朝阳区人民法院依法对本案有管辖权。

［案例四］房屋买卖合同之诉，诉请过户登记，适用协议管辖。

《卢某与何某房屋买卖合同纠纷二审民事裁定书》[（2016）京02民辖终446号]：本院经审查认为，何某依据其与卢某之间签订的《北京市存量房屋买卖合同（经纪成交版）》等证据提起本案诉讼，要求判令卢某继续履行合同义务，协助办理房屋产权过户手续等，故本案属于因合同纠纷提起的诉讼。

《中华人民共和国民事诉讼法》第三十四条规定：“合同或者其他财产权益纠纷的当事人可以书面协议选择被告住所地、合同履行地、合同签订地、原告住所地、标的物所在地等与争议有实际联系的地点的人民法院管辖，但不得违反本法对级别管辖和专属管辖的规定。”本案中，当事人签订的《北京市存量房屋买卖合同（经纪成交版）》第十一条约定：“本合同项下发生的争议，由双方协商解决；协商不成的，依法向房屋所在地人民法院起诉。”鉴于本案所涉房屋位于北京市房山区××12号楼2-602，故双方当事人选择纠纷由与争议有实际联系的地点的人民法院管辖的意思表示明确，符合上述法律关于协议管辖范围的规定，且未违反级别管辖和专属管辖的相关规定，约定管辖法院明确，应认定有效。据此，北京市房山区人民法院对本案有管辖权。

二、合同效力

003 房屋连环买卖中，前手合同无效，后手合同未必无效，买受人依然可能取得房屋所有权

阅读提示

本书所谓房屋连环买卖是指多方当事人就同一房屋先后签订多个买卖合同，前一手合同的买受人是后一手合同的出卖人的情形。此时，虽然合同的签订时间和主体有前后延续的关系，但是每个合同的效力是彼此独立的，前一手买卖合同无效并不会导致后一手买卖合同的效力瑕疵。

案情简介

肖某 1 于 1991 年继承取得团泉村 74 号院房屋所有权及院落的宅基地使用权，1998 年与城镇居民刘某签订《房屋租赁协议》，约定租期 80 年，租金一万元整。协议签订后，肖某 1 将房屋及社员宅基地使用许可证交付刘某。

2002 年，刘某将涉案房屋卖给团泉村村民肖某 2，一年后肖某 2 又转卖给同村村民肖某 3，并交付院落及社员宅基地使用许可证。经查，肖某 3 对肖某 2 系自刘某处购得房屋一事并不知情。

肖某 1 向法院起诉称，刘某只享有承租权，其出卖房屋侵犯了原告的所有权，而后该房屋又转卖给了肖某 3，请求法院判令肖某 3 将案涉房屋返还给原告。

法院经审理查明，肖某 1 与刘某签订的《房屋租赁协议》实际上是房屋买卖合同，该合同违反法律规定，应属无效。但肖某 1 与刘某的房屋买卖行为无效，并不必然导致刘某与肖某 2、肖某 2 与肖某 3 的房屋买卖行为无效。最终，法院判决驳回原告的全部诉讼请求。

败诉原因

在房屋连环买卖中，前一手买卖合同无效并不当然影响后一手买卖合同的效力。后一手买卖合同的效力需依据是否存在其他法定无效情形判定。本案中，房屋经过三手买卖，肖某1与刘某之间的买卖合同因违反我国现行法律关于城镇居民不得购买农村宅基地上的房屋的规定而无效，刘某后将房屋卖给肖某2，肖某2转卖给肖某3，虽然第一手买卖合同无效，但并不能因此认定后两手买卖合同无效。经查，肖某2与肖某3的房屋买卖合同不具有其他法定无效情形，应属有效。

至于涉案房屋的所有权归属，由于肖某3并不知道第一手买卖过程存在瑕疵，且其与肖某2之间的合同合法有效、已经支付合理对价并将房屋转移至自己名下，构成善意取得，因此法院没有支持肖某1返还房屋的诉讼请求。

实务经验总结

前事不忘，后事之师。为避免未来发生类似败诉，提出如下建议：

1. 房屋连环买卖中，不能以前一手合同无效为由主张后一手合同同样无效，除非能举证证明该合同存在《中华人民共和国合同法》第五十二条规定的无效情形，否则后一手合同合法有效。

2. 后一手买卖合同合法有效，并不一定意味着买受人必然能够取得房屋所有权。前一手合同的当事人要想追回涉案房屋可以考虑主张买受人不构成善意取得，进而要求返还房屋。

3. 在房屋买卖过程中，买受人应当尽到合理的注意义务，签订合同前谨慎调查房屋的所有权归属以及流转记录，在签订买卖合同后应尽快按约定交付房款并完成过户，以保证即使出卖人出售房屋的行为存在瑕疵，也能主张善意取得房屋所有权。

法院判决

根据查明事实，1998年，肖某1虽与刘某签订了《房屋租赁协议》，但其中关于租赁期限的约定及交付权利凭证的行为证明双方实为房屋买卖关系。该房屋买卖行为因违反我国现行法律关于城镇居民不得购买农村宅基地上的房屋的规定，应认定为无效。但刘某购买讼争房屋后，于2002年与肖某2签订房屋买卖协议，并将房屋及权利凭证交付肖某2；肖某2又于2003年与肖某3签订房屋买卖协议，并将房屋及权利凭证交付肖某3。肖某3签订房屋买卖协议时系九渡河镇团泉村集体经济组织成员，占有、使用讼争房屋并未违反相关法律法规的规定。故肖某1与刘某的房屋买卖行为无效，并不必然导致刘某与肖某2、肖某2与肖某3的房屋买卖行为无效。

同时，根据《中华人民共和国民法总则》第七条的规定，民事活动应当遵循诚信原则。肖某1于1998年将涉案房屋处分，至本案审理期间，涉案房屋已再次流转至肖某3名下。法律在限制农村宅基地流转的同时，亦保护民事活动的交易安全，以及经济活动的稳定性。现本案涉诉房屋已再次流转，且最终买受人肖某3系北京市怀柔区九渡河镇团泉村村民，并不存在导致房屋买卖行为无效的情形。综上所述，肖某1要求肖某3返还房屋的主张，本院难以支持。

相关法律规定

《中华人民共和国合同法》

第八条 依法成立的合同，对当事人具有法律约束力。当事人应当按照约定履行自己的义务，不得擅自变更或者解除合同。

依法成立的合同，受法律保护。

第五十二条 有下列情形之一的，合同无效：

（一）一方以欺诈、胁迫的手段订立合同，损害国家利益；

（二）恶意串通，损害国家、集体或者第三人利益；

（三）以合法形式掩盖非法目的；

（四）损害社会公共利益；

（五）违反法律、行政法规的强制性规定。

以上是法律中关于合同效力的规定，合同法明确规定合同无效的几种情形，除此之外原则上只要合同依法成立，即应具有法律效力，对当事人产生约束力。

因此，具体到房屋连环买卖过程中，各个合同之间的效力互相独立，后一手合同生效不以前一手合同合法有效为前提。换言之，即使前一手合同无效，后一手合同也可能合法有效，买受人依然可以主张善意取得房屋所有权。

案件来源

肖某1与肖某3返还原物纠纷一审民事判决书［北京市怀柔区人民法院（2015）怀民初字第01996号］

地方相关规定

《北京市高级人民法院关于审理房屋买卖合同纠纷案件若干疑难问题的会议纪要》(京高法发〔2014〕489号)

九、连环买卖中的合同效力

房屋连环买卖中，前一手房屋买卖合同被确认无效，并不必然影响后一手房屋买卖合同的效力，法院应当根据后一手买卖合同是否存在其他法定无效情形予以认定。但后一手买卖合同的买受人能否取得房屋权利，应当依据《物权法》第106条关于善意取得的规定进行处理。

004 未经法定代理人同意或追认，限制行为能力人签订的房屋买卖合同无效

阅读提示

我国法律并非完全禁止限制民事行为能力人从事民事活动，但以与其年龄、智力、精神状况相适应为前提。一般来说，房屋买卖涉及的标的数额较大且交易较为复杂，超出限制民事行为能力人可以完全认识的范围，因此除非经其法定代理人事前同意或者事后追认，限制民事行为能力人签订的房屋买卖合同无效。

限制民事行为能力人订立的与其年龄、智力、精神状况不相适应的合同，应当经过其法定代理人追认，否则合同无效。房屋买卖合同属于较为复杂的民事交易类型，限制民事行为能力人未经法定代理人同意或追认而签订的房屋买卖合同应属无效。此时相对人可以通过催告督促法定代理人作出是否同意的表示，善意（即对合同另一方属于限制民事行为能力人并不知情）的相对人还可以直接主张撤销买卖合同。

案情简介

姚某1与秦某系夫妻关系，姚某2系二人之子。2009年7月22日，姚某2与赵某签订《存量房屋买卖合同》(网签合同)，约定姚某2将808号房屋出售给赵某，成交价格为33.6万元。合同签订当日，姚某2与赵某办理了房屋过户手续。该房屋现登记在赵某名下，但一直由姚某1与秦某居住。

2012年8月，姚某2自杀去世，赵某于2012年11月向法院起诉，要求姚某

1 与秦某腾房，二人始知姚某 2 出卖 808 号房屋的事实。

2013 年 3 月，姚某 1 与秦某向法院起诉称，姚某 2 患有偏执型精神分裂症，请求法院依法确认涉案《存量房屋买卖合同》无效。

一审法院委托鉴定得出鉴定意见，姚某 2 在签订涉案合同时民事行为能力受限，因此判决姚某 2 与赵某签订的房屋买卖合同无效。赵某不服，向北京市第二中级人民法院提起上诉，北京市第二中级人民法院二审判决驳回上诉，维持原判。

败诉原因

我国法律规定，限制民事行为能力人订立的与其年龄、智力、精神状况不相适应的合同，应当经过其法定代理人追认，否则合同无效。

本案中，涉案房屋买卖合同的出卖人姚某 2 经鉴定在签订房屋买卖合同时为限制民事行为能力人，而房屋买卖系较复杂的交易类型，显然超出以姚某 2 的精神状况可以完全认识的范围，且其父母作为姚某 2 的法定代理人向法院起诉的行为已经表明二人不同意追认，因此法院最终判决涉案《存量房屋买卖合同》无效。

实务经验总结

前事不忘，后事之师。为避免未来发生类似败诉，提出如下建议：

1. 限制行为能力人可以从事与其智力水平相适应的法律活动，而房屋买卖属于较复杂的民事法律行为，超出限制行为能力人的认识水平。因此，除非经由其法定代理人事先同意或者事后追认，限制行为能力人不能单独作为交易一方出卖或者购买房产，否则该买卖合同无效。

2. 交易双方当事人签订合同时不仅应当对标的物即房屋的质量、权属等相关情况进行审查，也应当考虑出卖人的个人状况，如其为限制民事行为能力人，则应尽量避免与其交易，确有必要的，应当事先征得其法定代理人的同意。

3. 在不知情的情况下与限制民事行为能力人签订房屋买卖合同的相对人（善意相对人），可以及时行使催告权，要求其法定代理人在一个月内明确作出同意或者不同意的意思表示，或者可以直接要求解除合同，以避免损失扩大。

法院判决

本院认为，本案双方诉争的焦点，在于姚某 2 签订《存量房屋买卖合同》时是否具有完全的民事行为能力，以及该合同是否为合同当事人真实的意思表示。

根据法大（2013）医鉴字第644号《法医学鉴定意见书》的认定，姚某2患有多年的偏执型精神分裂症，根据相关的病历显示，姚某2长期患病且未痊愈，同时其签订《存量房屋买卖合同》时应处于发病期，因此鉴定机构作出2009年7月22日姚某2签订《存量房屋买卖合同》时民事行为能力受限的结论。本院认为房屋买卖系较为复杂的民事活动，签订合同及履行合同均需要当事人具有健全的民事行为能力。姚某2民事行为能力受限，在此情况下，不能认定姚某2对于签订《存量房屋买卖合同》的后果及性质有清楚的认识。赵某一方提出鉴定意见没有科学依据，但并未提供相应的证据证明，故对于其上诉意见，本院不予支持。结合本案合同的具体签订情况，该份合同上关于房屋的交付、违约责任、税费等相关规定等极为重要的内容，都没有明确的约定，同时对于房款的支付金额以及赵某所提及的借款、租赁协议等情况，赵某一方均没有提供相应的证据证明，故原审法院综合案件事实判定赵某与姚某2双方签署的《存量房屋买卖合同》无效，于法有据，本院予以维持。

相关法律规定

《中华人民共和国合同法》

第九条第一款　当事人订立合同，应当具有相应的民事权利能力和民事行为能力。

第四十七条　限制民事行为能力人订立的合同，经法定代理人追认后，该合同有效，但纯获利益的合同或者与其年龄、智力、精神健康状况相适应而订立的合同，不必经法定代理人追认。

相对人可以催告法定代理人在一个月内予以追认。法定代理人未作表示的，视为拒绝追认。合同被追认之前，善意相对人有撤销的权利。撤销应当以通知的方式作出。

案件来源

赵某与姚某1等房屋买卖合同纠纷二审民事判决书［北京市第二中级人民法院（2014）二中民终字第00948号］

005 当事人签订的购房意向书具备买卖合同的主要内容的，可认定为房屋买卖合同

阅读提示

房屋买卖双方当事人经过初步协商签订“购房意向书”“预购书”“价格协定书”等协议，就预购的房屋基本情况、房款、支付方式等事项达成一致的，该协议已经具备合同的主要内容，除当事人另有约定以外，可以认定该协议性质为房屋买卖合同，双方均应当依照合同履行义务。

案情简介

2014 年 1 月 4 日，程某（原告）与北京金实房地产经纪有限公司（被告，以下简称金实公司）签订《房屋买卖意向书》，约定向被告购买北京市朝阳区 × 号院 × 号楼 × 层 × 号房屋（简称涉案房屋），价格为 300 万元，分别于合同签订当日支付定金 10 万元，于 2 月 20 日前支付 100 万元，于 7 月 3 日前支付 190 万元，并由金实公司协助程某办理房屋过户手续。

合同签订后，程某向金实公司支付了前两笔购房款共计 110 万元，在第三笔款项约定支付日之前，程某无法与金实公司取得联系，导致双方合同未能继续履行。

程某多次联系金实公司未果，遂诉至法院，请求法院判定金实公司继续履行合同义务并协助其办理过户手续。

北京市朝阳区人民法院经审理认为，涉案《房屋买卖意向书》已经具备合同的主要内容，可以认定为房屋买卖合同，对双方均有拘束力，因此判决程某支付剩余购房款，金实公司协助程某办理过户手续。

败诉原因

一般来说，当事人之间订立的“意向书”的性质应当为预约，即约定将来订立一定契约。预约与本约不同，具体到房屋买卖领域来说，当事人只能依据购房意向书等预约合同请求与对方签订本约合同，即房屋买卖合同，而不能直接依据预约来请求对方履行买卖房屋的义务。但预约和本约不能仅从名称上来判断，如果当事人在购房意向书中已经就标的、价款、数量、支付方式等合同主要内容达

成一致，即可认定为买卖合同。

本案中，程某与金实公司签订的协议虽然名为“房屋买卖意向书”，但其实际内容已经包含标的房屋基本情况、价款数额以及价款支付方式等合同基本内容，且金实公司已经先后收受程某支付的定金及购房款共计 110 万元，因此法院认定该意向书性质为房屋买卖合同，双方之间存在合法有效的房屋买卖关系，并在此基础之上判决买卖双方继续履行合同义务。

实务经验总结

前事不忘，后事之师。为避免未来发生类似败诉，提出如下建议：

1. 对于买方来说，与卖方签订“购房意向书”“预购书”“价格协定书”等协议时也应当小心谨慎，不能轻信卖方，想当然地认为该协议不具有买卖合同的效力。

2. 双方为购房签订的预约合同中包含标的、数量、价格等合同主要内容的，可以认定为房屋买卖合同，双方之间存在合法有效的房屋买卖关系，可以以此为由要求对方完成支付剩余房款、转移房屋所有权等合同义务。

3. 作为卖方来说，在签订“购房意向书”“预购书”“价格协定书”等预约协议时，如果对将来是否完全依约交易不能确定，可以明确约定该协议性质为预约，并约定双方应当依照本协议另行签订房屋买卖合同，且不宜提前收受买方交付的购房款。

法院判决

本院认为，依法成立的合同，对当事人具有法律约束力。当事人应当按照约定履行自己的义务，不得擅自变更或者解除合同。本案中，原告与被告就涉案房屋的交易所订立之《房屋买卖意向书》，已经具备了拟购房屋的基本状况、价款数额、价款支付方式等合同主要内容，可以认定为房屋买卖合同，双方均应当按照约定履行各自义务。该意向书签订后，原告依约支付了前两笔购房款共计 110 万元，并举证证明了其未依约支付剩余购房款的原因系行使不安抗辩权，故并非原告故意违反意向书的约定致使该意向书无法继续履行。现原告起诉主动支付剩余购房款 190 万元，并要求被告履行意向书中约定的过户义务，主张合理有据，本院予以支持。

相关法律规定

《最高人民法院关于审理商品房买卖合同纠纷案件适用法律若干问题的解释》

第五条 商品房的认购、订购、预订等协议具备《商品房销售管理办法》第十六条规定的商品房买卖合同的主要内容，并且出卖人已经按照约定收受购房款的，该协议应当认定为商品房买卖合同。

《商品房销售管理办法》

第十六条 商品房销售时，房地产开发企业和买受人应当订立书面商品房买卖合同。

商品房买卖合同应当明确以下主要内容：

（一）当事人名称或者姓名和住所；

（二）商品房基本状况；

（三）商品房的销售方式；

（四）商品房价款的确定方式及总价款、付款方式、付款时间；

（五）交付使用条件及日期；

（六）装饰、设备标准承诺；

（七）供水、供电、供热、燃气、通讯、道路、绿化等配套基础设施和公共设施的交付承诺和有关权益、责任；

（八）公共配套建筑的产权归属；

（九）面积差异的处理方式；

（十）办理产权登记有关事宜；

（十一）解决争议的方法；

（十二）违约责任；

（十三）双方约定的其他事项。

《北京市高级人民法院关于审理房屋买卖合同纠纷案件适用法律若干问题的指导意见（试行）》（京高法发〔2010〕458号）

第二条第一款 当事人签订的预购书、购房意向书等协议已经具备了拟购房屋的基本状况、价款数额、价款支付方式等合同主要内容的，可以认定为房屋买卖合同，但当事人另有约定的除外。

通过以上法条可知，一般来说，双方就商品房签订预购、认购等协议，如果该协议包含购房合同的主要内容，就可以认定为房屋买卖合同；如果协议包含购房合同的主要内容且出卖人已经按照约定收受购房款的，则应当认定为房屋买卖合同。

案件来源

程某与北京金实房地产经纪有限公司房屋买卖合同纠纷一审民事判决书［北京市朝阳区人民法院（2014）朝民初字第27004号］

地方相关规定

《宁波市中级人民法院关于审理商品房买卖合同纠纷案件疑难问题解答》

1. 根据《商品房销售管理办法》第十六条规定，商品房买卖合同应当明确十三项主要内容，实践中如何判断商品房认购书系预约还是本约?

答：商品房买卖合同成立只需具备核心要件即可，无须十三项内容全部齐备。如当事人签订的认购书、购房意向书等协议已经具备拟购房屋的基本状况、价款数额、支付方式等合同主要内容的，应视为商品房买卖合同即本约成立，但当事人另有约定的除外。

《海南省高级人民法院关于办理商品房买卖合同纠纷案件的指导意见（试行）》

9、开发商收取了拟购房人的认购金、订购金、诚意金等且与拟购房人订立了认购协议、预购协议及意向书等的，分别情况予以处理：

（1）认购协议、预购协议及意向书等具备了《商品房销售管理办法》第十六条规定的商品房买卖合同的主要内容，且开发商所收取的认购金、订购金、诚意金等为认购协议、预购协议及意向书中所约定的购房款数额的，应当认定为正式的商品房买卖合同，拟购房人要求继续履行的，应予支持。

因开发商的原因致使合同不能继续履行的，拟购房人除可以请求解除合同外，还可要求开发商返还已付购房款及利息、赔偿损失，并可以请求出卖人承担不超过已付购房款一倍的赔偿责任。

（2）认购协议、预购协议及意向书等虽具备了《商品房销售管理办法》第十六条规定的商品房买卖合同的主要内容，但开发商仅收取了少量认购金、订购金、诚意金等，拟购房人要求继续履行，且继续履行不会出现障碍的，应当判决继续履行。

因开发商的原因致使合同不能继续履行的，应双倍返还所收取的认购金、订购金、诚意金等。

（3）拟购房人与开发商签订的认购协议、预购协议及意向书等有关于签订正式商品房买卖合同的时间约定，但经开发商通知，拟购房人未在约定时间内与开发商签订正式商品房买卖合同，事后要求与开发商签订正式商品房买卖合同的，不予支持。

开发商不与拟购房人签订正式商品房买卖合同，拟购房人要求开发商退还所收取的认购金、订购金、诚意金等的，应予支持，但双方另有约定的除外。

（4）认购协议、预购协议及意向书等不具备《商品房销售管理办法》第十六条规定的商品房买卖合同的主要内容，拟购房人要求继续履行的，不予支持。

拟购房人以认购协议、预购协议及意向书等为据，要求与开发商签订正式购房合同的，不予支持。

开发商不与拟购房人签订正式购房合同，拟购房人要求双倍返还认购金、订购金、诚意金等的，应予支持。

006 为履行以房抵债协议而签订的房屋买卖合同有效，债权人有权要求办理房屋过户登记手续｜附条件

阅读提示

民间借贷或者其他债权债务关系中，双方当事人在债务履行期届满之前签订合同，约定借款人到期不能偿还借款即以特定房产抵债，此约定实际可以认定为对债权的担保，债务人不能按时偿还借款时，债权人可以此约定要求办理房屋过户手续，但对于房屋价值超过债权数额的部分应当变价返还。

案情简介

苑某与田某是生意伙伴关系，周某系田某之妻。2007—2008年，苑某委托田某购买煤块并因此支付购煤款8,777,228元，截至2009年，田某仍欠有300余万元的煤款未向苑某发货。田某、周某遂与苑某签订还款协议，约定若田某在2010年3月30日前不将欠款还清，即将作为抵押的一套位于北京的房屋及两套位于山西的房屋产权变更为苑某。

还款协议签订后，田某未能按约定还款，在苑某的要求下，田某与苑某签订了《存量房屋买卖合同》，将北京市丰台区的101号房屋过户给苑某。

周某向法院起诉称，田某与苑某之间的债权债务关系并不确定存在，且案涉房屋买卖合同实际目的是将该房屋作为债务担保，属于非典型性担保方式，因此

请求法院判定案涉《存量房屋买卖合同》无效，并判令苑某返还上述房屋。

一审法院判决驳回周某的诉讼请求。周某不服，向北京市第二中级人民法院上诉，北京市第二中级人民法院最终判决驳回上诉，维持原判。

败诉原因

双方当事人在债务履行期届满之前签订以房抵债协议，债务人到期不能清偿债务的，债权人可以要求按约定办理房屋过户手续。

本案中，周某、田某未能提供有效证据证明债权债务关系不存在，因此法院认定田某与苑某之间存在债权债务关系。双方在债务履行期届满之前签订还款协议，约定以房抵债，该约定合法有效。在田某到期未能还款的情况下，为了履行还款协议而签订房屋买卖合同，并无法律规定的其他无效情形，因此法院判决驳回周某确认买卖合同无效的诉讼请求。

实务经验总结

前事不忘，后事之师。为避免未来发生类似败诉，提出如下建议：

1. 双方当事人为了履行以房抵债约定而签订房屋买卖合同，在无其他合同无效情形的情况下，债务人请求法院确认买卖合同无效法院将不予支持。债务人到期不能偿还债款的，债权人可以要求其办理房屋过户登记手续。

2. 债权人要求以房抵债、办理过户手续应当以债权人履行清算义务为前提，即房屋价值超过债权数额的部分应当折价返还给债务人，否则不能要求办理过户登记手续。

法院判决

原审法院经审理确认，当事人对自己提出的主张，有责任提供证据。本案中，周某与苑某在还款协议中曾经约定，“如乙方在 2010 年 3 月 30 日前不将欠款还清，将产权变更为苑某”。从其文意上分析，该约定应属于“以房抵债”的条款。参照《北京市高级人民法院关于审理房屋买卖合同纠纷案件若干疑难问题的会议纪要》“二十五、民间借贷与以房抵债的处理意见”的规定：“当事人在民间借贷债务履行期限届满前签订合同约定，借款人逾期不偿还借款即愿意以自己所有（或经第三人同意以第三人所有）的房屋抵偿归贷款人所有，该合同实为基础借贷债权的担保，应当根据当事人的真实意思表示认定双方之间系民间借贷法律关系。贷款人可以选择行使以下权利:（1）贷款人依原基础借贷法律关系主张偿还借款的，应予支持;（2）贷款人在履行清算义务的前提下，要求借款人办理房屋过户登记手续的，应予支持。”周某与苑某之间的还款协议虽不属于民间借贷，但仍属于民法意义上的债权债务关系。鉴于周某、苑某之间的债权债务关系真实存在，在债务履行期限届满后，苑某作为债权人，其有权利选择通过取得房屋来实现自己的债权。故苑某虽未支付合同对价，但基于实现债权的目的，其仍然有权取得涉案房屋的产权。现周某在双方按照还款协议中的约定，办理房屋的过户手续后，要求确认合同无效，并返还房屋的诉讼请求依据不足，对周某的诉讼请求，法院不予支持。周某表示曾经受到苑某的胁迫，但未能出具相关证据，应当就此承担举证不利的法律后果。据此，原审法院于 2015 年 6 月判决：驳回周某的诉讼请求。

本院认为，当事人对自己提出的诉讼请求所依据的事实，有责任提供证据加以证明。没有证据或者证据不足以证明当事人事实主张的，由负有举证责任的当事人承担不利后果。涉案房屋原登记在周某名下，周某、田某与苑某签订还款协议，约定周某、田某在 2010 年 3 月 30 日前不将欠款还清，则将涉诉房屋产权变更为苑某。周某主张其与田某在签订还款协议时不清楚是否实际存在债务，有悖常理，且未就此提交充足的证据予以证明，本院对此不予采信。根据双方还款协议的内容看，周某、田某与苑某约定在不能按双方约定期限还款的情况下，将涉案房屋过户至苑某名下。后周某与苑某签订《存量房屋买卖合同》，并与田某一起将涉案房屋产权过户至苑某名下。周某将涉案房屋过户至苑某名下的行为系对还款协议的实际履行。现周某以不存在实际债务，以及《存量房屋买卖合同》违反法律的强制性规定为由，主张《存量房屋买卖合同》无效，依据不足，本院不予支持。综上，原审法院判决并无不当，应予维持。

相关法律规定

《北京市高级人民法院关于审理房屋买卖合同纠纷案件若干疑难问题的会议纪要》（京高法发〔2014〕489 号）

二十五、民间借贷与以房抵债的处理

当事人在民间借贷债务履行期限届满前签订合同约定，借款人逾期不偿还借款即愿意以自己所有（或经第三人同意以第三人所有）的房屋抵偿归贷款人所有，该合同实为基础借贷债权的担保，应当根据当事人的真实意思表示认定双方之间系民间借贷法律关系。贷款人可以选择行使以下权利:（1）贷款人依原基础借贷法律关系主张偿还借款的，应予支持；（2）贷款人在履行清算义务的前提下，要求借款人办理房屋过户登记手续的，应予支持。房屋价值超过担保基础借贷债权（贷款本金、合法利息等）的，贷款人应将剩余款项返还给借款人。房屋价值以贷款人要求借款人办理房屋过户登记时予以确定。

……

根据上述法律规定，民间借贷中借款人与贷款人在债务履行期尚未届满时，签订合同约定以房产抵偿债款的，该约定有效，借款人到期不能偿还借款的，贷款人可以选择实现自己债权的方式，要求按约定取得房屋所有权。

根据本文引用的裁判规则，前述规定不仅适用于民间借贷，民法意义上的其他债权债务关系也可以类推适用。

案件来源

周某与苑某确认合同无效纠纷二审民事判决书［北京市第二中级人民法院（2015）二中民终字第08708号］

007 土地的划拨性质并不影响房屋买卖合同的效力｜附划拨土地上房屋买卖条件

阅读提示

划拨土地使用权是指土地使用者通过各种方式依法无偿取得的土地使用权。我国法律对划拨土地上房屋的转让有一些限制性规定，但并非绝对禁止转让。土地的划拨性质并不影响合同的履行，在办理过户登记之前将划拨土地转为出让土地，且合同当事人缴纳相应土地出让金后即可办理过户手续。一方当事人仅以土地性质为划拨地为由主张房屋买卖合同无效的，法院将不予支持。

案情简介

2015年9月17日，宋某与韩某、高某签订《存量房屋买卖合同》，约定宋某将坐落于石景山区铸造村的住房一套卖给韩某与高某，成交价为113万元。该房屋占用的国有土地使用权以划拨方式取得，房屋性质为公有住房。

合同签订后，韩某实际支付购房款129万元。2015年11月2日，房屋所有权登记在韩某名下，高某为共有人。11 月 4 日，韩某、高某补缴已购公有住房上市出售土地收益 738 元。

2016 年，宋某向法院起诉称涉案《存量房屋买卖合同》违反法律法规关于划拨土地转让的相关规定，请求法院判决确认合同无效。

石景山区人民法院经审理认为，宋某与韩某、高某之间的房屋买卖行为不属于国有划拨土地地上建筑物禁止转让的情形，没有违反法律法规的强制性规定，因此最终判决驳回宋某的诉讼请求。

败诉原因

我国法律对划拨土地上房屋的转让有一些限制性规定，但并非绝对禁止转让。土地的划拨性质并不影响合同的履行，只要当事人在办理过户登记之前将划拨土地转为出让土地，并缴纳相应土地出让金后即可办理过户手续。

本案中，涉案房屋占用的国有土地使用权为以划拨方式取得，出卖人宋某有涉案房屋的所有权凭证，买受人韩某、高某也向相关部门提交了国有土地房屋所有权转移登记申请书并已经被受理，且也已经缴纳了土地收益并办理完毕房屋所有权转移登记手续。综上，涉案房屋的转让过程符合相关法律规定，在合同不存在其他无效情形的情况下，法院最终判定驳回宋某要求确认《存量房屋买卖合同》无效的诉讼请求。

实务经验总结

前事不忘，后事之师。为避免未来发生类似败诉，提出如下建议：

1. 我国法律对划拨土地上房屋的转让条件有明确规定。当事人在办理土地出让手续、缴纳土地出让金后即可转让，标的房屋所在地性质为划拨并不直接导致房屋买卖合同无效。

2. 购买划拨土地上房屋需要谨慎，划拨土地上房屋一般为农民的安置房或者城市居民的经济适用房，此类房屋无法正常办理全产权房产证，日后房屋被拆迁时很难取得全部拆迁款。

法院判决

本院认为，依法成立的合同，自成立时生效。违反法律、行政法规的强制性规定的合同无效，强制性规定指的是效力性强制性规定。宋某主张涉案房屋所在地为划拨土地，本案因违反划拨土地转让规定而无效，依据《中华人民共和国城镇国有土地使用权出让和转让暂行条例》第四十五条的规定，符合下列条件的，经市、县人民政府土地管理部门和房产管理部门批准，其划拨土地使用权和地上建筑物、其他附着物所有权可以转让、出租、抵押：（1）土地使用者为公司、企业、其他经济组织和个人；（2）领有国有土地使用证；（3）具有地上建筑物、其他附着物合法的产权证明；（4）依照本条例第二章的规定签订土地使用权出让合同，向当地市、县人民政府补交土地使用权出让金或者以转让、出租、抵押所获收益抵交土地使用权出让金。首先，尽管涉案房屋所在土地使用权是以划拨方式取得，但宋某有涉案房屋的所有权凭证，具有地上建筑物的产权证明；其次，韩某、高某与宋某订立《存量房屋买卖合同》后，韩某、高某向土地管理部门和房产管理部门提交北京市国有土地房屋所有权转移登记申请书，相关部门予以受理；最后，韩某、高某交纳了土地收益，且已经办理完毕涉案房屋的所有权转移登记手续。因此，本案不属于国有划拨土地地上建筑物禁止转让的情形，没有违反法律法规的强制性规定，且宋某未提交证据证明存在其他合同无效的情形，故对宋某要求确认《存量房屋买卖合同》无效的请求，没有事实和法律依据，本院不予支持。

相关法律规定

《中华人民共和国城市房地产管理法》

第四十条　以划拨方式取得土地使用权的，转让房地产时，应当按照国务院规定，报有批准权的人民政府审批。有批准权的人民政府准予转让的，应当由受让方办理土地使用权出让手续，并依照国家有关规定缴纳土地使用权出让金。

以划拨方式取得土地使用权的，转让房地产报批时，有批准权的人民政府按照国务院规定决定可以不办理土地使用权出让手续的，转让方应当按照国务院规定将转让房地产所获收益中的土地收益上缴国家或者作其他处理。

《中华人民共和国城镇国有土地使用权出让和转让暂行条例》

第四十四条　划拨土地使用权，除本条例第四十五条规定的情况外，不得转让、出租、抵押。

第四十五条　符合下列条件的，经市、县人民政府土地管理部门和房产管理部门批准，其划拨土地使用权和地上建筑物、其他附着物所有权可以转让、出租、抵押：

（一）土地使用者为公司、企业、其他经济组织和个人；

（二）领有国有土地使用证；

（三）具有地上建筑物、其他附着物合法的产权证明；

（四）依照本条例第二章的规定签订土地使用权出让合同，向当地市、县人民政府补交土地使用权出让金或者以转让、出租、抵押所获收益抵交土地使用权出让金。

转让、出租、抵押前款划拨土地使用权的，分别依照本条例第三章、第四章和第五章的规定办理。

案件来源

宋某与韩某、高某房屋买卖合同纠纷一审民事判决书［北京市石景山区人民法院（2016）京 0107 民初 67 号］

008 房屋买卖合同中关于“附属设施设备一并转让”的笼统约定效力如何？卖方私自搬走部分家具是否构成违约？

阅读提示

买房人将房屋内所附家具折价，一并转让给买受人是一种常见的房屋买卖方式，通常双方当事人会在合同中约定房屋内附属设施随房屋一并转让，却很少会明确约定附属设施的范围，即标明各类附属设施的数量、品牌、质地、型号等信息，导致约定不明，此时如果卖方私自搬走房屋内的部分家具，是否构成违约？买方可否要求卖方承担违约责任呢？

本文引用的案例认为，房屋买卖合同中对“房屋附属设施”未作明确限定，但买方能够举证证明双方存在口头约定，明确标明设施设备所包含具体物品的，卖方私自搬走部分家具的行为构成违约，应当承担违约责任。

案情简介

2017 年 1 月 16 日，任某（出售方，甲方）与兰某（买受方，乙方）签订《北京市存量房屋买卖合同》，约定任某将其名下的 401 号房屋卖与兰某，成交总价为 352 万元，其中房屋主体价格为 110 万元，房屋装饰、装修和相关设施的补偿价格为 242 万元。

经查，任某与兰某签订的房屋买卖合同附件四为《所售房屋的附随物品清单》，所列家具包括电视机、空调、洗衣机等家用电器，清单下方有双方当事人的签字及捺印，但上述物品均未标明数量、品牌 / 质地、型号。合同中约定任某同意在交付房屋时将房屋附属设施设备及合同附件四所列物品及装修随同该房屋一并转让给兰某。

合同签订后，任某私自拆走了案涉房屋内的三个空调、一个洗衣机、一个抽油烟机、一个燃气灶、一个电冰箱，兰某据此认为任某的行为构成违约，但任某认为上述物品不是双方交易对象，其行为不构成违约。

兰某向法院起诉，要求任某支付私自拆走房屋附属设备的违约金 35.2 万元（房屋成交总价的 10%）。

庭审过程中，经中介公司职员作证，任某和兰某曾在签订房屋买卖合同之时口头约定燃气灶、抽油烟机、热水器、全部空调属于任某方应当留下的附随物品。

北京市大兴区人民法院一审认为，根据已经查明的信息可以认定双方当事人在签订房屋买卖合同时曾口头约定涉案房屋中原有的三个空调、一个燃气灶、一个抽油烟机属于应当留下的附随物品，任某搬走上述物品的行为已构成违约，根据上述物品的价值酌定违约金数额为 1 万元。

任某不服一审判决，提起上诉，北京市第二中级人民法院二审判决驳回上诉，维持原判。

裁判要点

房屋买卖双方在合同中约定“附属设施设备随房屋一并转让”，即便未对“房屋附属设施”的范围作出明确限定，如果买方能够举证证明双方存在口头约定，明确标明设施所包含的具体物品的，卖方在合同签订后私自搬走部分家具的行为构成违约，应当承担违约责任。

实务经验总结

前事不忘，后事之师。为避免未来发生类似败诉，提出如下建议：

1. 房屋买卖是大事，应当尽量避免口头约定，相关约定无论大小均应落实到书面，切忌轻易相信口头允诺，否则一旦涉诉，很可能承担举证不能的不利后果。

2. 房屋买卖过程中一切签字都需要谨慎，应当在看清全部文字内容后再签字，特别是对于中介公司提供的格式文本，必要时可以要求中介释明含义及作用。本案中，上诉人任某在合同附件《所售房屋的附随物品清单》上的签字就成为法院认定双方就一并转让附属设施设备达成一致约定的重要依据。

3. 房屋买卖合同中的约定应当明确、具体。附属设备设施随房一并转让的，双方当事人应当在合同或合同附件中明确约定附属物品清单，约定应当具体到各个设施的种类、数量、品牌、质量等，以避免因约定不明产生诉讼纠纷。

法院判决

一审法院认为，对于争议焦点一：双方当事人对于在达成房屋买卖合同之时，是否明确约定应当留下的房屋附随物品，双方各执一词，但根据中介公司工作人员的证人证言以及附件四《所售房屋的附随物品清单》中双方当事人的签字，可以确认：双方当事人在房屋买卖合同签订之时曾口头约定涉案房屋中原有的三个空调、一个燃气灶、一个抽油烟机属于应当留下的附随物品，此约定应视为双方当事人对附件四《所售房屋的附随物品清单》中所列物品清单的明确标明，应属于房屋买卖合同的一部分。现任某搬走了上述物品，其行为已构成违约，故其应当向兰某承担相应的违约责任。违约责任的承担方式包括继续履行、采取补救措施、赔偿损失、支付违约金等形式。现兰某主张违约责任承担的形式为依照房屋买卖合同第十条第五款的约定给付违约金，在任某不认可己方构成违约的情形下，法院对兰某所主张的违约责任承担形式予以支持，但将结合实际情况认定任某所应当给付的违约金数额。

结合兰某在第一次庭审中主张三个空调、一个抽油烟机、一个燃气灶、一个洗衣机、一个电冰箱的价值共为20,000元，在第二次庭审中主张为30,000元；任某主张上述物品的价值共为2,000元；有证据支持属于应当留下的房屋附随物品为三个空调、一个抽油烟机、一个燃气灶等事实，法院对于任某主张违约金过高的抗辩意见予以采信。综合案件事实，以及上述物品价值过低不具备评估条件，法院依法酌定违约金数额为10,000元。

二审法院认为，本案中，当事人争议焦点之一是双方是否在房屋买卖合同签订时就涉案房屋附随物品达成一致意思表示。根据本案在案证据显示，双方已于房屋买卖合同附件四中对《所售房屋的附随物品清单》进行签字确认，现任某主张该清单所列物品与案涉房屋实际情况有所出入，且所列物品均未标明数量、品牌/质地、型号及物品状况，并以此为由不予认可。经本院审查，该证据虽确实存在一定约定不明的情节，但结合中介公司工作人员证人证言、双方微信记录及当事人庭审陈述，可以认定双方签订房屋买卖合同时曾就附随物品达成进一步口头约定。任某虽对上述证据不予认可，但并未提交相反证据予以反驳，故应承担举证不能的不利后果。一审法院结合上述证据，对兰某主张的部分事实予以采信，处理并无不当。据此，任某私自搬走上述物品的行为构成违约，应当承担未履行合同义务的违约责任，一审法院对此认定正确，本院予以确认。关于违约责任的具体形式，鉴于兰某明确要求任某依据房屋买卖合同第十条第五款的约定给付违约金，综合考虑任某主张违约金过高的抗辩意见及兰某所受损失等因素，一审法院对相应违约金进行酌减，处理原则正确，酌定数额并无不当，本院予以确认。

案件来源

任某与兰某房屋买卖合同纠纷二审民事判决书［北京市第二中级人民法院（2018）京02民终150号］

009 与精神病人签订的房屋买卖合同效力如何？

阅读提示

房屋买卖属于生活中比较复杂的重大交易，要求交易的各方相对人具备完全的民事行为能力。那么，在不知情的情况下与精神病人签订的房屋买卖合同效力如何？有何补救措施？精神病人所有的房屋又应当如何安全有效地进行转让？

裁判要旨

精神病人属于限制民事行为能力人，不能独立实施签订房屋买卖合同的行为，如未征得其法定代理人的同意或事后追认，与精神病人签订的房屋买卖合同应为无效。

案情简介

2009年7月22日，姚某1与被告赵某签订了《存量房屋买卖合同》，该合同约定，出卖人姚某1将坐落于北京市丰台区808号房屋出售给被告赵某，房屋成交价格为33.6万元。该《存量房屋买卖合同》为办理过户时的网签合同，除该网签合同外，姚某1与赵某并未签订其他正式的书面房屋买卖合同，合同签订当日，姚某1与赵某办理了808号房屋的过户手续。808号房屋现登记在赵某名下，但一直由姚某1的父母姚某2、秦某居住使用。

2012年姚某1自杀身亡，赵某要求姚某2、秦某二人腾房。

姚某2、秦某二人向法院提起诉讼，以姚某1患有20余年的偏执型精神分裂症，为无民事行为能力人为由，请求法院确认姚某1与被告赵某签订的存量房屋买卖合同无效。

庭审过程中赵某称未发现姚某1有精神病。经鉴定，姚某1患有“偏执型精神分裂症”，其在2009年7月22日签订房屋买卖合同期间，民事行为能力受限。

北京市丰台区法院经审理认为，姚某1依法不能独立实施与被告赵某签订房屋买卖合同的行为，其出售房屋的行为也未征得其法定代理人的同意，事后其法定代理人对姚某1出卖房屋的行为也拒绝追认，最终判决姚某1与赵某签订的房屋买卖合同无效。

裁判要点

不能完全辨认自己行为的精神病人是限制民事行为能力人，可以进行与他的精神健康状况相适应的民事活动；其他民事活动由他的法定代理人代理，或者征得他的法定代理人的同意。

房屋买卖属于生活中比较复杂的重大交易，要求交易的各方相对人具备完全的民事行为能力。

本案中姚某1经鉴定被确认为限制民事行为能力人，依法不能独立实施与被告赵某签订房屋买卖合同的行为，而其出卖案涉808号房屋的行为既未事先征得其法定代理人的同意，也未在事后取得其法定代理人的追认，因此法院最终判决姚某1与赵某签订的房屋买卖合同无效。

实务经验总结

前事不忘，后事之师。为避免未来发生类似败诉，提出如下建议：

1. 房屋买卖属于生活中比较复杂的重大交易，交易过程中不仅应注意房屋的权属、质量等常见问题，也应适当注意交易相对方的精神状况，在未事先征得其法定代理人同意的情况下与精神病人签订的房屋买卖合同有被判无效的风险。

2. 房屋买卖合同一方当事人在签订合同后才发现交易相对方为无民事行为能力人或者是限制民事行为能力人的，应当及时找到其法定代理人进行追认，其法定代理人不同意追认的，应当及时请求法院确认合同无效，以免损失进一步扩大。

法院判决

本院认为，不能完全辨认自己行为的精神病人是限制民事行为能力人，可以进行与他的精神健康状况相适应的民事活动；其他民事活动由他的法定代理人代理，或者征得他的法定代理人的同意。本案中，姚某1患有多年的偏执型精神分裂症，经鉴定其在2009年7月22日签订房屋买卖合同期间，民事行为能力受限，即姚某1不能独立实施与其精神健康状况不相适应的民事活动。房屋买卖在日常生活中属于比较复杂的重大交易，交易的各方相对人应当具备完全的民事行为能力。在姚某1与被告赵某的房屋买卖交易过程中，除了双方在办理过户时订立的网签合同，并无其他正式的书面买卖合同，网签合同中关于房屋产权及具体状况的承诺、房屋的交付、违约责任、税费相关规定、权属转移登记等相关内容也均为空白，无任何明确约定；关于房价款的数额及支付情况，被告赵某未向本院提供相关证据予以证明，其在庭审中的陈述也前后矛盾。综合考虑以上事实，本院认为姚某1依法不能独立实施与被告赵某签订房屋买卖合同的行为，由于姚某1出卖808号房屋的行为未征得其法定代理人的同意，事后其法定代理人对姚某1出卖房屋的行为也拒绝追认，故姚某1与被告赵某签订的房屋买卖合同应为无效。

相关法律规定

《中华人民共和国合同法》

第四十七条 限制民事行为能力人订立的合同，经法定代理人追认后，该合同有效，但纯获利益的合同或者与其年龄、智力、精神健康状况相适应而订立的合同，不必经法定代理人追认。

相对人可以催告法定代理人在一个月内予以追认。法定代理人未作表示的，视为拒绝追认。合同被追认之前，善意相对人有撤销的权利。撤销应当以通知的方式作出。

《中华人民共和国民法总则》

第二十二条 不能完全辨认自己行为的成年人为限制民事行为能力人，实施民事法律行为由其法定代理人代理或者经其法定代理人同意、追认，但是可以独立实施纯获利益的民事法律行为或者与其智力、精神健康状况相适应的民事法律行为。

案件来源

姚某2等与赵某房屋买卖合同纠纷一审民事判决书［北京市丰台区人民法院（2013）丰民初字第06449号］

010 裁判认定口头借名买房协议成立的三个标准

阅读提示

借名买房是指购买人因自身不具备购房资格，或拟购房屋具有特殊属性，无法以自己的名义购买房屋，遂借用他人名义购买房屋，并支付购房款（包括按揭贷款）的法律关系。

在司法实务中，因借名买房导致借名人与出名人产生法律争议的情形较多。中国传统社会是人情社会，既然借名买房，出名人一般是亲友，且交易多处于灰色地带。借名人碍于情面等各种原因，没有要求签订书面借名协议就交钱收房入住了事。等借名人可以自己名义或取得购房资格，要求出名人（登记权利人）移转登记，一旦其反悔（如房价上涨过高），极易导致纠纷成讼。

判断借名买房，应考虑以下三个因素，一是占有使用，二是实际出资，三是借名合意。在司法实务中，如何判断当事人之间存在口头借名买房协议？当前并无规范性文件予以明确规定。在双方对房款实际出资（首付款、月供等）有相反的主张导致法院难以反推认定借名合意时更是引发争议。本案例中，一审法院适用证据规则，判断双方之间不存在口头借名买房协议；二审法院在裁判理由中，确立了裁判认定口头借名买房协议成立的三个标准，改判口头借名买房协议成立，为类似纠纷中的举证、质证及裁判认定提供了指引，值得重视与借鉴。

裁判要旨

双方对房款实际出资（首付款、月供等）有相反的主张，裁判认定口头借名买房协议存在，需要综合双方证据，从借名买房具有合理事由，借名人有涉案房屋归其所有的意思，出名人无涉案房屋归其所有的意思三个方面予以判断。

案情简介

2001 年 5 月 26 日，李某（买受人）与安地房地产公司（出卖人）签订《商品房买卖合同》，约定李某购买 1701 号房屋，建筑面积 267.08 平方米；价款总计人民币 1,188,506 元。2010 年 5 月 4 日，该房屋登记为李某单独所有，房屋性质为经济适用房。

2015 年，李某向一审法院诉讼请求：黄某立即腾出 1701 号房屋。黄某向一审法院反诉请求：判令李某履行合同约定，为黄某办理 1701 号房屋的过户手续。

现本案所涉房屋的市场价值已过千万元，李某与黄某之间就房屋性质及归属问题未进行过书面约定，双方在庭审中关于房屋归属问题的陈述截然不同：（1）黄某主张其在 2001 年准备购买 1701 号房屋作为与王某的婚房，但因其系香港公民不具备购房资格，遂与李某商定借用其名义购房，其在缴纳了首付款后，办理了入住手续并居住至今，这期间的银行按揭贷款亦由其支付，因此其才是 1701 号房屋的所有权人。（2）李某对其予以否认，表示涉案房屋是其自行购买，首付款由其前夫刘某缴纳。黄某办理入住手续、在 1701 号房屋内居住、逐月向其支付人民币 7,000 余元费用，是因为当时基于黄某与其前夫之堂姐王某的男女朋友关系，将 1701 号房屋借给他们作为婚房，条件是黄某、王某每月替其偿还月供作为房屋使用费用。

一审法院认为，本案的争议焦点为双方当事人之间是否存在“借名买房”关系。综合双方提交的证据，主要是支付涉案 1701 号房屋的首付款、银行按揭贷款及付款票据，法院认定黄某提交的证据不足以认定其与李某之间就涉案房屋存在借名买房关系，故法院对黄某提出的反诉请求不予支持；认定李某作为权利人，有权要求黄某将涉案房屋腾空后返还。

经黄某上诉后，二审法院认为，双方当事人对于借名买房事宜没有书面约定，本案之争议焦点在于探究双方当事人是否有借名买房的口头约定。经审理认定，在案证据已经可以证明黄某与李某存有借名买房的口头约定，该约定系双方真实意思表示，不违反法律、行政法规的强制性规定，为有效合同，双方当事人应依据合同履行自己的义务。李某应配合黄某办理 1701 号房屋的转移登记手续，将房屋转移登记至黄某名下。判决：撤销原判，李某协助黄某办理 1701 号房屋的转移登记手续。

裁判要点

二审法院认定双方存在口头借名买房协议，出名人需协助借名人办理房屋转移登记手续的原因在于：

1. 黄某借名买房有合理事由。

本案中，1701 号房屋为经济适用房，购买价款较相同地段的其他房屋更便宜，而黄某在当时不具备购买 1701 号房屋的资格。故黄某有借名买房的合理事由。

2. 黄某有案涉房屋归其所有的意思。

（1）黄某办理了 1701 号房屋入住手续，在房屋交付后对房屋进行装修并居住至今。

（2）黄某持有还款银行存折的原件且一直支付月供。李某关于黄某支付的月供系租金之主张，在租金与月供大致相等且当事人完全有能力支付房屋的首付款时，当事人只租不购不是理性经济人所为。

（3）黄某持有《商品房买卖合同》，购房发票，1701 号房屋入住时的文件等相关票据材料。李某主张其在城东工作委托黄某办理城西房屋入住手续，故将上述票据材料交由黄某，不合常理。

3. 李某无涉案房屋归其所有的意思。

（1）购买 1701 号房屋时，李某之经济能力负担不了本房屋之月供。李某选择购买自己负担不了月供的房屋，并非理性经济人所为。

（2）除缴纳首付款外，李某、刘某无法陈述购买房屋之过程。

（3）李某与刘某离婚时，离婚协议中未涉及 1701 号房屋权益的分割事宜。鉴于该房屋现价值过千万元，故不符合理性经济人之选择。

（4）李某在黄某入住 1701 号房屋十多年之后才主张黄某腾退，不合常情常理。

（5）涉案购房时缴纳的公共维修基金收据由黄某持有。

实务经验总结

前事不忘，后事之师。为避免未来发生类似败诉，提出如下建议：

1. 借名人（实际购房人）要有风险意识，核实所属房屋借名买房是否有禁止性规定。借名人应与出名人签订书面借名协议，分配好双方的权利义务，尤其是交房入住及未来房屋过户登记的日期及责任。另外，需要妥善保存涉案房屋的原始缴费凭据，如首付款、月供、公共维修基金收据等文件。

2. 出名人（登记名义人）要诚信履约，核实房屋性质，若属于法规、政策禁止借名买房或有相应限制的，要向借名人尽到说明及提示义务，避免因合同无效承担相应的过错责任。本案中，涉案房屋为经济适用房，需限制上市期限（5年）届满，双方才能办理转移登记手续。

法院判决

本院认为，双方当事人对于借名买房事宜没有书面约定，本案之争议焦点在于探究双方当事人是否有借名买房的口头约定。双方存有借名买房的口头约定时，由于被借名人要向借名人履行过户义务，故能够从买房事前、事后的迹象推断出借名人（黄某）有房屋归其所有的意思，亦能够从买房事前、事后的迹象推断出被借名人（李某）没有房屋归其所有的意思。当然，借名买房中借名人如果自己能够购买房屋，则不存在借名买房之必要。借名人还需要提供借名买房的合理事由。由此，是否存在借名买房的约定可以从三个方面予以判断：（1）从买房事前、事后的迹象可以推断出借名人（黄某）有房屋归其所有的意思；（2）从买房事前、事后的迹象可以推断出被借名人（李某）没有房屋归其所有的意思；（3）借名买房有合理事由。上述三个方面的条件都具备的，应该认为双方当事人存有借名买房的口头约定。

是否有借名买房的合理事由。本案中，1701号房屋为经济适用房，购买价款较相同地段的其他房屋更便宜，而黄某在当时不具备购买1701号房屋的资格。因此，应当认定，黄某具有借名买房的合理事由。

结合以下线索，可以认定黄某有1701号房屋归其所有的意思。（1）黄某办理了房屋入住手续，在房屋交付后对房屋进行装修并居住至今。（2）黄某持有还款银行存折的原件且陆续支付月供直至一审判决作出。李某关于黄某支付的月供系租金之主张存有如下漏洞，本院不予采信。在租金与月供大致相等且当事人完全有能力支付房屋的首付款时，当事人选择租赁房屋却不选择购买房屋之做法不符合理性经济人的选择。（3）黄某持有《商品房买卖合同》，购房发票，1701号房屋入住时的文件，保险费专用发票，代理费、代办产权费发票，代收抵押登记费收据，律师费收据，代收印花税收据，公共维修基金收据，代收费用、物管费收据。李某以办理入住手续特别复杂，自己在城东有工作不可能老往城西跑，故其委托黄某与王某办理手续为由否认其与黄某之间有借名买房关系，但该解释存有如下疑点：（1）即使存有李某工作在城东而诉争房屋在城西等因素，房屋入住手续几个来回就能办理完毕。办理入住手续并没有复杂到需要将票据均交给黄某或王某之程度。（2）即使确实存在因入住手续复杂而委托他人办理之情形，李某在事后也应当及时收回购房相关票据，而直至诉讼中相关票据仍为黄某持有。李某之解释存有上述疑点，本院不予采信。

综合以下疑点，可以认定李某无 1701 号房屋归其所有的意思。（1）购买 1701 号房屋时，李某之经济能力负担不了本房屋之月供。李某选择购买自己负担不了月供的房屋，并非理性经济人所为。（2）除缴纳首付款外，李某、刘某无法陈述购买房屋之过程。第一，刘某虽主张选房是自己办理的，但选房过程记不清楚。房屋购买为人生之重大事项，即使不能完全记清也应有相对模糊之印象并结合该模糊印象就地点、过程等作出相应陈述，而不能以记不清楚来搪塞。第二，刘某先陈述房屋后期购买过程为李某本人办理，在黄某要求其确认时，刘某又陈述记不清楚了，不知道房屋后续手续为何人办理。上述陈述存在矛盾。（3）李某与刘某离婚时，离婚协议中未涉及 1701 号房屋权益的分割事宜。刘某与李某婚姻存续期间，房屋已经有了很大幅度的升值，刘某有权利要求取得 1701 号房屋的部分利益，但刘某没有主张分割，该情形不符合理性经济人之选择。刘某辩解离婚主要责任在于自己，所以没有分割 1701 号房屋的权益。如果离婚责任在于刘某，离婚协议更应当说明刘某放弃 1701 号房屋的权益，但双方之离婚协议对此并未涉及。（4）李某在黄某入住 1701 号房屋十多年之后才主张黄某腾退。王某是连接黄某与李某的纽带，而王某与黄某早已于 2004 年至 2005 年期间分手。在情感上而言，王某与黄某分手后李某应及时索回诉争房屋，但李某直至 2015 年才以起诉的方式追索。在经济上而言，在此期间，1701 号房屋的租金已经发生了很大幅度的上涨，李某却一直不追索诉争房屋，并不符合理性经济人的选择。李某迟迟未追索诉争房屋之行为于情于理均有漏洞。（5）李某虽然依据《北京市住宅公共维修基金专用收据》主张公共维修基金为其缴纳，但该收据形成时间为 2005 年 3 月 7 日，与购买房屋时间相隔较远。考虑到购买房屋时就需要缴纳公共维修基金，填发时间为 2001 年 8 月 13 日的公共维修基金收据为黄某持有，而该时点距离房屋的购买时间很近，故应当认定公共维修基金为黄某缴纳。李某对此进行了不实陈述，应不予采信。

由此，在案证据已经可以证明黄某与李某存有借名买房的口头约定。该约定系双方的真实意思表示，不违反法律、行政法规的强制性规定，为有效合同，双方当事人应依据合同履行自己的义务。李某应配合黄某办理 1701 号房屋的转移登记手续，将房屋转移登记至黄某名下。

相关法律规定

《中华人民共和国合同法》

第十条 当事人订立合同，有书面形式、口头形式和其他形式。

法律、行政法规规定采用书面形式的，应当采用书面形式。当事人约定采用书面形式的，应当采用书面形式。

第五十二条 有下列情形之一的，合同无效：

（一）一方以欺诈、胁迫的手段订立合同，损害国家利益；

（二）恶意串通，损害国家、集体或者第三人利益；

（三）以合法形式掩盖非法目的；

（四）损害社会公共利益；

（五）违反法律、行政法规的强制性规定。

第六十条 当事人应当按照约定全面履行自己的义务。

当事人应当遵循诚实信用原则，根据合同的性质、目的和交易习惯履行通知、协助、保密等义务。

《最高人民法院关于民事诉讼证据的若干规定》

第七十三条 双方当事人对同一事实分别举出相反的证据，但都没有足够的依据否定对方证据的，人民法院应当结合案件情况，判断一方提供证据的证明力是否明显大于另一方提供证据的证明力，并对证明力较大的证据予以确认。

因证据的证明力无法判断导致争议事实难以认定的，人民法院应当依据举证责任分配的规则作出裁判。

《北京市高级人民法院关于审理房屋买卖合同纠纷案件适用法律若干问题的指导意见（试行）》（京高法发〔2010〕458号）

第十五条 当事人约定一方以他人名义购买房屋，并将房屋登记在他人名下，借名人实际享有房屋权益，借名人依据合同约定要求登记人（出名人）办理房屋所有权转移登记的，可予支持。但是，该房屋因登记人的债权人查封或其他原因依法不能办理转移登记，或者涉及善意交易第三人利益的除外。

当事人一方提供证据证明其对房屋的购买确实存在出资关系，但不足以证明双方之间存在借名登记的约定，其主张确认房屋归其所有或要求登记人办理房屋所有权转移登记的，不予支持；其向登记人另行主张出资债权的，应当根据出资的性质按照相关法律规定处理。

案件来源

黄某与李某房屋买卖合同纠纷二审民事判决书［（2017）京 01 民终 4679 号］

011 出卖人冒名签订房屋买卖合同导致合同无效的，法院按照各参与人对合同无效的主观过错分担赔偿买受人的相应损失

阅读提示

出卖人冒名签订房屋买卖合同，属于无权处分，若买受人不能举证证明构成表见代理的，当前司法实务裁判规则认为，房屋买卖合同无效。但法院如何认定合同无效的责任承担与责任范围？买受人可以诉请赔偿的项目又有哪些？

本案中，对于各参与人对合同无效的责任成立与责任范围，法院按照各参与人对合同无效的主观过错分别认定，并分担买受人的相应损失。

裁判要旨

出卖人冒名签订房屋买卖合同导致合同无效，各参与人对合同无效的责任成立与责任范围，法院按照各参与人对合同无效的主观过错分别认定，其中出卖人对合同无效具有主观故意，承担主要责任；居间人作为专业机构，对出卖人冒名事项未尽审核义务承担相应责任；买受人针对房屋买卖此一重大财产交易事项未尽到必要的注意义务的，需承担一定的责任。

案情简介

2012 年 12 月 6 日，杨某 1（出卖方）、葛某（买受方）与金城阜业公司（居间方）签订了房屋买卖居间合同，约定葛某以 76 万元价格购买杨某 1 所有的 101 号房屋，建筑面积约 60 平方米；金城阜业公司提供居间服务。上述合同出卖方处有“赵某”和“杨某 1”的签字，买受方有葛某的签字。签约当日，葛某依约交纳了 5 万元定金，赵某出具收条。金城阜业公司收取葛某服务费 13,800 元。

三方当事人签订上述房屋买卖居间合同时，杨某 1 不在场，合同中杨某 1 的签字并非其本人所写，赵某亦无杨某 1 出具的书面委托代理合同。赵某系杨某 1 之弟媳。101 号房屋系杨某 1 作为被拆迁人取得的安置房，于 2014 年 1 月 14 日办理了房屋入住手续，办理入住手续后赵某未向葛某交付房屋。北京市门头沟区石

门营选房安置协议书载明：101号房屋实测建筑面积为62.51平方米。该房屋尚未取得房屋所有权证。

2013年，葛某以杨某1、赵某为被告诉至法院，要求杨某1、赵某继续履行合同并交付涉案房屋。经二审终审，法院认定，杨某1系101号房屋的所有权人，赵某以杨某1名义和葛某签订了房屋买卖合同，现杨某1明确表示对赵某的行为不予追认，故判决驳回葛某要求继续履行合同的诉讼请求。

现葛某提起本案诉讼，称生效判决确认其与二被告（赵某及金城阜业公司）签订的房屋买卖行为已归于无效。因赵某违背诚实信用原则，金城阜业公司未尽居间方应尽的审查义务，致使其信赖利益受损。因二被告的过错致使其丧失了2012年年底购买当年同等价位楼房的机会，二被告应当赔偿房屋增值差价损失。此外，因房屋没有按时到位，导致发生租赁费及车位租赁费费用，亦应赔偿。

葛某为证明上述损失，提交了车位租赁服务协议书、履约保证金合同书、车辆出入证、泊车卡、停车管理公司出具的收据等证据材料。本案一审中，经法院释明，由葛某申请，法院针对101号房屋的市场价值咨询北京京评价格评估有限公司，该公司出具咨询意见书，载明：被咨询房屋北京市门头沟区永定镇101号，于评估基准日的正常市场价值为19,000元/平方米建筑面积。

一审法院经审理判决：（1）出卖人赵某返还定金5万元及相应的利息。葛某诉请双倍返还定金，不予支持。赵某在未取得杨某1授权的情况下，将101号房屋签约出售，具有严重过错，应承担主要责任。在涉案合同签订时，杨某1并未在场，葛某亦未向杨某1本人核实房屋买卖事宜，葛某作为买受人，对房屋买卖这种重大财产交易事项应当尽到谨慎的注意义务，在赵某未出具书面委托手续的情况下，其与赵某签订房屋买卖合同，本身具有一定过错，亦应承担相应责任。（2）居间人金城阜业公司返还服务费13,800元。金城阜业公司作为专业的房地产经纪公司，签订合同当日，明知杨某1未在场，且赵某未出具委托手续，亦无证据证明签订合同当日赵某持有杨某1的身份证原件，仅依据赵某曾代理杨某1在其公司卖过两套房子，并事后通过赵某提供的“杨某1”的电话核实，未尽到应有的严格审查义务，导致葛某无法取得交易房屋，其应当承担相应责任。（3）出卖人赵某及居间人金城阜业公司按照各自的过错分别承担葛某房屋增值损失、租房费用及车位租赁损失。

赵某的上诉称：（1）房屋买卖居间合同是三方行为，赵某、葛某及金城阜业公司都有过错，且三方过错均等，所以互相不应承担责任，一审法院加重赵某的责任错误；（2）涉案房屋为回迁房，不能上市交易，无法评估，评估咨询意见书不能作为证据采信，一审法院依据咨询意见书认定增值损失依据不足。

金城阜业公司上诉称：（1）赵某找杨某2冒名顶替杨某1，赵某和杨某2应该承担导致合同无效的全部责任，其他人都不应承担责任；（2）本案应适用合同法第四百二十四条、第四百二十五条对居间合同所作具体规定来认定金城阜业公司的责任，而不应适用《中华人民共和国合同法》第四十八条、第五十八条的原则性规定；（3）咨询意见书不应当采信，该咨询意见书不应以2013年12月14日作为评估的基准日，也没有任何人的签名，这不符合法律规定，且该咨询意见书认定的19,000元的价格偏高。

二审法院裁决对于房屋买卖合同无效的三方责任，即赵某就冒名签订房屋买卖导致合同无效承担主要责任，金城阜业公司就违反审查义务而承担相应责任，葛某承担一定的责任予以认定。另认为，对于葛某因合同无效而造成的房屋差价损失的具体数额，一审法院依据专业评估机构出具的咨询意见书酌情确定并无不当，本院不持异议。该评估基准日2013年12月14日为房屋买卖居间合同经法院生效判决确定不能履行的次日，亦为葛某损失确定发生的时间，故以该时点作为评估基准日并无不当。故二审法院判决：驳回上诉，维持原判。

裁判要点

两审法院判决认定出卖人冒名签订房屋买卖合同导致合同无效的责任成立与责任范围认定的原因在于：

1. 出卖人构成无权代理，本人拒绝追认，出卖人对合同无效具有主观故意，应承担主要责任。

赵某在未取得杨某1授权的情况下，与葛某、金城阜业公司就101号房屋签订房屋买卖居间合同，赵某构成无权代理。此后，因杨某1拒绝对赵某的代理行为表示追认，房屋买卖居间合同因此确定无效。

赵某在明知未取得杨某1授权的情况下，擅自与他人签订房屋买卖合同，代理杨某1出售101号房屋，对于合同无效的后果主观上出于故意，具有严重过错，故应对葛某的损失承担主要责任。

2. 居间人对出卖人身份及授权事项未尽审查义务，对合同无效承担相应的责任。

金城阜业公司作为收取服务费用的专业房地产经纪公司，对于核实出卖人身份、代理人的代理权限等与买卖合同相关的重要事项，应负有严格的审查义务。

金城阜业公司在赵某未出具杨某 1 的委托手续，亦未征得杨某 1 本人同意的情况下，仅因赵某曾代理杨某 1 在其公司卖过两套房子，并事后通过赵某提供的“杨某 1”的电话核实，即认可赵某具有代理权，违反其应有的审查义务，具有一定的过错。故对于葛某的损失，应当承担相应的责任。

3. 买受人对房屋买卖这种重大财产交易事项未尽到注意义务，对合同无效应承担一定的责任。

在涉案合同签订时，杨某 1 并未在场，葛某亦未向杨某 1 本人核实房屋买卖事宜，葛某作为买受人，对房屋买卖这种重大财产交易事项应当尽到谨慎的注意义务，在赵某未出具书面委托手续的情况下，其与赵某签订房屋买卖合同，本身具有一定过错，亦应承担相应责任。

实务经验总结

前事不忘，后事之师。为避免未来发生类似败诉，提出如下建议：

1. 房屋所有人应谨慎保管自己的身份证复印件、印鉴、授权书等文件，防止他人用来冒名签订房屋买卖合同，处置自己的房产。发生纠纷后，若不欲出卖房屋，应及时向买受人明确表示出卖人无权处置房产即自己不予认同的意思。

2. 房屋居间人，如房地产经纪公司，作为专业的机构，应严格核查屋主身份及授权文件真实性，对于代理人交易的，应及时向屋主确认。

3. 房屋买受人在针对购房此一重大财产交易事项时，应尽到注意义务，要向房主本人核实身份及买卖事宜，代理人进行交易的，要注意保留其书面委托手续。

法院判决

本院认为，赵某在未取得杨某 1 授权的情况下，与葛某、金城阜业公司就 101 号房屋签订房屋买卖居间合同，赵某构成无权代理。此后，因杨某 1 拒绝对赵某的代理行为表示追认，房屋买卖居间合同因此确定无效。根据《中华人民共和国合同法》第五十八条之规定，合同无效后，因该合同取得的财产，应当予以返还。有过错的一方应当赔偿对方因此所受到的损失，双方都有过错的，应当各自承担相应的责任。一审法院适用合同法关于无权代理及合同无效的法律后果的相关规定处理本案正确，本院予以确认。

本案中，赵某在明知未取得杨某 1 授权的情况下，擅自与他人签订房屋买卖合同，代理杨某 1 出售 101 号房屋，对于合同无效的后果主观上出于故意，具有严重过错，故应对葛某的损失承担主要责任。金城阜业公司作为收取服务费用的专业房地产经纪公司，对于核实出卖人身份、代理人的代理权限等与买卖合同相关的重要事项，应负有严格的审查义务。金城阜业公司虽主张赵某找杨某2顶替杨某1签订合同，而杨某2与杨某1长相相似其公司客观上无法辨别，但就此未能提供充分证据，故本院不予采信。根据本案现有证据，金城阜业公司在赵某未出具杨某1的委托手续且未征得杨某1本人同意的情况下，仅因赵某曾代理杨某1在其公司卖过两套房子，并事后通过赵某提供的“杨某1”的电话核实，即认可赵某具有代理权，违反其应有的审查义务，具有一定的过错。故对于葛某的损失，应当承担相应的责任。

相关法律规定

《中华人民共和国合同法》

第四十八条 行为人没有代理权、超越代理权或者代理权终止后以被代理人名义订立的合同，未经被代理人追认，对被代理人不发生效力，由行为人承担责任。

相对人可以催告被代理人在一个月内予以追认。被代理人未作表示的，视为拒绝追认。合同被追认之前，善意相对人有撤销的权利。撤销应当以通知的方式作出。

第四十九条 行为人没有代理权、超越代理权或者代理权终止后以被代理人名义订立合同，相对人有理由相信行为人有代理权的，该代理行为有效。

第五十八条 合同无效或者被撤销后，因该合同取得的财产，应当予以返还；不能返还或者没有必要返还的，应当折价补偿。有过错的一方应当赔偿对方因此所受到的损失，双方都有过错的，应当各自承担相应的责任。

第四百二十四条 居间合同是居间人向委托人报告订立合同的机会或者提供订立合同的媒介服务，委托人支付报酬的合同。

第四百二十五条 居间人应当就有关订立合同的事项向委托人如实报告。

居间人故意隐瞒与订立合同有关的重要事实或者提供虚假情况，损害委托人利益的，不得要求支付报酬并应当承担损害赔偿责任。

《最高人民法院关于当前形势下审理民商事合同纠纷案件若干问题的指导意见》

四、正确把握法律构成要件，稳妥认定表见代理行为

13、合同法第四十九条规定的表见代理制度不仅要求代理人的无权代理行为在客观上形成具有代理权的表象，而且要求相对人在主观上善意且无过失地相信行为人有代理权。合同相对人主张构成表见代理的，应当承担举证责任，不仅应当举证证明代理行为存在诸如合同书、公章、印鉴等有权代理的客观表象形式要

素，而且应当证明其善意且无过失地相信行为人具有代理权。

《北京市高级人民法院关于审理房屋买卖合同纠纷案件若干疑难问题的会议纪要》(京高法发〔2014〕489号)

八、冒名签订房屋买卖合同的效力

出卖人冒用房屋所有权人名义（如伪造所有权人身份证明、找相貌近似者冒充所有权人交易等）擅自转让房屋，可以参照《合同法》第48条无权代理的规定认定房屋买卖合同无效，该合同对房屋所有权人没有约束力，但买受人有证据证明构成《合同法》第49条规定表见代理的除外。

买受人信赖出卖人享有代理权法律外观的形成系不可归因于房屋所有权人的，不构成前款规定的表见代理。

案件来源

赵某等与葛某房屋买卖合同纠纷二审民事判决书［(2015）一中民终字第03101号］

延伸阅读

1.上海市司法实务中对商事合同纠纷中构成表见代理的认定规则，包括行为人权利外观要件与相对人主观因素要件。

上海市高级人民法院《商事合同案件适用表见代理要件指引（试行)》(2012年11月10日）规定：

“一、关于表见代理的价值取向商事合同案件审理中，适用表见代理制度应当注意把握好两种价值取向：一是维护交易安全，保护善意合同相对人的合法权益；二是促进交易行为的规范化，引导合同相对人、被代理人和行为人诚信经营。

……

五、关于表见代理的构成要件根据《中华人民共和国合同法》第四十九条和《最高人民法院关于当前形势下审理民商事合同纠纷案件若干问题的指导意见》的规定，适用表见代理须同时符合两项要件：

（一）权利外观要件，即行为人无权代理行为在客观上形成具有代理权的表象；

（二）主观因素要件，即合同相对人善意且无过失地相信行为人有代理权。

六、关于权利外观的主要考量因素对权利外观的考量应当结合合同订立与履行过程中的各种因素，综合判断行为人的行为能否产生具有代理权的表象。主要考量因素包括：

（一）合同是否以被代理人名义订立。

（二）行为人的身份、职务是否与被代理人有关联。

（三）被代理人对行为人是否存在可合理推断的授权关系。如，行为人原有代理权已被终止但被代理人未对外告知等情形。

（四）合同等对外文件材料上是否加盖与被代理人有关的、可正常对外使用的有效印章。

（五）合同关系的建立方式是否与双方以往的交易方式相符。

（六）合同订立过程、交易环境和周围情势等是否与被代理人有关。

（七）被代理人是否存在能够使人相信其参与合同履行的行为。如，被代理人实际支付过合同价款；被代理人与合同相对人就履约问题进行过交涉等，可作为考量因素。

（八）标的物的用途、交付方式与交付地点等是否与被代理人有关，被代理人是否取得履行合同的利益。

（九）其他具有代理权客观表象的情形。

七、关于主观要素的主要考量因素对主观要素的考量应当结合合同订立和履行过程中的各种因素，综合判断合同相对人是否为善意且无过失，即合同相对人不知道行为人无代理权，其在作出相应判断时已尽到合理注意，不存在明显的疏忽或懈怠。一般而言，上述第六条权利外观因素越充分，越能够说明合同相对人主观上善意无过失。此外，可供用于判断相对人主观善意的其他考量因素还可包括：

（一）合同相对人与被代理人之间是否存在交易历史以及相互熟识程度。

（二）合同相对人在订立合同之前是否即已充分知悉权利外观事实。

（三）合同相对人注意义务与交易规模大小是否相称。

（四）交易对效率的要求与合同相对人核实代理权限的成本是否相称。

（五）其他影响合同相对人主观判断的因素。”

2. 广东省司法实务中对出卖人冒用房屋所有权人名义买卖房屋的认定规则，区分可归责于房屋出卖人情形（原则无效，表见代理除外）与不可归责于房屋所有人情形（一律无效）。

《广东省高级人民法院印发〈关于审理房屋买卖合同纠纷案件的指引〉的通知》第八条规定：“出卖人冒用房屋所有权人名义转让房屋，该合同对房屋所有权人没有约束力，但买受人有证据证明出卖人的行为构成表见代理的除外。出卖人冒用房屋所有权人名义伪造身份证、房产证等证件转让房屋的，不适用善意取得的规定。”

012 为规避国家税收监管，故意隐瞒房屋真实交易价格签订的“阴阳合同”效力如何？

阅读提示

当事人为了规避国家税收监管签订阴阳合同，故意隐瞒真实的交易价格，该房屋买卖合同中价格条款无效，但该条款无效不影响合同其他部分的效力，当事人以逃避国家税收为由，要求确认买卖合同全部无效的，法院将不予支持。

案情简介

2010 年 12 月 20 日，王某与吕某签订了《北京市房屋买卖合同》。合同中写明吕某购买王某位于北京市丰台区富锦嘉园小区的 602 号房屋，合同价款为 280 万元。

2011 年 1 月 7 日，为了规避国家的税收监管，王某与吕某又签订了《存量房屋买卖合同》，合同约定吕某以 64 万元购买王某的 602 号房屋。但双方实际仍然按照 280 万元进行交易。

2013 年 4 月 6 日，北京市房山区人民法院作出（2013）房民特字第 721 号判决书，宣告王某为限制民事行为能力人。

王某以自己为限制行为能力人，且 602 号房屋的实际交易价格为 280 万元，但双方为了避税在《存量房屋买卖合同》约定成交价格为 64 万元为由，向法院提起诉讼，主张《存量房屋买卖合同》无效。

北京市丰台区人民法院经审理判决驳回王某的诉讼请求。

裁判要点

当事人为了逃避国家税收而签订阴阳房屋买卖合同，故意隐瞒真实交易价格的，该价格条款非双方当事人真实的意思表示，且具有逃避国家税收监管的不正当目的，因而无效。但根据《中华人民共和国合同法》第五十六条的规定，合同部分无效的，不影响其他部分的效力，即该阳合同仅价格条款无效，其他部分效力不受影响，当事人不能主张合同全部无效。

本案中，王某和吕某在签订了《北京市房屋买卖合同》后，又签订了《存量房屋买卖合同》，将原合同约定的 280 万元房价改为 64 万元，因其更改交易价格的目的仅是逃避国家税收监管，因此该价格条款无效。但《存量房屋买卖合同》的其他条款依然有效，只是交易价格依然应当以当事人真实意思表示一致的《北京市房屋买卖合同》为准。

法院判决

本院认为，当事人对自己提出的诉讼请求所依据的事实有责任提供证据加以证明。没有证据或者证据不足以证明当事人的事实主张的，由负有举证责任的当事人承担不利后果。第一，房山法院的判决书仅是对判决作出后的行为能力进行了认定，并未对签订合同时的行为能力进行认定。而且，依照民法通则的相关规定，并非限制行为能力人所作的民事行为均为无效，如果是与他的年龄、智力相适应的民事活动仍然有效。现仅凭房山法院判决书，既无法认定签订《存量房屋买卖合同》时王某行为能力是否存在瑕疵，更无法认定即使行为能力存在瑕疵，那么签订房屋买卖合同这一行为是否属于与他年龄、智力相适应的民事活动。因此，王某主张其在签订《存量房屋买卖合同》时行为能力存在瑕疵，因其并未提交证据予以充分证明，本院不予采信。第二，依据现有证据可以认定，双方实际交易价格为 280 万元，但《存量房屋买卖合同》中约定价格仅为 64 万元，王某和吕某为规避国家税收监管隐瞒了真实的交易价格，但上述情形仅会导致《存量房屋买卖合同》中价格条款无效，该条款无效不影响合同其他部分的效力。现王某以逃避国家税收为由，要求确认《存量房屋买卖合同》全部无效，本院不予支持。另外，本院依据现有证据亦不足以认定《存量房屋买卖合同》存在其他无效情形。综上，本院对王某要求确认《存量房屋买卖合同》无效，不予支持。

相关法律规定

《中华人民共和国合同法》

第五十二条 有下列情形之一的，合同无效：

（一）一方以欺诈、胁迫的手段订立合同，损害国家利益；

（二）恶意串通，损害国家、集体或者第三人利益；

（三）以合法形式掩盖非法目的；

（四）损害社会公共利益；

（五）违反法律、行政法规的强制性规定。

第五十六条　无效的合同或者被撤销的合同自始没有法律约束力。合同部分无效，不影响其他部分效力的，其他部分仍然有效。

《北京市高级人民法院关于审理房屋买卖合同纠纷案件若干疑难问题的会议纪要》(京高法发〔2014〕489号)

四、房屋买卖中阳合同的效力

当事人在房屋买卖合同（包括双方已经签字的网签合同）中为规避国家税收监管故意隐瞒真实的交易价格，该价格条款无效，但该条款无效不影响合同其他部分的效力。当事人以逃避国家税收为由，要求确认买卖合同全部无效的，不予支持。

……

《上海市高级人民法院关于审理"二手房"买卖案件若干问题的解答》

8. 当事人分别签订了几份买卖合同，但约定的房价不一致。现当事人对于房屋成交价格产生争议，如何认定?

答：对于前后合同约定的房价不一致这一情况，根据后合同优先于前合同的原则，原则上应以后订立的合同为准。如一方当事人确有证据证明双方为规避纳税、骗取贷款等，而故意在此后的《上海市房地产买卖合同》等合同中订立虚假价格的，因该项变更非双方变更房价的真实意思，且具有非法目的，不应予以认定，仍应以前合同约定的成交价履行。

判断时，除由提出异议方承担举证责任外，还应结合前后合同签订后的履行情况、前后合同约定的成交价与市场价格的差距大小、合同登记备案情况等综合判断。此外，对于当事人确存在规避纳税、骗取贷款等行为的，可一并建议相关部门予以处理。

案件来源

王某与吕某房屋买卖合同纠纷一审民事判决书［北京市丰台区人民法院（2013）丰民初字第8399号］

013 白纸黑字的房屋买卖合同，法院却认定为赠与?

阅读提示

当事人对房屋买卖合同的效力及履行存在争议，经审查其名为房屋买卖，实为赠与等其他法律行为的，应根据隐藏法律行为的性质进行处理。

案情简介

李某 1 与祁某系夫妻关系，婚后生育有二子一女，分别为长子李某 2、次子李某 3、女儿李某 4。1998 年，二人分别立下遗嘱将共有房屋留给儿子李某 3，李某 1 于 2003 年去世。

2012 年，为了方便房屋过户以及避税，祁某又与李某 3 签订了《存量房屋买卖合同》，合同中写明李某 3 以 1,214,600 元的价格购买祁某的房产，但祁某从未向李某 3 主张过该购房款。2015 年 1 月 29 日，母亲祁某去世，同年 8 月 28 日，李某 3 去世。

李某 4、李某 2 认为李某 3 在依遗嘱取得继承权后，又与母亲祁某就同一房屋签订房屋买卖合同，应视为放弃继承权，以此为由向法院提起诉讼，要求李某 3 之妻（张某）和李某 3 之子（李某 5）按合同约定支付房屋价款 1,214,600 元。

一审法院认为李某 3 与祁某签订的《存量房屋买卖合同》名为房屋买卖，实际上是一种赠与关系，因此判决驳回原告的诉讼请求。李某 4、李某 2 不服提起上诉，二审法院判决驳回上诉，维持原判。

裁判要点

民事法律行为的效果由意思表示决定，因此对于一项法律行为性质的认定，首先需要判定当事人的意思表示是什么。实践中，表意人可能会基于某种考虑而作出有所保留的意思表示，导致表面意思并不是表意人的真实意愿，此时，就需要根据具体案情分析判断其真实的意思表示，进而确定双方之间的法律关系。

本案的争议焦点在于如何认定祁某与李某 3 签订的《存量房屋买卖合同》的性质。仅根据当事人表露于外的意思表示，应当认定二人之间存在房屋买卖关系，但结合案情会发现，在涉案合同签订之前，李某 3 已经依据继承关系成为该房屋的共有人之一，且合同双方在合同中除价格以外并未明确约定其他任何重要条款，合同签订以后祁某也从未向李某 3 主张过合同的履行。因此，完全可以判定二人签订该合同不是为了形成买卖关系，其真实意愿是完成赠与，因而法院根据隐藏的真实意思表示判定祁某与李某 3 之间形成的是赠与合同法律关系。

法院判决

关于祁某与李某3之间意思表示及法律行为的效力认定。

关于通谋虚伪，法理上将其结构分为内外两层行为：外部的表面行为系双方当事人共同作出与真实意思不一的行为，亦称伪装行为；内部的隐藏行为，则是被掩盖于表面行为之下，代表当事人双方真意的行为，亦称非伪装行为。对此，本院将结合具体案情分析如下。

第一，表面行为即本案中祁某、李某3之间房屋买卖的意思表示所指向的法律效果并非祁某、李某3所欲求，双方并无接受该意思表示的约束且已就此达成合意。换言之，祁某与李某3并不希望发生真实的房屋买卖关系，而只是借此形式完成房屋权属变更的目的。如前所述，即双方之间的法律行为名为买卖实为赠与。私法自治乃民法之基本原则，其要义在于个人得依自主的意思，自我负责地形成私法上的权利义务。具体到本案中，既然祁某与李某3的真实自由之意愿在于赠与，法律当对此予以尊重。至于赠与行为的效力如何，尚需结合法律规范进行进一步判断。

第二，隐藏行为即本案中祁某与李某3之间的房屋赠与行为有效。原因在于：隐藏行为虽不为外人所知，却是当事人真正的意思表示，对其效力的认定应当遵循相关的法律规则。故在本案中，对祁某与李某3之间形成的法律行为效力的认定应当遵循赠与合同的法律规范。依照《中华人民共和国合同法》第一百八十五条的规定：赠与合同是赠与人将自己的财产无偿给予受赠人，受赠人表示接受赠与的合同。可见，赠与合同中涉及的关键要素有三个：其一是赠与人对于所赠财产具有处分权；其二是赠与行为具有无偿性；其三是受赠人具有接受的意思表示。对照上述规定，本案中，祁某是涉诉房屋的共有权人之一，现祁某将自己的房屋份额无偿赠与给另一个共有权人李某3，且李某3已经办理完毕房屋产权过户登记手续。双方上述行为并未违反法律法规的强制性规定，且为内心之真实意愿，故双方之间形成了合法有效的赠与合同关系。

相关法律规定

《中华人民共和国民法总则》

第一百四十三条　具备下列条件的民事法律行为有效：

（一）行为人具有相应的民事行为能力；

（二）意思表示真实；

（三）不违反法律、行政法规的强制性规定，不违背公序良俗。

第一百四十六条 行为人与相对人以虚假的意思表示实施的民事法律行为无效。

以虚假的意思表示隐藏的民事法律行为的效力，依照有关法律规定处理。

《北京市高级人民法院关于审理房屋买卖合同纠纷案件若干疑难问题的会议纪要》（京高法发〔2014〕489号）

四、房屋买卖中阳合同的效力

……

当事人对房屋买卖合同（包括双方已经签字的网签合同）的效力及履行存在争议，经审查其名为房屋买卖，实为赠与等其他法律行为的，应根据隐藏法律行为的性质进行处理。

《江苏省高级人民法院关于审理民间借贷纠纷案件的会议纪要》

三、关于民间借贷的责任主体和性质认定

（三）当事人之间以借贷为目的签订房屋买卖合同作为担保的，人民法院应当认定双方名为房屋买卖实为民间借贷关系。出借人以房屋买卖关系提起诉讼，请求履行房屋买卖合同并办理房屋过户登记手续的，人民法院应当向其释明按照民间借贷关系变更诉讼请求；出借人坚持不予变更的，人民法院应当判决驳回其诉讼请求。

案件来源

李某4等上诉张某等房屋买卖合同纠纷二审民事判决书［北京市第三中级人民法院（2016）京03民终7576号］

014 当事人主张名为房屋买卖实为民间借贷，法院根据哪些因素裁量认定纠纷性质？

阅读提示

当事人以签订房屋买卖合同作为民间借贷合同的担保，到期后未获清偿的，出借人不得请求履行买卖合同，但可以申请拍卖或变卖该房屋以为偿债。

但是当事人主张名为房屋买卖实为民间借贷的纠纷，法院如何裁量认定其纠纷的性质？现行法律法规、司法解释及地方高级人民法院政策性文件等均未有明确的规定与指引。本案裁判规则认为，法院需综合双方举证情况，根据房屋买卖合同形式及内容、支付的款项性质及约定的房屋买卖继续履行条件等因素综合衡量认定。

裁判要旨

当事人之间是房屋买卖还是民间借贷关系，法院需综合双方举证情况，根据房屋买卖合同形式及内容、支付的款项性质及约定的房屋买卖继续履行条件等因素综合衡量认定。

案情简介

2016年1月13日，甲方与乙方签订《房屋买卖合同》，约定甲方将自有房屋一套出售给乙方。

2016年1月13日，甲方、乙方与丙方签订《协议书》一份，内容为：因甲方欠丙方到期借款64万元未偿还，甲乙双方于2016年1月13日签订《房屋买卖合同》，约定甲方将坐落为××房屋，以总价款169.6万元出售给乙方，乙方按约定应支付甲方首付款75万元。经丙方提议，达成如下协议：1. 乙方按原《房屋买卖合同》约定，向甲方支付首付款75万元，甲方承诺于收到乙方付款当日，将所欠的64万元支付给丙方，用于偿还借款。2. 甲乙双方同意，如甲方能够在2016年5月12日前，将首付款75万元全部退还乙方，双方签订的原《房屋买卖合同》自行废止，乙方将所购房屋退还甲方。在2016年5月12日前，乙方应支付的剩余购房款可暂停支付，甲方不能在上述期间内全额退款，原《房屋买卖合同》继续履行，否则甲方应承担违约责任。

2016年1月14日，乙方以转账方式给付甲方75万元，甲方在转账回单上注明“已收到房款”。

现因甲方未按期将首付款75万元全部退还乙方，乙方向一审法院起诉请求：甲方协助乙方办理涉案房屋的产权变更登记手续，甲方提起反诉，要求撤销其与乙方签订的《房屋买卖合同》。

一审法院判决，甲方协助乙方办理上述房屋的产权变更登记手续。甲方上诉称，涉案《房屋买卖合同》不是双方的真实意思表示，双方的法律关系应为民间借贷而非房屋买卖，原审认定事实不清，请求撤销。二审法院经审理，驳回上诉，维持原判。

裁判要点

两审法院判决认定当事人之间签订的《房屋买卖合同》是房屋买卖合同，而非民间借贷合同的担保的原因在于：

1. 房屋买卖合同形式完备内容明确。

双方签订的《房屋买卖合同》详尽约定了房屋的基本情况、权属情况、成交价格及付款方式、交付及权属转移情况、违约责任等。

2. 双方之间支付款项的性质为购房款。

房屋买卖合同明确约定了首期房款为 75 万元，并未约定该款为借款，也未约定该款的利息，且甲方给乙方出具的转账回单上注明的是“已收到房款”。

3. 房屋买卖合同继续履行条件成就。

根据协议明确约定，现因甲方并未在 2016 年 5 月 12 日前将首付款 75 万元全部退还乙方，故双方之间的《房屋买卖合同》依约应当继续履行。

实务经验总结

前事不忘，后事之师。为避免未来发生类似败诉，提出如下建议：

1. 借款人签订房屋买卖合同以为民间借贷担保的，若不欲出售房屋，则房屋买卖合同宜粗不宜细，且收到的款项可以注明为借款。

2. 出借人签订房屋买卖合同以为出借款项担保的，若该款项按期未获清偿，则继续履行房屋买卖合同的，则借贷合同中规定“流质条款”无效（未获清偿则取得房屋所有权），其可在借贷按期未获清偿时，请求拍卖或变卖该房屋。

法院判决

本院认为，当事人对自己提出的主张或事实有责任提供证据，不能提供证据或提供的证据不足以支持自己主张的，要承担对自己不利的法律后果。本案的争议焦点为乙方与甲方签订的《房屋买卖合同》是房屋买卖合同，还是民间借贷合同的担保。根据本案所查事实，双方签订的《房屋买卖合同》详尽地约定了房屋的基本情况、权属情况、成交价格及付款方式、交付及权属转移情况、违约责任等，该合同明确约定了首期房款为 75 万元，并未约定该款为借款，也未约定该款的利息，且甲方给乙方出具的转账回单上注明的是“已收到房款”，而且乙方与甲方、案外人丙方签订的《协议书》载明甲方承诺收到 75 万元首付款当日即偿还丙方 64

万元借款；如甲方能够在2016年5月12日前将首付款75万元全部退还乙方，双方签订的原《房屋买卖合同》自行废止，乙方将所购房屋退还甲方；如甲方不能在上述期间内全额退款，原《房屋买卖合同》继续履行。现甲方并未在2016年5月12日前将首付款75万元全部退还乙方，故按照该合同的约定双方之间的《房屋买卖合同》应当继续履行。因此，综合本案实际情况及上述情形，可以得出甲方为清偿丙方的债务出售自己房屋、双方为房屋买卖合同关系的结论，甲方提供的证据并不足以证明其与乙方之间存在确凿的民间借贷合同关系。原审法院据此对甲方所主张的要求按照民间借贷关系处理双方纠纷的诉请不予支持，并按照房屋买卖合同关系处理双方之间的纠纷，认定事实和适用法律并无不当。

相关法律规定

《最高人民法院关于审理民间借贷案件适用法律若干问题的规定》

第二十四条　当事人以签订买卖合同作为民间借贷合同的担保，借款到期后借款人不能还款，出借人请求履行买卖合同的，人民法院应当按照民间借贷法律关系审理，并向当事人释明变更诉讼请求。当事人拒绝变更的，人民法院裁定驳回起诉。

按照民间借贷法律关系审理作出的判决生效后，借款人不履行生效判决确定的金钱债务，出借人可以申请拍卖买卖合同标的物，以偿还债务。就拍卖所得的价款与应偿还借款本息之间的差额，借款人或者出借人有权主张返还或补偿。

《北京市高级人民法院关于审理房屋买卖合同纠纷案件若干疑难问题的会议纪要》(京高法发〔2014〕489号)

四、房屋买卖中阳合同的效力

……

当事人对房屋买卖合同（包括双方已经签字的网签合同）的效力及履行存在争议，经审查其名为房屋买卖，实为赠与等其他法律行为的，应根据隐藏法律行为的性质进行处理。

案件来源

金某与刘某等房屋买卖合同纠纷二审民事判决书［（2016）京03民终12040号］

延伸阅读

1. 最高人民法院指导案例 72 号［汤某、刘某、马某、王某诉新疆鄂尔多斯甲房地产开发有限公司商品房买卖合同纠纷案］（最高人民法院审判委员会讨论通过 2016 年 12 月 28 日发布）：借款合同双方当事人经协商一致，终止借款合同关系，建立商品房买卖合同关系，将借款本金及利息转化为已付购房款并经对账清算的，不属于《中华人民共和国物权法》第一百八十六条规定禁止的情形。该商品房买卖合同的订立目的，亦不属于《最高人民法院关于审理民间借贷案件适用法律若干问题的规定》第二十四条规定的“作为民间借贷合同的担保”。在不存在《中华人民共和国合同法》第五十二条规定情形的情况下，该商品房买卖合同具有法律效力。但对转化为已付购房款的借款本金及利息数额，人民法院应当结合借款合同等证据予以审查，以防止当事人将超出法律规定保护限额的高额利息转化为已付购房款。

原告汤某、刘某、马某、王某诉称：根据双方合同约定，新疆鄂尔多斯甲房地产开发有限公司（以下简称甲公司）应于 2014 年 9 月 30 日向四人交付符合合同约定的房屋。但迄今为止，甲公司拒不履行房屋交付义务。故请求判令：（1）甲公司向汤某、刘某、马某、王某支付违约金 6,000 万元；（2）甲公司承担汤某、刘某、马某、王某主张权利过程中的损失费用 416,300 元；（3）甲公司承担本案的全部诉讼费用。

甲公司辩称，汤某、刘某、马某、王某应分案起诉。四人与甲公司没有购买和出售房屋的意思表示，双方之间房屋买卖合同名为买卖实为借贷，该商品房买卖合同系为借贷合同的担保，该约定因违反了《中华人民共和国担保法》第四十条、《中华人民共和国物权法》第一百八十六条的规定而无效。双方签订的商品房买卖合同存在显失公平、乘人之危的情况。四人要求的违约金及损失费用亦无事实依据。

法院经审理查明，汤某、刘某、马某、王某与甲公司于 2013 年先后签订多份借款合同，通过实际出借并接受他人债权转让，取得对甲公司合计 2.6 亿元借款的债权。为担保该借款合同履行，四人与甲公司分别签订多份商品房预售合同，并向当地房屋产权交易管理中心办理了备案登记。该债权陆续到期后，因甲公司未偿还借款本息，双方经对账，确认甲公司尚欠四人借款本息 361,398,017.78 元。双方随后重新签订商品房买卖合同，约定甲公司将其名下房屋出售给四人，上述欠款本息转为已付购房款，剩余购房款 38,601,982.22 元，待办理完毕全部标的物产权转移登记后一次性支付给甲公司。汤某等四人提交给甲公司的对账表显示，双方之间的借款利息系分别按照月利率3%和4%、逾期利率10%计算，并计算复利。

新疆维吾尔自治区高级人民法院于2015年4月27日作出（2015）新民一初字第2号民事判决，判令:（1）甲公司向汤某、马某、刘某、王某支付违约金9,275,057.23元;（2）甲公司向汤某、马某、刘某、王某支付律师费416,300元;（3）驳回汤某、马某、刘某、王某的其他诉讼请求。上述款项，应于判决生效后十日内一次性付清。宣判后，甲公司以双方之间买卖合同系借款合同的担保，并非双方真实意思表示，且欠款金额包含高利等为由，提起上诉。最高人民法院于2015年10月8日作出（2015）民一终字第180号民事判决:（1）撤销新疆维吾尔自治区高级人民法院（2015）新民一初字第2号民事判决;（2）驳回汤某、刘某、马某、王某的诉讼请求。

法院生效裁判认为，本案争议的商品房买卖合同签订前，甲公司与汤某等四人之间确实存在借款合同关系，且为履行借款合同，双方签订了相应的商品房预售合同，并办理了预购商品房预告登记。但双方系争商品房买卖合同是在甲公司未偿还借款本息的情况下，经重新协商并对账，将借款合同关系转变为商品房买卖合同关系，将借款本息转为已付购房款，并对房屋交付、尾款支付、违约责任等权利义务作出了约定。民事法律关系的产生、变更、消灭和除基于法律特别规定外，需要通过法律关系参与主体的意思表示一致形成。在民事交易活动中，当事人意思表示发生变化并不鲜见，该意思表示的变化，除为法律特别规定所禁止外，均应予以准许。本案双方经协商一致终止借款合同关系，建立商品房买卖合同关系，并非为双方之间的借款合同履行提供担保，而是借款合同到期甲公司难以清偿债务时，通过将甲公司所有的商品房出售给汤某等四位债权人的方式，实现双方权利义务平衡的一种交易安排。该交易安排并未违反法律、行政法规的强制性规定，不属于《中华人民共和国物权法》第一百八十六条规定禁止的情形，亦不适用《最高人民法院关于审理民间借贷案件适用法律若干问题的规定》第二十四条规定。尊重当事人嗣后形成的变更法律关系性质的一致意思表示，是贯彻合同自由原则的题中应有之义。甲公司所持本案商品房买卖合同无效的主张，不予采信。

但在确认商品房买卖合同合法有效的情况下，由于双方当事人均认可该合同项下已付购房款系由原借款本息转来，且甲公司提出该欠款数额包含高额利息。在当事人请求司法确认和保护购房者合同权利时，人民法院对基于借款合同的实际履行而形成的借款本金及利息数额应当予以审查，以避免当事人通过签订商品房买卖合同等方式，将违法高息合法化。经审查，双方之间借款利息的计算方法，已经超出法律规定的民间借贷利率的保护上限。对双方当事人包含高额利息的欠款数额，依法不能予以确认。由于法律保护的借款利率明显低于当事人对账确认的借款利率，故应当认为汤某等四人作为购房人，尚未足额支付合同约定的购房款，甲公司未按照约定时间交付房屋，不应视为违约。汤某等四人以甲公司逾期交付房屋构成违约为事实依据，要求甲公司支付违约金及律师费，缺乏事实和法律依据。一审判决判令甲公司承担支付违约金及律师费的违约责任错误，本院对此予以纠正。

2. 最高人民法院案例裁判要旨：双方签订《商品房买卖合同》并办理商品房备案登记的目的是担保债务的履行，其行为应认定为非典型的担保方式，在债务人不能按期还款的情形下，债权人可以通过拍卖或变卖案涉房屋的方式实现债权，而不能直接主张房屋的所有权。

广西甲房地产开发有限责任公司与杨某商品房销售合同纠纷再审民事判决书［〔2013〕民提字第135号］：本院认为，甲公司从杨某处取得340万元的真实意思是融资还债，其与杨某签订《商品房买卖合同》的目的，则是担保债务的履行。鉴于双方未办理抵押登记，其约定也不符合《中华人民共和国担保法》规定的担保方式，故双方签订《商品房买卖合同》并办理商品房备案登记的行为应认定为非典型的担保方式。即在甲公司不能按时归还340万元的情况下，杨某可以通过拍卖或者变卖案涉房屋的方式确保其能够实现债权。现杨某请求直接取得案涉商铺所有权的主张违反《中华人民共和国物权法》关于禁止流质的规定，本院不予支持。

3.《广东省高级人民法院印发〈关于审理房屋买卖合同纠纷案件的指引〉的通知》第十三条规定，一方当事人主张房屋买卖合同实为民间借贷合同的担保的，应当举证证明民间借贷合同关系的存在。当事人以签订房屋买卖合同作为民间借贷合同的担保，出借人主张就买卖合同项下的房屋优先受偿的，不予支持。出借人请求履行房屋买卖合同的，应当依照《最高人民法院关于审理民间借贷案件适用法律若干问题的规定》第二十四条的规定处理。当事人以签订房屋买卖合同作为民间借贷合同的担保，双方已经办理房屋所有权转移登记，借款人以不存在真实的买卖合同关系为由，主张合同无效并请求返还房屋的，人民法院应当向当事人释明变更诉讼请求为返还借款本息与房屋过户登记时或债务履行期限届满时房屋价值的差额。

015 侵犯承租人优先购买权的房屋买卖合同依然有效

阅读提示

我国法律为了保护房屋承租人对房屋的持续稳定占有，赋予承租人在租赁房屋出售时同等条件下的优先购买权，出租人未按法律规定在合理期限内通知承租人的，应承担赔偿责任。那么，承租人可否以出租人出卖租赁房屋侵犯其优先购买权为由，请求法院确认出租人与第三人签订的房屋买卖合同无效？

从本文引用的案例来看，侵犯承租人的优先购买权并不属于合同法规定的合同无效事由，侵犯承租人的优先购买权的房屋买卖合同依然有效。

案情简介

2015 年 3 月 31 日甲公司与李某签订房屋租赁合同，租赁期限自 2015 年 4 月 1 日起至 2017 年 3 月 31 日止，合同约定了李某出售房屋，须在 1 个月前书面通知甲公司，甲公司享有同等条件下的优先购买权。

2015 年 8 月 8 日，李某在未提前通知甲公司的情况下与宋某签订《北京市存量房屋买卖合同》，约定李某将其所有的涉案房屋以 315 万元的价格卖给宋某。

2016 年，甲公司得知涉案房屋出售一事，遂向法院提起诉讼，请求法院判令李某与宋某签订的房屋买卖合同无效。庭审中李某表示同意甲公司的诉讼请求。

法院经审理认为，即便李某与宋某签订房屋买卖合同侵犯了甲公司的优先购买权，也不能以此为由确认房屋买卖合同无效，最终判决驳回甲公司的诉讼请求。

裁判要点

我国法律规定承租人对租赁房屋享有优先购买权，出租人出卖租赁房屋侵害承租人优先购买权的，应承担赔偿责任，但出租人以此为由请求确认出租人与第三人签订的房屋买卖合同无效的，人民法院不予支持。

本案中，李某出卖涉案房屋发生在甲公司承租期间，且未提前通知甲公司，侵犯其作为承租人的优先购买权，应当承担相应的赔偿责任，但甲公司并不能以此为由主张李某与宋某签订的房屋买卖合同无效，因此法院最终没有支持甲公司的诉讼请求。

实务经验总结

前事不忘，后事之师。为避免未来发生类似败诉，提出如下建议：

1. 出租人未经通知承租人即与第三人签订房屋买卖合同，侵犯了承租人的优先购买权，但承租人不能以此为由主张买卖合同无效，只能要求出租人承担赔偿责任。

2. 在二手房交易过程中，作为买方来说应当注意房屋的租赁情况，如果标的房屋尚在租赁期内，在签订买卖合同时应取得承租人放弃购买权的书面声明，以避免不必要的交易风险。

法院判决

本院认为，根据甲公司提交的相关证据，可以证明甲公司与李某就租赁李某名下的房屋签订有《房屋租赁合同》。同时，甲公司与案外人另行订立了合同，约定联合使用租赁房屋，并由案外人支付房租，且案外人亦向李某的账户支付了与约定租金相当的款项。虽然宋某提出上述合同及付款时间等有种种不合情理之处，但尚无充分证据证明上述《房屋租赁合同》及《合作办公协议》以及支付房租的情形系虚假行为，故宋某的抗辩理由本院不予采信。

根据《中华人民共和国合同法》第二百三十条的规定，出租人出卖租赁房屋的，应当在出卖之前的合理期限内通知承租人，承租人享有以同等条件优先购买的权利。同时，《最高人民法院关于审理城镇房屋租赁合同纠纷案件具体应用法律若干问题的解释》第二十一条规定，出租人出卖租赁房屋未在合理期限内通知承租人或者存在其他侵害承租人优先购买权的情形，承租人请求出租人承担赔偿责任的，人民法院应予支持。但请求确认出租人与第三人签订的房屋买卖合同无效的，人民法院不予支持。现李某与宋某签订房屋买卖合同，如甲公司认为侵害了其作为承租人的优先购买权，应向出租人李某请求承担赔偿责任。现其请求确认出租人李某与第三人宋某签订的房屋买卖合同无效，本院不予支持。

相关法律规定

《中华人民共和国合同法》

第二百三十条 出租人出卖租赁房屋的，应当在出卖之前的合理期限内通知承租人，承租人享有以同等条件优先购买的权利。

《最高人民法院关于审理城镇房屋租赁合同纠纷案件具体应用法律若干问题的解释》

第二十一条　出租人出卖租赁房屋未在合理期限内通知承租人或者存在其他侵害承租人优先购买权情形，承租人请求出租人承担赔偿责任的，人民法院应予支持。但请求确认出租人与第三人签订的房屋买卖合同无效的，人民法院不予支持。

案件来源

北京甲企业管理咨询有限公司诉李某等确认合同无效纠纷一案［北京市海淀区人民法院（2016）京0108民初23349号］

016　出租人出卖租赁房屋，承租人知情且配合看房后又反悔主张优先购买权的，裁判不支持

阅读提示

我国法律规定承租人对租赁房屋享有同等条件下的优先购买权，出租人出卖租赁房屋应在合理期限内通知承租人，否则应承担赔偿责任。本文引用的案例中，出租人出卖租赁房屋前已经事先通知承租人，承租人并未表示购买意愿且在房屋出售期间配合协助看房，但房屋出售后突然反悔，向法院起诉以自己的优先购买权受到侵害为由要求出租人赔偿损失，最终法院没有支持其诉讼请求。

案情简介

2013年5月19日，李某与梅某签订房屋租赁合同，约定李某将其所有的房屋出租给梅某居住使用，房屋租赁期自2013年5月20日至2014年5月19日。后双方将合同期限延长至2015年5月19日。

2014年12月6日，李某与杨某签订房屋买卖合同，约定李某将诉争房屋出售给杨某，房屋总价款为300万元。同日，双方签订补充协议，约定李某收到全部房款后退还杨某1万元整租金，杨某保证租户住到2015年6月1日。

2015年1月，梅某以李某出售诉争房屋侵犯了其承租人优先购买权为由向法院起诉，要求李某赔偿损失10万元。

经查，杨某看房当日以及签订房屋买卖合同当日李某均给梅某打过电话，且

看房开门的并非李某本人，李某据此主张梅某对卖房一事知情且同意。

北京市西城区人民法院经审理认为，结合本案事实可以认定梅某对李某出售租赁房屋一事是知情的，且其并未向李某要求过购买诉争房屋，最终判决驳回梅某的诉讼请求。

败诉原因

我国法律规定承租人对租赁房屋享有同等条件下的优先购买权，出租人出卖租赁房屋应在合理期限内通知承租人，否则应承担赔偿责任。

本案中梅某系案涉房屋的承租人，在租赁房屋出售时依法享有同等条件下的优先购买权。根据出租人李某以及中介公司的陈述，李某曾多次通过电话与梅某沟通租赁房屋出售事宜，且在房屋出售过程中作为房屋实际占有人的梅某也曾配合中介公司看房，由此可以推知梅某对房屋出售一事是知情的；在此前提下，梅某没有提供证据证明其提出过要求购买诉争房屋，所以法院认定李某将诉争房屋出售给他人的行为并未侵害梅某的优先购买权，最终判决驳回其诉讼请求。

实务经验总结

前事不忘，后事之师。为避免未来发生类似败诉，提出如下建议：

1. 对于出租人来说，出租人出售租赁房屋的，应事先通知承租人以确定其是否有意向购买房屋，通知应当全面且真实，内容包括房屋价款、付款方式等重要事项。承租人不打算购买租赁房屋的，最好与其签订书面协议明确写明承租人放弃优先购买权。

2. 对于租户来说，如有意愿购买租赁房屋，应当在得知房屋将出售时及时向出租人主张优先购买权，最好是以书面形式通知出租人以便留存证据。

法院判决

本院认为，出租人出卖租赁房屋的，应当在出卖之前的合理期限内通知承租人，承租人享有以同等条件优先购买的权利。本案中，李某与梅某签订的《北京市房屋租赁合同》系双方当事人的真实意思表示，不违反法律、行政法规的强制性规定，应属合法有效。梅某作为房屋承租人，在李某出售房屋时，确实享有同等条件下优先购买的权利，故本案的争议焦点在于李某出售诉争房屋是否侵犯了梅某的优先购买权。对此，本院作如下分析：首先，根据证人武某、井某的陈述，房屋中介公司工作人员曾经前往诉争房屋拍照并带人看房，开门人员均非李某本人，梅某虽主张李某有租赁房屋的钥匙，但并未提供证据予以证明，亦不符合常理。按常理分析，房屋中介公司带人看房应当得到了租户的配合。其次，结合李某的通话记录，房屋中介公司带人看房当日，李某均给梅某打过电话，房屋买卖合同签订当日，李某也给梅某打过电话，结合证人武某的证言，当日李某给梅某打电话应当是告知出售房屋一事，梅某主张电话内容只是一些琐事，并不符合常理。最后，证人的陈述虽然在细节方面存在一些矛盾和冲突之处，但由于时间相隔较久，亦属于情理之中。结合在案证据，证人的陈述应当是客观反映了诉争房屋的出售过程。综合上述分析，本院认为，梅某对李某出售租赁房屋应当是知情的，而且对房屋中介公司带人看房也进行了配合，梅某并未提供证据证明其向李某提出过要求购买诉争房屋。在此情况下，李某将诉争房屋出售给他人的行为并未侵害梅某的优先购买权，故梅某要求李某赔偿损失的诉讼请求，缺乏依据，本院不予支持。

相关法律规定

《中华人民共和国合同法》

第二百三十条　出租人出卖租赁房屋的，应当在出卖之前的合理期限内通知承租人，承租人享有以同等条件优先购买的权利。

《最高人民法院关于审理城镇房屋租赁合同纠纷案件具体应用法律若干问题的解释》

第二十一条　出租人出卖租赁房屋未在合理期限内通知承租人或者存在其他侵害承租人优先购买权情形，承租人请求出租人承担赔偿责任的，人民法院应予支持。但请求确认出租人与第三人签订的房屋买卖合同无效的，人民法院不予支持。

案件来源

梅某诉李某房屋租赁合同纠纷一案［北京市西城区人民法院（2015）西民初字第7652号］

地方相关规定

《上海市高级人民法院民一庭关于处理房屋租赁纠纷若干法律适用问题的解

答》(沪高法民一〔2010〕2号)

22. 如何确定优先购买权的放弃?

放弃的形式有两种,明示和默示。明示表现为出租人向承租人作出出卖房屋的意思表示后,或者承租人知道房屋出卖事实的,承租人明确表示不予购买;默示可以表现为出租人向承租人作出出卖房屋的意思表示后,或者承租人知道房屋出卖事实的,承租人在合理期限内没有买受系争房屋的意思表示,或表现为积极为出租人寻找买家,承租人另行寻找租赁房屋等。

017 承租人将房屋整体转租后,不再享有优先购买权,出租人可不经提前通知直接出售租赁房屋

阅读提示

我国法律规定,出租人出卖租赁房屋的,应当事先通知承租人,承租人可以在同等条件下优先购买租赁房屋,此即为承租人的优先购买权。但是在承租人将租赁房屋部分或者全部转租出去的情况下,承租人是否还享有优先购买权呢?

本文引用的案例中,承租人经出租人同意将房屋整体转租给案外人,出租人出卖租赁房屋时没有事先通知承租人,承租人得知情况后向法院起诉主张优先购买权,最终法院以其并非房屋的实际承租人为由,判决驳回其诉讼请求。

案情简介

2014年4月1日,李某与王某签订《房屋租赁协议》,约定李某将涉案房屋出租给王某,租期为5年,即自2014年4月1日至2019年3月31日。同年5月,双方签订补充协议,约定在主合同租赁期间李某同意王某享有转租权。

2014年8月,王某与高某签订租赁合同,将涉案房屋出租给高某使用,租期为2年,自2014年9月1日至2016年8月30日。

2015年6月,涉案房屋所有权人变更为杨某(李某之妻)。同年12月27日,杨某与朱某签订房屋买卖合同,将涉案房屋以312万元出售给朱某。2016年5月27日,杨某才将出售房屋事宜告知王某,王某于当天要求优先购买涉案房屋。

王某以杨某出售涉案房屋违反合同法关于承租人优先购买权的规定为由向法院起诉,要求优先购买涉案房屋。

北京市朝阳区人民法院经审理认为，杨某出售房屋时涉案房屋的实际承租人为高某，王某不应再享有优先购买权，最终判决驳回王某的全部诉讼请求。

裁判要点

我国法律规定，出租人出卖租赁房屋的，应当在出卖之前的合理期限内通知承租人，承租人享有以同等条件优先购买的权利。法律赋予房屋承租人优先购买权的目的在于减少纠纷、降低交易成本，以承租人对房屋的实际占有使用为前提，优先购买权不能脱离承租权而单独存在。

本案中，杨某出售案涉房屋之前，王某已经将该房屋整体转租出去，即王某实际上已经不享有案涉房屋的承租权，因此基于承租权产生的优先购买权也应同时转移给次承租人。在此情况下，王某向法院起诉要求优先购买案涉房屋已经没有事实和法律基础。综上，法院最终没有支持王某的诉讼请求。

实务经验总结

前事不忘，后事之师。为避免未来发生类似败诉，提出如下建议：

1. 承租人将租赁房屋转租后即不再享有优先购买权。即便是将房屋部分转租的，因其对转租部分的优先购买权随承租权的转让而转移，此时出租人出卖租赁房屋的，承租人仍不得主张对房屋整体的优先购买权。

2. 出租人同意承租人整体转租后，出卖租赁房屋时应注意在合理期限内将房屋出售事宜通知次承租人，否则将侵犯次承租人的优先购买权。但承租人未经出租人同意转租或者仅将房屋部分转租的，此时无论是承租人还是次承租人均不享有优先购买权，因此出租人无须履行事先通知的义务。

法院判决

本院认为，优先购买权是指房屋租赁关系中，承租人按照法律规定所享有的，在出租人出卖租赁房屋给第三人时，得以同等条件优先于他人而购买的权利。该制度设立的目的在于减少纠纷、降低交易成本，同时便于房屋的占有、管理和使用，以发挥其最大效用。承租人的优先购买权不能离开房屋租赁权而单独存在，也不得与所依附的原权利分割而单独转让，承租人行使同等条件下的优先购买权的首要法定条件是承租人和出租人存在合法有效的房屋租赁关系。本案中，王某提交的证据显示，杨某在向朱某出售涉案房屋时，涉案房屋的实际承租人为高某，王某并未占有和使用涉案房屋，其不应再享有承租人的优先购买权，故王某的诉讼请求，没有事实和法律依据，本院不予支持。

相关法律规定

《中华人民共和国合同法》

第二百三十条 出租人出卖租赁房屋的，应当在出卖之前的合理期限内通知承租人，承租人享有以同等条件优先购买的权利。

《北京市高级人民法院关于审理房屋租赁合同纠纷案件若干疑难问题的解答》（京高法发〔2013〕462号）

30. 转租房屋的优先购买权行使主体如何确定？

承租人经出租人同意转租租赁房屋的，承租人不再享有优先购买权，次承租人要求行使优先购买权的，应予支持；未经出租人同意转租租赁房屋，承租人或者次承租人要求行使优先购买权的，均不予支持。

案件来源

王某诉杨某等租赁合同纠纷一案一审民事判决书［北京市朝阳区人民法院（2016）京0105民初61656号］

地方相关规定

《江苏省高级人民法院关于审理城镇房屋租赁合同纠纷案件若干问题的意见》

第十九条 承租人经出租人同意转租租赁房屋的，承租人不享有优先购买权；次承租人要求行使优先购买权的，人民法院应予支持。未经出租人同意转租租赁房屋的，承租人或者次承租人要求行使优先购买权的，人民法院不予支持。

018 承租人不具备购房资格，请求以第三人名义购买租赁房屋行使优先购买权的，判决不予支持

阅读提示

我国法律规定承租人在出租人出售租赁房屋时享有优先购买权，可以在同等条件下优先购买租赁房屋。那么，本身不具备购房资格的承租人能否行使优先购

买权呢？

本文引用的案例中，承租人不具备购房资格，遂提出以自己名下公司的名义购买租赁房屋，即便出价高于买受人并已经出租人同意，法院最终也未能支持其诉讼请求。

案情简介

2009年11月29日，周某（承租人）与赵某（出租人）签订《房屋租赁合同》，约定周某向赵某承租涉案房屋，租期为一年。此后，周某和赵某一直续订租赁合同延续该租赁关系。2013年11月29日，双方再次续订租赁合同，约定租赁期间截至2014年11月28日。

2012年12月16日，赵某在未告知周某的情况下，与刘某、苑某订立《北京市存量房屋买卖合同》及《补充协议》，以110万元的价格将涉案房屋出售给刘某、苑某。

赵某与刘某、苑某因买卖合同履行问题诉至法院，诉讼中周某得知房屋被出售的事实，遂向法院起诉要求行使优先购买权。

经查，周某本人及其妻子均不具有在京购房资格，但表示其夫妻在京注册了一家公司，希望以公司的名义购买涉案房屋，赵某表示同意。

北京市朝阳区人民法院经审理认为，周某作为承租人享有优先购买权，但其本人不具备购房资格，无法实际行使优先购买涉案房屋的权利，最终判决驳回原告的诉讼请求。

周某不服，上诉至北京市第三中级人民法院，后经法院准许撤回上诉。

裁判要点

我国法律规定承租人在租赁房屋出售时享有同等条件下的优先购买权，此项制度设计是基于承租人对租赁房屋的依赖关系，维持其对租赁房屋的占有使用，因此优先购买权本身是承租人的一项专属权，权利主体应限于承租人本人，不得脱离承租权而单独转让。

本案中，周某属于涉案房屋的合法承租人，享有承租人的优先购买权，但其本人及妻子均不具备购房资格，无法实际行使优先购买权，而承租人优先购买权不得转让，在此情况下周某请求以第三人名义行使优先购买权的诉讼请求法院不予支持。

实务经验总结

前事不忘，后事之师。为避免未来发生类似败诉，提出如下建议：

1. 对于买受人来说，所购房屋在签订买卖合同时处于租赁状态的，应当取得承租人的放弃优先购买权的书面声明，以免发生不必要的纠纷或诉讼。

2. 承租人优先购买权是基于租赁关系产生的专属于承租人的权利，不能单独转让或继承，同理，如果承租人本身不具备购房资格，也不能要求以第三人名义购买。

法院判决

本院认为，出租人出卖租赁房屋的，应当在出卖之前的合理期限内通知承租人，承租人享有以同等条件优先购买的权利。本案中，周某作为涉案房屋的承租人，在赵某出售涉案房屋的过程中享有以同等条件优先购买的权利。根据本案查明的事实，周某虽然以高于刘某、苑某购买涉案房屋合同的价格与赵某达成了交易涉案房屋的合意，但周某及其家庭并不具备在京购买房屋的资格，因此其无法实际行使优先购买涉案房屋的权利，对于其诉讼请求，本院无法予以支持。

相关法律规定

《中华人民共和国合同法》

第二百三十条 出租人出卖租赁房屋的，应当在出卖之前的合理期限内通知承租人，承租人享有以同等条件优先购买的权利。

案件来源

周某与赵某等房屋租赁合同纠纷一审民事判决书［北京市朝阳区人民法院（2014）朝民初字第 00329 号］、［北京市第三中级人民法院（2014）三中民终字第 09703 号］

019 网签仅具有备案作用，不能视为变更合同内容，网签合同无效不影响面签合同的效力

阅读提示

存量房网上签约制度的主要目的是规范存量房交易市场行为，提高存量房交易的透明度，加强对房地产经纪机构和从业人员的监督管理，防止“一房多卖”等情况出现。简言之，网签合同仅具有登记备案作用，在双方已前期签订书面房屋买卖合同的情况下，网签合同并不具有独立性。因此，即便网签合同存在瑕疵甚至无效、可撤销事由，也不影响书面买卖合同的效力。

案情简介

2012 年 12 月 9 日，经链家公司居间介绍，郑某（买受人）与陈某（出卖人）签订了《北京市存量房屋买卖合同》，约定由陈某将其所有的 ×× 号房屋（即涉诉房屋）出售给郑某，成交价格为 200 万元，定金为 5 万元。合同签订当日，郑某向陈某支付定金 5 万元。

2012 年 12 月 10 日，陈某（甲方）与郑某（乙方）及链家公司签订补充协议，约定：交易房屋价款及其他配套设施作价总计为人民币 200 万元，在贷款机构签发批贷函后且乙方将首付款支付甲方且甲方办理完解除抵押手续后 10 个工作日内，甲乙双方应共同办理房屋所有权转移登记手续。

上述合同签订后，链家公司将涉诉房屋交易信息办理网上签约手续，生成了网签合同，网签价格为 1,336,500 元。2013 年 1 月 21 日，涉诉房屋解除抵押登记手续办理完毕。

因陈某身份证件丢失，银行贷款手续一直未能完成。郑某遂向法院起诉，以陈某违约不配合办理银行贷款导致合同不能继续履行为由，请求法院判决涉诉合同继续履行，并要求陈某支付违约金。陈某则辩称涉诉合同不能继续履行是因为网签合同虚假导致双方买卖合同无效。

经查，链家公司不能提供证据证明该网签合同价格已经郑某、陈某授权认可，也不能证明网签信息表中的签字的真实性。

北京市丰台区人民法院经审理认为，本案网签合同存在瑕疵，但并不影响双方此前签订的《北京市存量房屋买卖合同》效力，最终判决涉案房屋买卖合同继

续履行，陈某按合同约定向郑某支付违约金。

败诉原因

存量房网上签约主要目的是规范存量房交易市场行为，保障存量房交易安全，提高交易透明度。在双方已前期签订书面房屋买卖合同的情况下，网签只是办理产权过户登记的必需手续，既不能视为双方就同一交易标的物重新签订的买卖合同，也不能因网签合同存在效力瑕疵而否定面签房屋买卖合同的效力。

本案中，郑某与陈某已签订《北京市存量房屋买卖合同》，该面签合同系双方真实的意思表示，内容未违反相关法律规定，为有效合同。在此之后的网签合同仅具有登记备案的作用，并不具有独立性，因此网签合同中约定的价格不能视为对面签合同的变更，网签合同的效力瑕疵也不影响此前签订的《北京市存量房屋买卖合同》的效力。

实务经验总结

前事不忘，后事之师。为避免未来发生类似败诉，提出如下建议：

1. 网签并非对面签合同的再次确认，网签合同仅具有登记备案作用。房屋买卖关系的确定应以书面房屋买卖合同的约定为准，双方当事人若想对合同内容进行变更，也应当另行签订书面合同或补充协议；一方当事人以网签合同为依据主张对签订在先的面签合同进行变更的，法院将不予支持。

2. 存量房屋买卖过程中极易发生“一房二卖”等问题，而网签合同具有登记备案作用，可以提高交易透明度并有效约束中介机构，因此二手房买卖的双方当事人应当有效利用网签降低交易风险。

法院判决

本院认为，郑某与陈某就涉诉房屋所签订的《北京市存量房屋买卖合同》及补充协议系双方真实意思表示，内容未违反相关法律规定，为有效合同，双方均应依约履行合同义务。本案中，郑某、陈某及链家公司均认可合同履行的下一步骤为“办理贷款申请手续”，但就该步骤未能顺利履行的责任归属各执一词。关于陈某将证件丢失一节，根据现有证据、链家公司陈述及本院电话咨询结果，可以确定在办理二手房贷款申请手续时需由卖方提交身份证、房屋产权证等证件原件，而陈某于办理贷款申请手续当日未携带所需证件原件，并主张证件原件丢失，同时拒绝签署办理贷款手续的相关文件，其行为不符合合同约定，已构成违约。陈某认可办理贷款申请手续需证件原件，但主张在特殊情况下办理第一步手续即面签时可使用证件复印件，其在银行批贷阶段提供证件原件即可。对此，本院认为，合同约定办理贷款申请手续包括面签、初审等一系列需买卖双方配合完成的手续，其目的是保证购房人贷款申请通过贷款机构审批，购房人获得贷款以支付购房款，为实现此目的并不能止步于面签手续，而陈某一直至2013年3月14日方将身份证补办完毕，故陈某事实上无法实现按照合同约定时间配合郑某完成办理贷款申请手续的行为，客观上已影响合同的正常履行。故陈某关于证件丢失不影响办理贷款申请手续的抗辩主张，不能成立，其应对其违约行为承担相应违约责任。

关于网签合同中价款过低一节。首先，经查郑某与陈某签订的《北京市存量房屋买卖合同》中约定房屋价款为2,000,000元，而网签合同中房屋价格填写为1,336,500元，根据合同约定，涉诉房屋交易网签手续由链家公司受郑某、陈某的委托办理，其办理网签手续应当忠于原合同，未经委托人确认不应更改交易信息。庭审中，链家公司表示就网签合同价格与郑某、陈某进行过沟通，但郑某、陈某对1,336,500元的网签合同价款均表示不知情，经本院明示，链家公司未能提供有效证据证明该网签价格已经郑某、陈某授权认可。本案中，网签合同非由郑某提供，且现无证据证明网签合同价款过低系由郑某造成，故郑某在网签手续办理过程中并无过错，陈某主张郑某提供虚假网签合同构成违约，并无相应依据。其次，涉诉房屋网签合同与《北京市存量房屋买卖合同》对房屋价款约定不一，确有瑕疵，但依据北京市人民政府及北京市建设委员会的相关规定，房地产转让合同需进行网上签约，依据北京市建设委员会有关通知，存量房网上签约主要目的是规范存量房交易市场行为，保障存量房交易安全，提高存量房交易的透明度，加强对房地产经纪机构和从业人员的监督管理。因此，在双方已前期签订书面房屋买卖合同的情况下，再办理的网上签约只是办理产权过户登记的必需手续，而不是双方就同一交易标的物重新签订的买卖合同。从这一方面来说，在郑某与陈某已签订房屋买卖合同的情况下，网签合同并不具有独立性，该网签合同瑕疵并不影响此前签订的《北京市存量房屋买卖合同》的效力，亦不能因此而免除陈某依据合同约定提交证件原件、配合办理贷款申请手续等合同义务。故，陈某关于网签合同虚假则双方买卖合同无效之主张，不能成立，其以网签合同瑕疵作为不履行《北京市存量房屋买卖合同》义务的抗辩理由，亦无事实及法律依据。最后，陈某因对网签合同价款存疑拒绝签署相关文件，符合合同当事人担心利益受损的心理，但郑某对于网签合同价款过低并无过错，且于双方发生纠纷后于合理时间内同意配合陈某更改网签合同价款。而经郑某、房屋中介公司联系，陈某未提供撤换网签合同的授权手续且未实施其他消除合同履行障碍的积极行为，并于2013年3月6日收取链家公司关于要求其撤销网签合同并重新签订网签合同的《催告函》后明确表示拒绝，其以行为阻止了双方重新签订网签合同，造成了无法继续履行贷款申请、房屋过户、交付等手续的客观状态且持续至今，陈某应当对此承担贷款手续延迟办理及其他合同条款迟延履行的违约责任。陈某主张郑某拒绝重新签订网签合同，但未提交相应证据证明，本院对此不予采信。综上，郑某要求陈某支付延迟履行合同违约金的诉讼请求，本院对合理部分予以支持，其中关于逾期办理贷款、产权过户手续违约金的部分，起算日期确定为2013年3月7日即《催告函》中催告陈某重新签订网签合同的日期，并计算至房屋产权实际过户之日止。关于逾期交房违约金的部分，因郑某所依据的补充协议一中违约责任条款未对逾期交房进行调整，且根据补充协议二，交房义务应于郑某支付全部购房款之日起3个月内履行。现郑某尚未依约支付全部房款，未满足补充协议二约定的交房条件，故对该部分违约金，暂不予支持。

相关法律规定

《北京市建设委员会关于全面推行存量房买卖合同网上签约有关问题的通知》（京建交〔2008〕628号）

一、自2008年10月15日起，已取得房屋所有权证的存量房进行买卖的，当事人在申请转移登记前均需进行存量房买卖合同网上签约。

买卖双方自行达成交易意向并自行划转交易结算资金的，应当到房屋管理部门设置的服务窗口填写《存量房买卖合同信息表（自行成交）》（详见附件1，略），由服务窗口为当事人打印存量房买卖合同文本。

房地产经纪机构居间、代理（含代办转移登记手续）存量房买卖，或自行成交的买卖双方约定通过“专用账户”划转交易结算资金的，按《关于实行存量房买卖合同网上签约和信息公示有关问题的通知》（京建交〔2007〕508号）的有关规定，仍由相关房地产经纪机构或交易保证机构提供存量房买卖合同网上签约服务。服务窗口提供网上签约政策咨询和系统操作指导。

《北京市建设委员会关于实行存量房买卖合同网上签约和信息公示有关问题的通知》（京建交〔2007〕508号）

一、我市行政区域内国有土地上的存量房买卖（指通过办理房屋权属转移登记取得房屋所有权证的房屋的再次买卖），凡经房地产经纪机构居间或代理（含代办转移登记手续）的，均须进行买卖合同网上签约和交易信息公示。权属部门办理转移登记时须在权属系统上进行网上办理。

……

由以上规定可以看出，网签是存量房屋买卖过程中办理转移登记前的必要手续，其目的仅在于规范交易行为、增加存量房屋交易的透明度，而非对书面买卖合同的确认，因此网签合同具有登记备案作用，该合同的效力瑕疵对面签合同没有影响。

案件来源

郑某与陈某房屋买卖合同纠纷一审民事判决书［北京市丰台区人民法院（2013）丰民初字第05243号］

三、合同履行

020 出卖人主张未取得房产证合同无效并愿意承担违约责任解除合同的，买受人有权要求合同继续履行并要求出卖人依约交房

阅读提示

合同原则有效与合同继续履行，是诚实信用原则的具体体现，也是司法实务中普遍遵循的政策规定。

鉴于北京市近年来房地产市场的持续上扬趋势，出卖人签约后又毁约的情况较为普遍。本案中，出卖人签订房屋买卖合同后，不适当履行合同义务，抗辩理由有二：一是该房屋未取得房产证不能办理过户；二是愿意承担违约责任并解除合同。法院最终裁判认定，出卖未取得房产证的房屋，不影响房屋买卖合同效力，判决继续履行房屋买卖合同，出卖人依约交房并赔偿买受人的相应损失。

在延伸阅读部分，笔者经过检索并整理公开案例，揭示了法院判决继续履行房屋买卖合同的具体争议类型及裁判观点。

裁判要旨

出卖未取得房产证的房屋，违反管理性强制性规定，但不影响房屋买卖合同的效力，出卖人以此为由愿意承担违约责任并解除合同，买受人坚持继续履行的，除满足约定解除权属条件或继续履行会导致合同目的不能实现的，法院应该判决继续履行合同。

案情简介

2016年4月23日，刘某（买受人、乙方）与魏某（出卖人、甲方）经北京尚诚置地房地产经纪有限公司（居间人、丙方）签订《北京市存量房屋买卖合同》，

约定刘某购买魏某1202号房屋，建筑面积为44.46平方米，房屋成交价为187万元；出卖人应当在2016年9月7日前将房屋交付给买受人。

2016年4月23日，甲乙丙三方就上述房屋买卖事宜签订《补充协议》，约定：甲方保证对本房产享有完整所有权，甲方暂时尚未取得房屋所有权证的事实，丙方已据实告知乙方，且乙方已知晓该事实，甲乙双方已明确知晓交易风险且自愿达成本交易，若房屋登记机构颁发的《房屋所有权证》所记载的房屋地址、面积（面积正负不超过3%）等信息与甲乙丙三方所签署的合同记载不一致的，三方一致同意放弃异议的权利，并按照所签署的合同继续履行约定，不因此追究其他方的任何责任。乙方对上述房产权属情况、产权性质已经充分了解，并自愿购买。该《补充协议》还对双方的物业交割、购房贷款、违约责任等内容进行了约定。

2016年4月25日，张某在《共有权人证明》上签字确认同意出售1202号房屋。上述合同签订后，刘某已依约向魏某累计支付购房款120万元。案涉1202号房屋系魏某作为被拆迁人与拆迁人北京强佑房地产开发有限公司签署《北京市城市房屋拆迁安置补偿协议》安置所得，北京强佑房地产开发有限公司已向魏某交付1202号房屋，目前由魏某居住使用，但尚未取得房屋所有权证书。

现因出卖人魏某（共有人张某）逾期交房，买受人刘某诉至法院，请求出卖人继续履行双方于2016年4月23日签订的房屋买卖合同和《补充协议》。魏某、张某主张因现不持有1202号房屋所涉及的拆迁安置协议等原件以后无法为刘某办理1202房屋所有权证书，且刘某尚有67万元购房款未支付为由不同意向刘某交付1202号房屋。

一审法院不予采信魏某提交的证据及抗辩意见，认为双方之间的房屋买卖合同合法有效，判决继续履行，出卖人应交付房屋并赔偿相应损失。魏某、张某上诉请求：撤销一审判决，驳回对方的诉讼请求。事实和理由：涉案房屋没有取得产权证不得买卖；上诉人没有履行能力，无处居住，愿意支付违约金，不同意继续履行合同。二审法院驳回上诉，维持原判。

裁判要点

两审法院判决房屋买卖合同继续履行的原因在于：

1. 出卖人未取得房产证的房屋并不影响房屋买卖合同的效力。

《中华人民共和国城市房地产管理法》第三十八条第六项关于“未依法登记领

取权属证书”的房屋不得转让的规定，属于管理性强制性规定，出卖未取得房产证的房屋，其房屋买卖合同依然有效。

2. 买受人的诉讼请求是出卖人交付房屋而非办理过户手续。

本案中，双方在签订房屋买卖合同时，对出卖人尚未取得房产证有明确的认识与约定。买受人提起诉讼请求时，根据出卖人仍未取得房产证的现状，并未要求出卖人办理过户手续，而是要求出卖人继续履行合同、交付房屋并赔偿相应损失。故法院认为，根据双方的合同约定，魏某向刘某交付 1202 号房屋并非以取得该房屋所有权证和刘某付清全部购房款为前提条件，故魏某提交的证据即便能够证明其确不持有相关拆迁安置协议等原件，也不足以证明其有权拒绝向刘某交付 1202 号房屋，其相关抗辩意见，缺乏事实和法律依据，法院不予采信。最终判决支持了买受人刘某的诉讼请求。

3. 诚信履约并促进合同继续履行的司法政策。

诚实信用原则是合同领域的帝王原则，司法实务中坚持并提倡契约精神，诚信履约。合同法规定，一方不适当履行合同义务的，应当承担继续履行、采取补救措施或者赔偿损失等违约责任。其中，继续履行是首选的违约责任承担方式。北京高院规范性文件更是明确，房屋买卖合同签订后，一方当事人不同意继续履行，愿意以承担相应违约责任为代价解除合同，而另一方坚持要求继续履行，经审查合同继续履行不存在现实困难的，应当判决双方继续履行合同，但合同另有解约定金等约定或符合《中华人民共和国合同法》第一百一十条规定情形的除外。

实务经验总结

前事不忘，后事之师。为避免未来发生类似败诉，提出如下建议：

1. 房屋出卖人要树立契约精神，诚信签约履约。司法实务中普遍遵循合同原则有效与合同继续履行的政策规定与精神，对否定合同效力与解除合同规定了严格的适用条件。

2. 房屋买受人在签订房屋买卖合同时，要特别注意出卖人对房屋的权属，妥善约定付款节点，避免出卖人违约交房过户时遭受损失。对于在诉讼时出卖人仍未取得房产证的，在诉讼请求上要有所选择，可以先诉请合同继续履行，出卖人依约交房并赔偿相应损失，待到出卖人获得房产证并具备过户条件时，再行请求或诉请过户。

法院判决

本院认为，违反法律、行政法规的强制性规定的合同无效，其中强制性规定是指效力性强制性规定，而未依法登记领取权属证书的房屋不得转让的规定，在性质上不属于“效力性强制性规定”，不应作为认定房屋买卖合同无效的法律依据。因此，上诉人主张涉案房屋买卖合同因未取得产权证而无效的意见无法律依据。依法成立的合同，对当事人具有法律约束力，当事人应当按照约定履行自己的义务，不得擅自变更或者解除合同。因此，本案中双方签订房屋买卖合同后，虽魏某不同意继续履行并愿意以承担相应违约责任为代价解除合同，但刘某坚持要求继续履行，应当判决双方继续履行合同。一审法院判决双方继续履行合同并判令支付违约金及赔偿损失正确，本院予以确认。

相关法律规定

《中华人民共和国合同法》

第五十二条　有下列情形之一的，合同无效：

（一）一方以欺诈、胁迫的手段订立合同，损害国家利益；

（二）恶意串通，损害国家、集体或者第三人利益；

（三）以合法形式掩盖非法目的；

（四）损害社会公共利益；

（五）违反法律、行政法规的强制性规定。

第一百零七条　当事人一方不履行合同义务或者履行合同义务不符合约定的，应当承担继续履行、采取补救措施或者赔偿损失等违约责任。

第一百一十条　当事人一方不履行非金钱债务或者履行非金钱债务不符合约定的，对方可以要求履行，但有下列情形之一的除外：

（一）法律上或者事实上不能履行；

（二）债务的标的不适于强制履行或者履行费用过高；

（三）债权人在合理期限内未要求履行。

《中华人民共和国城市房地产管理法》

第三十八条　下列房地产，不得转让：

（一）以出让方式取得土地使用权的，不符合本法第三十九条规定的条件的；

（二）司法机关和行政机关依法裁定、决定查封或者以其他形式限制房地产权利的；

（三）依法收回土地使用权的；

（四）共有房地产，未经其他共有人书面同意的；

（五）权属有争议的；

（六）未依法登记领取权属证书的；

（七）法律、行政法规规定禁止转让的其他情形。

《最高人民法院关于适用〈中华人民共和国合同法〉若干问题的解释（二）》

第十四条 合同法第五十二条第（五）项规定的“强制性规定”，是指效力性强制性规定。

《北京市高级人民法院关于审理房屋买卖合同纠纷案件适用法律若干问题的指导意见（试行）》（京高法发〔2010〕458号）

第三条 《城市房地产管理法》第三十八条第（六）项“未依法登记领取权属证书”的房屋不得转让的规定，在性质上不属于《最高人民法院关于适用〈中华人民共和国合同法〉若干问题的解释（二）》第十四条规定中的“效力性强制性规定”，不应作为认定房屋买卖合同无效的法律依据。

第二十二条 房屋买卖合同签订后，一方当事人不同意继续履行，愿意以承担相应违约责任为代价解除合同，而另一方坚持要求继续履行，经审查合同继续履行不存在现实困难的，应当判决双方继续履行合同，但合同另有解约定金等约定或符合《合同法》第一百一十条规定情形的除外。

案件来源

魏某等与刘某房屋买卖合同纠纷二审民事判决书［（2017）京01民终2549号］

延伸阅读

1. 最高人民法院司法实务中关于继续履行房屋买卖合同的具体类型及观点。

（1）裁判要旨：买受人预期违约，出卖人要求继续履行，若房屋买卖合同不存在不可抗力导致合同目的不能实现的情况，买受人应该继续履行。

刘某与七台河市某洗浴有限责任公司、杨某房屋买卖合同纠纷申请再审民事裁定书［（2016）最高法民申1084号］：本院认为，《中华人民共和国合同法》第九十四条第二项规定，“在履行期限届满之前，当事人一方明确表示或者以自己的行为表明不履行主要债务”的，当事人可以解除合同。但是该规定主要是指一方当事人发生上述情况时，对方当事人享有法定的合同解除权。虽然刘某已经明确表示不再履行合同，并且以自己的行为表明不履行继续支付购房款的义务，但某公司和杨某并不认可，且在诉讼中提出了反诉，要求继续履行合同，刘某应当支付剩余购房款项。经审查，案涉合同履行过程中，不存在不可抗力导致合同目的不能实现的情况，故原判决责令刘某继续履行合同，向某公司和杨某支付剩余购房款，适用法律并无不当。

（2）裁判要旨：买受人已经支付大部分合同款项且实际接受使用案涉房地产，为维护交易安全，出卖人应继续履行。

青州某布业有限公司与青州市某复合材料有限公司房屋买卖合同纠纷申请再审民事裁定书［（2015）民申字第3321号］：本院认为，案涉房地产买卖契约已经实际履行，某复合材料有限公司交付了大部分合同价款，日已实际接收案涉房地产，进行了添附，并一直正常生产经营。在合同有效的基础上，二审判决判令双方继续履行，有利于维护交易安全和诚实守信的法律秩序。

（3）裁判要旨：出卖人虽主张买受人存在违约行为，但未明确提出解除合同要求损害赔偿，买受人代为还款解除案涉房屋抵押的，房屋买卖合同继续履行。

魏某与雒某房屋买卖合同纠纷申诉、申请民事裁定书［（2016）最高法民申2702号］：本院认为，在被申请人起诉要求继续履行合同的情况下，申请人虽主张对方存在违约行为，但并未明确提出反诉请求解除《售房协议》或要求被申请人承担违约责任等。一、二审判决根据本案中魏某自愿为雒某还款解除涉案房屋抵押的情况，判决《售房协议》继续履行并无不妥。

2. 北京地区司法实务中关于继续履行房屋买卖合同的具体类型及观点。

（1）裁判要旨：出卖人以出卖的夫妻共同房产未获一方同意为由主张合同无效，但买受人依约支付购房款且长期实际占有使用的，推定夫妻另一方知情，房屋买卖合同继续履行。

郑某房屋买卖合同纠纷申诉、申请民事裁定书［（2014）高民申字第332号］：本院认为，诉争房屋虽属郑某与前妻石某的夫妻共同财产，但合同签订后王某依约支付了购房款，郑某亦交付了房屋，王某已在诉争房屋中实际居住长达十年，在此期间石某从未提出过异议，故石某对此应当知情。郑某关于石某对其与王某签订《房屋买卖合同》一事不知情的主张难以成立，郑某与王某双方所签合同应当继续履行。据此，一、二审法院判决郑某协助王某办理诉争房屋过户手续的处理正确，本院予以支持。

（2）裁判要旨：房屋买卖合同签订时房屋被查封，至解除查封时房屋价格发生巨大变化且买受人丧失购房资格的，因签订合同时买受人具有购房资格且出卖人未在查封期间主张解除合同对房屋价格变动具有一定的预期的，房屋买卖合同继续履行。

田某房屋买卖合同纠纷申诉、申请民事裁定书［（2016）京民申738号］：本院认为，买卖合同是否有效及涉案房屋被解除查封后，房屋价格发生巨大变化，田某以情势变更为由主张解除合同是否成立，是本案复查的重点。

首先，《北京市房屋买卖合同》系2009年3月3日签订，因当时北京市尚未出台限购政策，冷某当时具有购房资格，故编号为C95084的存量房屋买卖合同的网上签约行为的效力并不影响本案《北京市房屋买卖合同》的继续履行。其次，虽然自签订《北京市房屋买卖合同》至房屋被解除查封，房屋价格变动极大，但在此期间田某可以采取要求解除合同等方式避免将来继续履行合同造成的损失。且田某之妻代其出具《承诺书》时已经对房价变动有一定预期。故田某以继续履行合同明显不公平、造成不公平的原因是田某无法预见的非不可抗力造成的，且不属于商业风险为由要求解除合同，缺乏依据。

（3）裁判要旨：房屋买卖当事人因主张同时履行抗辩权导致房屋买卖合同未履行，并不影响合同的效力，亦未达到合同解除的条件，房屋买卖合同继续履行。

周某房屋买卖合同纠纷申诉、申请民事裁定书［（2014）高民申字第01280号］：本院认为，翟某支付剩余购房款应当在周某协助办理过户的当日，在周某未履行办理过户义务时，翟某有权拒绝支付尾款，故周某认为翟某未按时支付房款而构成根本违约的主张，不应支持。当事人对自己提出的诉讼请求所依据的事实或者反驳对方诉讼请求所依据的事实有责任提供证据加以证明。翟某因行使同时履行抗辩权主张其并未构成违约，符合法律规定，周某应当对其认为翟某存在违约行为承担举证责任。现双方当事人因主张同时履行抗辩权导致房屋买卖合同未履行，并不影响合同的效力，亦未达到合同解除的条件，合同仍应继续履行。

（4）裁判要旨：房屋买卖当事人签订合同及支付房款均在政府限购性政策出台之前，其交易行为不受限购政策制约，房屋买卖合同继续履行。

孙某房屋买卖合同纠纷申诉、申请民事裁定书［（2014）高民申字第4811号］：本院认为，孙某与刘某签订《北京市房屋买卖合同》及刘某支付全部购房款均在北京市人民政府发布实施限购政策之前，双方的交易行为不受“京十五条”的制约。一、二审法院判决双方继续履行房屋买卖合同正确。

3. 上海地区司法实务中关于继续履行房屋买卖合同的具体类型及观点。

（1）裁判要旨：房屋行政主管部门对未经审批而改建、重建的房屋，可因现实状况与不动产登记簿记载的权利状况不一致，将其认定为附有违法建筑并结构相连的房屋并限制交易。出卖人负有将房屋恢复至原登记的权利状态并消除行政限制的义务。在善意买受人根据不动产登记的公示公信原则购买房屋并同意按现状交付并自愿承担恢复原状义务的情况下，案涉房屋买卖合同继续履行，出卖人应按诚实信用原则将房屋交付买受人，并于买受人将房屋恢复原状、消除行政限制后协助完成过户手续。

丁某与石某房屋买卖合同纠纷二审案［最高人民法院公报案例，载《最高人民法院公报》2012 年第 10 期（总第 192 期）］：本院认为，关于涉讼买卖合同能否继续履行的问题，虽然行政机关对涉讼房屋的权利转移作出限制，但物权未灭失，不能就此认定买卖合同法律上或事实上履行不能。行政机关限制交易的目的在于督促违法行为人纠正违法行为，履行法律手续；被告即使未出售房屋，也应按照行政机关的要求进行整改，使房屋恢复至合法状态，恢复原状系被告应尽的行政法上的义务。被告石某明知涉讼房屋附有违法建筑仍予出售，则应依据诚实信用原则全面履行合同义务；对于涉讼房屋存在的违法状态，应自行采取相应措施予以消除后交付原告。经法院释明，原告丁某同意被告按现状交付房屋，并自愿替代被告承担恢复原状的义务，原告的意思表示不违反法律、行政法规的禁止性规定，亦符合行政机关的执法目的，法院予以准许。原告在恢复原状时，房屋的四至、外观形状、层高等应与登记内容一致，质量应符合国家规定的建筑标准。被告应于原告恢复原状、通过行政机关审查认可并撤销交易限制后再协助原告办理产权手续。

（2）裁判要旨：夫妻共有的房屋登记在一方名下，出名人签订房屋买卖合同后又以隐名的另一方不知情不同意为由不履行合同，在该房屋系夫妻唯一住房的重大事项、夫妻无重大矛盾且无恶意转移财产的情形下，该房屋买卖合同继续履行。

王某、黄某与陈某、沈某房屋买卖合同纠纷审判监督民事裁定书［（2017）沪民申 1388 号］：本院认为，虽然系争房屋登记在王某一方名下，但对于出售双方共有的在上海唯一一套住房的重大事项，在王某、黄某夫妻关系并无重大矛盾、并无长期分居情形、王某亦无恶意转移财产嫌疑的情况下，黄某主张不知情，显然与常理相悖，本院不予采信。二审法院判决合同继续履行，本院予以认同。

（3）裁判要旨：房屋买卖合同，双方履行了主要义务，买受人支付房款，出卖人交付使用，该房屋系动迁房，双方根据政策限制约定未来的过户期间，现因政策变化该房屋提前符合过户条件的，买受人有权要求出卖人继续履行房屋买卖合同，出卖人应根据诚信原则履行过户登记的附随义务。

黄某诉乐某房屋买卖合同纠纷一案二审民事判决书［（2014）沪一中民二（民）终字第481号］：本院认为，双方之间系房屋买卖合同关系。被上诉人已经按约支付房款，履行了合同约定的义务；上诉人则将房屋交付被上诉人使用，还将与系争房屋配套的相关资料交于被上诉人，也完成了合同的主要义务，显然该买卖合同切实得到履行。

本院也注意到被上诉人向上诉人购买的是动迁房，在双方签署买卖合同时，当地政府对此类性质的房屋出台了有关的实施办法，但地方政府出台的该办法并非法律、行政法规，双方对产权过户时间也作了与政策相符的5年之后办理的约定，显然双方了解到上述政策规定，应属双方当事人的真实意思表示，故不构成合同无效。上诉人主张合同无效，本院不予采信。

由于动迁房上市交易时间修改为3年，被上诉人得知后要求上诉人协助办理，因符合产权过户条件，故上诉人理应按照诚实信用原则履行合同的附随义务，协助被上诉人及时办理产权过户手续。上诉人以补偿被上诉人方式不愿意继续履行合同，因被上诉人不予认可，故其该项上诉意见，本院不予采信。

4. 广东地区司法实务中关于继续履行房屋买卖合同的具体类型及观点。

裁判要旨：房屋买卖合同对银行贷款何时支付未约定具体日期，买受人迟延办理贷款申请手续，而出卖人继续履行合同的，足以使买受人信赖合同会继续履行，故出卖人此后要求解除合同，与之前的履行行为矛盾，不发生解除合同的效力，买受人有权要求继续履行房屋买卖合同

古某与刘某、孔某房屋买卖合同纠纷申请再审民事裁定书［（2014）粤高法民一申字第243—244号］：本院认为，贷款银行何时将涉案所贷款项支付给古某，由贷款银行按照有关操作规程办理，不是贷款人刘某、孔某所能决定的，且涉案合同对银行贷款何时支付也没有约定明确、具体的日期。据此，按照合同约定，刘某、孔某虽然存在迟延办理贷款申请手续的行为，但古某当时并未解除合同，而是继续履行合同，足以使对方信赖合同会继续履行。古某于2013年1月21日向刘某、孔某发出《解除合同通知书》，与其之前的履行行为矛盾，依法不能发生解除合同的效力。刘某、孔某在一审时表示一次性向古某支付250万元，该履行行为对古某利益没有损害，古某应按照合同约定履行合同。

021 出卖人签订房屋买卖合同后死亡，合同义务应由其继承人继续履行

阅读提示

出卖人在签订房屋买卖合同后、履行合同义务前意外死亡，此时房屋买卖合同是否能够继续履行？买受人应该向谁主张权利？出卖人的继承人是否应当继承履行合同的义务呢？根据相关法律规定，此种情况下买受人原则上可以向出卖人的继承人要求继续履行合同义务。

裁判要旨

出卖人在签订房屋买卖合同后死亡，买受人有权要求出卖人的继承人在继承遗产范围内继续履行合同债务，交付房屋并办理房屋过户登记。

案情简介

2016年1月23日，王某、罗某与吴某签订《上海市房地产买卖合同》，约定吴某将登记在自己名下的房屋卖与王某、罗某，交易价格为300万元，吴某应于2016年4月30日前腾出该房屋并通知买方进行验收交接。王某、罗某当日按约定向吴某支付前期房款30万元。

2016年2月9日吴某死亡，王某、罗某向吴某的继承人表示要继续履行合同遭到上诉人方的拒绝，王某、罗某因此未再继续支付剩余房款也未获实际交付系争房屋。

王某、罗某向法院起诉，要求吴某的继承人吴某2、吴某3、吴某4继续履行案涉《上海市房地产买卖合同》，交付房屋并协助办理房屋过户登记。一审法院判决支持原告的诉讼请求。

三被告不服一审判决，向上海市第一中级人民法院提起上诉。二审法院经审理判决驳回上诉，维持原判。

裁判要点

原则上合同自成立之日起发生效力，合同双方均应按照合同约定履行义务，

而合同履行过程中一方死亡不是合同终止履行的原因，合同义务也属于“债务”的一种，因此合同一方当事人死亡应由其继承人继续履行合同义务。本案中，吴某虽然死亡，但在其三个法定继承人未明确表示放弃继承的情况下，其与王某、罗某的房屋买卖合同项下的义务应由其继承人一并继承，因此王某、罗某有权要求吴某的继承人继续履行合同。

实务经验总结

前事不忘，后事之师。为避免未来发生类似败诉，提出如下建议：

1. 房屋买卖合同生效后、履行完毕前出卖人死亡的，买受人可向其继承人主张继续履行合同，但合同签订时双方另有约定的除外。

2. 继承人继承的债务并非仅指金钱债务，其范围也包括被继承人未履行完毕的合同义务，除非放弃继承，否则应当继续履行。

法院判决

本院认为，二审的争议焦点在于房屋买卖合同履行过程中，出卖人死亡的，合同是否终止以及继承人应否继续履行合同。第一，关于合同是否终止问题。本案中，系争房屋的《上海市房地产买卖合同》及《补充协议》系被上诉人与吴某经自愿平等协商达成，属于合法有效合同，双方均应诚信履约。虽然吴某在合同履行过程中死亡，但是其一，房屋买卖合同并非人身依附性合同；其二，合同一方当事人死亡的情形并不属于我国合同法规定的合同终止情形；其三，双方当事人亦未约定此种情形下合同终止，因此上诉人关于合同自然终止的主张，于法无据，本院不予采信。本院认为，被上诉人与吴某之间的房屋买卖合同法律关系依旧有效存续。

第二，关于继承人应否继续履行合同的问题。三位上诉人作为吴某的第一顺位法定继承人，均未表示放弃继承，故根据《中华人民共和国继承法》第三十三条的规定，其三人理应在继承遗产的范围内对被继承人吴某的债务承担清偿责任。需要指出的是，此条规定中的“债务”显然并非专指金钱债务，当然也包括被继承人生前订立的合同项下的义务，三位上诉人对此理解明显有误，对其关于一审适用法律错误的主张本院不予采纳。本院认为，判由三位上诉人继续履行被上诉人和吴某签订的房屋买卖合同，既是对诚实信用法律原则的尊重，亦是对死者生前真实意愿的尊重。

相关法律规定

《中华人民共和国合同法》

第九十一条　有下列情形之一的，合同的权利义务终止：

（一）债务已经按照约定履行；

（二）合同解除；

（三）债务相互抵销；

（四）债务人依法将标的物提存；

（五）债权人免除债务；

（六）债权债务同归于一人；

（七）法律规定或者当事人约定终止的其他情形。

《中华人民共和国继承法》

第三十三条　继承遗产应当清偿被继承人依法应当缴纳的税款和债务，缴纳税款和清偿债务以他的遗产实际价值为限。超过遗产实际价值部分，继承人自愿偿还的不在此限。

继承人放弃继承的，对被继承人依法应当缴纳的税款和债务可以不负偿还责任。

《北京市高级人民法院关于审理房屋买卖合同纠纷案件若干疑难问题的会议纪要》（京高法发〔2014〕489号）

十八、出卖人死亡后房屋买卖合同的履行

出卖人在签订房屋买卖合同后死亡，买受人有权要求出卖人的继承人在继承遗产范围内继续履行合同债务，交付房屋并办理房屋过户登记。法院应当依据买受人的诉讼请求判决："出卖人的继承人协助买受人办理房屋过户登记手续"。

案件来源

吴某2等与王某等房屋买卖合同纠纷上诉案二审民事判决书［上海市第一中级人民法院（2016）沪01民终10452号］

022 看房时的红木家具在实际交付时竟被换成普通家具？买房人可要求卖房人按照家具价值照价赔偿

阅读提示

买房人将房屋内所附家具折价，一并转让给买受人是一种常见的房屋买卖方式。在合同没有明确约定家具材质、品牌等具体性质的情况下，卖房人最终交付的家具与看房时的不一致，是否构成违约？买方可否要求卖方交付原来的家具或者照价赔偿呢？

本文引用的案例中，卖房人在合同签订后、正式交付前将房间内原有的红木家具换成普通家具，买房人据此诉至法院要求赔偿，最终二审法院判决卖房人赔偿买房人红木家具价值 10 万元。

裁判要旨

房屋对外出售时公开的家具是特定的，即便房屋买卖双方未在合同中明确约定家具的具体材质、品牌等信息，卖方在房屋交付前将屋内家具搬走，另换其他家具的行为也有违诚实信用原则，应当赔偿买方与家具价值相应的损失。

案情简介

2016 年 9 月 7 日，陈某作为出卖人与祁某签订《北京市存量房屋买卖合同（经纪成交版）》，约定出卖人陈某将位于北京市东城区的案涉房屋出售给买受人祁某，房屋成交价为 200 万元，房屋家具、家电、装饰装修及配套设施作价 290 万元。同日，祁某、陈某签订《补充协议》，约定交易房屋价款及家具家电、装饰装修和配套设施作价总计 490 万元。在附属设施清单中关于家具的约定为："床：品牌:（空）数量：2；沙发：品牌:（空）数量：1；衣柜：品牌（空）数量：2。"

2017 年 2 月 24 日，祁某、陈某双方到涉诉房屋办理交接等手续，祁某因卧室家具与签订购房合同时房间内的红木家具不符，提出对卧室家具不予接收，双方由此产生争议。

祁某向北京市东城区人民法院提起诉讼，要求陈某支付逾期交房违约金，并赔偿擅自取走的红木家具价值 15 万元。

北京市东城区人民法院一审认为涉诉合同及《补充协议》中并没有对祁某主

张的红木家具的材质、规格等进行明确约定，据此判决驳回祁某的诉讼请求。

祁某不服，上诉至北京市第二中级人民法院。北京市第二中级人民法院经审理认为，祁某的上诉请求部分成立，最终判决陈某支付逾期交房违约金 1 万元，并赔偿祁某实际本应交付的家具价值 10 万元。

裁判要点

本案中，双方的协议中虽然仅列明了两个床、两个衣柜，并没有列明具体的种类，但对外出售时公开的家具是特定的，按照一般的交易习惯和理解，在没有相反约定的情况下，买房人有理由认为看房时的家具即为最终成交时卖房人应当交付的家具。因此，本案中陈某在房屋交付前将屋内家具搬走，另换其他家具，有违诚实信用原则，法院最终认定，陈某向祁某交付的家具不符合合同约定，最终判决陈某赔偿祁某家具价值 10 万元。

实务经验总结

前事不忘，后事之师。为避免未来发生类似败诉，提出如下建议：

1. 房屋买卖属于复杂、重大的交易，合同中的各项约定均应当明确、具体。买卖双方约定家具等附属设施随房一并转让的，应当在合同或合同附件中明确列明附属物品清单，清单应当具体到各个设施的种类、数量、品牌、质量等并由双方签字确认，以避免因约定不明产生诉讼纠纷。

2. 值得注意的是，卖方交付的家具与约定不符与房屋是否存在功能性质量瑕疵无关，如无其他正当理由，买房人应当接收房屋；买房人因此拒绝接收的，不能要求卖房人承担逾期交付的违约责任。

法院判决

关于 2017 年 1 月 12 日未完成房屋交割应由谁承担责任。2017 年 1 月 12 日，双方去进行房屋交割，祁某以四个原因拒绝收房：交付家具与约定不符、陈某没有交纳物业费、陈某存在逾期交房没有承担违约责任、陈某一方伤人导致无法完成收房，该四个原因均与房屋是否存在功能性质量瑕疵无关，也与房屋是否严重影响正常居住使用无关。在这种情况下，祁某理应接收房屋，2017 年 1 月 12 日未完成房屋交割应由祁某承担责任。事实上，祁某于 2017 年 2 月 24 日接收了房屋，2017 年 1 月 12 日至 2017 年 2 月 24 日期间客观上未收房，但陈某不应承担逾期交房违约责任。

关于交付的家具是否符合合同约定。双方争议的焦点是交付的两个床、两个衣柜是否符合合同约定，由于双方的协议中仅列明了两个床、两个衣柜，并没有列明具体的种类，一般理解陈某向祁某交付任何两个床、任何两个衣柜就行。但对外出售时公开的家具是特定的，且祁某看房时家具也与实际交付的不一样，结合一审审理中证人王某的陈述，有理由认为，看房时的家具应为陈某应向祁某交付的家具。陈某在房屋交付前将屋内家具搬走，另换其他家具，有违诚实信用原则。根据在案事实，本院有理由认定，交付的家具（两个床、两个衣柜）不符合合同约定。关于实际应交付家具的价值，祁某主张 15 万元，本院结合证人王某的陈述酌情确定为 10 万元，即在陈某不能交付应交付的家具时，赔偿祁某 10 万元。

相关法律规定

《中华人民共和国合同法》

第六条 当事人行使权利、履行义务应当遵循诚实信用原则。

《北京市高级人民法院关于审理房屋买卖合同纠纷案件若干疑难问题的会议纪要》（京高法发〔2014〕489 号）

十三、买受人拒绝接收商品房的处理

出卖人交付的房屋符合商品房买卖合同约定及法定的强制性交付条件和质量标准，买受人以房屋质量存在表面瑕疵为由拒绝接收房屋，并要求出卖人承担逾期交房违约责任的，一般不予支持，但买受人确有证据证明房屋在交付时存在功能性质量瑕疵以致严重影响正常居住使用的除外。买受人接收房屋不影响出卖人对房屋的质量瑕疵承担保修义务。

案件来源

祁某与陈某、北京链家房地产经纪有限公司房屋买卖合同纠纷二审民事判决书［北京市第二中级人民法院（2017）京 02 民终 10765 号］

023 买受人未按照合同约定的时间节点向出卖人支付购房款竟不构成违约？分期付款中买受人的权益保护

阅读提示

房屋买卖交易流程较为复杂，特别是在“限购”政策背景下，要通过购房资格核验、房屋核验、网签备案手续等必要环节，上述流程中出现任何问题都会导致合同无法履行的严重后果，这就导致买受人在交易过程中处于弱势地位，买受人已付全款却得不到房的情况时有发生。

本文引用的案例中，房屋买卖双方约定根据房屋买卖流程的不同节点分期付款，买受人因出卖人迟延履行房屋核验义务而未按照合同约定的时间点支付房款，法院最终也没有认定买受人构成违约。可见，这种分期付款的方式可以有效地减少买受人一方的交易风险，本案值得借鉴。

案情简介

2016年9月19日，王某1与赖某1、范某签订的《北京市存量房屋买卖合同》及《补充协议》约定，王某1购买赖某1与范某共同所有的案涉房屋，房屋成交价为929万元。该房屋已经设定抵押，出卖人应于2016年11月30日前办理抵押注销手续。

关于付款方式，双方主要约定：1. 买受人于合同签订之日支付出卖人第一笔购房定金5万元；于房屋核验通过之日支付第二笔购房定金45万元。2. 买受人于网签之日支付出卖人第一笔首付款135.8万元。3. 买受人于2016年11月30日前支付出卖人购房款150万元等。

合同履行过程中，双方在办理涉案房屋抵押注销手续时，针对抵押注销款项应由谁负担问题产生争议。后赖某1、范某自筹资金办理了涉案房屋抵押注销手续，涉案房屋于2016年12月7日通过核验。次日，王某1将第二笔购房定金45万元支付给赖某1、范某，双方签署了网签草拟合同纸质版。

后赖某1、范某以王某1未按照合同约定于2016年11月30日前支付150万元购房款构成违约为由，拒绝继续履行合同。

王某1遂向法院提起诉讼，要求法院判决案涉合同继续履行。赖某1、范某以王某1未按照合同约定于2016年11月30日前支付150万元购房款构成违约为由提起反诉，请求法院判令解除案涉合同。

北京市昌平区人民法院经审理最终判决案涉合同继续履行，驳回反诉原告赖某1、范某的反诉请求。

裁判要点

根据我国法律规定，当事人互负债务，并约定有先后履行顺序的，先履行一方未履行，后履行一方有权拒绝其履行要求。

本案中，第一，双方在买卖合同汇总约定的付款条款具有时间上的先后顺序，虽然付款条款第三项中仅有“2016年11月30日”这一个条件，但双方是在预计可以于2016年11月30日前完成房屋核验、网签备案等手续的情况下，才达成第3项付款时间的合意，因此法院认为完成房屋核验、网签备案手续是买受人在2016年11月30日前付款的必要条件。

第二，双方未能在2016年11月30日前完成涉案房屋核验手续、网签备案手续的责任不能归咎于买受人，买受人对此并无过错，因此法院最终认定买受人未按照约定时间付款并不构成违约，案涉合同继续履行。

实务经验总结

前事不忘，后事之师。为避免未来发生类似败诉，提出如下建议：

房屋买卖交易流程较为复杂，特别是在“限购”政策背景下，要通过购房资格核验、房屋核验、网签备案手续等必要环节，上述流程中出现任何问题都会导致合同无法履行的严重后果。因此，对于买受人来说，选择分期付款的方式，与出卖人约定在上述流程的不同节点向出卖人分期付款，如果出卖人不能按照合同约定按时办理各种手续，买受人就有权迟延或者拒绝支付相应款项，这样一来就可以最大限度地降低买受人的交易风险、保护买受人的合法权益。

法院判决

双方的争议焦点为买受人未于2016年11月30日前向出卖人支付购房款150万元是否构成违约。根据双方所提交的证据及一般房屋买卖的交易习惯看，该付款时间应受到合同履行过程中其他条件的限制，在其他条件未满足前，买受人未按照该时间节点向出卖人付款不构成违约。具体理由如下：

首先，房屋作为不动产，交易流程较为复杂，特别是在“限购”政策背景下，要通过购房资格核验、房屋核验、网签备案手续等必要环节，上述流程中出现任何问题都会导致合同无法履行的严重后果，买受人选择在流程的不同节点向出卖人分期付款，有利于减少交易中的风险，一般情况下，下一阶段的付款要以上一流程的完毕为基础。本案中，双方签订的《补充协议》中付款条款具有时间上的先后顺序，虽付款条款第三项中仅有“2016年11月30日”这一个条件，但通过庭审中双方当事人的陈述，双方是在预计可以于2016年11月30日前完成房屋核验、网签备案等手续的情况下，才达成第三项付款时间的合意。完成网签备案手续是买受人在2016年11月30日前付款的必要条件。

其次，未能在2016年11月30日前完成涉案房屋核验手续、网签备案手续的责任不能归咎于买受人。根据存量商品房买卖合同的交易习惯，对涉案房屋出售核验的义务应属于出卖人，因涉案房屋设有抵押权，根据双方签订的《北京市存量房屋买卖合同》的约定，出卖人应负责办理涉案房屋抵押注销手续。本案中，虽出卖人在约定的日期内办理完成了涉案房屋抵押注销手续，但由于抵押注销手续办理时间过长，导致房屋核验时间、网签备案手续无法在2016年11月30日完成。

最后，当事人互负债务，有先后履行顺序，先履行一方未履行，后履行一方有权拒绝其履行要求。先履行一方履行债务不符合约定的，后履行一方有权拒绝其相应的履行要求。本案中，如前所述，出卖人负有对涉案房屋进行出售核验的合同义务，且该义务与买受人付款之间存在履行上的先后顺序，即便双方对部分付款时间进行了特别约定，但在出卖人未履行合同义务前，买受人可以行使先履行抗辩权。

综合以上分析，王某1作为买受人在合同履行过程中无违约事项，且涉案房屋具备继续履行条件，故对于王某1要求继续履行合同的诉讼请求，本院予以支持。关于王某1要求赖某1、范某赔偿违约金一节，无合同依据，本院不予支持。赖某1、范某主张王某1逾期付款构成违约，理由不能成立，对于其反诉要求解除合同并要求王某1支付违约金及其他相关损失的请求，本院予以驳回。由于双方已经产生争议，双方签订的《北京市存量房屋买卖合同》及《补充协议》中约定的办理网签备案时间、办理过户登记时间、交付房屋时间均已逾期，且王某1同意一次性将剩余购房款在涉案房屋过户次日给付赖某1、范某，对此本院不持异议，对于涉案房屋的具体履行期限，本院结合实际情况酌情确定。

相关法律规定

《中华人民共和国合同法》

第六十条 当事人应当按照约定全面履行自己的义务。

当事人应当遵循诚实信用原则，根据合同的性质、目的和交易习惯履行通知、协助、保密等义务。

第六十七条 当事人互负债务，有先后履行顺序，先履行一方未履行的，后履行一方有权拒绝其履行要求。先履行一方履行债务不符合约定的，后履行一方有权拒绝其相应的履行要求。

案件来源

范某房屋买卖合同纠纷一审民事判决书［北京市昌平区人民法院（2017）京0114民初4880号］

024 房屋买卖合同签订后，一方无正当理由拒绝继续履行而另一方坚持的，法院应当判决双方继续履行（即使一方愿意以承担违约责任为代价解除合同）

阅读提示

房屋买卖合同签订以后，一方当事人在没有正当理由的情况下拒绝继续交易，此时希望合同继续履行的另一方当事人应当如何应对？一般来说，民事法律尊重意思自治，不会强制当事人作某种行为；但是在当事人之间已经达成契约的情况下，法律会更倾向于维护交易秩序的稳定性。因此，如果一方当事人没有正当理由拒绝继续履行合同而另一方坚持的，法院会判决支持合同继续履行。当然，法律不会强人所难，如果一方当事人能够举证证明继续履行合同存在现实困难的，其不继续履行合同的诉求也将得到法院的支持。

案情简介

2016年4月23日，刘某与魏某签订《北京市存量房屋买卖合同》，约定刘某购买魏某的1202号房屋，房屋成交价为187万元，出卖人应当在2016年9月7日前将房屋交付给买受人，并约定了逾期交房违约金。同日，刘某与魏某签订

《补充协议》，协议中表明魏某暂未取得房屋所有权证，刘某知道这一事实。

上述合同签订后，刘某向魏某累计支付购房款 120 万元。后魏某以 1202 号房屋没有取得房产证不能买卖且刘某未支付全部购房款为由拒绝继续履行合同。刘某遂向法院起诉，请求法院判决涉案合同继续履行，要求魏某支付逾期交房违约金并承担租赁费损失。

经查，1202 号房屋系魏某作为被拆迁人与拆迁人北京强佑房地产开发有限公司签署《北京市城市房屋拆迁安置补偿协议》安置所得，北京强佑房地产开发有限公司已向魏某交付 1202 号房屋，目前由魏某居住使用，但尚未取得房屋所有权证书。

北京市海淀区人民法院一审判决涉案《北京市存量房屋买卖合同》及《补充协议》继续履行，魏某于判决生效后 7 日内交付 1202 号房屋并向刘某支付逾期交房违约金 2,100 元以及租金损失 8,400 元，驳回刘某的其他诉讼请求。

魏某上诉至北京市第一中级人民法院，主张自己没有履行能力，无处居住，愿意支付违约金，不同意继续履行合同。北京市第一中级人民法院经审理认为，魏某的上诉理由不能成立，最终判决驳回上诉，维持原判。

败诉原因

根据我国相关法律规定，房屋买卖合同签订后，一方当事人不同意继续履行而另一方坚持的，经审查合同继续履行不存在现实困难的，应当判决双方继续履行合同。

本案中，涉案合同系双方当事人真实意思表示达成的合意，且不违反法律、行政法规的强制性规定，应当认定为合法有效的合同，对双方当事人具有约束力，合同双方应当按照约定履行合同义务。此时魏某提出拒绝继续履行合同，而刘某已经支付了大部分购房款且坚持要求继续履行房屋买卖合同，经查涉案合同未约定解除条款，且继续履行也不存在实际困难，因此即便魏某愿意以承担相应违约责任为代价解除合同，法院最终判决驳回其上诉请求。

实务经验总结

前事不忘，后事之师。为避免未来发生类似败诉，提出如下建议：

1. 房屋买卖双方当事人可以在合同中约定解约定金或者合同解除条款，一方面可以在对方违约时充分保障己方的合法权益，另一方面也给自己履行合同留下一定的空间，避免本案中“被迫”继续履行合同的情况发生。

2. 法院判决继续履行以继续履行合同不存在现实困难为前提，如果涉案房屋因为已经出卖并过户给他人等原因导致不能继续履行，守约方则不能再要求继续履行，此时可以主张对方的违约责任，要求对方赔偿相应经济损失（包括实际损失和可得利益损失）。

法院判决

本院认为，违反法律、行政法规的强制性规定的合同无效，其中强制性规定是指效力性强制性规定，而未依法登记领取权属证书的房屋不得转让的规定，在性质上不属于“效力性强制性规定”，不应作为认定房屋买卖合同无效的法律依据。因此，上诉人主张涉案房屋买卖合同因未取得产权证而无效的意见无法律依据。依法成立的合同，对当事人具有法律约束力，当事人应当按照约定履行自己的义务，不得擅自变更或者解除合同。因此，本案中双方签订房屋买卖合同后，虽然魏某不同意继续履行并愿意以承担相应违约责任为代价解除合同，但刘某坚持要求继续履行，应当判决双方继续履行合同。一审法院判决双方继续履行合同并判令支付违约金及赔偿损失正确，本院予以确认。

综上所述，魏某、张某的上诉请求不能成立，应予驳回；一审判决认定事实清楚，适用法律正确，应予维持。

相关法律规定

《北京市高级人民法院关于审理房屋买卖合同纠纷案件适用法律若干问题的指导意见（试行）》（京高法发〔2010〕458号）

第二十二条 房屋买卖合同签订后，一方当事人不同意继续履行，愿意以承担相应违约责任为代价解除合同，而另一方坚持要求继续履行，经审查合同继续履行不存在现实困难的，应当判决双方继续履行合同，但合同另有解约定金等约定或符合《合同法》第一百一十条规定情形的除外。

案件来源

魏某等与刘某房屋买卖合同纠纷二审民事判决书［北京市第一中级人民法院（2017）京01民终2549号］

地方相关规定

《天津市高级人民法院关于依法妥善审理房屋买卖合同纠纷案件的通知》（津高法发〔2016〕158号）

四、关于合同继续履行的问题

当事人按照房地产行政主管部门的要求签订《天津市房产买卖协议》以后，一方已依约履行主要义务并主张继续履行合同，另一方拒绝履行产权过户、交接房款、交付房屋等后续合同义务，除属于《合同法》第一百一十条规定情形以外，人民法院应予支持。

……

025 购房款支付附条件（完成网签），因不可归责于双方当事人的原因导致网签迟延的，购房余款的支付时间亦应相应顺延

阅读提示

根据北京市住建委的相关规定，网签是过户的前置程序，可谓“不网签无过户”。因此，出卖人完成网签与买受人支付购房款一样，均为法定的主合同义务，双方就此具有履行中的抗辩权。为保障买受人权益，房屋买卖合同可以特别约定，购房余款支付条件与网签完成等时间节点予以捆绑。

本文案例中，双方在补充协议中具有该特殊约定，后出卖人房产证因更换导致网签时间迟延，二审法院认定这属于不可归责于双方当事人的原因（出卖人方的客观原因），故购房余款的支付时间亦应相应顺延，买受人并未迟延支付购房余款，双方房屋买卖合同继续履行。

在延伸阅读部分，笔者对房屋买卖合同纠纷领域因不可归责于双方当事人的事由导致的合同效力及履行争议裁判规则予以梳理。

裁判要旨

房屋买卖合同中购房款支付条件取决于网签，属于附条件行为，因不可归责于双方当事人的原因导致网签迟延的，购房余款的支付时间亦应相应顺延，双方房屋买卖合同继续履行。

案情简介

2015年7月23日，陈某（出卖人）和李某（买受人）签订《北京市存量房屋买卖合同》，约定：出卖人出售位于朝阳区东四环北路某房屋，成交价格为1,030万元。同日，双方签订补充协议，就交房过户、支付房款及税费缴纳等事宜达成协议，并约定，买受人于2015年9月24日前（网签后6周，预计8月13日办理网签）支付出卖人购房款余款728万元，支付方式为银行资金监管。

因北京市调整房屋坐落编号，陈某所持涉案房屋房产证登记坐落位置有误并予以更改，导致网签迟延，实际于2015年9月28日双方完成网签。

陈某提起诉讼，诉请解除双方间签订的房屋买卖合同及补充协议，李某支付相应的违约金；李某提起反诉，诉请合同继续履行。一审法院认定，根据合同约定，买受人李某应于2015年9月24日前支付购房余款728万元，但是李某至今并未支付上述购房款，已经超过合同约定的付款日15天。对于买受人来说，支付购房款系其主要合同义务，故李某构成根本违约。判决解除双方之间的房屋买卖合同，李某支付相应的违约金。

李某不服，提起上诉。二审法院认为，李某有权顺延支付余款，不构成违约，判决撤销一审，改判房屋买卖合同继续履行；陈某提起再审申请，再审法院经审理后，驳回陈某的再审申请。

裁判要点

二审及再审法院认为李某迟延付款不构成违约，房屋买卖合同继续履行的原因在于：

1. 购房余款的支付条件取决于网签，属于附条件行为。双方补充协议约定，买受人于2015年9月24日前（网签后6周，预计8月13日办理网签）支付出卖人购房款余款728万元。故购房余款的缴纳时间点虽然具体但却附有条件，属于预计的时间节点。购房余款支付条件成就为双方完成网签后6周。

2. 网签迟延属于不可归责于双方当事人的事由。因陈某所持涉案房屋房产证登记坐落位置有误，实际网签于2015年9月28日完成，网签时间延期虽不可归责于双方，但确系因陈某方的客观原因导致，理应给予李某顺延合理的支付购房款余款的期限。裁判在此问题上并未披露具体的裁判规则。该更换房产证导致网签迟延的原因在性质上也并非不可抗力、商业风险乃至构成情势变更，但是的确造成了双方权利义务的失衡，基于公平原则，购房余款的支付时间应予以顺延。

实务经验总结

前事不忘，后事之师。为避免未来发生类似败诉，提出如下建议：

1. 该案中，双方在房屋买卖合同约定中，将购房余款的支付与网签的完成及时间节点捆绑在一起，使买受人的权益得到较好的保障，并避免其承担迟延付款的违约责任。买受人可以借鉴该条款表述方式，维护自己的合法权益。

2. 根据北京市的相关规定，房屋买卖只有先网签，有关部门才能办理过户登记。出卖人完成网签与买受人支付购房款性质一样，属于法定的主要义务，双方均有相应的抗辩权。

法院判决

再审法院认为，根据已查明的事实，陈某与李某协商后购房款余款付款日期定为 2015 年 9 月 24 日，即网签后 6 周（签约时预计 8 月 13 日办理网签）。其后，因陈某所持涉案房屋房产证登记坐落位置有误，实际网签于 2015 年 9 月 28 日完成，网签时间延期虽不可归责于双方，但确系因陈某方客观原因导致，理应给予李某顺延合理的支付购房款余款的期限，而陈某仍依据合同约定要求李某于 2015 年 9 月 24 日前支付购房款余款，并以李某未在 2015 年 10 月 21 前支付购房款余款构成根本违约为由要求解除房屋买卖合同，依据不足，二审法院对此问题的分析和认定并无不当。陈某就此问题的再审理由缺乏依据，其再审申请不成立。

相关法律规定

《中华人民共和国合同法》

第九十四条　有下列情形之一的，当事人可以解除合同：

（一）因不可抗力致使不能实现合同目的；

（二）在履行期限届满之前，当事人一方明确表示或者以自己的行为表明不履行主要债务；

（三）当事人一方迟延履行主要债务，经催告后在合理期限内仍未履行；

（四）当事人一方迟延履行债务或者有其他违约行为致使不能实现合同目的；

（五）法律规定的其他情形。

第一百零七条　当事人一方不履行合同义务或者履行合同义务不符合约定的，应当承担继续履行、采取补救措施或者赔偿损失等违约责任。

《北京市建设委员会关于实行存量房买卖合同网上签约和信息公示有关问题的通知》(京建交〔2007〕508号)

为规范我市存量房交易市场行为，保障存量房交易安全，提高存量房交易的透明度，根据建设部、中国人民银行《关于加强房地产经纪管理规范交易结算资金账户管理有关问题的通知》(建住房〔2006〕321号)、《北京市存量房交易结算资金账户管理暂行规定》等文件的相关规定，现将我市实行存量房买卖合同网上签约和信息公示的有关事项通知如下：

一、我市行政区域内国有土地上的存量房买卖（指通过办理房屋权属转移登记取得房屋所有权证的房屋的再次买卖），凡经房地产经纪机构居间或代理（含代办转移登记手续）的，均须进行买卖合同网上签约和交易信息公示。权属部门办理转移登记时须在权属系统上进行网上办理。

案件来源

A经纪公司、李某与陈某房屋买卖合同纠纷二审民事判决书[(2017)京03民终3922号]；A经纪公司、陈某房屋买卖合同纠纷申诉、申请民事裁定书[(2017)京民申2369号]

地方相关规定

《最高人民法院关于审理商品房买卖合同纠纷案件适用法律若干问题的解释》

第四条 出卖人通过认购、订购、预订等方式向买受人收受定金作为订立商品房买卖合同担保的，如果因当事人一方原因未能订立商品房买卖合同，应当按照法律关于定金的规定处理；因不可归责于当事人双方的事由，导致商品房买卖合同未能订立的，出卖人应当将定金返还买受人。

第二十三条 商品房买卖合同约定，买受人以担保贷款方式付款、因当事人一方原因未能订立商品房担保贷款合同并导致商品房买卖合同不能继续履行的，对方当事人可以请求解除合同和赔偿损失。因不可归责于当事人双方的事由未能订立商品房担保贷款合同并导致商品房买卖合同不能继续履行的，当事人可以请求解除合同，出卖人应当将收受的购房款本金及其利息或者定金返还买受人。

《北京市高级人民法院民一庭关于妥善处理涉及"3·17新政"的房屋纠纷案件若干问题的会议纪要》(2017年12月18日)

三、(新政性质与履行障碍认定)

"3·17 新政"具有公共政策的性质，其具体的限贷、限购、限售等措施，对部分房屋买卖合同会造成成本增加或履行不能等障碍。

对于合同订立后由于"3·17 新政"的实施致使合同无法继续履行的，属于因不可归责于双方当事人的原因导致合同目的无法实现。当事人要求解除合同的，除合同另有约定外，一般应予支持。

……

《北京市高级人民法院关于下发〈关于妥善处理涉及"新国五条"的房屋纠纷案件若干问题的会议纪要〉的通知》（2013 年 7 月 9 日）

四、（"新国五条"施行前签订买卖合同税费增加的处理）

当事人在"新国五条"施行前签订房屋买卖合同，但未在"京十九条"施行前办理网上签约，因国家政策调控导致办理房屋过户需要缴纳的个人所得税增加，当事人就合同履行及税费负担发生争议的，可以按以下情形处理：……2. 当事人双方就增加的税费如何负担无法达成一致，属于因不可归责于双方当事人的原因导致合同难以履行，当事人据此要求解除合同的，一般应予支持；出卖人应当将收受的购房款或定金返还给买受人；当事人一方要求赔偿损失或适用定金罚则的，不予支持。

《北京市高级人民法院民一庭关于妥善处理涉及住房限购政策的房屋买卖合同纠纷案件若干问题的会议纪要》（2011 年 12 月 13 日）

三、（住房限购政策的性质和合同解除的处理原则）

住房限购政策在性质上具有公共政策的性质，确实会对房屋买卖合同能否继续履行造成重大影响。对于合同订立后由于住房限购政策的实施致使买受人无法办理房屋过户登记的，属于因不可归责于双方当事人的原因导致合同目的无法实现，当事人要求解除合同的，除合同另有约定外，一般应予支持。出卖人应当将收受的购房款或定金返还给买受人；当事人一方要求另一方承担违约责任或适用定金罚则的，不予支持；经审查合同解除确实导致当事人间利益失衡，损失方要求对方补偿其所受合理损失的，可酌情予以支持。

……

《广东省高级人民法院关于审理房屋买卖合同纠纷案件的指引》（2017 年 9 月 12 日）

房屋买卖合同签订后，因房地产调控政策的实施，导致无法办理房屋所有权转移登记或者不能订立房屋担保贷款合同的，属于因不可归责于当事人双方的事由导致合同不能履行，人民法院可以参照《最高人民法院关于审理商品房买卖合同纠纷案件适用法律若干问题的解释》第二十三条的规定处理。一方请求另一方承担违约责任或者适用定金罚则的，不予支持。买受人请求判令出卖人办理所有权转移登记的，人民法院可以向其释明变更诉讼请求为解除合同、返还财产。

026 房屋买受人在磋商中为履约作出的退让性表示，不宜作为认定案件基本事实的依据

阅读提示

房屋买卖中，当事人出于对交易流程的疏忽或误解，导致合同条款约定不明或冲突，若不能签订补充协议，极易导致纠纷。而且，在纠纷发生后，双方磋商谈判中，一方急于履约，作出于己不利的让步表示的，另一方很有可能录音作为法庭争讼的证据。结合上述合同约定不明的情形，法院较易采信另一方对合同的理解，从而导致败诉的结果。

本案中，涉及有抵押房屋的买卖合同纠纷，当事人基于对网签需先解押的疏忽，作出首付款 100 万元的支付时间在网签后且在对方解押时间前的冲突约定。买受人主张未网签，则不用支付 100 万元首付款；出卖人主张先支付 100 万元用于解押才是本条款的真实意思。一审法院支持出卖人观点；二审法院推翻一审认定，改为支持买受人观点。

裁判要旨

房屋买卖合同中对首付款及解押的时间约定冲突，导致解押款支付约定不明的，买受人在磋商中为履约作出的退让性表示，不宜作为认定案件基本事实的依据。

案情简介

2016 年 8 月 29 日，戴某（出卖人，甲方）与宣某（买受人，乙方）经过经纪公司（居间人，丙方）居间签订房屋买卖合同，约定甲方向乙方出售诉争 503 号房屋，房屋建筑面积为 77.5 平方米，房屋成交价格为 748 万元。诉争房屋抵押金额为 120 万元，约定甲方应于 2016 年 11 月 15 日前办理抵押注销手续。乙方拟商业贷款为 294 万元，此外定金及购房款皆自行支付，“第一次，于网签后一个工作

日，且于2016年10月15日前，乙方向甲方支付人民币100万元，资金通过自行交接方式划转（余下数笔略）”。逾期十日的，甲方有权解除合同。

买卖合同签订当日，宣某依约支付了定金。双方至今未办理网签，宣某至今未向戴某支付第一笔100万元房款。2016年10月27日，戴某向宣某发送解除合同函。

2017年，宣某起诉，诉请案涉房屋买卖合同继续履行，戴某完成案涉503号房屋移转登记。戴某反诉，诉请解除案涉房屋买卖合同，宣某支付相应的违约金。

庭审中，针对合同约定的该第一次支付100万元的条款，双方主张各异。宣某主张，根据该条款，2016年10月15日前支付100万元的前提条件是完成网签，网签的前提是对方将诉争房屋解除抵押，对方未解除抵押前，其不负有付款的义务。戴某则主张，该条款的意思为对方至迟应在2016年10月15日前支付100万元。

一审法院根据房屋买卖交易惯例、体系解释、双方提交的证据材料综合认为：宣某负有按合同约定在2016年10月15日前向戴某支付100万元房款的义务，判决支持戴某的主张，解除案涉房屋买卖合同并由宣某赔偿违约金。

经宣某上诉，二审法院认定：涉案房屋买卖合同对首付款支付及解除抵押问题约定不明，且双方无法就此达成补充协议亦无法依据其他合同条款和交易习惯予以确认，是致使合同未能履行的根本原因，宣某对此不承担违约责任，一审法院判决其支付违约金有误，对该判项予以撤销。一审判决解除合同，双方无异议，二审予以维持。

裁判要点

二审法院认为涉案房屋买卖合同对首付款支付及解除抵押问题约定不明，宣某不承担迟延付款责任的原因在于：

（1）合同并未约定由何方负担案涉房屋解押款。

一审法院认为从交易惯例角度看，有抵押房屋交易情形，买受人一般均先交一部分购房款用于解押，卖方一般不会在不收取房款时自行增加负担筹款解除抵押。从体系解释角度看，第一笔100万元支付日在10月15日前，戴某解押最晚在11月15日，按宣某的理解（先解押再付100万元）则两款出现矛盾，按照戴某理解则无矛盾。从目的解释角度看，按照宣某的理解，则戴某将收不到款无法解押进而导致合同僵局。因此，一审法院认定宣某有义务先行支付100万元。

二审法院则认为，根据约定，宣某第一次支付购房款的期限为“网签后一个工作日，且于 2016 年 10 月 15 日前”，该约定为第一次款项的支付设定了两个条件，即网签后一个工作日及 2016 年 10 月 15 日前。上述两个条件看似并不冲突，但因涉案房屋存在抵押，按照行政主管部门的交易流程必须先解除抵押才能办理网签，而双方并未就解押款项由何方负担进行约定，并就此产生争议。

（2）宣某在磋商中为履约作出的退让性表示，不宜作为认定案件基本事实的依据。

一审法院根据双方磋商录音及经纪公司证言证明，双方就宣某支付 100 万元，戴某拿去解押达成意思一致。二审法院认为，上述录音及证言，不能表明宣某有先支付 100 万元用于解押的意思，且为履行合同，宣某在双方磋商录音中的退让性表示，在无其他证据佐证情况下，不宜作为认定案件事实的依据。

实务经验总结

前事不忘，后事之师。为避免未来发生类似败诉，提出如下建议：

1. 房屋买卖当事人在签约时，要充分了解整个房屋交易流程，在关键节点及履行先后顺序上，务必明确约定。如本案中，误约定网签后支付第一笔购房款，房屋出卖人将承担自行支付解押款的责任并处于不利的境地。

2. 房屋买卖合同出现纠纷后，当事人均应谨慎小心，在沟通磋商中，避免作出不利的承诺，导致有理变无理，被对方用作法庭上于己不利的证据。若房屋价值高，争议大，利益重，关于对方的磋商要求，建议咨询律师再予以答复，以免后期争讼中陷入被动局面。

法院判决

本院认为，本案争议的焦点为宣某、王某是否应支付违约金一节。就此，本院从以下几方面考虑：首先，买卖合同及其补充协议约定，宣某一方第一次支付购房款的期限为“网签后一个工作日，且于 2016 年 10 月 15 日前”，该约定为第一次款项的支付设定了两个条件，即网签后一个工作日及 2016 年 10 月 15 日前。上述两个条件看似并不冲突，但因涉案房屋存在抵押，按照行政主管部门的交易流程必须先解除抵押才能办理网签，而双方并未就解押款项由何方负担进行约定，并就此产生争议。其次，双方在争议产生后，虽多次磋商，但均没有达成补充协议，现各方对争议所持意见仅能通过录音证据予以考量，从录音中可以看出宣某、王某虽对经纪公司人员所述应在 2016 年 10 月 15 日前支付第一笔首付款有表示同意的言语，但同时也有就合同约定不明确的部分提出另行签订补充协议并确定违约责任的要求，故仅依据该项表示，本院难以认定买卖双方在争议发生前就第一笔首付款曾有2016年10月15日前支付的约定。最后，2016年10月15日后，宣某与戴某亦曾多次接触，就合同的履行继续协商，宣某表示了希望继续履行的愿望，但双方未达成一致意见，从中可以看出双方对合同的解除都产生了一定的预见，宣某为求得继续履行在录音中作出的退让性表示，在没有其他证据予以佐证的情况下，不宜作为认定案件基本事实的依据。综上，本院认定涉案买卖合同及其补充协议对首付款支付及解除抵押问题约定不明，且双方无法就此达成补充协议亦无法依据其他合同条款和交易习惯予以确认，是致使合同未能履行的根本原因，宣某、王某对此不承担违约责任，一审法院判决其支付违约金有误。

相关法律规定

《中华人民共和国合同法》

第八条　依法成立的合同，对当事人具有法律约束力。当事人应当按照约定履行自己的义务，不得擅自变更或者解除合同。

依法成立的合同，受法律保护。

第六十一条　合同生效后，当事人就质量、价款或者报酬、履行地点等内容没有约定或者约定不明确的，可以协议补充；不能达成补充协议的，按照合同有关条款或者交易习惯确定。

第九十三条　当事人协商一致，可以解除合同。

当事人可以约定一方解除合同的条件。解除合同的条件成就时，解除权人可以解除合同。

第一百零七条　当事人一方不履行合同义务或者履行合同义务不符合约定的，应当承担继续履行、采取补救措施或者赔偿损失等违约责任。

《最高人民法院关于民事诉讼证据的若干规定》

第二条　当事人对自己提出的诉讼请求所依据的事实或者反驳对方诉讼请求所依据的事实有责任提供证据加以证明。

没有证据或者证据不足以证明当事人的事实主张的，由负有举证责任的当事人承担不利后果。

第六十七条　在诉讼中，当事人为达成调解协议或者和解的目的作出妥协所涉及的对案件事实的认可，不得在其后的诉讼中作为对其不利的证据。

案件来源

宣某与戴某、经纪公司房屋买卖合同纠纷二审民事判决书［（2017）京02民终11150号］

027 买受人以房屋质量存在表面瑕疵为由拒绝接收房屋，不能因此要求出卖人承担逾期交房违约责任

阅读提示

房屋交易特别是二手房交易过程中，买受人在验收房屋时发现房屋存在墙壁漏水、家具损坏等质量瑕疵并因此拒绝收房，此时买受人能否要求出卖人承担逾期交房的违约责任呢？根据相关法律规定，买方因为不影响房屋正常使用的表面质量瑕疵而拒绝接收房屋的，不得以此为由主张卖方承担逾期交房的违约责任。

案情简介

2016年3月14日，汪某及丈夫刘某1以女儿刘某2的名义与郭某1的委托代理人郭某2签订《北京市存量房屋买卖合同》，购买郭某1位于北京市西城区的101号房产，房租总价款为1,000万元，中介机构为北京某房地产经纪公司宣武门店。该合同约定：卖方应当将房间内现有附属设施随房一并转移交付给买方，交付时间为收到全部购房款后3个工作日内；在交房以前发生的物业管理、供水、供暖等费用由出卖人承担。

2016年8月15日，郭某1与刘某2签订《补充协议》，约定将购买人变更为汪某，房屋交付时间变更为出卖方于2016年9月29日前将房屋交付给购买方。

因双方时间未能约定在一起，故采取了分开验房的方式。郭某1先与中介公司验房，并于当日将房屋钥匙交给中介人员。2016年10月1日，汪某及家人与中介公司至涉案房屋办理交接手续时发现，房屋存在内壁漏水、多处装修及附属设施破坏、拖欠物业费等问题，因此拒绝在交割单上签字，中介公司因此没能向汪某交付房屋钥匙。

汪某向法院提起诉讼，请求判令郭某1赔偿自2016年9月29日至2016年11月29日的逾期交房违约金31万元，承担在此期间的物业费及供暖费，并修复房屋及附属设施的质量问题。

北京市西城区人民法院经审理认为，2016年10月1日至2016年11月29日房屋未能按时交付系因原告以房屋存在质量问题为由拒绝接收房屋，而其列举的质量问题并非功能性质量瑕疵，因此郭某1应承担违约责任的逾期交房期间应当为2016年9月30日至2016年10月1日，判决郭某1支付汪某逾期交房违约金9,970元，驳回汪某的其他诉讼请求。

败诉原因

根据相关法律的规定，买受人以房屋质量存在表面瑕疵为由拒绝接收房屋，因此要求出卖人承担逾期交房违约责任的，法院将不予支持。所谓“表面质量瑕疵”是指不严重影响房屋正常居住使用的瑕疵。

本案中，买方汪某与卖方郭某1约定于2016年9月29日交房，而汪某实际验收房屋时间为2016年10月1日，因此在此时间段内，郭某1构成逾期交房，应当承担违约责任。

汪某在验收房屋时发现房屋存在墙壁漏水、家具等附属设施损坏等质量问题，并以此为由拒绝在交割单上签字，导致交房无法顺利完成。由于汪某主张的瑕疵并不影响房屋的正常使用，属于表面瑕疵而非功能性质量瑕疵，以此为由拒绝接收房屋并非正当理由，因此法院认定2016年10月1日郭某1已经按合同约定履行交房义务，并最终判决驳回汪某要求郭某1承担自2016年10月1日至2016年11月29日的逾期交房违约金的诉讼请求。

实务经验总结

前事不忘，后事之师。为避免未来发生类似败诉，提出如下建议：

1. 买受人需要明确不影响正常使用的表面瑕疵不能成为拒绝受领房屋的合理理由。特别是在二手房交易中，二手房往往存在一定的质量瑕疵，但只要该质量问题并不足以影响房屋的正常使用，就不能以此为由拒绝接收房屋并据此要求卖方承担逾期交房的违约责任。

2. 买方接收房屋并不代表出卖人就不用再承担保修义务。房屋存在表面性质量瑕疵，买方接收房屋后有权要求卖方承担瑕疵担保责任、对房屋质量问题进行维修，必要时还可以请求卖方赔偿损失。

法院判决

1. 对于原告要求被告支付逾期交房违约金的诉讼请求，应当明确被告是否存在逾期交房的情况。诉讼过程中，原告主张原告与被告之间约定的交付房屋时间为 2016 年 9 月 29 日上午 10 点，其提交的证据系原告与北京某房地产经纪有限公司工作人员张某之间的微信记录，不足以证明原告与被告对 2016 年 9 月 29 日交房的具体时间进行了约定。结合庭审中北京某房地产经纪有限公司人员与原告之间的微信记录及证人证言，因双方验房时间未能约在一起，故采取了分开验房的方式，被告先于原告与北京某房地产经纪公司人员进行验房，并于当日将涉案房屋的钥匙交给北京某房地产经纪有限公司人员；原告在与北京某房地产经纪有限公司工作人员验房过程中，认为房屋存在物业、水电等欠费问题及房屋装修、家具家电损坏问题。因合同约定物业交割系买卖双方共同交割，中介公司陪同，故被告未能在 2016 年 9 月 29 日前与原告进行物业交割及验房事宜，构成逾期交付。2016 年 10 月 1 日，原告方、被告方的委托人郭某 2 及北京某房地产经纪有限公司工作人员均至涉案房屋进行物业交割及房屋交付，原告因被告不认可房屋存在装修、家具家电的损坏问题，未在物业交割单上签字，北京某房地产经纪有限公司工作人员认为不能在此情况下将房屋钥匙交给原告。因此，2016 年 10 月 1 日被告方到场与原告进行了物业交割及验房事宜，并未存在被告拒绝交付房屋的情形，原告未能取得涉案房屋钥匙亦非被告拒绝交付，原告提交的证据亦不足以证明当日房屋存在严重影响正常使用的功能性质量瑕疵，故自该日起原告要求被告承担逾期交房的违约责任，缺乏法律依据，本院不予支持。结合合同约定，郭某 1 应当按已交付房价款万分之五的标准支付自 2016 年 9 月 30 日至 2016 年 10 月 1 日期间的违约金，因房屋总价款为 10,000,000 元，尚有 30,000 元的物业交割保证金未向郭某 1 交付，故郭某 1 应当支付的违约金为 9,970 元。

2. 对于原告要求被告支付 2016 年 9 月 29 日至 2016 年 11 月 29 日期间的物业管理费及 2016 年至 2017 年半年供暖费的诉讼请求，因被告支付物业管理费至 2016 年 9 月 30 日及房屋于 2016 年 10 月 1 日后未能交付并非被告之原因，故原告要求被告支付上述费用，于法无据，本院不予支持。

相关法律规定

《北京市高级人民法院关于审理房屋买卖合同纠纷案件若干疑难问题的会议纪要》（京高法发〔2014〕489 号）

十三、买受人拒绝接收商品房的处理

出卖人交付的房屋符合商品房买卖合同约定及法定的强制性交付条件和质量标准，买受人以房屋质量存在表面瑕疵为由拒绝接收房屋，并要求出卖人承担逾期交房违约责任的，一般不予支持，但买受人确有证据证明房屋在交付时存在功能性质量瑕疵以致严重影响正常居住使用的除外。买受人接收房屋不影响出卖人对房屋的质量瑕疵承担保修义务。

根据以上法律规定，买方因为房屋质量存在表面瑕疵而拒绝接收房屋的，不得以此要求出卖人承担逾期交房的违约责任。所谓“表面瑕疵”不包含功能性质量瑕疵以及严重影响房屋正常居住使用的质量问题。

案件来源

汪某诉郭某1房屋买卖合同纠纷一案一审民事判决书［北京市西城区人民法院（2016）京0102民初27400号］

地方相关规定

《宁波市中级人民法院关于审理商品房买卖合同纠纷案件疑难问题解答》

4. 买受人能否以房屋质量存在瑕疵为由拒绝收房，并要求出卖人承担违约责任？

答：如果房屋符合合同约定和法定的交房条件，虽然房屋质量存在一定瑕疵，但不影响正常居住使用的，买受人以此为由拒绝接收房屋，导致迟延交房的，出卖人不承担逾期交房的违约责任。

028 出售无证房产导致买房人不能办理贷款，卖房人被判承担违约责任

阅读提示

房屋买卖双方在合同中约定以贷款方式支付房款，但在合同履行过程中因卖方尚未取得房屋产权证书而导致不能办理贷款，最终法院判决认定卖方的行为构成违约，应承担违约责任。

裁判要旨

房屋买卖双方当事人在合同中约定双方应将银行贷款所需证件资料准备齐全，后因卖方不能提供房产证导致买房人不能办理贷款，买方以此为由要求卖方承担违约责任的，法院将予以支持。

案情简介

2014年5月31日，郭某1与郭某2订立了存量房屋买卖合同，郭某1购买郭某2的201室房屋，成交价为150万元。买受人与出卖人约定于2014年6月30日之前将银行贷款所需证件资料准备齐全，并办理上述房产的贷款审批手续，审批合格后10个工作日内，出卖人与买受人办理上述房产的过户手续。

合同签订后，因郭某2不能提供201室房屋的所有权证，导致郭某1无法办理贷款，案涉合同无法履行。

郭某1向法院提起诉讼，要求解除案涉存量房屋买卖合同、返还定金5万元、支付违约金10万元、赔偿居间服务费3.3万元。

北京市大兴区人民法院经审理认为，本案中郭某2未取得201室房屋的所有权证导致郭某1无法办理银行贷款，郭某2的行为已构成违约，最终判决解除案涉存量房屋买卖合同、返还定金5万元、支付违约金4万元、赔偿居间服务费3.3万元。

实务经验总结

前事不忘，后事之师。为避免未来发生类似败诉，提出如下建议：

1. 对于买房人来说，选择以贷款方式支付购房款的，应在合同中明确约定双方应将银行贷款所需证件资料准备齐全，尤其是应强调出卖人的协助义务，并明确约定出卖人不提供相应帮助导致不能按约定办理贷款的应当承担的违约责任。

2. 房屋买卖双方就尚未取得房屋产权证书的房屋签订房屋买卖合同的，该合同不会因标的房屋为无证房屋而无效，但因为不能取得房产证导致买方不能按约定时间办理贷款手续的，卖方应承担违约责任。

法院判决

本院认为，合同是确立双方当事人权利义务关系的协议，经合法成立的合同具有法律约束力。郭某 1 与郭某 2 订立的存量房屋买卖合同，系双方的真实意思表示，郭某 1 与郭某 2 均系完全民事行为能力人，合同内容不违反法律法规的强制性规定，合法有效。双方均应按照约定的内容行使权利、履行义务。《中华人民共和国城市房地产管理法》第三十八条第六项确实规定了“未依法登记领取权属证书”的房屋不得转让。但强制性规定分为效力性强制性规定和管理性强制性规定，而根据《最高人民法院关于适用〈中华人民共和国合同法〉若干问题的解释（二）》第十四条的规定，只有违反效力性强制性规定的，才属无效。《中华人民共和国城市房地产管理法》第三十八条第六项在性质上不属于《最高人民法院关于适用〈中华人民共和国合同法〉若干问题的解释（二）》，不应作为认定房屋买卖合同无效的法律依据。所以，郭某 2 辩解其与郭某 1 订立的房屋买卖合同无效的主张，本院不予采信。

根据房屋买卖合同的约定，郭某 1 与郭某 2 应于 2014 年 6 月 30 日之前将银行贷款所需证件资料准备齐全，办理上述房产的贷款审批手续，审批合格后 10 个工作日内，出卖人与买受人办理上述房产的过户。而要办理银行贷款，非有 201 室房屋的所有权证不可。实际上，直至 2015 年 1 月 12 日，郭某 2 亦未取得 201 室房屋的所有权证。因此，郭某 2 已构成违约。现郭某 1 要求解除合同，本院应予准许。合同解除后，郭某 2 应将定金予以返还。鉴于定金由某经纪中心保管，故某经纪中心应将定金返还郭某 1。当事人一方不履行合同义务或者履行合同义务不符合约定的，应当承担赔偿损失等违约责任，也可以约定一方违约时应当根据违约情况向对方支付一定数额的违约金。根据郭某 1 与郭某 2 关于违约责任的约定，郭某 2 应赔偿郭某 1 违约金 100,000 元及居间方各项服务费用。鉴于郭某 2 表示违约金数额过高，本院酌情予以调整。

相关法律规定

《中华人民共和国城市房地产管理法》

第三十八条　下列房地产，不得转让：

（一）以出让方式取得土地使用权的，不符合本法第三十九条规定的条件的；

（二）司法机关和行政机关依法裁定、决定查封或者以其他形式限制房地产权利的；

（三）依法收回土地使用权的；

（四）共有房地产，未经其他共有人书面同意的；

（五）权属有争议的；

（六）未依法登记领取权属证书的；

（七）法律、行政法规规定禁止转让的其他情形。

《中华人民共和国合同法》

第五十二条 有下列情形之一的，合同无效：

（一）一方以欺诈、胁迫的手段订立合同，损害国家利益；

（二）恶意串通，损害国家、集体或者第三人利益；

（三）以合法形式掩盖非法目的；

（四）损害社会公共利益；

（五）违反法律、行政法规的强制性规定。

《最高人民法院关于适用〈中华人民共和国合同法〉若干问题的解释（二）》

第十四条 合同法第五十二条第（五）项规定的“强制性规定”，是指效力性强制性规定。

案件来源

郭某1与郭某2房屋买卖合同纠纷一审民事判决书［北京市大兴区人民法院（2014）大民初字第10988号］

029 买到“无证房屋”，房屋买卖合同如何继续履行？出卖人以尚未取得房屋产权证为由拒绝继续履行合同，法院可以依职权追加开发商为第三人，判令其协助办证

阅读提示

生活中经常会出现买房人购买“无证房屋”后，出卖人以自己尚未取得房屋产权证为由拒绝继续履行房屋买卖合同的情形。此时，如果买房人将出卖人告上法庭，法院在经审理认为房屋买卖合同不存在其他履行障碍的前提下，可以依职权追加房地产开发公司为第三人参加诉讼，并判令该开发商协助出卖人办理房屋产权证，使房屋买卖合同得以继续履行。

案情简介

2003年12月15日，李某1与A公司签订《拆迁认购（期房）购销合同》。

2007年9月4日双方又签订《补充协议》，约定李某1购买北京市海淀区××楼10层××室房屋一套（即涉案房屋）。

2009年10月25日，李某1与李某2签订《北京市存量房屋买卖合同》，将涉案房屋售予李某2，成交价为133万元，合同中并未约定房屋交付时间。合同签订当日，李某2向李某1支付了定金7万元。

2010年1月，李某2以李某1迟迟未予办理房产过户手续为由诉至法院，要求李某1继续履行合同。该案经北京市海淀区人民法院一审、北京市第一中级人民法院二审，最终法院以李某1因开发商的原因尚未取得房屋产权证、涉案房屋尚不具备交付条件为由，判决驳回李某2的诉讼请求。李某2败诉后，该房屋一直由李某1居住。

2014年，李某1询问开发商A公司得知，涉案房屋已经可以办理产权登记手续，因此再次向法院起诉，要求继续履行合同。

本案庭审中，李某2提出可以一次性支付剩余购房款126万元，A公司述称涉案房屋房款已经付清，已经具备了办理房产证的条件。

一审法院北京市海淀区人民法院依职权追加A公司为第三人，经审理，法院认为李某2与李某1间房屋买卖合同进一步履行的条件已成就，最终判决A公司协助李某1办理房屋产权证，李某1与李某2签订的房屋买卖合同继续履行。

李某1不服，提起上诉。北京市第一中级人民法院二审判决驳回上诉，维持原判。

败诉原因

本案中，李某1与李某2签订的《北京市存量房屋买卖合同》属于合法有效的合同，双方均应当遵照执行。李某2作为买受人在一次性支付全部剩余购房款后，有要求李某1协助其办理过户手续的权利。此时，李某1尚未取得房屋产权证是阻碍该合同继续履行的唯一障碍，而办理房屋产权证需要开发商的协助，因此本案审理法院就依职权追加A公司为第三人，并最终判决A公司先协助李某1办理房屋产权手续，之后李某1再为李某2办理房屋产权过户手续。

实务经验总结

前事不忘，后事之师。为避免未来发生类似败诉，提出如下建议：

1. 买房人在签订买卖合同时应当全面考虑交易风险，尽量避免购买无证房屋。

确有必要购买无证房屋的，应当在合同中明确约定出卖人取得房屋产权证的期限以及协助买受人办理房屋过户登记手续的时间，并约定相应的违约责任条款，以便在出现本案类似的情况时可以更好地维护自己的合法权益。

2. 出卖人以自己尚未取得房产证为由拒绝继续履行房屋买卖合同的，如果买受人直接起诉要求开发商为其办理房屋产权证有悖于合同相对性原理，法院将不予支持。此时买受人的正确做法是以出卖人为被告向法院起诉，要求继续履行合同，同时将开发商列为第三人，要求其协助出卖人办理房屋产权证。

法院判决

北京市海淀区人民法院认为：现依据已生效的（2011）一中民终字第3077号民事判决书的论述，李某1与李某2于2009年10月25日签订的《北京市存量房屋买卖合同》合法有效，应得到履行。在庭审中，A公司认可与李某1之间的《购销合同》无其他纠纷，现可以办理产权证，则李某2与李某1间交易进一步履行的条件已成就，则双方应继续履行《北京市存量房屋买卖合同》。在本次诉讼中，李某2为顺利地履行完毕与李某1签订的《北京市存量房屋买卖合同》，当庭正式提出可采用一次性的方式支付李某1 126万元的剩余购房款，属于情事变更情况下对合同做出的合理调整，该调整并不损害李某1之利益，也符合合同履行的对等性。在此前提下，为维护市场交易的稳定与安全，李某1也应按合同约定配合协助李某2办理涉案房屋的产权过户手续，并在房屋过户完毕后及时交付。另，因现诉争房屋李某1未取得产权证，故李某2起诉要求李某1协助办理过户手续，须有第三方的协助，并依次办理产权过户手续。故法院在诉讼过程中，依职权追加A公司作为第三人参加诉讼。在庭审中，A公司认可与李某1之间的《购销合同》无其他纠纷，现可以为其办理产权证。因此，A公司应当协助李某1办理产权手续。

北京市第一中级人民法院认为：前案中李某2起诉要求李某1协助办理产权过户手续，本院因过户条件尚不具备，未予支持。在本案中，法院查明，办理产权过户手续的条件已经具备，因此应当对李某2的请求予以支持。李某1主张法院不应再次审理，依据不足。因李某2已经在前案中提出该诉讼请求但因存在客观障碍暂时无法履行，所以该请求没有超过诉讼时效。双方签订的房屋买卖合同已经本院生效判决认定有效，李某1坚持主张该合同无效，法院不予支持。

相关法律规定

《中华人民共和国合同法》

第六十条　当事人应当按照约定全面履行自己的义务。

当事人应当遵循诚实信用原则，根据合同的性质、目的和交易习惯履行通知、协助、保密等义务。

第一百零七条　当事人一方不履行合同义务或者履行合同义务不符合约定的，应当承担继续履行、采取补救措施或者赔偿损失等违约责任。

第一百三十五条　出卖人应当履行向买受人交付标的物或者交付提取标的物的单证，并转移标的物所有权的义务。

案件来源

李某 1 与李某 2 房屋买卖合同纠纷二审民事判决书［北京市第一中级人民法院（2015）一中民终字第 1791 号］

030 房屋买卖合同签订后，卖房人将房屋另行出卖给第三人并完成过户，买房人坚持要求继续履行合同的，法院将不予支持

阅读提示

卖房人就同一标的房屋签订两份房屋买卖合同，先后将该房屋卖与不同买受人，两份买卖合同均合法有效。此时，若出卖人将房屋过户至其中一个买受人名下，则另一方买受人的买卖合同客观上无法继续履行，即使其与出卖人签订合同在先也不能要求卖房人按照合同约定继续履行。

案情简介

2009 年 11 月 5 日，陈某与刘某签订《北京市存量房屋买卖合同》，约定陈某以 160 万元的价格购买刘某名下的 702 号房屋，购房定金 5 万元于合同签订当时同时给付。合同签订后，截至 2009 年 11 月 6 日，陈某共向刘某支付购房款 110 万元。

2010 年 1 月 11 日，刘某和贾某经北京 A 房地产经纪有限责任公司居间服务签订《北京市存量房屋买卖合同》，约定刘某将 702 号房屋卖给贾某，房屋成交总价为 184 万元。合同签订后，贾某于 2010 年 1 月 11 日向刘某支付购房款 159.8 万元，并于当日办理了产权过户手续。

陈某向法院起诉要求继续履行其与刘某签订的购房合同，并请求法院确认刘某、贾某房屋买卖合同无效，刘某支付逾期交房违约金以及因此造成的经济损失。

一审法院开庭审理过程中经法院释明，陈某仍然坚持要求履行合同。法院最终判决刘某支付陈某违约金 16 万元，驳回陈某的其他诉讼请求。

陈某不服一审判决，上诉至北京市第三中级人民法院，坚持要求继续履行合同。北京市第三中级人民法院经审理认为刘某的行为实质为一房二卖，在涉案房屋已经过户至贾某名下且由贾某占有使用，陈某与刘某的房屋买卖合同已无法履行，最终判决驳回上诉，维持原判。

败诉原因

本案中陈某与刘某、贾某与刘某签订的房屋买卖合同均系双方真实意思表示，且不违反法律、行政法规的强制性规定，两份合同均合法有效。在此前提下，刘某按照与贾某的合同约定将房屋过户至贾某名下属于履行合同的行为，并无不当。自完成过户手续之时刘某已经丧失了对 702 号房屋的所有权，其与陈某签订的房屋买卖合同无论在法律上还是客观事实上都属于不能继续履行的合同。因此，陈某可以刘某违约为由主张损害赔偿，但无权要求其继续履行合同约定的办理房屋产权过户手续等义务，因此经两级法院审理最终判决驳回陈某关于继续履行合同的诉讼请求。

实务经验总结

前事不忘，后事之师。为避免未来发生类似败诉，提出如下建议：

1. 买受人应当在房屋买卖合同中明确约定办理房屋产权过户的条件和时间，但切莫以为签订买卖合同后就一定可以取得房屋所有权，在约定的条件成就时应当督促出卖人尽快办理过户手续。

2. 在一房二卖甚至一房数卖的情况下，认定可以继续履行合同的买受人的顺序为：已办理所有权转移登记手续的—已实际占有的—合同履行程度较深的（需要综合考虑实际付款数额的多少及先后、是否办理了网签、合同成立的先后等因素）。因此，买受人在发现出卖人有一房多卖的情况时，应当及时办理过户手续或者实现实际占有，以便优先于其他买受人继续履行合同。

3. 如果一方买受人可以证明出卖人与另一方买受人签订合同时存在恶意串通、故意使签订在先的买卖合同陷于履行不能的境地，则可以恶意串通为由主张买卖合同无效，并要求出卖人继续履行合同义务。

法院判决

本院认为，综合全案案情及双方当事人诉辩意见，本案二审争议焦点为：（1）贾某与刘某所签订的房屋买卖合同的效力问题；（2）陈某与刘某签订的房屋买卖合同应否继续履行。

关于争议焦点一，根据《中华人民共和国合同法》第五十二条之规定，恶意串通，损害国家、集体或者第三人利益合同无效。根据已查明的事实，贾某与刘某就涉案房屋经中介公司居间签订房屋买卖合同，并依照约定支付了相应购房款，刘某亦出具收条予以确认。刘某已将涉案房屋过户至贾某名下，贾某已取得涉案房屋的所有权证书且已实际占有使用。虽然贾某与刘某签订的房屋买卖合同及网签合同在房屋价款数额上存在不一致，但根据上述事实，可以证明贾某与刘某就涉案房屋的买卖系双方真实意思表示，双方所签订的房屋买卖合同并未违反法律、行政法规的强制性规定，应属合法有效，一审法院对此认定正确，且该合同已实际履行完毕。刘某在与陈某签订房屋买卖合同后，又与贾某签订房屋买卖合同，并实际履行了其与贾某的房屋买卖合同，刘某对此具有明显恶意；虽然刘某的该行为侵害了陈某的合法利益，但现有在案证据尚不足以证明贾某与刘某之间存在恶意串通之情形，并不符合合同无效的法定情形，故陈某以贾某与刘某存在恶意串通为由主张贾某与刘某签订的房屋买卖合同无效，于法无据，本院不予支持。另，关于陈某以贾某、刘某规避税收征管侵害国家利益为由主张贾某与刘某的房屋买卖合同无效，依据不足，本院不予采纳。陈某可就此到相关部门予以解决。

关于争议焦点二，陈某与刘某签订的房屋买卖合同系双方真实意思表示，且不违反法律、行政法规的强制性规定，系合法有效。刘某在与陈某签订房屋买卖合同后，又与贾某签订房屋买卖合同，并实际履行了其与贾某的房屋买卖合同，刘某对此存在明显恶意，对于陈某已构成根本违约，故陈某所主张的违约金，符合双方合同约定，一审法院对此予以支持，并无不当，所确定的违约金数额亦属适当。

刘某分别与陈某、贾某签订的房屋买卖合同均属有效，本案实质在于当刘某一房二卖的情形下，刘某与陈某签订的房屋买卖合同应否继续履行的问题。因刘某与贾某的房屋买卖合同已实际履行完毕，涉案房屋已过户至贾某名下且由贾某占有使用，陈某与刘某的房屋买卖合同的合同目的已无法实现，该合同已无法履行，故陈某关于要求继续履行其与刘某的房屋买卖合同的主张，本院不予支持。在合同无法继续履行的情况下，陈某可变更诉讼请求，要求刘某承担合同不能履行的违约责任并赔偿相应损失；但经一审法院释明，陈某仍坚持本案诉讼请求，要求继续履行合同，故一审法院对于陈某基于继续履行合同主张刘某承担相应违约责任并赔偿损失的诉讼请求予以驳回，并无不当。关于陈某与刘某的房屋买卖合同，刘某构成根本违约，存在明显恶意，陈某并无过错；作为守约方的陈某，就合同无法履行而产生的相应违约责任及损失，可与刘某另行解决。另，经本院审查，一审程序并无严重违反法定程序之情形。

相关法律规定

《北京市高级人民法院关于审理房屋买卖合同纠纷案件适用法律若干问题的指导意见（试行）》（京高法发〔2010〕458号）

第十三条第一款 出卖人就同一房屋分别签订数份买卖合同，在合同均为有效的前提下，买受人均要求继续履行合同的，原则上应按照以下顺序确定履行合同的买受人：

（1）已经办理房屋所有权转移登记的；

（2）均未办理房屋所有权转移登记，已经实际合法占有房屋的；

（3）均未办理房屋所有权转移登记，又未合法占有房屋，应综合考虑各买受人实际付款数额的多少及先后、是否办理了网签、合同成立的先后等因素，公平合理的予以确定。

案件来源

陈某与贾某、刘某房屋买卖合同纠纷二审民事判决书［北京市第三中级人民法院（2017）京03民终3383号］

地方相关规定

《北京市高级人民法院关于审理房屋买卖合同纠纷案件若干疑难问题的会议纪要》（京高法发〔2014〕489号）

十六、一房数卖中买受人的权利顺位

一房数卖中的数个买受人均要求继续履行房屋买卖合同的，应当依据《全国民事审判工作会议纪要》第二部分第（二）方面、《北京市高级人民法院关于审理房屋买卖合同纠纷案件适用法律若干问题的指导意见（试行）》第13条的规定确定权利保护顺位。在房屋查封期间占有房屋的买受人，其权利不能对抗在先查封房屋的买受人；办理商品房预售合同备案或房屋网签手续买受人的权利，不能对抗合法占有房屋的买受人。

……

031 一房数卖，房落谁家：出卖人就同一房屋分别签订数份买卖合同，合同履行程度更深的买受人可优先履行｜附履行程度的判断标准

阅读提示

一房数卖是指房屋所有人就同一房屋先后与不同买受人签订房屋买卖合同，而数份买卖合同均合法有效。在此情形下，哪一个买受人有权要求优先履行买卖合同？标的房屋究竟该过户给谁？

本文引用的案例表明，一房数卖在数份买卖合同均合法有效的情况下，应当按照合同履行程度确定各买受人可请求履行合同的顺序，即原则上已经办理房屋所有权转移登记的买受人可优先要求继续履行买卖合同；数个买受人均未办理房屋所有权转移登记的，已经实际合法占有房屋的买受人优先；均未办理房屋所有权转移登记，又未合法占有房屋，应综合考虑各买受人实际付款数额的多少及先后、是否办理了网签、合同成立的先后等因素，公平合理地予以确定。

案情简介

2015年12月24日，李某与杨某签订《北京市存量房屋买卖合同》，约定杨某将其所有的203号房屋出售给李某。李某按约定支付杨某定金10万元。2016年3月10日，杨某与沈某办理网签手续，将该203号房屋另行出售给沈某，沈某因此支付定金38万元，随后办理了剩余购房款的贷款审批手续，并缴纳了相关税费。

2016年3月21日，李某向杨某交付购房款，杨某以各种理由拒收。后李某得知杨某已将房屋另行出售的事实，遂向法院提起诉讼，请求法院判定杨某继续履行合同并协助过户、赔偿损失。

北京市东城区人民法院一审认为综合案件情况，杨某将案涉203号房屋卖予沈某且履行房屋所有权过户手续更为适宜，因此判决驳回李某的诉讼请求。

李某不服提起上诉，北京市第二中级人民法院经审理认为，本案中李某与沈某均为合法的买受人，但沈某合同履行程度更深，最终判决驳回上诉，维持原判。

败诉原因

本案中李某与杨某及杨某与沈某签订的合同均是双方真实意思表示，不违反法律法规规定，均合法有效，因此李某与沈某均为案涉203号房屋的合法买受人。二人均未办理房屋过户登记，也未实际占有房屋，但就合同的履行程度来讲，李某仅是支付了10万元的定金，而沈某支付了定金38万元，并办理了剩余购房款的贷款审批手续且缴纳了相关税费，显然沈某为履行合同所尽义务更多，即沈某履行合同的程度更深。因此，法院综合上述情况认为案涉房屋过户给沈某更为适宜，李某因此败诉。

实务经验总结

前事不忘，后事之师。为避免未来发生类似败诉，提出如下建议：

1. 一房数卖中的数个买卖合同如果不存在其他法律规定的无效情形则均为有效，各买受人均为标的房屋的合法买受人，即各买受人均有权请求出卖人继续履行与自己的房屋买卖合同。

2. 虽然各买受人均有权要求履行合同，但其先后顺序并不相同，从先到后依次为：已办理所有权转移登记手续的—已实际占有的—合同履行程度较深的。因此当事人在签订房屋买卖合同之后应及时办理过户登记手续，以避免不必要的诉讼。

3. 一房数卖中，排位在先的买受人请求继续履行合同，导致排位在后的买受人的房屋买卖合同不能继续履行的，买受人可以另行起诉要求出卖人赔偿损失。

法院判决

本案的争议焦点为“一房二卖”如何履行。杨某分别与李某、沈某签订了房屋买卖合同，这两份合同均是双方真实意思表示，不违反法律、行政法规的强制性规定，均为合法有效的合同。诉讼中，李某与沈某均要求杨某履行房屋买卖合同，办理诉争房屋的权属转移登记手续。对此，《北京市高级人民法院关于审理房屋买卖合同纠纷案件适用法律若干问题的指导意见（试行）》第十三条第一款规定："出卖人就同一房屋分别签订数份买卖合同，在合同均为有效的前提下，买受人均要求继续履行合同的，原则上应按照以下顺序确定履行合同的买受人：（1）已经办理房屋所有权转移登记的；（2）均未办理房屋所有权转移登记，已经实际合法占有房屋的；（3）均未办理房屋所有权转移登记，又未合法占有房屋，应综合考虑各买受人实际付款数额的多少及先后、是否办理了网签、合同成立的先后等因素，公平合理的予以确定。"该指导意见解决了如何根据法律、司法解释的相关规定，在个案中适用法律的问题，故可参照。本案中，将李某与沈某的履行合同情况相比，李某向杨某支付了定金10万元；沈某通过中介公司居间向杨某支付定金38万元，办理了剩余购房款的贷款审批手续，缴纳了相关税费，并与杨某办理了网签手续。相比而言，李某与沈某同为合法的买受人，沈某支付了更多的专用性投资，合同履行程度更深。因此，原审法院确定杨某与沈某的房屋买卖合同优先履行，并指出杨某与李某的房屋买卖合同纠纷可通过合法途径另行解决，符合利益衡量的原则和维护交易秩序的价值取向，本院予以维持。综上所述，李某的上诉请求不成立，本院不予支持。原判正确，应予维持。

相关法律规定

《北京市高级人民法院关于审理房屋买卖合同纠纷案件适用法律若干问题的指导意见（试行）》（京高法发〔2010〕458号）

第十三条第一款　出卖人就同一房屋分别签订数份买卖合同，在合同均为有效的前提下，买受人均要求继续履行合同的，原则上应按照以下顺序确定履行合同的买受人：

（1）已经办理房屋所有权转移登记的；

（2）均未办理房屋所有权转移登记，已经实际合法占有房屋的；

（3）均未办理房屋所有权转移登记，又未合法占有房屋，应综合考虑各买受人实际付款数额的多少及先后、是否办理了网签、合同成立的先后等因素，公平合理的予以确定。

案件来源

李某与杨某房屋买卖合同纠纷二审民事判决书［北京市第二中级人民法院（2016）京02民终6340号］

地方相关规定

《北京市高级人民法院关于审理房屋买卖合同纠纷案件若干疑难问题的会议纪要》(京高法发〔2014〕489号)

十六、一房数卖中买受人的权利顺位

一房数卖中的数个买受人均要求继续履行房屋买卖合同的，应当依据《全国民事审判工作会议纪要》第二部分第(二)方面、《北京市高级人民法院关于审理房屋买卖合同纠纷案件适用法律若干问题的指导意见(试行)》第13条的规定确定权利保护顺位。在房屋查封期间占有房屋的买受人，其权利不能对抗在先查封房屋的买受人；办理商品房预售合同备案或房屋网签手续买受人的权利，不能对抗合法占有房屋的买受人。

……

032 出卖人一房二卖，导致房屋买卖合同解除，买受人可以要求同时赔偿房屋涨价损失和不超过已付购房款一倍的损失

阅读提示

特殊情形下，因出卖人违约导致房屋买卖合同解除的，买方有权要求同时赔偿房屋涨价损失和不超过已付购房款一倍损失。本案例中，买方签订房屋买卖合同后依约支付全部购房款110万元，后该合同因卖方存在一房二卖的情形导致解除，卖方最终被判返还买方已付购房款之外再赔偿350万元。

案情简介

2005年3月21日，刘某、肖某与A公司签订《商品房内部认购合同》，约定刘某、肖某购买A公司开发建设的102号房屋，总价款为110万元，预计在2006年12月底交付，双方应于2005年12月31日前换签北京市国土资源和房屋管理局监制的《商住房买卖合同》。签订合同当日，刘某、肖某向A公司交纳了购房款90万元；2005年6月15日，刘某、肖某支付了剩余购房款20万元。

合同签订后，A公司未能按约定时间交付房屋，后刘某、肖某发现102号房屋存在一房二卖的情况，且已经被债权人申请查封。

2013年，刘某、肖某向法院起诉，请求解除双方签订的《商品房内部认购合

同》，要求A公司返还已付购房款及利息，并承担已付购房款一倍的赔偿责任，同时要求A公司赔偿房屋差价损失，共计4,325,600元。

一审法院经审理认为，A公司构成根本违约，案涉《商品房内部认购合同》应当解除，但二原告主张的赔偿金数额过高，应予酌情降低，因此判决A公司返还刘某、肖某110万元购房款及利息，并另外赔偿二原告各项损失共计350万元。

A公司不服，提起上诉。北京市第二中级人民法院二审判决驳回上诉，维持原判。

败诉原因

根据前述法律规定，房屋买卖中出卖人具有《最高人民法院关于审理商品房买卖合同纠纷案件适用法律若干问题的解释》第八条、第九条规定的违约情形，导致商品房买卖合同解除，买受人有权要求同时赔偿房屋涨价损失和不超过已付购房款一倍损失。

本案中A公司在签订案涉《商品房内部认购合同》并收取定金之后，又与其他人就同一房屋签订房屋买卖合同，属于《最高人民法院关于审理商品房买卖合同纠纷案件适用法律若干问题的解释》第八条第二项规定的一房二卖的情形，该行为导致涉案《商品房内部认购合同》解除，刘某、肖某因此请求法院判决A公司同时赔偿房屋涨价损失和不超过已付购房款一倍损失于法有据。另外，法院在对比买方实际损失与房屋差价和已付购房款之和之后，考虑酌情降低赔偿总额，因此最终判决A公司赔偿刘某、肖某350万元。

实务经验总结

前事不忘，后事之师。为避免未来发生类似败诉，提出如下建议：

1. 在房屋买卖过程中，出卖人将房屋另行出卖给第三人的，相比于请求法院判决继续履行合同，对于买受人来说更好的选择是请求法院解除买卖合同，要求出卖人返还已付购房款及利息，并同时要求出卖人赔偿房屋涨价损失和不超过已付购房款一倍的损失。

2. 对于出卖人来说，签订房屋买卖合同后应当遵守合同约定，确有必要将房屋另行出卖他人的，也应当事先与已经签订合同的买受人沟通协商解除合同，避免因一房二卖而承担巨额赔偿。

3. 因一房二卖而导致合同解除的，如果出卖人认为买受人主张的房屋差价损失和已付购房款一倍的损失之和过高，可以举证证明并请求法院酌情降低赔偿总额。

法院判决

二审法院认为，刘某、肖某与A公司自愿签订《商品房内部认购合同》，具备《商品房销售管理办法》第十六条规定的商品房买卖合同的主要内容，A公司已经按照约定收受了刘某、肖某的全部购房款，故应认定该认购合同为商品房买卖合同。上述合同为双方当事人的真实意思表示，不违反法律、行政法规的强制性规定，应为有效。依据合同，A公司应于2006年12月底向刘某、肖某交付房屋，但A公司至今未能交付，且在合同签订后又将房屋出卖给第三人，导致房屋买卖合同目的不能实现，A公司的上述行为已构成了根本违约，应当承担民事责任。刘某、肖某要求与A公司解除签订的《商品房内部认购合同》的诉讼请求，于法有据，应予支持。因A公司具有《最高人民法院关于审理商品房买卖合同纠纷案件适用法律若干问题的解释》第八条规定的违约情形，依照规定，对刘某、肖某要求返还已付购房款及利息、赔偿房屋涨价损失的诉讼请求应予支持。原审法院鉴于刘某、肖某同时要求购房款一倍赔偿和房屋差价损失赔偿相加的数额过高，在参考对该房屋市场价值的评估意见并考虑当事人的过错等因素的情况下，酌情确定赔偿总额为350万元，符合相关规定，并无不当。综上，原判决认定事实清楚，适用法律正确，本院予以维持。

相关法律规定

《最高人民法院关于审理商品房买卖合同纠纷案件适用法律若干问题的解释》

第八条 具有下列情形之一的，导致商品房买卖合同目的不能实现的，无法取得房屋的买受人可以请求解除合同、返还已付购房款及利息、赔偿损失，并可以请求出卖人承担不超过已付购房款一倍的赔偿责任：

（一）商品房买卖合同订立后，出卖人未告知买受人又将该房屋抵押给第三人；

（二）商品房买卖合同订立后，出卖人又将该房屋出卖给第三人。

第九条 出卖人订立商品房买卖合同时，具有下列情形之一，导致合同无效或者被撤销、解除的，买受人可以请求返还已付购房款及利息、赔偿损失，并可以请求出卖人承担不超过已付购房款一倍的赔偿责任：

（一）故意隐瞒没有取得商品房预售许可证明的事实或者提供虚假商品房预售许可证明；

（二）故意隐瞒所售房屋已经抵押的事实；

（三）故意隐瞒所售房屋已经出卖给第三人或者为拆迁补偿安置房屋的事实。

《北京市高级人民法院关于审理房屋买卖合同纠纷案件若干疑难问题的会议纪要》（京高法发〔2014〕489号）

十九、房屋涨价损失与一倍赔偿的并用

出卖人具有《最高人民法院关于审理商品房买卖合同纠纷案件适用法律若干问题的解释》第8、9条规定的违约情形，导致商品房买卖合同解除，买受人要求同时赔偿房屋涨价损失和不超过已付购房款一倍损失的，可予以支持，但合同另有约定的除外。出卖人有证据证明两项赔偿数额相加过分高于买受人所受实际损失的，可以酌情降低赔偿总额。

案件来源

北京A房地产开发有限公司与肖某等商品房预售合同纠纷二审民事判决书［北京市第二中级人民法院（2015）二中民终字第02109号］

033 出卖人逾期迁出户口，购房人只能起诉要求其承担违约责任

阅读提示

二手房买卖合同中，双方约定了出卖人的户口迁出责任，表述上一般为，出卖人于房屋过户登记后××日内，将户口迁出，否则需承担相应的违约责任。但是，一旦出卖人违约逾期迁出户口，则购房人如何救济？

本案中，法院认为，户口迁移问题属公安机关户籍管理事宜，不属于人民法院民事案件受理范围，故判决驳回购房人要求出卖人迁出户口的诉讼请求。

裁判适用的现行有效的《中华人民共和国户口登记条例》，出台时间太早（1958年），内容太老，管理过于死板，不能满足我国当前人口城市化迁移、房屋市场化流转的需要。

在延伸阅读部分，笔者选取了北京市住建委及工商局于2018年联合出台的《北京市存量房屋买卖合同》新修订范本中“户籍迁出”条款，供二手房买卖双方参考。另，上海市公安局于2018年3月8日出台《上海市常住户口管理规定》，

该规定相关条款针对本案类似情形，制定了落地方案，引发了公众热议，并受到广泛好评，该规定赋予了购房人在取得房屋所有权后的户口迁出申请权及户籍登记机关对出卖人或原户主拒不迁出户口的强制执行权，有效地解决了本案中购房人的尴尬局面。

裁判要旨

户口迁移问题属于公安机关户籍管理事宜，不属于人民法院民事案件受理范围，故出卖人逾期迁出户口，购房人只能诉请其承担违约责任。

案情简介

2013 年 12 月 7 日，曾某（买受方）与单某（出售方）签订《北京市存量房屋买卖合同（经纪成交版）》及补充协议，双方约定单某将涉诉房屋出售给曾某，房屋总价款为 300 万元；出售方应当在该房屋所有权转移之日起 10 日内，向房屋所在地的户籍管理机关办理原有户口迁出手续。

合同签订后，双方依约履行，曾某已将房款付清，涉诉房屋于 2014 年 3 月 3 日过户至曾某名下。

曾某向一审法院起诉请求：1. 单某赔偿逾期户口迁出违约金；2. 单某 15 日内将所售曾某的涉诉房屋内的户口迁出。

诉讼中，法院到北京市公安局东城分局建国门派出所调查涉诉房屋内户口情况。经查，案外人王某及其家属共 4 人于 1998 年落户至涉诉房屋中。

一审法院判决：单某支付曾某违约金，但驳回曾某户口迁出的诉讼请求。经二审及再审，该判决予以维持。

裁判要点

再审法院驳回购房人诉请出卖人迁出户口的再审申请原因在于：

1. 迁出户口属于公安机关主管。

根据《中华人民共和国户口登记条例》第三条第一款规定：“户口登记工作，由各级公安机关主管。”主管属于政府部门之间的分工与权限。只有先确定争议事项的主管机关，如归属于法院，才进一步涉及法院的管辖问题。

二手房买卖合同纠纷，为平等主体之间的财产纠纷，当然属于法院管辖，但是合同中约定的部分事项，如迁出户口争议，则属于行政管理的范畴，为公安机关与行政相对人之间的法律关系。

该《条例》第十条第一款规定："公民迁出本户口管辖区，由本人或者户主在迁出前向户口登记机关申报迁出登记，领取迁移证件，注销户口。"因此，若原户主不向公安机关申报迁移户口，则购房人对此并不能强制其实施。

2. 出卖人未按约迁出户口承担违约责任。

购房人对出卖人违约逾期迁出户口，虽然缺乏强制手段，但可以请求其承担违约责任，如出卖人需赔偿相应的违约金。

实务经验总结

前事不忘，后事之师。为避免未来发生类似败诉，提出如下建议：

购房人就二手房买卖纠纷提起诉讼时，要咨询专业律师，避免因诉讼请求项目设计不当，策略失误，如本案中诉讼请求原户主迁出户口，导致明明有理，却被法院判决驳回诉讼请求的不利后果。

法院判决

本院经审查认为，曾某与单某签订的《北京市存量房屋买卖合同》合法有效，双方当事人均应依约履行。单某作为出卖人，未按约定履行原有户口迁出义务，已构成违约，应承担相应违约责任。但因户口迁移问题属于公安机关户籍管理事宜，不属于人民法院民事案件受理范围，故两审法院对曾某的该项诉讼请求不予处理，并无不妥。

相关法律规定

《中华人民共和国合同法》

第一百零七条　当事人一方不履行合同义务或者履行合同义务不符合约定的，应当承担继续履行、采取补救措施或者赔偿损失等违约责任。

《中华人民共和国户口登记条例》（1958 年）

第三条　户口登记工作，由各级公安机关主管。

城市和设有公安派出所的镇，以公安派出所管辖区为户口管辖区；乡和不设公安派出所的镇，以乡、镇管辖区为户口管辖区。乡、镇人民委员会和公安派出所为户口登记机关。

……

第十条第一款 公民迁出本户口管辖区，由本人或者户主在迁出前向户口登记机关申报迁出登记，领取迁移证件，注销户口。

案件来源

曾某房屋买卖合同纠纷申诉、申请民事裁定书［北京市高级人民法院（2017）京民申2389号］

延伸阅读

1. 北京市住房城乡建设委、工商局经修订，统一整合以往房屋买卖合同示范文本的经纪成交版与自行成交版，制作了《北京市存量房屋买卖合同》（BF-2018-0129），并于2018年4月15日正式推行使用。该版本此条较为完善，另可约定违约金为逾期未迁出需按日计付违约金的责任形式。其中，关于户籍迁出的规定为："第十条　户籍迁出　（一）该房屋现有户籍情况为:【无户籍登记】【有户籍登记】（二）有户籍登记的，户籍登记情况为:____册____人，双方同意【不迁出】【迁出】现有户籍。（三）出卖人迁出现有户籍的，承诺在【买受人取得不动产权证书之日起____日内】【____年____月____日前】【　　】，向房屋所在地的户籍管理机关办理完成出卖人相关____人的现有户籍迁出手续；未如期将上述户籍迁出的，出卖人应当向买受人支付人民币______元（大写______元整）的违约金。"

2. 上海市公安局出台《上海市常住户口管理规定》（沪公行规〔2018〕1号），解决了如本案中二手房购房人在类似情形下，强制迁出户口的实践难题。该规定第三十二条相比于当前的《中华人民共和国户口登记条例》第十条的规定，制度上有两点创新：一是扩大了主体范围，在本人或原户主之外，赋予购房人（房屋权属已移转）户口迁移申请权；二是公安机关的强制迁出权，赋予户籍管理机关对本人或原户主拒不迁出户口的强制执行权，即可直接将其户口迁至社区公共户。

《上海市常住户口管理规定》（沪公行规〔2018〕1号）第三十二条规定，房屋所有权或者公有居住房屋承租权因交易已发生转移，现权利人或者承租人申请将房屋内原有户口迁出的，房屋所在地公安派出所应当通知原有户口人员迁出，对拒不迁出或者无法通知的，可以直接将其户口迁至社区公共户。

034 逾期迁出户口约定按日计算违约金，则出卖人承担的赔偿责任范围限于购房人起诉前二年及起诉至户口迁出之日止

阅读提示

房屋买卖中，双方约定出卖人逾期迁出户口的赔偿责任，有出卖人支付违约金或按日支付违约金等方式。在购买人迟延起诉情形下，采取支付违约金的方式，可能超过两年的诉讼时效，购买人得不到赔偿。而按日支付违约金的方式，则较为有效地保障了购房人的部分权利。

本案中，购买人在出卖人逾期迁出户口后，并未及时起诉维权，而是多年后再起诉。裁判认为，基于双方在房屋买卖合同中就逾期迁出户口约定了按日支付违约金的方式，因此每日的违约金构成单独的债权，单独计算诉讼时效，出卖人承担的赔偿责任范围限于购房人起诉前二年及起诉至户口迁出之日止。

裁判要旨

房屋买卖合同中，双方约定出卖人违约逾期迁出房屋，按日支付违约金的，每日的违约金数额构成单独的债权，并单独适用诉讼时效。出卖人承担的责任范围限于购房人起诉前二年及起诉至户口迁出之日止。

案情简介

秦某（购房人）与李某（出卖人）在签订《北京市存量房屋买卖合同》之后，双方又签订了补充协议，约定李某应当在房屋所有权转移之日起730日内将户口迁出涉案房屋。后李某违约未按时迁出户口，秦某起诉至法院，诉请违约赔偿。李某于2017年4月10日将户口迁出。现本案经一审、二审及再审，判决支持秦某的诉讼请求。

裁判要点

再审法院认定出卖人承担未迁出户口的违约责任计算方式的原因在于：

本案中，出卖人未按照约定迁出户口，事实清楚，责任明确。但是责任范围构成双方的争议焦点。裁判认为，出卖人未将户口迁出的违约行为属于持续性行为，且合同中约定的违约金计算方式为按日支付。因此，每日的违约金数额均应

视为单个的债权，适用诉讼时效，故本案中，鉴于购房人并未及时起诉，故责任范围只限于起诉前二年的违约金及起诉后至户口迁出日（2017 年 4 月 10 日）的违约金。

实务经验总结

前事不忘，后事之师。为避免未来发生类似败诉，提出如下建议：

房屋买卖合同中，双方可约定迁出户口的违约金计算方式，如逾期未迁出的支付一笔违约金，或如本案中自逾期迁出之日起按日支付违约金。前者有诉讼时效的限制，后者每日的违约金都构成单独的债权并单独计算诉讼时效。两种方式各有利弊。购房人在出卖人逾期未迁出户口时，应积极起诉，避免超过诉讼时效。

法院判决

本院经审查认为，秦某与李某及案外人签订的《北京市存量房屋买卖合同》及补充协议合法有效，当事人均应按照约定履行义务。李某按照约定应当在房屋所有权转移之日起 730 日内将户口迁出涉案房屋，其未按照合同约定履行户口迁出义务构成违约，应承担违约责任。因李某未将户口依约迁出的违约事实持续性存在，且合同中约定的违约金的计算方式在逾期 15 日后采用按日计付，每日的违约金数额均应视为个别的债权单独适用诉讼时效，故本案违约金保护范围为秦某起诉之日前两年的违约金以及起诉之后至李某迁出户口的 2017 年 4 月 10 日期间的违约金。二审法院综合考虑到损失、合同履行、当事人的过错程度以及预期利益等情形，根据公平原则，酌情确定的违约金数额适当。李某的再审申请不符合《中华人民共和国民事诉讼法》第二百条规定的情形。

相关法律规定

《中华人民共和国民法总则》

第一百八十八条 向人民法院请求保护民事权利的诉讼时效期间为三年。法律另有规定的，依照其规定。

诉讼时效期间自权利人知道或者应当知道权利受到损害以及义务人之日起计算。法律另有规定的，依照其规定。但是自权利受到损害之日起超过二十年的，人民法院不予保护；有特殊情况的，人民法院可以根据权利人的申请决定延长。

《中华人民共和国合同法》

第一百零七条　当事人一方不履行合同义务或者履行合同义务不符合约定的，应当承担继续履行、采取补救措施或者赔偿损失等违约责任。

案件来源

李某诉秦某房屋买卖合同纠纷民事裁定书［北京市高级人民法院（2017）京民申 4635 号］

035 第三人死亡户口注销，因这并非出卖人履行合同迁出户口的行为，支付尾款条件并未成就

阅读提示

本案中，购房人与出卖人在房屋买卖合同之外，另签订补充协议条款，约定出卖人自签约之日起一年内迁出第三人户口，购房人才支付尾款 15 万元。但中途，第三人自然死亡导致户口注销，取得与户口迁出类似的法律效果。出卖人起诉要求购房人支付尾款，但裁判认定支付尾款条件并未成就，经一审、二审及再审，驳回其该项请求。

裁判要旨

房屋买卖中，双方约定出卖人将第三人户口迁出后，购买人支付购房余款的，因第三人中途死亡户口注销，但该事件并非出卖人行为，购房人支付尾款条件并未成就。

案情简介

2015 年 1 月 18 日，江某（甲方，出卖人）与李某（乙方，买受人）在涉诉房屋买卖合同《补充协议》中约定，“甲乙双方同意自本合同签订之日起一年内，将本房内户口（刘某）迁出，自本房内户口（刘某）迁出后当日起 7 个自然日内乙方同意向甲方支付 15 万元”。

2015 年 8 月 20 日，刘某的户口因该自然人死亡而注销。

江某提起诉讼，以李某支付 15 万元款项的条件已经满足为由，诉请李某支

付该15万元款项，一审、二审均判决驳回诉讼请求，后经北京市高级人民法院再审，裁定驳回江某的再审申请。

裁判要点

再审法院认为，合同约定的购买人支付15万元的条件未成就的原因在于：

1.户口注销并非出卖人履行户口迁出义务。

购买人与出卖人签订补充协议，是为了保证购房能够落户。因此，双方约定出卖人在一年内将刘某户口迁出，才给付购房尾款15万元。但是中途刘某死亡，户口自然注销，虽然从法律效果上看，购买人的目的已经实现，但是该户口注销属于自然人死亡的自然事件的后果，却并非出卖人履行合同义务行为的结果。因此，该15万元尾款支付的前提条件并未成就，购买人享有抗辩权。

2.该附条件约定赋予购买人的期限利益。

从该约定本身来看，其属于附条件的合同。出卖人迁出户口是购买人支付15万元尾款的条件。但对于购买人来说，迁出户口是合同目的，延期支付尾款也是合同目的。因此，不能以户口注销，就认为该条款的目的已经达成，购买人支付15万元尾款条件自动成就。因为，购买人根据该条款实际上享有延期付款的权利，具有期限利益。

实务经验总结

前事不忘，后事之师。为避免未来发生类似败诉，提出如下建议：

本案补充协议条款值得借鉴，户口迁移与支付尾款绑定，更好地督促出卖人履行户口迁出义务，保障并实现购房人购房落户的合同目的。

法院判决

本院经审查认为，本案中，江某与李某于2015年1月18日在涉诉房屋买卖合同《补充协议》中约定："……甲乙双方同意自本合同签订之日起一年内，将本房内户口（刘某）迁出，自本房内户口（刘某）迁出后当日起7个自然日内乙方同意向甲方支付15万元。"之后刘某的户口于2015年8月20日因该自然人死亡而注销。现因刘某户口注销的后果，系因自然人死亡这一客观存在的法律事实所致，非江某履行自身合同义务的结果，且不符合双方约定的户口迁出的给付条件，故一审、二审法院对江某要求李某履行合同约定支付15万元的诉讼请求未予支持，认定事实清楚，适用法律正确，所作判决并无不当。综上，江某的再审理由不能成立。

相关法律规定

《中华人民共和国合同法》

第四十五条　当事人对合同的效力可以约定附条件。附生效条件的合同，自条件成就时生效。附解除条件的合同，自条件成就时失效。

当事人为自己的利益不正当地阻止条件成就的，视为条件已成就；不正当地促成条件成就的，视为条件不成就。

《中华人民共和国户口登记条例》

第八条　公民死亡，城市在葬前，农村在一个月以内，由户主、亲属、抚养人或者邻居向户口登记机关申报死亡登记，注销户口。公民如果在暂住地死亡，由暂住地户口登记机关通知常住地户口登记机关注销户口。

公民因意外事故致死或者死因不明，户主、发现人应当立即报告当地公安派出所或者乡、镇人民委员会。

案件来源

江某诉李某房屋买卖合同纠纷民事裁定书［北京市高级人民法院（2017）京民申 1133 号］

四、解约赔偿

036 委托卖房中受委托人以明显低于市场价值的价格出售房屋，委托人有权要求其赔偿房屋差价的损失

阅读提示

委托卖房过程中，受委托人违反诚实信用原则，以明显低于正常市场价值的价格出售房屋，委托人不仅可以主张返还已支付的服务费，还可以要求其承担赔偿房屋差价损失的责任。

案情简介

2014 年 10 月 20 日，王某与董某签订《借款合同》，向董某借款 100 万元，借款期限为三个月；同日，王某向周某（董某之妻）出具授权委托书，全权委托周某办理其名下 301 号房产的相关贷款还款手续及代为定价、出售房屋以及办理过户手续。该借款合同及委托书均经公证处公证。

王某没有按约定时间偿还借款。2015 年 6 月 16 日，周某作为王某的委托代理人与侯某签署了《存量房屋买卖合同》，约定以 98 万元的价格出售该 301 号房屋，并代王某协助侯某办理了房屋所有权转移登记手续。房款全部用于抵销王某向董某借款的本息。经查，交易当时 301 号房屋实际价值为 150 万元左右。

王某以周某没有尽受托人的义务，低价销售房屋严重损害其合法权益为由向法院起诉，请求法院判令周某赔偿损失 50 万元。

一审法院判决支持了王某的诉讼请求。周某不服，向北京市第二中级人民法院提出上诉。北京市第二中级人民法院最终判决驳回上诉，维持原判。

败诉原因

民间借贷关系中的借款人委托贷款人指定的第三人出售其房屋，则该第三人

有权以借款人名义签订房屋买卖合同，借款人不得主张合同无效。但是，如果受委托人出售房屋的价格达不到市场价的70%的，借款人可以主张行使撤销权或者请求受委托人赔偿房屋差价的损失。

本案中，王某在与董某签订借款协议的当天签订委托书，委托董某之妻周某出售其房产，因此周某有权在王某未按时还款时以王某的名义签订房屋买卖合同。但案涉301号房屋实际价值在150万元左右，而周某擅自以98万元卖出，可以认定其具有过错，因此法院判决周某赔偿王某房屋差价损失。

实务经验总结

前事不忘，后事之师。为避免未来发生类似败诉，提出如下建议：

1. 房屋买卖中的受托人应当本着诚实信用原则，为委托人的利益妥善处理委托事项。特别是在涉及出售房屋、确定成交价款等重大事项时，最好事先征求委托人的意见，或者事后及时通知委托人。

2. 在受委托人违反诚实信用原则以超低价（通常为低于同时、同地市场价格的70%）出卖房屋时，委托人可以行使撤销权撤销该房屋买卖合同，或者直接起诉要求受委托人赔偿房屋差价的损失。

法院判决

关于周某处理涉案委托事项时是否存在过错或者重大过失，给王某造成损失，应承担相应法律责任的问题。

王某向周某出具涉案委托书，虽然委托书中没有约定王某向周某支付报酬，但是，该委托书是在王某欠董某100万元借款的背景下，为了保证该笔借款的偿还所出具的。周某作为董某的配偶，对于处理委托事项出售涉案房屋确保偿还董某的欠款是具有利害关系、可以从中获取经济利益的，因此王某与周某的委托关系不是完全的无偿委托关系。

《中华人民共和国合同法》第三百九十九条规定，受托人应当按照委托人的指示处理委托事务。需要变更委托人指示的，应当经委托人同意；因情况紧急，难以和委托人取得联系的，受托人应当妥善处理委托事务，但事后应当将该情况及时报告委托人。该法第四百零一条规定，受托人应当按照委托人的要求，报告委托事务的处理情况。委托合同终止时，受托人应当报告委托事务的结果。王某涉案向周某出具的委托书，委托事项笼统、委托范围宽泛。周某作为受托人，应当本着诚实信用原则，为委托人的利益妥善处理委托事项，特别是在涉及出售涉案房屋、确定成交价款等重大事项时，应当征求王某的意见，或者应当在处理完毕后向王某报告处理结果。但是周某未举证证明其在出售涉案房屋前征求过王某的意见，也未举证证明其在涉案房屋出售后向王某报告处理结果。周某在出售涉案房屋时，应当对涉案房屋一般市场价值进行了解，所以周某应当知道涉案房屋一般市场价格的情况。周某在应知涉案房屋一般市场价格的情况下，并没有本着诚实信用原则，按照正常的存量房屋买卖流程，寻求可能出价最高的交易对手，却以严重低于市场行情的 98 万元的超低价格出售给参与过向王某追讨债务的李某，导致王某遭受重大经济损失。周某的代理行为具有明显的过错乃至重大过失，给王某造成重大损失，王某要求赔偿损失，一审法院予以支持，并无不当。一审法院根据当时房屋正常市场价格和涉案房屋实际出售价格之间的差价，认为当时涉案房屋出售价格至少低于同期房价 56 万元，并全额支持王某 50 万元的诉讼请求，本院不持异议。周某关于其履行代理职责并未导致王某利益明显受损，不应承担赔偿损失责任的上诉理由，不能成立，本院不予支持。

相关法律规定

《中华人民共和国合同法》

第三百九十九条 受托人应当按照委托人的指示处理委托事务。需要变更委托人指示的，应当经委托人同意；因情况紧急，难以和委托人取得联系的，受托人应当妥善处理委托事务，但事后应当将该情况及时报告委托人。

第四百零一条 受托人应当按照委托人的要求，报告委托事务的处理情况。委托合同终止时，受托人应当报告委托事务的结果。

《北京市高级人民法院关于审理房屋买卖合同纠纷案件若干疑难问题的会议纪要》(京高法发〔2014〕489 号)

二十四、民间借贷与代理售房的处理

民间借贷关系的借款人在借款时出具委托书，授权贷款人（或其指定的第三人）出售借款人的房屋，贷款人（或其指定的第三人）在借款人未偿还借款的情况下，以借款人名义转让其房屋，借款人主张买卖合同无效的，一般不予支持，但贷款人与买受人存在恶意串通行为，或者买受人明知或应当知道代理人实际没有代理权或滥用代理权的除外。贷款人应当将收取的购房款扣除贷款本金、合法利息等后剩余的款项及时退还给借款人。

借款人认为合同约定的房屋转让价格明显过低，显失公平的，可以依据《合同法》第54条第1款第（2）项的规定行使撤销权。转让价格是否明显过低的标准可以参照《最高人民法院关于适用〈中华人民共和国合同法〉若干问题的解释（二）》第19条的规定予以确定，即合同约定的房屋转让价格达不到当时交易地的市场交易价百分之七十的，一般可以视为价格明显过低。

法院应当严格审查授权委托书的内容、买卖合同的订立和履行是否符合市场交易习惯、买受人是否实际支付购房款并实地查看房屋、买受人的身份等因素综合予以认定。

根据以上法律规定，民间借贷关系中的借款人在借款的同时出具委托书，委托贷款人或者其指定的第三人出售其所有的房犀，在借款人到期未偿还借款的情况下，该受委托人有权以借款人的名义出售房屋，除有恶意串通情形外，借款人不得主张合同无效。但如果借款人可以证明受委托人出售房屋的价格达不到交易当时同地区房屋市场价的70%的，则可以行使撤销权请求撤销该房屋买卖合同。

此外，根据本文引用的案例，受委托人以超低价出售房屋的，借款人除了可以主张撤销合同之外，还可以要求该受委托人赔偿其房屋差价的损失。

案件来源

周某与王某委托合同纠纷二审民事判决书［北京市第二中级人民法院（2017）京02民终1435号］

037 买房人逾期支付购房款而卖房人接受的，买房人仍然构成违约，卖房人可以向买房人主张违约责任

阅读提示

房屋买卖交易过程中买受人没有按照约定的时间支付购房款，构成违约。此时，如果出卖人接受其逾期支付的款项，还能否向买受人主张违约责任？

本文引用的案例中，法院经审理认定，买受人逾期支付购房款已经构成违约，出卖人接受其逾期交付的房款的行为，不能视为其放弃主张违约责任，最终仍然判定买受人支付违约金。

裁判要旨

双方当事人在房屋买卖合同中明确约定房款支付时间，但买受人逾期支付房款的，已经构成违约，此时出卖人接受房款的行为不能视为其放弃向买受人主张违约责任。

案情简介

2013 年 2 月 2 日，聂某与柳某签订《北京市存量房屋买卖合同》，约定柳某将位于北京市朝阳区的涉案房屋出售给聂某，房屋及附属设置总成交价格为 253 万元。合同还约定，双方可以根据具体情况对合同中的内容签订书面补充协议进行变更或补充。

同日，柳某与聂某还签订了《补充协议》，约定当日聂某向柳某支付定金 10 万元，首付款 173 万元应于 2013 年 3 月 31 日之前支付。如聂某逾期履行《补充协议》约定的付款义务超过 15 日的，聂某构成根本违约，柳某有权解除房屋买卖合同并要求聂某支付房屋总价款的 20% 的违约金。

上述合同签订后，2013 年 2 月 3 日，聂某给付柳某房款 95 万元。2013 年 4 月 12 日，聂某给付房款 40 万元。除此之外，聂某未支付剩余房款，房屋买卖合同未能继续履行。

聂某向法院提起诉讼，要求解除案涉房屋买卖合同并要求柳某返还已支付的房款 140 万元。柳某提起反诉，同意解除合同，但主张聂某未按照约定支付首付款，构成根本违约，要求聂某支付总房款的 20% 的违约金。

庭审中，聂某辩称其与柳某已经于 2013 年 4 月 4 日就付款时间达成新的口头约定，因此其行为并不构成违约。

北京市朝阳区人民法院经审理认为，即使聂某与柳某于 2013 年 4 月 4 日协商付款事宜，但此时聂某已经逾期付款，构成违约。而且，就当天协商的内容，买卖双方未签署书面协议，柳某接受聂某 40 万元房款的行为，也不能视为其放弃向聂某主张违约责任，最终判定聂某的行为构成违约，判决案涉房屋买卖合同解除，聂某支付柳某违约金 10 万元，柳某返还聂某支付的剩余购房款。

裁判要点

双方当事人在房屋买卖合同中明确约定房款支付时间，但买受人逾期支付房款的，已经构成违约，此时出卖人接受房款的行为不能视为其放弃向买受人主张违约责任。

本案中，房屋买卖合同及补充协议是买卖双方的真实意思表示，不违反法律、行政法规强制性规定，合法有效，双方当事人均应当按照约定履行各自的义务。《补充协议》对聂某支付首付款的最迟日期有明确约定，聂某即有义务在该日期前足额付款。虽然聂某称，其与柳某就付款时间达成新的约定，但房屋买卖合同中已经事先约定买卖双方变更或补充合同的内容的，需要签订书面补充协议，而且聂某主张达成新约的时间为2013年4月4日，此时聂某已经逾期付款、构成违约。之后柳某接受聂某40万元房款的行为，不能视为其放弃向聂某主张违约责任，因此法院最终判决认定聂某构成违约。

实务经验总结

前事不忘，后事之师。为避免未来发生类似败诉，提出如下建议：

1. 买受人如果不能按约定支付购房款，应当在约定的最后期限到达之前与卖方协商延期支付并且以书面形式签订关于延期付款的补充协议，否则有承担违约责任的风险。

2. 房屋买卖交易过程中，买方逾期付款而卖方接受的，不能视为其不再追究买方的违约责任。

3. 买卖双方在签订房屋买卖合同时应约定如需补充或变更合同条款时应当签订书面补充协议，不应口头约定，以避免未来发生不必要的诉讼纠纷。

法院判决

本院认为，房屋买卖合同及补充协议是买卖双方真实意思表示，不违反法律、行政法规强制性规定，合法有效。合同当事人应当按照约定履行各自的义务。

本案争议的焦点是聂某是否存在逾期付款的违约情节。《补充协议》对聂某支付首付款的最迟日期有明确约定，聂某有义务在该日期前足额付款。聂某称其与柳某就付款时间达成新的约定，并有中介公司员工马某证明。但房屋买卖合同约定买卖双方变更或补充合同的内容的，需要签订书面补充协议。根据马某的证言，三方于2013年4月4日协商付款事宜，但此时聂某已经逾期付款，构成违约。而且，就当天协商的内容，买卖双方未签署书面协议，柳某接受聂某40万元房款的行为，不能视为其放弃向聂某主张违约责任。加之聂某至今未全额支付合同约定的首付款金额，因此柳某等提出的聂某逾期付款、构成违约的主张，本院予以采纳。

关于新政实施是否导致聂某不能贷款一节，聂某并未实际申办过贷款，房屋买卖合同约定如未能办理公积金贷款，聂某应继续申请商业贷款，而聂某未提供证据证明其不具备申请商业贷款的条件，因此聂某以新政实施导致其不能贷款为由要求解除合同，没有依据，本院不予采纳。但鉴于聂某与柳某等均同意解除合同，本院对此不持异议。

关于违约金，聂某存在逾期付款的违约行为，但柳某、闫某提交的证据不足以证明聂某逾期付款对其造成损失，合同约定的违约金过高，考虑到聂某的违约情节，本院酌情支持违约金 10 万元。柳某、闫某应将剩余房款退还聂某。

相关法律规定

《中华人民共和国合同法》

第六十条 当事人应当按照约定全面履行自己的义务。

当事人应当遵循诚实信用原则，根据合同的性质、目的和交易习惯履行通知、协助、保密等义务。

第一百零七条 当事人一方不履行合同义务或者履行合同义务不符合约定的，应当承担继续履行、采取补救措施或者赔偿损失等违约责任。

案件来源

聂某与柳某房屋买卖合同纠纷一审民事判决书［北京市朝阳区人民法院（2013）朝民初字第 26636 号］

038 房屋买卖双方当事人未签署书面解除协议，法院依据微信聊天记录认定达成口头解除协议

阅读提示

房屋买卖属于日常生活中的复杂、重大交易，一般来说，房屋买卖交易过程中的所有约定事项均应当落实到书面。但本文引用的案例中，房屋买卖合同签署后因不可归责于双方当事人的原因导致合同不能继续履行，但双方当事人并未就

解除该房屋买卖合同签署书面解除协议，最终法院依据买方提交的微信聊天记录以及卖方已经部分退款的事实认定双方已经达成口头解除合同的协议，最终支持了买方要求卖方退还全部剩余定金的诉讼请求。

裁判要旨

房屋买卖双方虽然未签署书面解除协议，但是通过双方的微信聊天记录以及其他证据可以证明双方已经就解除合同达成合意的，可以认定已经达成口头解除协议，买方据此要求卖方退还已付购房款的，法院将予以支持。

案情简介

2017 年 3 月，汤某与刘某签订了《北京市存量房屋买卖合同（经纪成交版）》，约定刘某将其名下位于北京市顺义区的涉诉房屋售予汤某，房屋成交价格为人民币 138 万元。买受人向出卖人支付定金，定金金额为人民币 25 万元。2017 年 3 月 26 日，汤某以转账方式向刘某支付购房定金 25 万元。

汤某名下已有一套办公用房，根据“2017 年 3 月 26 日新政”不能购买涉诉房屋，导致前述合同无法继续履行，刘某向汤某退还部分定金，尚欠其 48,000 元定金未付。

汤某向北京市顺义区人民法院提起诉讼，请求法院判令刘某退还购房定金 48,000 元。

本案审理中刘某经传唤无正当理由拒不到庭。汤某提交的其与刘某在 2017 年 7 月 15 日的微信聊天记录显示，汤某提到“这样您就欠我 48,000 元……您尽快想想办法，把我这 48,000 元给转过来……”，刘某回复“知道了”。

北京市顺义区人民法院经审理认为，本案双方虽然未签署书面解除协议，但是通过双方的微信聊天记录以及被告向原告退款的行为表明双方已经达成口头解除合同的协议，最终判决支持了汤某的诉讼请求。

裁判要点

首先，本案房屋买卖合同系双方真实意思表示，内容不违反法律、行政法规的强制性规定，应属合法有效，合同不能履行系由于新政出台，属于不可归责于双方当事人的事由导致的无法继续履行。

在此基础上，买卖双方在微信聊天记录中关于退款的约定以及卖方实际退还部分定金的行为足以证明双方已经就解除房屋买卖合同达成合意，即双方已经达成口头解除协议。因此，本案中汤某与刘某虽然未签署书面解除协议，但法院最终认定房屋买卖合同已经解除，支持了汤某要求刘某退还已付定金的诉讼请求。

实务经验总结

前事不忘，后事之师。为避免未来发生类似败诉，提出如下建议：

1. 房屋买卖是日常生活中的复杂、重大交易，一切相关约定应以落实到书面为宜。房屋买卖合同因不可归责于双方当事人的原因导致无法继续履行的，双方当事人也应就解除合同事项签订书面解除协议，在协议中就合同解除原因、退款期限及方式、双方是否应承担违约责任等重要事项进行明确约定，以避免发生不必要的纠纷。

2. 我们应当注意到，微信聊天记录也是一种强有力的证据，因此在与交易相对方微信聊天时也应当保持适度的小心谨慎，就对方提出的更改合同主要约定事项等要求，切勿轻易允诺或者表示同意。

法院判决

本院经审理认定事实如下：原告提交了其与被告的微信聊天记录，证明因为“2017 年 3 月 26 日新政”导致双方无法继续履行合同，双方已经口头达成解除合同的协议，被告尚欠其 48,000 元定金未付。在 2017 年 7 月 15 日的聊天记录中，原告提到“这样您就欠我 48,000 元，可以吧”，“刘姐，您尽快想想办法，把我这 48,000 元给转过来，我的确需要用这笔钱，好吗”，被告回复“知道了”。

本院认为，原告汤某与被告刘某签订的《北京市存量房屋买卖合同（经纪成交版）》、《补充协议》（三方版）、《补充协议》（配套设施）系双方真实意思表示，内容不违反法律、行政法规的强制性规定，应属合法有效。在涉诉合同履行期间，北京市住房和城乡建设委员会等部门联合出台商办类房产限购政策，涉诉房屋性质上属于限购政策规定的商办类房产，汤某在合同签订后因新政出台而不再具备购买涉诉房屋的资格，属于不可归责于双方当事人的原因导致合同目的无法实现。双方虽未签订书面解除协议，但结合双方的微信聊天记录以及被告退款的行为，本院认为双方已经口头达成了解除涉诉房屋买卖合同的协议，故本院对汤某要求刘某退还 48,000 元定金的诉讼请求予以支持。

相关法律规定

《中华人民共和国合同法》

第八条　依法成立的合同，对当事人具有法律约束力。当事人应当按照约定履行自己的义务，不得擅自变更或者解除合同。

依法成立的合同，受法律保护。

第九十三条　当事人协商一致，可以解除合同。

当事人可以约定一方解除合同的条件。解除合同的条件成就时，解除权人可以解除合同。

案件来源

汤某与刘某房屋买卖合同纠纷一审民事判决书［北京市顺义区人民法院（2017）京0113民初20506号］

039 当事人一方违反商品房认购书的约定拒绝签订房屋买卖合同，因此给对方造成损失的，应当承担违约责任｜附赔偿范围

阅读提示

商品房认购书是一种预约合同，即一种约定将来订立一定合同（本约合同）的合同。如果当事人一方违反预约合同约定，不与对方签订本约合同，另一方当事人无权依据预约合同强制对方当事人签订本约合同，但可以要求违约方承担违约责任。

违反预约合同，违约方给守约方造成的损失应根据订立预约合同时商品的市场行情和现行商品的价格予以确定。根据本文引用的案例，预约讳约的损失在总体上应相当于本约的缔约过失责任范围，因此预约违约损失相当于本约的信赖利益损失。

案情简介

2012年6月24日，林某与A公司签订《北京市商品房认购书》，约定林某向

A 公司认购位于北京市朝阳区的 1802 号房屋，总价款为 12,410,809 元，认购人应自认购书签订之日起 1 日内支付定金 30 万元，并于支付定金之日起 2 日内与出卖人协商商品房预售合同相关条款。

上述认购书签订次日，林某按约定支付定金 30 万元。后双方协商未果，一直未签订商品房预售合同。2012 年 9 月 30 日，A 公司将涉诉房屋出售给第三人王某，总价款 12,933,777 元。

2013 年 3 月，林某向法院提起诉讼，以 A 公司违约为由请求法院判令解除双方之间的认购书，并要求 A 公司双倍返还定金并赔偿损失 2,736,015.22 元。

北京市朝阳区人民法院一审判决：（1）解除涉案《北京市商品房认购书》；（2）A 公司向林某双倍返还定金；（3）驳回林某的其他诉讼请求。

林某及 A 公司均不服，上诉至北京市第三中级人民法院。北京市第三中级人民法院二审认为，A 公司擅自将涉诉房屋转卖给他人构成违约，应当赔偿林某信赖利益的损失，最终判决维持原审判决第一项、第二项；撤销第三项，改判 A 公司赔偿林某经济损失 58,802 元；驳回林某的其他诉讼请求。

败诉原因

我国法律规定，双方当事人为将来买卖房屋签订预约合同，一方当事人违反预约合同的约定，不履行订立房屋买卖合同的义务，守约方因此遭受损失的，可以要求解除预约合同并要求违约方赔偿损失。

本案中，林某与 A 公司签订的《北京市商品房认购书》的性质即属于预约合同，A 公司在签订该认购书后未按约定与林某签订正式的商品房买卖合同，反而将案涉房屋另行转卖给第三人，属于违反预约合同约定的违约行为，也直接导致该认购书无法继续履行，因此 A 公司应当赔偿林某因此遭受的损失。综上，法院判决解除林某与 A 公司之间的预约合同，并判决 A 公司赔偿林某经济损失。

实务经验总结

前事不忘，后事之师。为避免未来发生类似败诉，提出如下建议：

1. 购房意向书在性质上属于预约合同，即为约定将来订立本约合同而签订的合同，即使一方当事人违反约定拒绝签订房屋买卖合同，守约方也无权依据该意向书要求对方必须履行签订正式买卖合同的义务。因此，在签订购房意向书等预约合同后，双方当事人还是应当积极促成房屋买卖合同的签订。

2. 当事人虽然不能依据购房意向书强制对方履行签订房屋买卖合同的义务，但如果对方违约拒绝签订买卖合同，守约方可以要求对方承担违约责任，违约方承担责任的范围大致相当于守约方的信赖利益损失。

法院判决

本院认为，本案的争议焦点在于双方所签认购书的效力以及违反该认购书的违约责任和赔偿损失范围问题。

1. 关于认购书的效力。

林某与A公司签订的认购书系双方当事人的真实意思表示，内容不违反法律、行政法规的强制性规定，合法有效，双方均应按照认购书的约定履行签署商品房预售合同的义务。根据查明的事实，该认购书签订后，林某依约向A公司支付了认购定金，因涉诉房屋需办理期房转现房手续，双方均未能严格依照认购书约定的时间签订商品房预售合同。其后，涉诉房屋办理完成期房转现房手续，双方均同意继续履行该认购书，故认购书继续有效。

2. 关于违约责任。

待林某购房资格审核通过后，林某主张继续履行认购书即签订商品房买卖合同。A公司却在未与林某协商一致的情况下擅自办理涉诉房屋的现房认购注销手续并将涉诉房屋转卖与他人，致使认购书在事实上无法履行。关于双方未能签订买卖合同的原因，A公司称系因林某无购房资格，该主张与本院查明的事实不符，林某的购房资格于2012年9月10日初步审核通过。A公司另称，因林某要求九七折的购房折扣致使双方未能签订买卖合同，对此，林某不予认可，A公司亦未能提供有效证据证实其主张。本院认为，在合同纠纷案件中，主张合同关系解除的一方当事人对引起合同关系变动的事实承担举证责任。A公司未能举证证明在林某购房资格审核通过后，系林某的原因导致双方未能签订买卖合同，应承担举证不能的不利后果。综合双方提供的证据及举证责任分配，本院认定系A公司擅自将涉诉房屋转卖给他人，致使认购书无法履行，A公司构成违约，应承担相应的违约责任。

对于A公司上诉提出的因林某无购房资格故认购书无效，假使认购书有效也早已自动解除，以及A公司在认购书解除后才将房屋另行出售，其没有任何过错，不应承担违约责任的上诉意见，与前述认定的事实不符，本院不予采纳。

3. 关于赔偿损失范围。

双方签订的认购书，尚欠缺商品房买卖合同应当明确的商品房价款的付款方式、付款时间、交付使用条件及日期、产权登记事宜等主要内容，该认购书应当认定为预约合同。

《最高人民法院关于审理买卖合同纠纷案件适用法律问题的解释》第二条规定，当事人签订认购书等预约合同，约定在将来一定期限内订立买卖合同，一方不履行订立买卖合同的义务，对方请求其承担预约合同违约责任或者要求解除预约合同并主张损害赔偿的，人民法院应予支持。

因A公司构成违约，林某诉讼请求解除认购书，并要求A公司承担双倍返还定金的违约责任，于法有据，对其相应诉讼请求，本院予以支持。

关于林某主张的损失赔偿问题。本院认为，相对于本约而言，违反预约的行为既是预约违约行为，也可以视为本约之缔约过失行为，预约违约的损失在总体上应相当于本约的缔约过失责任范围，因此预约违约损失相当于本约的信赖利益损失。本案中，除林某为准备签订买卖合同所受损失外，林某因与A公司签订涉诉房屋的认购书，放弃了给他人订立同类房屋买卖合同的机会，而因A公司的违约行为，致使这种机会损失变为现实损失，亦属于林某的信赖利益损失范围。根据查明的事实，A公司将涉诉房屋转卖给他人，所售价格高于与林某签订的认购书约定的价格，A公司所获利益即林某的信赖利益损失，A公司理应赔偿给林某。故还应当将A公司所获利益在扣除相应房屋面积差额与定金赔偿部分后返还给林某。

至于林某主张的其另购房屋的差价损失，本院认为，预约合同的履行只是发生签订本约合同的行为，预约合同履行行为本身并无任何交易发生，尚不产生任何经济利益。对于林某而言，A公司不履行认购书，仅使林某丧失了订立涉诉房屋买卖合同的机会，并无履行利益可言。林某主张的其另购房屋的差价损失等可得利益损失没有法律依据，本院不予支持。

相关法律规定

《最高人民法院关于审理买卖合同纠纷案件适用法律问题的解释》

第二条 当事人签订认购书、订购书、预订书、意向书、备忘录等预约合同，约定在将来一定期限内订立买卖合同，一方不履行订立买卖合同的义务，对方请求其承担预约合同违约责任或者要求解除预约合同并主张损害赔偿的，人民法院应予支持。

根据上述法律规定，双方当事人为将来买卖房屋签订预约合同，一方当事人违反预约合同的约定，不履行订立房屋买卖合同的义务，守约方因此遭受损失的，可以要求解除预约合同并要求违约方赔偿损失。

从本文引用的案例来看，此时认定守约方所受损失的范围应相当于信赖利益的损失，即订立预约合同时商品的市场价值和涉诉时商品的价格予以确定。

案件来源

林某等商品房预约合同纠纷二审民事判决书［北京市第三中级人民法院（2013）三中民终字第00693号］

地方相关规定

《北京市高级人民法院关于审理房屋买卖合同纠纷案件若干疑难问题的会议纪要》（京高法发〔2014〕489号）

二、预约合同的效力和履行

当事人以出卖人在签订预购书、购房意向书等预约协议时未取得商品房预售许可证明为由，要求确认预约协议无效的，不予支持，但预约协议被认定为商品房预售合同的除外。

预约协议订立后，当事人一方无正当理由拒绝签订房屋买卖合同，守约方起诉要求法院强制违约方订立买卖合同的，一般不予支持。

《宁波市中级人民法院关于审理商品房买卖合同纠纷案件疑难问题解答》

2. 出卖人与买受人签订商品房认购书后，一方无正当理由拒绝签订商品房买卖合同，当事人一方可否起诉要求另一方继续履行预约合同义务即签订本约？

答：当事人一方拒绝签订商品房买卖合同，另一方请求继续履行合同签订本约的，法院不宜直接判决当事人履行签订合同的义务。但如具备合同主要条款的，应认定构成本约，双方当事人应予履行。因签订预约合同的目的系为双方将来订立本约，现双方仅就商品房买卖的部分条款达成一致意见，大部分合同条款仍需进一步协商，如法院判决另一方继续履行合同签订本约，事实上无法强制执行且效果不佳。

040 房屋买卖当事人未约定逾期交房违约金或其计算方式，当发生逾期交房情形，买受人的损失可由法院合理酌定

阅读提示

房屋买卖当事人未约定逾期交房违约金或其计算方式，当发生逾期交房情形，买受人的损失如何计算？

最高法院相关司法解释规定，逾期交付使用房屋的，按照逾期交付使用房屋期间有关主管部门公布或者有资格的房地产评估机构评定的同地段同类房屋租金标准确定。但是，本案表明，法院基于双方举证证明，能够合理地酌定预期交房损失的，并不需要机械地按照上述标准判断。

裁判要旨

房屋买卖当事人未约定逾期交房违约金或其计算方式，当发生逾期交房情形，法院基于双方举证证明，能够合理地酌定预期交房损失的，并不必须委托评估机构。

案情简介

2009 年 12 月 30 日，程某与 A 公司签订《商品房预售合同》，约定由程某购买由 A 公司建设的位于大兴区某地的房屋，该公司于 2010 年 8 月 30 日前向买受人交付该商品房。

签订合同后，程某依约缴纳了首付款，并办理了银行按揭贷款。

2010 年 9 月 9 日，A 公司发布《关于延期交房的致歉信》，载明因正式电未通、配套公建未建，不能验收交房，预计交房时间为 2011 年 8 月，补偿方案按买受人已交房款的万分之一补偿买受人，于交房后 30 日内付清。

2015 年，因 A 公司未履行交房义务，程某向本院提起诉讼，要求:（1）解除合同;（2）返还已支付的购房款及利息;（3）A 公司支付截至合同解除时涉案房屋升值差价损失款 719,800 元（暂按现该地区每平方米 2 万元的房价计算，涉案房屋现价约为 1,784,800 元，扣除购房款 1,065,000 元等于 719,800 元）。

一审法院支持了程某的诉请。其中，关于房屋升值差价款，法院参考同地段房屋市场价格、A 公司已经支付的延期交房违约金等因素酌情确定为 50 万元。A

公司提起上诉称，一审法院认定房屋升值价款没有经过评估，存在问题。二审法院判决驳回上诉，维持原判。

裁判要点

两审法院判决认定出卖人逾期交房导致的房屋升值差价款，法院未经委托评估而酌情确定并无不妥的原因在于：

1. 委托评估并非确认逾期交房的损失的必要程序。

最高法院相关司法解释规定，房屋买卖当事人未约定违约金或其计算方法，逾期交付使用房屋的，按照逾期交付使用房屋期间有关主管部门公布或者有资格的房地产评估机构评定的同地段同类房屋租金标准确定。但是，委托评估机构评定逾期交房损失并非必要程序。法院可以其他途径确定相应损失。本案中，法院根据双方提供的网页资料及房屋市场形势予以酌定。

2. 出卖人并未提供证据证明原审法院酌定的结果过高。

出卖人虽以原审法院没有进行评估为由提出异议，但并未进一步提供证据证明原审法院酌定的结果过高。

3. 诉讼经济原则。

出卖人逾期交房导致的损失，包括守约方的预期利益，本案中体现为房屋升值差价款。鉴于本案为解除合同，房屋仍为出卖人所有，故升值差价款客观存在，当然在出卖人预见之内。故只要法院采取合理方式确定房屋升值差价即可，而非必须委托评估。

实务经验总结

前事不忘，后事之师。为避免未来发生类似败诉，提出如下建议：

1. 房屋买卖当事人在合同中对逾期交房违约金或其计算方式予以明确约定，避免后期发生纠纷。

2. 商品房预售相比于商品房现房买卖，开发商逾期交房情形更为常见。因此，房屋买受人需特别注意，并积极要求在买卖合同或补充协议中明确约定逾期交房的违约金或其计算方式。

3. 当发生逾期交房纠纷，买受人要举证证明其相关损失，出卖人也不能大意且需要积极举证，避免法院酌定其承担较高的责任。

法院判决

关于房屋升值差价款，原审法院参考同地段房屋市场价格、A公司已经支付的延期交房违约金等因素酌情确定为50万元。虽然原审法院未通过房地产评估机构评定的价格来确定房屋价格，但结合当事人提交的网页资料以及目前房屋市场形势，原审法院处理无明显不当。A公司以原审法院没有进行评估为由提出异议，但并未提供证据证明原审法院酌定的结果过高，同时基于诉讼经济，并不是非评估不能确定房屋差价，且原审法院所进行的也是酌情确定，所以原审法院的处理，并无不妥。

相关法律规定

《中华人民共和国合同法》

第一百一十三条第一款 当事人一方不履行合同义务或者履行合同义务不符合约定，给对方造成损失的，损失赔偿额应当相当于因违约所造成的损失，包括合同履行后可以获得的利益，但不得超过违反合同一方订立合同时预见到或者应当预见到的因违反合同可能造成的损失。

《最高人民法院关于审理商品房买卖合同纠纷案件适用法律若干问题的解释》

第十七条 商品房买卖合同没有约定违约金数额或者损失赔偿额计算方法，违约金数额或者损失赔偿额可以参照以下标准确定：

逾期付款的，按照未付购房款总额，参照中国人民银行规定的金融机构计收逾期贷款利息的标准计算。

逾期交付使用房屋的，按照逾期交付使用房屋期间有关主管部门公布或者有资格的房地产评估机构评定的同地段同类房屋租金标准确定。

案件来源

北京A房地产开发有限公司与程某商品房预售合同纠纷二审民事判决书[（2016）京02民终3635号]

041 房价下跌，买房人拒绝继续履行房屋买卖合同，卖房人有权要求其赔偿因房价下跌所受的经济损失 | 81万元巨额毁约赔偿金案例

阅读提示

双方签订房屋买卖合同后，房价持续下跌，买房人毁约不买了，法院最终判决买房人向卖房人赔偿因房价下跌所造成的损失 81 万元。

案情简介

2014 年 1 月 11 日，李某与林某签订《北京市存量房屋买卖合同》，约定林某购买李某名下的 403 号房屋，成交价格为 340 万元。2014 年 1 月 12 日，林某支付李某购房定金 10 万元。2014 年 5 月 24 日，李某与林某签订补充条约，约定李某应当在 2014 年 6 月 15 日前将该房屋交付林某。2014 年 5 月 25 日，林某向李某支付购房款 100 万元。

2014 年 6 月 22 日，林某向李某发送通知函，以涉案房屋不属于学区房，不能满足其购房目的为由，要求解除合同并退还购房款。两天后，李某复函称林某已构成根本违约，需为此负相应责任。

李某向法院起诉，请求法院判决解除案涉合同及补充条约，并要求林某赔偿房价下跌损失 91.61 万元。林某辩称其购买房屋是为了孩子上学，后来林某发现就学政策变化，即使购买涉案房屋孩子也不能就读，因此其不继续履行合同系因客观原因造成而非由于房价下跌，其不应承担违约责任。同时，提起反诉要求李某退还已经支付的购房款 110 万元。

经查，涉案房屋买卖合同签订之后，403 号房屋所在小区房价持续下跌，在审理过程中经评估，403 号房屋 2014 年 9 月 23 日的正常市场价值为 248.39 万元。

北京市朝阳区人民法院经审理认为，林某未提供充分证据证明其购买房屋目的不能实现的主张，故对此不予采信；根据查明的事实可以认定林某的行为构成违约，应当承担违约责任。最终判决解除涉案房屋买卖合同及补充条约，林某赔偿李某房价下跌损失 81 万元；李某退还林某已付购房款 110 万元。

败诉原因

根据我国法律的规定，合同一方违约导致合同不能继续履行，违约方应当赔偿因违约而给对方造成的损失，包括直接损失和预期可得利益损失。在房屋买卖合同中，预期利益的损失包括房屋涨价或者降价造成的经济损失。

本案中，2014 年 1 月林某与李某签订房屋买卖合同时约定的成交价为 340 万元，合同签订后该小区房价持续下跌，至林某表示不继续履行合同、李某诉至法院时，该房屋经评估价值为 248.39 万元，中间差价将近 100 万元，属于李某因房价下跌所受经济损失。

值得注意的是，本案中林某主张其购房目的是保证孩子就读于重点学校，其不继续履行合同不是因为房价下跌，而是由于政策变化导致购买涉案房屋不能保证其子女入学，因此主张其行为不构成违约。但因其在法院审理过程中未能提供充分的证据证明，法院对此事实并未采信，依旧认定其行为构成违约，最终判决林某赔偿李某房价下跌损失 81 万元。

实务经验总结

前事不忘，后事之师。为避免未来发生类似败诉，提出如下建议：

1. 当事人应在房屋买卖合同中写明购房目的，如婚房、学区房等，并明确约定房屋应当具备的相应条件（如购买婚房写明保证非凶宅、购买学区房写明保证能顺利入学），并约定相应的违约赔偿责任，以免未来涉诉时举证不能。

2. 一方违约导致合同不能继续履行，违约方应当赔偿守约方因此遭受的损失，该损失不仅包括直接损失，还包括预期可得利益的损失。买房人在房价下跌后毁约，不继续履行房屋买卖合同，应就卖房人因房价下跌所受的经济损失承担违约赔偿责任。

法院判决

本院认为，李某与林某签订的《北京市存量房屋买卖合同》及补充协议、补充条约是双方真实意思表示，内容不违反国家法律、行政法规的强制性规定，合法有效。现双方均同意解除《北京市存量房屋买卖合同》、补充协议中关于房屋买卖的部分及补充条约，本院对此不持异议。关于本诉中李某主张的损失，林某虽强调购买涉案房屋是因为涉案房屋当时为学区房，其购房目的在于保障子女适龄后可以上重点学校，且李某也承诺购买涉案房屋可以上重点学校，但未提供充分证据证明其主张。故本院对其抗辩理由不予采信。林某在合同履行期间突然要求解除合同，明确表示将不再履行合同项下义务，其行为已构成违约，应承担相应的违约责任，赔偿李某因房价下跌所受经济损失。关于损失的具体数额，考虑到市场正常波动，本院依据评估报告，结合双方合同具体内容及履行情况予以酌定。

关于林某的反诉请求，本院认为，合同解除后，尚未履行的终止履行；已经履行的，根据履行情况和合同性质，当事人可以要求恢复原状、采取其他补救措施，并有权要求赔偿损失。故林某要求退还其已支付的购房款 110 万元的主张于法有据，本院予以支持。

相关法律规定

《中华人民共和国合同法》

第一百一十三条第一款 当事人一方不履行合同义务或者履行合同义务不符合约定，给对方造成损失的，损失赔偿额应当相当于因违约所造成的损失，包括合同履行后可以获得的利益，但不得超过违反合同一方订立合同时预见到或者应当预见到的因违反合同可能造成的损失。

第一百一十九条 当事人一方违约后，对方应当采取适当措施防止损失的扩大；没有采取适当措施致使损失扩大的，不得就扩大的损失要求赔偿。

当事人因防止损失扩大而支出的合理费用，由违约方承担。

《最高人民法院关于审理买卖合同纠纷案件适用法律问题的解释》

第二十九条 买卖合同当事人一方违约造成对方损失，对方主张赔偿可得利益损失的，人民法院应当根据当事人的主张，依据合同法第一百一十三条、第一百一十九条、本解释第三十条、第三十一条等规定进行认定。

第三十条 买卖合同当事人一方违约造成对方损失，对方对损失的发生也有过错，违约方主张扣减相应的损失赔偿额的，人民法院应予支持。

案件来源

李某与林某房屋买卖合同纠纷一审民事判决书［北京市朝阳区人民法院（2014）朝民初字第 31178 号］

地方相关规定

《北京市高级人民法院关于审理房屋买卖合同纠纷案件适用法律若干问题的指导意见（试行）》（京高法发〔2010〕458号）

第二十四条 房屋买卖合同签订后，因一方当事人根本违约致使另一方订立合同的目的不能实现，守约方要求解除合同，并要求违约方赔偿房屋差价损失、转售利益损失等可得利益损失的，应酌情予以支持，但当事人另有约定的除外。

在认定和计算可得利益损失时，应从守约方主张的可得利益赔偿总额中扣除守约方未采取合理措施不当扩大的损失、守约方亦有过失所造成的损失、守约方因此获得的利益以及守约方取得利益需要支出的必要的交易成本，并综合考虑守约方的履约情况等因素予以确定。

《上海市高级人民法院关于审理“二手房”买卖案件若干问题的解答》

6. 合同签订后，一方不愿意再履行买卖合同，而另一方坚决要求继续履行的，如何处理？

答：按照约定全面履行合同义务是合同履行的一项基本原则。因此，除合同另有约定或出现可单方解除合同的法定情形外，无论是合同签订后的预期违约还是合同履行期届满后的实际违约，如另一方坚决要求继续履行的，除符合《合同法》第一百一十条规定外，应责令双方继续履行。在履行义务的同时，另一方还有其他损失的，应当赔偿损失。

对于确不能继续履行的，违约方应当赔偿因违约而给对方造成的损失，包括直接损失和预期可得利益损失。其中房屋涨跌损失的确定，可参照以下方式：一、双方协商确定的，从其约定；二、双方不能协商确定的：（一）原则上可比照最相类似房屋的市场成交价（首先是同幢相同楼层及房型；其次是相邻幢同楼层及房型；再次是相同区域内房屋）与买卖合同成交价之差确定房屋涨跌损失；（二）无最相类似房屋比照的，可通过专业机构评估确定房屋涨跌损失。认定损失的时间点应从保护守约方的利益出发，以守约方的请求为基础，结合合同约定的履行期限届满之日、违约方的违约行为确定之日以及审理中房屋的涨跌情况等，合理确定。

最后，守约方损失的认定还应综合考虑守约方的履约情况、违约方能预见的因房屋价值涨跌而产生的损失以及双方是否已采取必要措施防止损失扩大等因素。

《天津市高级人民法院关于依法妥善审理房屋买卖合同纠纷案件的通知》（津高法发〔2016〕158号）

六、关于损失赔偿的问题

1. 当事人一方不履行合同义务或者履行合同义务不符合约定给对方造成损失的，应当赔偿损失。按照《合同法》第一百一十三条规定，损失赔偿额包括合同履行后可以获得的利益。一方违约且发生房屋价格涨跌情形的，涨跌差价属于合同履行后可以获得的利益，实际损失金额的确定应结合所处区域实际情况、守约方的履约情况、违约方订立合同时对房屋涨跌情形的预见能力、当事人的过错程度等因素综合判定，但最低额度不应低于房屋价格涨跌差价的50%。

2. 房屋价格涨跌差价可以参照以下方式确定：

（1）双方能够协商确定的，从其约定；

（2）双方不能协商确定的：①原则上可比照最相类似房屋的市场成交价与买卖合同成交价之差确定房屋涨跌差价；②无最相类似房屋比照的，可通过专业机构评估确定房屋涨跌差价。认定涨跌差价的时间点应以守约方的请求为基础，结合合同约定的履行期限届满之日、违约方的违约行为确定之日、双方是否及时采取措施防止损失扩大、涉诉房屋的具体涨跌情况等合理确定。

042 房屋买卖合同约定以贷款方式付款，因国家政策变化导致合同不能继续履行的，当事人可以请求法院解除合同

阅读提示

房屋买卖双方当事人在合同中明确约定以贷款方式付款，但在合同履行过程中因为国家政策发生变化导致不能办理贷款手续、合同不能继续履行，此时房屋买卖合同可否解除？双方因此遭受的损失应当如何分配？

案情简介

2010年3月31日，曹某与A公司签订了《中山市商品房买卖合同》，约定购买1103B房，付款方式选择银行按揭。2010年4月17日，国务院发布《关于坚决遏制部分城市房价过快上涨的通知》，曹某办理银行按揭受阻。2010年9月29日，中国人民银行、中国银行业监督管理委员会联合发布《关于完善差别化住房信贷政策有关问题的通知》，曹某不符合办理银行按揭的条件，根本无法办理银行按揭，无法履行上述房屋买卖合同。

曹某向法院起诉，请求判令解除案涉《中山市商品房买卖合同》，并要求A公

司返还相应款项。A公司提起反诉，请求法院判令曹某承担违约责任。

中山市第一人民法院经审理判决驳回曹某的全部诉讼请求，曹某向A公司支付逾期利息。曹某不服，提起上诉，二审法院判决驳回上诉，维持原判。

曹某向检察机关申诉，广东省人民检察院向广东省高级人民法院提出抗诉。广东省高级人民法院再审本案，判决撤销一审、二审判决，解除案涉《中山市商品房买卖合同》，A公司返还曹某购房款及利息等相应款项。

败诉原因

一般来说，国家政策变化超出当事人可预见的范围，因此导致合同无法继续履行，属于"因不可归责于当事人双方的事由"，当事人可以请求法院判决解除合同。本案中曹某与A公司在合同中明确约定以银行按揭方式付款，合同签订后、按揭手续办理前因国家政策变化致使曹某无法继续履行合同义务，这是曹某和A公司在签订合同时无法预见的，因此法院最终判决支持曹某的诉讼请求。

实务经验总结

前事不忘，后事之师。为避免未来发生类似败诉，提出如下建议：

1. 因国家政策变化导致房屋买卖合同不能履行，合同双方当事人可以诉请法院解除合同，此时卖方应当返还买房已付的购房款、定金或者其他相应款项，对合同解除造成的损失原则上不能要求对方承担。

2. 以贷款政策调整致使不能办理按揭手续、合同不能继续履行为由要求解除合同，以双方当事人在合同中提前明确约定以贷款方式支付房款为前提条件，否则卖方可以主张买方可以其他方式继续履行付款义务，买方不得以不能办理按揭贷款为由进行抗辩。

3. 当事人必须对国家政策的调整不能预见，如果贷款政策的变化是当事人在签订合同时可以预见的，则不属于"因不可归责于当事人双方的事由"，不能以此为由主张解除合同。

法院判决

涉案《中山市商品房买卖合同》签订于国务院颁布限贷政策之前，国家贷款政策的变化超出了双方当事人订立合同时所能预见的范围。A公司认为曹某在合同签订时对合同订立之后可能出现的银行贷款障碍和不能贷款的风险，应有充分的、合理的预见，该主张缺乏事实依据，本院不予采纳。理由如下：

1. 曹某与 A 公司于 2010 年 3 月 31 日签订的《中山市商品房买卖合同》第六条“付款方式及期限”约定：买受人按银行按揭方式按期付款；约定金额：78,994 元（人民币）；付款方式：现金；约定付款时间：2010 年 3 月 31 日；约定金额：311,000 元（人民币）；付款方式：商业贷款；约定付款时间：2010 年 4 月 30 日。该合同其他条款并未就如果银行无法办理按揭时余款应当如何支付的问题进行约定。

2. 上述合同的附件六“合同补充协议一”第六条的内容为：“如银行不同意买受人申请的贷款成数（金额）或贷款年限，买受人须根据银行同意的贷款金额相应补足首期款，并提交银行要求的其他资料，由此导致办结时间迟延的或者合同无法履行的，买受人不能免除违约责任。买受人未按约定支付房款时，出售人将向买受人发出解除合同通知，通知发出之后出售人有权随时将房屋另行销售。合同解除时，买受人无权要求出售人退回已经收取的定金；买受人须向出售人支付违约金，违约金额与买受人已交房款等额。……”对该条款可能出现以下两种理解：第一种理解是，“银行不同意买受人申请的贷款成数”包括银行完全不同意贷款申请的情形；第二种理解是，“银行不同意买受人申请的贷款成数”中隐含着银行可以办理按揭的前提，仅是银行同意的贷款成数低于买受人申请的贷款成数。“合同补充协议一”是由 A 公司提供的格式合同，在对格式合同的理解上存在两种解释时，按照《中华人民共和国合同法》第四十一条所规定的不利解释原则，应当作出不利于 A 公司的理解。因此，“合同补充协议一”的第六条不构成在完全不能办理银行按揭时支付余款方式的特别约定。

3. A 公司主张，其在收到曹某首期款时开具的收据上已写明：“已收 2 成首期，客户自行选择银行按揭，须符合银行政策，否则自理。”但该收据是 A 公司单方出具给曹某的，曹某对于上述加注并未以任何形式表示认可，故不能视为曹某与 A 公司已就无法办理银行按揭时的处理方式达成协议。

综上可知，在涉案商品房买卖的过程中，曹某与 A 公司之间就银行无法办理按揭时应当如何支付余款的问题并未达成特别约定，二审判决对该问题认定错误，本院予以纠正。

鉴于本案中没有证据证明曹某对于银行贷款政策的变化是可预见的，因此本案应当适用《最高人民法院关于审理商品房买卖合同纠纷案件适用法律若干问题的解释》第二十三条的规定，即“商品房买卖合同约定，买受人以担保贷款方式付款、因当事人一方原因未能订立商品房担保贷款合同并导致商品房买卖合同不能继续履行的，对方当事人可以请求解除合同和赔偿损失。因不可归责于当事人双方的事由未能订立商品房担保贷款合同并导致商品房买卖合同不能继续履行的，当事人可以请求解除合同，出卖人应当将收受的购房款本金及其利息或者定金返还买受人”。同时，根据本案案情，涉案房屋的按揭贷款手续尚未办理，按揭相关费用未实际发生，因此曹某主张解除涉案的《中山市商品房买卖合同》，由A公司返还其购房款78,994元及利息，由永信公司返还购房契税款5,850元、律师代办按揭费820元，具有事实与法律依据，本院予以支持。同理，A公司主张曹某支付违约金的反诉请求，本院不予支持。

相关法律规定

《最高人民法院关于审理商品房买卖合同纠纷案件适用法律若干问题的解释》

第二十三条 商品房买卖合同约定，买受人以担保贷款方式付款、因当事人一方原因未能订立商品房担保贷款合同并导致商品房买卖合同不能继续履行的，对方当事人可以请求解除合同和赔偿损失。因不可归责于当事人双方的事由未能订立商品房担保贷款合同并导致商品房买卖合同不能继续履行的，当事人可以请求解除合同，出卖人应当将收受的购房款本金及其利息或者定金返还买受人。

根据以上法律规定可知，房屋买卖合同的当事人因为国家房贷政策变化导致无法继续履行合同，可认定属于“不可归责于当事人双方的事由”，当事人可以诉请法院要求解除合同；合同解除的，出卖人应当返还收到的相应款项。

案件来源

曹某与中山市A房地产发展有限公司、珠海市B房地产投资顾问有限公司商品房预售合同纠纷再审民事判决书［广东省高级人民法院（2015）粤高法审监民提字第90号］

地方相关规定

《北京市高级人民法院民一庭关于妥善处理涉及住房限购政策的房屋买卖合同纠纷案件若干问题的会议纪要》（2011年12月13日）

三、（住房限购政策的性质和合同解除的处理原则）

住房限购政策在性质上具有公共政策的性质，确实会对房屋买卖合同能否继续履行造成重大影响。对于合同订立后由于住房限购政策的实施致使买受人无法办理房屋过户登记的，属于因不可归责于双方当事人的原因导致合同目的无法实现，当事人要求解除合同的，除合同另有约定外，一般应予支持。出卖人应当将收受的购房款或定金返还给买受人；当事人一方要求另一方承担违约责任或适用定金罚则的，不予支持；经审查合同解除确实导致当事人间利益失衡，损失方要求对方补偿其所受合理损失的，可酌情予以支持。

房屋买卖合同依约定期限能够实际履行，因一方当事人的原因致合同处于迟延履行状态，在此期间由于住房限购政策的实施导致合同无法继续履行的，对守约方要求解除合同，并要求另一方承担赔偿损失等违约责任的诉讼请求，应予支持。

《浙江省高级人民法院民一庭关于审理受房地产市场调控政策影响的房屋买卖合同纠纷案件的若干意见（试行）》

二、纯粹因受限贷、限购、禁购等调控政策的直接影响，合同确实无法继续履行的，不属于“不可抗力”，一般应认定属于《解释》第四条、第二十三条规定的“不可归责于当事人双方的事由”。当事人据此请求解除合同的，可予以支持，但当事人另有约定的除外。

三、调控政策实施前订立的合同并未明确约定以按揭贷款方式付款，现买受人以其因受限贷政策影响而无法继续履行为由，请求解除合同的，一般不予支持。

《天津市高级人民法院关于依法妥善审理房屋买卖合同纠纷案件的通知》（津高法发〔2016〕158号）

七、关于受房地产调控政策影响案件的处理问题

因受限贷、限购、禁购等房地产调控政策的直接影响，合同确实无法继续履行的，一般应认定合同不能履行属于不可归责于双方当事人的情形，当事人据此请求人民法院变更或者解除合同的，人民法院应当结合案件的实际情况准予变更或者解除合同。

因前述原因，当事人解除合同以后，出卖人应当将已经收到的购房款或定金返还给买受人，买受人应将接收的房屋返还给出卖人。因解除合同造成的损失一般情况下应按照公平原则由双方合理分担。如因一方当事人过错导致当事人利益严重失衡，损失方要求加大对方承担比例的，可酌情予以支持。

《广东省高级人民法院全省民事审判工作会议纪要》

一、关于房地产纠纷案件

（五）关于房地产调控政策问题

11. 商品房买卖合同签订后，如政府部门出台限购限贷政策的，人民法院应

查明买受人是否属于限购或限贷范围。确因限购限贷政策无法办理房屋所有权变更登记，或者不能订立商品房担保贷款合同并导致商品房买卖合同不能继续履行，当事人请求解除合同的，人民法院可参照最高人民法院《关于审理商品房买卖合同纠纷案件适用法律若干问题的解释》第二十三条的规定予以支持。买受人请求判令出卖人办理过户登记手续的，人民法院应向其释明可以变更诉讼请求；买受人坚持不变更的，驳回其诉讼请求。

《山东省高级人民法院关于印发全省民事审判工作会议纪要的通知》（鲁高法〔2011〕297号）

二、关于房地产纠纷案件

……对于因国家信贷政策变化导致买受人丧失履约能力、因限购措施导致合同无法履行的情形，应依据合同法的规定和合同的约定，依法变更或者解除合同，并根据案件的具体情况，辅之以返还原物、折价补偿和赔偿损失等，切实保护当事人合法权益；……

043 房屋买卖合同未明确约定付款期限，即使买方在房屋过户后三年仍未付款，卖方也不能直接以此为由请求解除合同

阅读提示

付款义务是房屋买卖合同中买方的主要义务，通常买卖合同双方当事人会在合同中明确约定付款期限和方式，如果经卖方催告，买方超过约定的期限仍不履行交付房款的义务，则卖方可以请求法院解除合同。

但在房屋买卖合同中例外地并未对付款期限作明确约定的情况下，如果卖方一直未曾向买方主张支付购房款（即进行催告），即使买方在房屋过户后较长时间内仍未付款，卖方也不得以此为由直接请求法院解除房屋买卖合同。

案情简介

徐某、倪某1系夫妻关系，倪某2系二人之孙。2012年3月17日，徐某与倪某2签订《存量房屋买卖合同》，约定徐某以30万元的价格将101号房屋出售给倪某2，双方当日办理了房屋所有权转移登记。

2015年，徐某、倪某1向法院起诉称，案涉《存量房屋买卖合同》签订后，倪某2一直未支付购房款，请求法院判定解除案涉《存量房屋买卖合同》，倪某2

返还 101 号房屋并支付违约金。

北京市朝阳区人民法院一审认为案涉《存量房屋买卖合同》系双方当事人的真实意思表示且不违反法律规定，合法有效。倪某 2 在房屋过户三年后仍未履行支付购房款的义务，导致合同目的无法实现，因此判决解除徐某与倪某 2 签订的《存量房屋买卖合同》。

倪某 2 不服，提起上诉。北京市第一中级人民法院二审认为，案涉《存量房屋买卖合同》中并未约定付款期限，且无充分证据证明徐某就 30 万元购房款进行过催告或者倪某 2 拒绝给付购房款，因此案涉合同并无无法实现合同目的的情形，最终判决撤销原判，驳回徐某、倪某 1 的诉讼请求。

败诉原因

房屋买卖合同履行过程中，判断买方是否“迟延”支付房款，应当以买卖合同中约定的履行期限为基础，如果双方当事人在合同中并未约定付款期限，卖方也未曾向买方催要房款，则不能认定买方“迟延”支付购房款，不能以此为由请求法院判决解除合同。

本案中，徐某与倪某 2 签订的《存量房屋买卖合同》中并未约定房款的支付期限，在合同履行过程中，也无充分证据表明徐某曾向倪某 2 主张支付购房款，因此不能认定倪某 2 违反合同义务逾期或拒绝支付购房款，所以法院最终判决驳回徐某解除房屋买卖合同的诉讼请求。

实务经验总结

前事不忘，后事之师。为避免未来发生类似败诉，提出如下建议：

1. 房屋买卖合同双方当事人应当在合同中明确约定付款期限和方式，以避免付款方式不明确造成不必要的诉讼纠纷。

2. 在无明确约定也无催告的情形下，卖方以买方不履行支付房款义务为由主张合同目的不能实现，直接要求解除房屋买卖合同的，法院将不予支持。此时，卖方应当先依据房屋买卖合同要求买方支付房款，在一段合理期限之后买方仍不付款的，才可以向法院起诉请求解除合同。

法院判决

本院认为，依法成立的合同对当事人具有法律约束力，双方当事人均应当按照合同约定履行各自的义务。徐某与倪某 2 之间签订的《存量房屋买卖合同》系双方当事人的真实意思表示，合同内容不违反法律、行政法规的强制性规定，系合法、有效的合同。解除合同，需要具备法定情形。本案中，该《存量房屋买卖合同》未明确约定购房款给付期限，徐某、倪某 1 未提供相应证据证明在合同签订后就合同约定的购房款 30 万元对倪某进行催告，且未提供充分有效证据证明倪某拒绝给付购房款，该合同未存在解除合同的成就条件。而且诉讼中，倪某明确表示同意按照合同约定支付购房款 30 万元，故本案不存在合同无法履行的客观情形，不能据以认定无法实现合同目的，徐某、倪某 1 主张解除 101 号房屋的买卖合同，缺乏事实与法律依据，本院不予支持。一审法院判决解除徐某与倪某于 2012 年 3 月 17 日签订的存量房屋买卖合同并将 101 号房屋过户到徐某名下处理不当，本院予以纠正，改判驳回徐某、倪某 1 的诉讼请求。

相关法律规定

《中华人民共和国合同法》

第九十四条 有下列情形之一的，当事人可以解除合同：

（一）因不可抗力致使不能实现合同目的；

（二）在履行期限届满之前，当事人一方明确表示或者以自己的行为表明不履行主要债务；

（三）当事人一方迟延履行主要债务，经催告后在合理期限内仍未履行；

（四）当事人一方迟延履行债务或者有其他违约行为致使不能实现合同目的；

（五）法律规定的其他情形。

《北京市高级人民法院关于审理房屋买卖合同纠纷案件适用法律若干问题的指导意见（试行）》（京高法发〔2010〕458 号）

第二十一条 房屋买卖合同履行过程中，一方当事人构成根本违约的，守约方有权解除合同，违约方不享有合同法定解除权。如果因不可抗力或情事变更等原因，致使合同目的无法实现的，合同双方均有权要求解除合同。

根据上述法律规定，房屋买卖合同履行过程中，买方迟延支付购房款，经卖方催告后在合理期限内仍未支付的，卖方可以请求法院解除房屋买卖合同。但判断买方是否“迟延”支付房款，应当以买卖合同中约定的履行期限为基础，如果双方当事人在合同中并未约定付款期限，卖方也未曾向买方催要房款，则不能认定买方“迟延”支付购房款，也不能直接以此为由请求法院判决解除合同。

案件来源

倪某 2 与徐某等房屋买卖合同纠纷二审民事判决书［北京市第三中级人民法院（2016）京 03 民终 9331 号］

044 房屋涨价卖方毁约不卖，买方可以向卖方主张与房屋差价相应的赔偿金｜卖方收 5 万元定金，毁约竟被判赔偿 89 万元

阅读提示

房屋买卖合同签订后房价突然暴涨，卖方在利益的驱使下决意毁约不卖了，这样的案例在生活中时有发生。民事法律遵循自愿原则，不能在卖方不愿意的情况下强制卖方继续履行买卖合同，买方只能要求解除合同并要求卖方承担赔偿责任。

然而，卖方切不可认为违约很简单而随意违约。违约方应赔偿的损失不仅包括直接造成的损失，还包括守约方预期利益的损失。在房屋买卖合同中，预期利益的损失即房屋涨价造成的差价。本文介绍的案例中，卖方签订房屋买卖合同后只收取了 5 万元定金，房屋涨价后毁约，最终竟被判赔偿买方 89 万元。所以立约需谨慎，毁约更要三思而后行。

案情简介

2015 年 12 月 7 日，王某（甲方）与曹某（乙方）签订《房屋买卖合同》，约定甲方将苏州市吴中区阳光水榭花园 ×× 幢 ×× 室房屋出售给乙方，成交总价为 3,030,000 元。合同签订后，曹某支付王某 5 万元定金。

2016 年 3 月 5 日，王某向中介公司明确表示由于房屋价格上涨，案涉房屋不再卖给曹某。曹某多次通过中介人员要求王某依约注销涉案房产的他项权证，并协助其办理过户网签及资金托管手续，均被王某拒绝。

交涉无果，曹某遂向法院提起诉讼，请求判令案涉《房屋买卖合同》解除，并判令王某退还定金 5 万元，支付赔偿金、律师费共计 971,200 元。

法院经审理判决解除案涉《房屋买卖合同》，王某退还曹某购房定金 5 万元，赔偿曹某损失 893,382 元，支付律师费 71,200 元。

败诉原因

一方违约导致合同不能继续履行，违约方应当赔偿因违约而给对方造成的损失，包括直接损失和预期可得利益损失。

第一，本案中房屋买卖合同合法有效，曹某在合同签订后按约定支付定金并督促王某履行合同，而王某却因为房屋涨价而反悔拒绝将案涉房屋卖与曹某，属于根本违约行为，直接导致合同无法继续履行。因此，王某作为违约方应当赔偿守约方曹某相应损失。

第二，本案中买卖双方签订合同时约定房屋价值为 3,030,000 元，卖方因房屋涨价违约后买方起诉时经相关机构评估房屋价值 3,923,382 元，即差价为 893,382 元（3,923,382 元 -3,030,000 元），此差价即为预期可得利益损失。

综合以上两点，法院判决王某赔偿曹某损失 893,382 元。

实务经验总结

前事不忘，后事之师。为避免未来发生类似败诉，提出如下建议：

1. 立约需谨慎，毁约更要三思而后行。双方当事人应当遵守诚实信用原则，签订房屋买卖合同时小心谨慎，充分考虑房屋价格波动趋势及其他相关因素，必要时寻求专业人士帮助，以免日后后悔；合同签订后应当按照约定履行合同义务，切记不可轻易违约。

2. 一方违约导致合同不能继续履行，违约方应当赔偿守约方因此遭受的损失，该损失不仅包括直接损失，还包括预期可得利益的损失。当然，应当在违约方可预见的范围内认定损失数额，对于违约方在签订合同时不可能预见的部分，法院将不予支持。

3. 在对方违约导致合同不能继续履行的情况下，守约方有义务防止损失扩大，否则应在损失认定时扣减相应数额。

法院判决

本院认为，原、被告签订的《房屋买卖合同》合法有效，双方应遵循诚实信用的原则，按约全面履行各自的义务。2016 年 3 月 5 日，被告王某通过中介向原告明确表示不再履行该《房屋买卖合同》，经原告催促也未能继续履行合同，被告行为属于单方根本违约，原告作为守约方按合同约定有权解除合同。根据原告主张，本院确认原、被告就涉案房屋签订的《房屋买卖合同》于原告起诉之日即2016年3月23日解除，被告应当退还原告购房定金50,000元。关于原告主张的损害赔偿问题，被告违约给原告造成损失的，损失赔偿额应相当于因违约所造成的损失，包括直接损失和预期可得利益损失。涉案房产（含车库、固定装修及物品）经鉴定总价值为3,923,382元。被告虽提出异议，但鉴定机构作出了明确解释，且鉴定程序合法，鉴定机构及人员具有相应资质，故本院对鉴定报告予以采信。本案《房屋买卖合同》履行中原告并无违约情形，并积极督促被告履行合同义务，被告明确表示不履行合同后，原告又及时诉至法院请求损害赔偿，防止损失扩大。故根据鉴定意见，本院确定原告损害赔偿金额为893,382元（3,923,382元-3,030,000元）。关于原告主张的律师费损失问题，根据合同约定，律师费应由违约方承担，且经核算，原告支付的律师费71,200元未超出江苏省律师服务收费标准，故原告该项诉请本院予以支持。

相关法律规定

《中华人民共和国合同法》

第一百一十三条第一款　当事人一方不履行合同义务或者履行合同义务不符合约定，给对方造成损失的，损失赔偿额应当相当于因违约所造成的损失，包括合同履行后可以获得的利益，但不得超过违反合同一方订立合同时预见到或者应当预见到的因违反合同可能造成的损失。

第一百一十九条　当事人一方违约后，对方应当采取适当措施防止损失的扩大；没有采取适当措施致使损失扩大的，不得就扩大的损失要求赔偿。

当事人因防止损失扩大而支出的合理费用，由违约方承担。

《最高人民法院关于审理买卖合同纠纷案件适用法律问题的解释》

第二十九条　买卖合同当事人一方违约造成对方损失，对方主张赔偿可得利益损失的，人民法院应当根据当事人的主张，依据合同法第一百一十三条、第一百一十九条、本解释第三十条、第三十一条等规定进行认定。

第三十条　买卖合同当事人一方违约造成对方损失，对方对损失的发生也有过错，违约方主张扣减相应的损失赔偿额的，人民法院应予支持。

案件来源

曹某与王某房屋买卖合同纠纷一审民事判决书［苏州市吴中区人民法院

（2016）苏0506民初1939号］

地方相关规定

《北京市高级人民法院关于审理房屋买卖合同纠纷案件适用法律若干问题的指导意见（试行）》（京高法发〔2010〕458号）

第二十四条 房屋买卖合同签订后，因一方当事人根本违约致使另一方订立合同的目的不能实现，守约方要求解除合同，并要求违约方赔偿房屋差价损失、转售利益损失等可得利益损失的，应酌情予以支持，但当事人另有约定的除外。

在认定和计算可得利益损失时，应从守约方主张的可得利益赔偿总额中扣除守约方未采取合理措施不当扩大的损失、守约方亦有过失所造成的损失、守约方因此获得的利益以及守约方取得利益需要支出的必要的交易成本，并综合考虑守约方的履约情况等因素予以确定。

《上海市高级人民法院关于审理"二手房"买卖案件若干问题的解答》

6. 合同签订后，一方不愿意再履行买卖合同，而另一方坚决要求继续履行的，如何处理？

答：按照约定全面履行合同义务是合同履行的一项基本原则。因此，除合同另有约定或出现可单方解除合同的法定情形外，无论是合同签订后的预期违约还是合同履行期届满后的实际违约，如另一方坚决要求继续履行的，除符合《合同法》第一百一十条规定外，应责令双方继续履行。在履行义务的同时，另一方还有其他损失的，应当赔偿损失。

对于确不能继续履行的，违约方应当赔偿因违约而给对方造成的损失，包括直接损失和预期可得利益损失。其中房屋涨跌损失的确定，可参照以下方式：一、双方协商确定的，从其约定；二、双方不能协商确定的：（一）原则上可比照最相类似房屋的市场成交价（首先是同幢相同楼层及房型；其次是相邻幢同楼层及房型；再次是相同区域内房屋）与买卖合同成交价之差确定房屋涨跌损失；（二）无最相类似房屋比照的，可通过专业机构评估确定房屋涨跌损失。认定损失的时间点应从保护守约方的利益出发，以守约方的请求为基础，结合合同约定的履行期限届满之日、违约方的违约行为确定之日以及审理中房屋的涨跌情况等，合理确定。

最后，守约方损失的认定还应综合考虑守约方的履约情况、违约方能预见的因房屋价值涨跌而产生的损失以及双方是否已采取必要措施防止损失扩大等因素。

《天津市高级人民法院关于依法妥善审理房屋买卖合同纠纷案件的通知》

六、关于损失赔偿的问题

1. 当事人一方不履行合同义务或者履行合同义务不符合约定给对方造成损失的，应当赔偿损失。按照《合同法》第一百一十三条规定，损失赔偿额包括合同履行后可以获得的利益。一方违约且发生房屋价格涨跌情形的，涨跌差价属于合同履行后可以获得的利益，实际损失金额的确定应结合所处区域实际情况、守约方的履约情况、违约方订立合同时对房屋涨跌情形的预见能力、当事人的过错程度等因素综合判定，但最低额度不应低于房屋价格涨跌差价的 50%。

2. 房屋价格涨跌差价可以参照以下方式确定：

（1）双方能够协商确定的，从其约定；

（2）双方不能协商确定的：①原则上可比照最相类似房屋的市场成交价与买卖合同成交价之差确定房屋涨跌差价；②无最相类似房屋比照的，可通过专业机构评估确定房屋涨跌差价。认定涨跌差价的时间点应以守约方的请求为基础，结合合同约定的履行期限届满之日、违约方的违约行为确定之日、双方是否及时采取措施防止损失扩大、涉诉房屋的具体涨跌情况等合理确定。

045 二手房买卖合同解除后，双倍返还定金仍不足以弥补损害的部分，非违约一方仍可以要求违约方赔偿（双倍返还定金与赔偿损失可以同时适用）

阅读提示

二手房买卖过程中一方当事人违约导致合同被法院判定解除，支付定金的守约方有权要求违约方双倍返还定金，但在双倍返还定金仍不足以弥补守约方所受经济损失的情况下，守约方是否可以另行主张损害赔偿呢？即，双倍返还定金与赔偿损失是否可以同时适用？

本文引用的案例中，房屋买卖合同签订后买房人交纳定金 10 万元，后因卖房人怠于履行办理抵押权注销手续等合同义务导致合同目的不能实现，房屋买卖合同被判解除。在此期间，房屋价格上涨，差价远高于双倍定金数额 20 万元，因此法院最终在判决卖房人双倍返还定金的同时另外赔偿买房人房屋差价损失 50 万元。由此可见，二手房买卖合同因一方违约解除后，守约方可以同时主张双倍返还定金和赔偿损失。

案情简介

2016年5月13日，苏某与孙某经北京某房地产经纪公司居间介绍签订《北京市房屋买卖合同》(以下简称涉诉合同)，约定苏某购买孙某名下的501号房屋，成交价为186万元，并且明确涉诉房屋已设定抵押，孙某应于2016年9月15日之前办理涉诉房屋的抵押注销手续；苏某为购买涉诉房屋，向银行贷款134万元。同日，苏某向孙某支付定金10万元，并交纳中介费1万元。

涉诉合同签订后，孙某未按合同约定协助苏某办理银行面签手续及办理抵押注销手续。双方就合同履行相关事项协商未果，苏某遂于2016年10月以孙某的行为构成根本违约导致合同履行不能为由，向法院提起诉讼，请求解除涉诉合同，要求孙某双倍返还定金并赔偿房屋的差价损失。

北京市顺义区人民法院经一审认为，孙某未能按照约定于2016年9月15日之前办理抵押权注销手续的行为构成违约，苏某要求解除合同、双倍返还定金以及赔偿损失，有事实和法律依据。房屋差价损失，由法院酌定。最终判决解除涉诉合同，孙某双倍返还苏某定金共计20万元，并赔偿房屋差价的损失50万元。

孙某不服一审判决，上诉至北京市第三中级人民法院。北京市第三中级人民法院认为本案孙某应承担违约责任，双方签订合同后，房屋价格明显上涨，此差价部分应属苏某享有的可得利益，孙某应对该部分利益予以赔偿。对于双倍返还定金后仍不足以弥补损害的部分，苏某仍有权要求孙某进行赔偿。最终判决驳回上诉，维持原判。

败诉原因

第一，一方违约导致合同不能继续履行，违约方应当赔偿因违约而给对方造成的损失，包括直接损失和预期可得利益损失。在房屋买卖合同中，预期利益的损失包括房屋涨价造成的差价。本案房屋买卖合同签订后，涉诉房屋价格上涨，此差价部分即属于苏某的预期可得利益，该合同因孙某的违约而被解除，导致苏某不能获得该差价部分利益，因此该部分利益属于孙某违约给苏某造成的经济损失。

第二，根据前述最高院的司法解释，双倍返还定金的数额不足以弥补全部损失的，守约方可以在实际损失范围内继续要求违约方赔偿损失。本案中苏某交付定金10万元，双倍返还定金数额为20万元，明显低于根据房屋差价认定的实际损失，因此法院支持苏某同时主张双倍返还定金以及赔偿房屋的差价损失的诉讼请求。

实务经验总结

前事不忘，后事之师。为避免未来发生类似败诉，提出如下建议：

房屋买卖交易过程中，买受人交付定金后出卖人违约导致合同不能继续履行的，买受人可以要求其双倍返还定金，并可同时主张出卖人赔偿损失，但两项赔偿的总和不应高于实际损失，通常就是不应高于房屋涨价造成的差价损失。

法院判决

本院认为，本案的争议焦点为应由谁承担违约责任及违约责任认定后的后续处理问题。

关于违约责任承担问题。从庭审查明的事实和相关证据可以看出，本案中，双方签订房屋买卖合同以后，由于孙某未在合同约定的时间内办理抵押权注销手续，导致合同不能正常履行，这是本案合同解除的根本原因。根据《中华人民共和国合同法》第一百零七条、第一百一十五条之规定，当事人一方不履行合同义务或者履行合同义务不符合约定的，应当承担继续履行、采取补救措施或者赔偿损失等违约责任。收受定金的一方不履行约定的债务的，应当双倍返还定金。本案中，双方签订的合同合法有效，应予认真履行。苏某已经按照相应约定交纳了定金，但由于孙某拒绝履行合同义务，致使合同目的不能实现，故应由孙某承担相应的违约责任。

关于违约责任确定后的后续问题处理。根据《中华人民共和国合同法》第一百一十三条之规定，当事人一方不履行合同义务或者履行合同义务不符合约定，给对方造成损失的，损失赔偿额应相当于因违约造成的损失，包括合同履行后可以获得的利益。可见，赔偿损失的基本性质在于补偿性，即填补当事人因违约行为受到的不利益，主要是经济上的损失。本案中，双方签订房屋买卖合同后，房屋价格明显上涨，房屋现价值与原买卖合同价款之差额，应为苏某享有的合同履行后可获得之利益。现因孙某的违约行为导致合同不能继续履行，故该可得利益应予赔偿。关于双倍返还定金与赔偿损失能否同时适用的问题，本院认为，定金责任是当事人在订立合同时为确保债务履行而预先设定的，其出发点和最终目标是维护非违约方的合同利益，该责任不以实际损失的发生为前提。若因一方的违约行为使守约方产生了损害后果，且损害赔偿数额大于定金数额时，对于双倍返还定金后仍不足以弥补损害的部分，非违约一方当事人仍可以要求违约方进行赔偿。基于此，原审法院在综合考虑同地区房屋当前市场价格状况、双倍返还定金不足以弥补苏某损失的情况下，参照相类似房屋的市场价格，酌予确定的损失赔偿数额，合理适当。

相关法律规定

《最高人民法院关于审理买卖合同纠纷案件适用法律问题的解释》

第二十八条 买卖合同约定的定金不足以弥补一方违约造成的损失，对方请求赔偿超过定金部分的损失的，人民法院可以并处，但定金和损失赔偿的数额总和不应高于因违约造成的损失。

由以上规定可以看出，房屋买卖合同解除后，双倍返还定金的数额不足以弥补全部损失的，守约方可以继续要求违约方赔偿损失。但我们也应当注意，双倍定金以及赔偿金的总和应当以实际损失为限，而在二手房买卖中，实际经济损失通常表现为房屋涨价后的差价损失。

案件来源

孙某与苏某房屋买卖合同纠纷二审民事判决书［北京市第三中级人民法院（2017）京 03 民终 3077 号］

046 赔偿租房损失以合同继续履行为前提，房屋买卖合同解除后，买方不得再要求卖方赔偿租房损失

阅读提示

赔偿租房损失是在房屋买卖合同可以继续履行的基础上，卖方逾期交付房屋应赔付买方的相关损失，其实质是卖方对逾期履行合同义务的赔偿。如果法院已经判决解除房屋买卖合同，则买方无法取得标的房屋，租房损失存在的基础就发生变化。此时，买方可以要求卖方赔偿因解约造成的损失，即可以要求卖方赔偿违约金以及房屋的差价损失，但不得再主张租房损失。

案情简介

2011 年 12 月 8 日，李某与陆某通过麦田公司的居间服务签订《北京市存量房屋买卖合同》，约定李某购买陆某名下的房屋一套，成交价为 490 万元。合同签订

后，李某支付定金 5 万元。

合同签订后，陆某未按合同约定办理完结贷款及首付款交接手续，2012 年，李某曾向法院起诉要求继续履行合同。该案庭审中，法院经审理查明，涉诉房屋为陆某与丈夫杨某共有，杨某不同意将房屋卖与李某，遂判决驳回李某的诉讼请求。

2013 年 9 月，李某再次向法院起诉，请求法院判决解除双方签订的房屋买卖合同，并要求陆某支付赔偿金 98 万元、房屋差价损失 3,721,300 元及租房损失 8,200 元。

北京市东城区人民法院一审判决解除双方房屋买卖合同，陆某向李某支付赔偿金 98 万元、房屋差价损失 29.4 万元，驳回李某其他诉讼请求。

李某不服一审判决，提起上诉，北京市第二中级人民法院二审判决驳回上诉，维持原判。李某仍不服，向北京市高院申请再审，认为原审判决陆某支付的赔偿金及房屋差价损失的数额不足以弥补其所受损失，请求改判赔偿差价损失 372.13 万元，以及租房损失 8,200 元。

北京市高院认为，原审判决判定的房屋差价损失的数额属于合理范围之内；关于李某要求陆某赔偿租房损失的诉求，由于双方既已解除合同，请求该损失赔偿的基础已经发生变化，最终裁定驳回再审申请。

败诉原因

房屋买卖合同纠纷中，租房损失赔偿的实质是卖方逾期履行合同义务时应当承担的赔偿责任，应以合同继续履行为前提。而在房屋买卖合同解除后，卖方应当赔偿的损失范围为因解约给买方造成的损失，此时，买方再要求卖方赔偿租房损失的，法院不予支持。

本案房屋买卖合同因陆某隐瞒婚姻状况导致合同无法继续履行，最终被法院判决解除，李某已经确定无法取得标的房屋，此时再主张以迟延履行为基础的租房损失显然不合常理。因此，北京市高院最终没有支持李某关于租房损失的再审请求。

实务经验总结

前事不忘，后事之师。为避免未来发生类似败诉，提出如下建议：

1. 租房损失是一种迟延履行赔偿，其请求基础是房屋买卖合同可以继续履行，买卖合同解除后，该损失的存在基础发生变化，此时买方可以在己方所受实际经济损失的范围内同时主张违约金以及房屋差价损失，但不得再请求租房损失。

2. 当事人可以在买卖合同中明确约定因卖方原因导致合同解除的，卖方应当赔偿买方的损失包括租房损失，以此在合同解除后主张租房损失。此外，也可以约定迟延履行违约金，以督促卖方积极履行合同义务。

法院判决

北京市第二中级人民法院二审判决认为，关于李某主张的租房损失 8,200 元，其实质是在合同履行的基础上，陆某逾期交付李某房屋应赔付的相关损失，但双方既已解除合同，李某已无法取得该房屋，该损失存在的基础已发生变化，故原审判决对此不予支持，本院不持异议。关于李某主张陆某赔付的居间服务费，因本案合同未能履行，麦田公司只进行了部分居间服务工作，只能进行部分收费，且对于麦田公司的责任，各方之间尚存争议，该费用原系李某与麦田公司之间的居间费给付关系产生，故李某应以该法律关系与麦田公司协商或诉讼居间服务费的具体数额后，再行解决为宜。本院若径行判决陆某全额赔付李某，其后只能由陆某向麦田公司主张，属本院将不存在居间费给付关系的陆某和麦田公司之间杂糅出该法律关系，不利于该问题的解决，原审判决驳回李某的该项请求，本院不持异议。

北京市高院认为，依法成立的合同，对当事人具有法律约束力。当事人应当按照约定履行自己的义务。本案中，李某与陆某签订的《北京市存量房屋买卖合同》及相关协议系各方真实意思表示，不违反法律法规的强制性规定，应为有效，各方均应依约履行。在上述合同履行过程中，由于陆某隐瞒其婚姻状况导致涉诉房屋无法办理过户手续，因此合同无法履行的原因应归结于陆某的无权处分行为，陆某应向李某承担相应的违约责任。一、二审法院依据本案实际情况及相应法律规定，综合酌定之房屋差价损失的数额属于合理范围之内。李某主张的租房损失 8,200 元，由于双方既已解除合同，李某已无法取得该房屋，故该损失存在的基础已发生变化，一、二审法院不予支持并无不当。李某的再审申请理由缺乏事实和法律依据，本院不予支持。

案件来源

李某房屋买卖合同纠纷申诉、申请民事裁定书［北京市高级人民法院（2015）高民申字第 01593 号］、［北京市第二中级人民法院（2014）二中民终字第 07455 号］

047 房屋买卖合同因买方无力支付购房款而解除，房屋再次出售房价降低的，是否可以要求原买房人赔偿差价损失？

阅读提示

房屋买卖合同签订后因买方无力付款而解除，在此期间房价下跌，卖方再次出售房屋时所得房款减少，此种情形下卖方应当如何减少损失？原买受人是否应当向卖方赔偿房屋差价损失？

本文引用的案例中，卖方以再次出售房屋所得价款低于前一次出售价格、与双方所签补充协议约定不符为由拒绝返还买受人已经支付的购房款，买受人向法院起诉要求返还，最终法院支持了买房人的诉讼请求。

案情简介

2013 年 9 月 29 日，赵某与谷某签订房屋买卖合同，约定谷某购买赵某名下的涉案房屋，房屋价款 647 万元。合同签订后赵某收到谷某支付的定金 5 万元及购房款 115 万元。

2013 年 12 月 26 日，因谷某无力继续支付购房款，赵某与谷某签订补充协议，约定双方同意将房屋再次出售，出售价格不低于 647 万元；谷某赔偿赵某 5 万元，赵某放弃追究违约金；赵某应在房屋另行出售给第三人并收到首付款 120 万元后退还谷某已付 115 万元购房款。

2014 年 3 月，赵某与案外人签订房屋买卖合同，以 570 万元将涉案房屋出卖给第三人，按照该合同约定，赵某应于 2015 年 5 月 22 日前收到购房款 120 万元。

2014 年 12 月 15 日，赵某、谷某经协商同意决定解除两人间的房屋买卖合同，但赵某以房屋再次出售价格低于 647 万元为由拒绝退还购房款。

2015 年 3 月，谷某向法院起诉，要求赵某返还 115 万元购房款并赔偿利息。北京市西城区人民法院一审认为补充协议约定的房屋出售价格，非赵某理解的退还购房款所附条件，最终判决赵某返还谷某购房款 115 万元，驳回谷某的其他诉讼请求。

赵某不服一审判决，上诉至北京市第二中级人民法院。北京市第二中级人民法院最终判决驳回上诉，维持原判。

败诉原因

《中华人民共和国合同法》第八条第一款规定："依法成立的合同，对当事人具有法律约束力。当事人应当按照约定履行自己的义务，不得擅自变更或者解除合同。”本案中，赵某与谷某签订的房屋买卖合同及补充协议均是二人的真实意思表示，且内容不违反法律、行政法规的强制性规定，属有效合同，双方当事人均应当遵照执行。

赵某与谷某在补充协议中约定，赵某出售房屋收到购房款120万元以上时，应当向谷某退还115万元，这一条件在赵某与案外人另立合同后已经满足；而协议中虽然用单独一条约定房屋再次出售的价格不低于647万元，但单从此种表述上看并不能证明这一条款属于强制性条款或是返还购房款的必要条件，因此法院最终支持谷某要求赵某返还购房款的诉讼请求。

实务经验总结

前事不忘，后事之师。为避免未来发生类似败诉，提出如下建议：

1. 对于出卖人来说，可以在买卖合同中约定，如因买受人的原因导致合同解除，应保证出卖人再次出售房屋的价格不低于原合同价格，并明确约定未达到目标价格时买受人应承担的责任（如直接写明买受人应赔偿房屋差价损失）。

2. 对于买受人来说，出现无力付款导致合同解除的情况时，应就返还已付购房款相关事宜与出卖人签订书面补充协议，尤其应当注意明确约定退款条件成就时出卖人退款的期限以及逾期退款时违约金的计算方式。

法院判决

北京市第二中级人民法院认为，赵某与谷某签订《北京市存量房屋买卖合同》后，谷某由于无力继续支付购房款，导致该合同无法履行。赵某、谷某、经纪公司经协商就合同解除事宜签订了补充协议。该补充协议是当事人的真实意思表示，内容不违反法律、行政法规的强制性规定，为有效协议。赵某上诉称未拿到补充协议文件，但此理由不足以影响协议效力。

补充协议明确了以下内容：房屋再次出售时价格不低于647万元；赵某放弃追究谷某每日按成交价万分之五的违约金；谷某同意赵某赔偿5万元，并就剩余115万元的退还问题进行了约定；在房屋出售时各方应积极配合，阻碍或不配合承担相应的责任。

赵某提供的证据显示，涉案房屋出售价为570万元，低于补充协议约定的647万元。赵某据此认为，退还谷某购房款的条件未成就，因此不同意退还谷某115

万元。谷某与经纪公司则持相反意见。本院认为，补充协议约定的房屋出售价格，并非强制性条款，且主动性由赵某把握。双方也并未约定房屋出售价格低于647万元时如何追究责任，同时，赵某也未提交证据证明谷某违反补充协议的约定事项。在赵某房屋已经另行出售并办理了产权过户手续的情况下，原审法院判决赵某退还谷某剩余购房款，并无不当，本院予以确认。

相关法律规定

《中华人民共和国合同法》

第八条 依法成立的合同，对当事人具有法律约束力。当事人应当按照约定履行自己的义务，不得擅自变更或者解除合同。

依法成立的合同，受法律保护。

案件来源

赵某与谷某等房屋买卖合同纠纷二审民事判决书［北京市第二中级人民法院（2015）二中民终字第09698号］

048 房屋买卖过程中，中介机构违反忠实居间义务，给委托人造成损失的，应当退还中介费并赔偿损失

阅读提示

考虑到房屋买卖中标的数额较大且需要综合考虑房源、位置、价格、权属情况等一系列因素，房屋买卖双方当事人越来越倾向于通过中介进行交易，希望通过中介公司的居间服务保证交易顺利完成。但是有时候中介公司并未尽到忠实居间的义务，相反在提供居间服务过程中存在过错，导致委托人遭受损失。在这种情况下，受有损失的委托人不仅可以要求中介公司返还中介服务费，还可以就自己所受损失向中介公司主张赔偿。

案情简介

2012年11月3日，梁某（乙方，买受人）与孙某（甲方，出卖人）、A经纪中心（丙方，经纪方）签订房屋买卖合同，约定乙方以130万元价格购买甲方所

有房屋一套，甲方同意将房屋所有权证原件暂存于丙方处，待该房屋上的抵押权被撤销之后再办理过户手续。合同签订后，梁某先后支付首付款、定金及部分购房款共计 81 万元，孙某将房屋所有权证交给 A 经纪中心保管。

2012 年 11 月 4 日，孙某从 A 经纪中心将房屋所有权证取走，并以该房屋再次办理了抵押登记，抵押金额为 150 万元，后将房屋所有权证交回 A 经纪中心，A 经纪中心工作人员随后发现该房屋二次抵押的事实但未及时告知梁某。

2012 年 12 月 10 日，梁某发现上述二次抵押的情形，遂向法院起诉，要求孙某退还房款并赔偿损失，该案经法院调解孙某已退还购房款 81 万元并赔偿损失 49 万元。

2013 年，梁某再次提起诉讼，请求法院判令 A 经纪中心返还居间服务费并赔偿损失。

北京市昌平区人民法院一审判决 A 经纪中心返还服务费 22,600 元并赔偿房屋差价损失 49,719 元。梁某、A 经纪中心均不服，上诉至北京市第一中级人民法院，北京市第一中级人民法院最终判决驳回上诉，维持原判。

败诉原因

房屋中介机构负有积极调查和据实报告的忠实居间义务，中介机构违反忠实居间义务给委托人造成损失的，不能主张收取服务费用，且应当就因己方过错造成的损失承担赔偿责任。

本案中，A 经纪中心一直未告知梁某关于孙某借用房屋所有权证书及孙某办理房屋二次抵押的事实，导致梁某无法在第一时间采取相应措施维护自己的合法权益，可以认定 A 经纪中心违反忠实居间义务，因此 A 经纪中心应当对梁某的损失承担一定的责任；而 A 经纪中心和孙某的过错导致梁某未能实现合同目的，A 经纪中心继续保留居间服务费也于法无据。综上，法院判决 A 经纪中心返还居间服务费并赔偿损失。

实务经验总结

前事不忘，后事之师。为避免未来发生类似败诉，提出如下建议：

1. 中介机构应当履行积极调查以及据实报告的居间义务，促成房屋买卖交易顺利进行，否则非但不能取得中介服务费用，还可能承担与其过错相适应的损害赔偿责任。

2. 房屋买卖合同的一方当事人因为对方违约遭受损失的，在要求违约方承担损害赔偿责任之外，还可以要求有过错的中介公司返还中介服务费并承担相应的赔偿责任。

法院判决

一审判决认为，梁某、A经纪中心及孙某所签订的房屋买卖合同及相关《补充协议》系各方真实意思表示，且不违反法律、行政法规的强制性规定，应为有效合同，当事人均应按合同约定履行相应的义务。现本案争议的焦点是A经纪中心在履行合同中是否存在过错。一审庭审查明，A经纪中心在三方签订房屋买卖合同后依据合同约定保管了孙某的房屋所有权证书，A经纪中心后又将房屋所有权证书返还孙某，孙某持房屋所有权证书办理了房屋二次抵押手续。之后，孙某又将房屋所有权证书交回A经纪中心，A经纪中心当时即发现孙某办理了房屋二次抵押。而A经纪中心在交给孙某房屋所有权证至梁某发现涉案房屋被孙某二次抵押的事实期间，其一直未告知梁某关于孙某借用房屋所有权证书及孙某办理房屋二次抵押的事实，从而导致梁某无法在第一时间即掌握涉案房屋的相关情形，以便于其采取相应措施以维护自己的合法权益。对此，A经纪中心存在过错。故A经纪中心应当对梁某的损失承担一定的责任。因A经纪中心和孙某的过错导致梁某未能实现合同目的，而梁某支付给A经纪中心居间服务费的目的恰恰是实现其购买房屋的目的，现A经纪中心收取梁某的居间服务费于法无据，应予退还。故该院对梁某要求A经纪中心退还中介费用的请求予以支持。虽然孙某已对梁某给予了一定的赔偿，但该赔偿不足以弥补梁某的全部损失，故该院对梁某主张的要求A经纪中心赔偿房屋差价损失的请求予以支持。关于梁某及A经纪中心各自提出的对于房屋价值鉴定的基准日的质证意见，该院认为：梁某诉孙某房屋买卖合同纠纷一案中的一审庭审记录载明，梁某在2013年4月2日的庭审时根据孙某的答辩意见才最终确定自己已无法购买孙某的房屋。故从2013年4月2日开始，梁某才会采取相应的补救措施以最大限度地避免自己的损失进一步扩大。故此，该院确认的评估基准日符合本案实际情况，因此该院对孙某及A经纪中心各自的辩解意见不予采信。综上，该院根据鉴定结论确定的房屋价值与梁某及孙某达成的房屋买卖价格之差再减去梁某已取得的赔偿数额49万元，确定A经纪中心应赔偿梁某房屋损失款49,719元。

本院认为，在三方签订房屋买卖合同后，A经纪中心依据合同约定保管了孙某的房屋所有权证书，之后其未通知梁某即将房屋所有权证书交还孙某，孙某持房屋所有权证书办理了房屋二次抵押手续。孙某将房屋所有权证书交回A经纪中心，A经纪中心当时即发现孙某办理了房屋二次抵押，其未及时告知梁某，从而导致梁某无法在第一时间即掌握涉案房屋的相关情形，以便于梁某采取相应措施维护自己的合法权益。对此，A经纪中心存在过错，且因A经纪中心的过错和孙某的违约行为最终导致梁某未能实现购买房屋的合同目的，一审据此判决A经纪中心返还居间服务费并赔偿梁某的相应损失的处理并无不当。

相关法律规定

《中华人民共和国合同法》

第四百二十五条 居间人应当就有关订立合同的事项向委托人如实报告。

居间人故意隐瞒与订立合同有关的重要事实或者提供虚假情况，损害委托人利益的，不得要求支付报酬并应当承担损害赔偿责任。

《北京市高级人民法院关于审理房屋买卖合同纠纷案件适用法律若干问题的指导意见（试行）》

第二十七条 房屋中介机构对于房屋权属状况等订约相关事项及当事人的订约能力负有积极调查并据实报告的义务。

房屋中介机构违反忠实居间义务，严重损害委托人利益的，不得要求委托人支付中介服务费用及从事居间活动的必要费用。委托人有损失的，房屋中介机构应当承担相应的损害赔偿责任。

根据以上法律规定，房屋中介机构有就房屋买卖合同履行相关事项进行积极调查和据实报告的忠实居间义务，中介机构违反忠实居间义务给委托人造成损失的，不能主张收取服务费用，已经收取的费用应当退还，并且应当就因己方过错造成的损失承担赔偿责任。

案件来源

梁某等居间合同纠纷二审民事判决书［北京市第一中级人民法院（2014）一中民终字第4172号］

地方相关规定

《北京市高级人民法院关于下发〈关于妥善处理涉及“新国五条”的房屋纠纷案件若干问题的会议纪要〉的通知》（2013年7月9日）

七、（房地产中介公司的责任认定）

当事人因房地产中介公司的居间行为订立房屋买卖合同，在履行过程中因税费增加导致买卖合同解除，房地产中介公司以已经促成合同订立为由要求支付居间报酬的，一般不予支持，但房地产中介公司可以要求委托人支付从事居间活动支出的合理费用。

因房地产中介公司未及时履行受托义务，导致房屋买卖双方因国家政策调控而受到增加支付税费等损失的，房地产中介公司应根据其过错程度承担相应的赔偿责任。

049 注销网签后一方在合理期间内怠于积极磋商且影响房屋过户登记的，对方有权解除房屋买卖合同

阅读提示

《国务院办公厅关于促进房地产市场平稳健康发展的通知》（国办发〔2010〕4号）要求建立存量房交易合同网上备案制度。各省市均依此出台相关规定，逐步推广并实施存量房交易网签制度，对房屋买卖合同实践造成了较大的影响。关于办理存量房买卖的网签及注销网签的相关事项，北京主要依照现行有效的《北京市建设委员会关于实行存量房买卖合同网上签约和信息公示有关问题的通知》（京建交〔2007〕508号）、《北京市建设委员会关于全面推行存量房买卖合同网上签约有关问题的通知》（京建交〔2008〕628号）、《北京市关于完善存量房买卖合同网上签约流程等有关问题的通知》（京建发〔2010〕169号）三个规范性文件。

根据北京市住建委的相关规定，网签是过户的前置程序，可谓“不网签无过户”。网签有助于保护买受人的权益，禁止出卖人一房二卖，达到锁定物权期待权的法律效果。本文案例中，房屋已经网签，买受人与出卖人又共同申请并注销了网签，此后买受人怠于与出卖人就合同履行及网签事宜予以联系，导致约定移转过户登记期限过期，严重影响合同目的的实现，裁判认定注销网签并不必然导致合同解除，但注销网签后一方在合理期间内怠于积极磋商且影响房屋过户登记的，视为以行为表示不履行合同，对方取得法定解除权。

裁判要旨

注销网签并不必然导致房屋买卖合同解除，但注销网签后一方在合理期间内

怠于积极磋商且影响房屋过户登记的，视为以行为表示不履行合同，对方取得法定解除权。

案情简介

2015 年 12 月 14 日，史某（出卖人）与刘某（买受人）签订《房屋买卖居间合同》（居间人为某经纪公司），约定刘某购买史某位于北京市密云区某室（以下简称涉案房屋），总价为 145 万元。房款支付方式为：签订合同时支付购房定金 3 万元，2015 年 12 月 26 日支付购房首付款 37 万元，购房尾款 105 万元办理按揭贷款，由银行直接划入史某指定账户。后刘某依约支付定金及首付款。

2016 年 8 月 17 日，史某与刘某办理了涉案房屋的网签手续。随后，双方办理了银行贷款的面签手续。

2016 年 9 月 14 日，史某与刘某共同签署《注销申请》并注销了涉案房屋网签，其内容为："由于出卖人史某暂不卖房，特申请注销存量房屋买卖合同编号为 CW×××××× 的网签合同，由此产生的一切法律责任由买卖双方共同承担。"

注销网签后，史某曾试图约刘某协商处理善后事宜，但未达成一致意见，后向刘某送达了解除合同的告知函。

刘某向一审法院起诉，诉请房屋买卖合同继续履行，史某协助刘某办理房屋产权过户手续。一审法院认为，本案房屋买卖合同已经解除，判决驳回刘某诉请。二审法院驳回上诉，维持原判。

裁判要点

两审法院认为涉案房屋买卖合同已经解除的原因在于：

1. 注销网签不当然产生解除房屋买卖合同的法律后果。

根据《不动产登记暂行条例实施细则》（国土资源部令第 63 号）的相关规定，网签是办理过户登记的前置程序。注销网签意味着合同继续履行的障碍，对合同目的造成了较大的影响。但是双方毕竟还存在书面的买卖合同，注销网签的行为不能推定双方合意终止履行，只能推断中止履行，并不当然发生解除双方之间房屋买卖合同的法律效果。

2. 注销网签后一方怠于积极磋商且影响房屋过户登记的，视为预期违约。

根据《中华人民共和国合同法》第九十四条的规定，在履行期限届满之前，当事人一方明确表示或者以自己的行为表明不履行主要债务，当事人可以解除合同。该条款属于法定解除权，一方构成预期违约的，另一方有权解除合同。

本案中，刘某应当在注销网签申请后积极与史某进行磋商，尽力促成双方之间就继续履行事宜作出新的安排。但是，在法院审理过程中，刘某并未向法院提供证据证明其在起诉之前有积极主张重新网签、办理过户的证据材料，法院认为基于刘某同意撤销网签和撤销网签后的行为，足以使史某认为刘某将不再履行合同义务，故史某有权行使法定解除权。

实务经验总结

前事不忘，后事之师。为避免未来发生类似败诉，提出如下建议：

网签是北京市房屋买卖合同实践及行政管理的重要程序与节点，一旦网签备案，则该房屋就不能再转卖给他人，有助于保护买受人的权益。根据规定，房屋买卖只有先网签，有关部门才能办理过户登记。因此，房屋买卖当事人对注销网签的行为一定要慎重，注销后要及时协商后续事宜或变更，否则在合理期间内一方不予配合或进行再次网签的，推定为以行为表明不履行合同，对方有权解除合同并请求相应的赔偿。

法院判决

一审法院认为，2016 年 9 月 14 日，史某与刘某共同申请，办理了注销网签的手续。虽然申请书中有“史某暂不卖房”的记载，但是，刘某同意撤销网签，并与史某共同申请注销网签的行为，足以说明其二人达成了暂不买卖房屋的合意。虽然，注销网签的行为不当然发生解除双方之间房屋买卖合同的法律效果，但基于该合意，双方之间应当在注销网签之后的一个合理期间内对房屋买卖合同的履行事宜作出合理安排，任何一方都应当积极主张进行磋商。根据双方之间的房屋买卖合同约定，双方应当在贷款审批通过后的三日内办理房屋过户手续，而贷款审批通过之时，双方的网签已经注销。根据有关规定，网签是过户的前置程序，因此刘某应当在注销网签申请之后积极与史某进行磋商，尽力促成双方之间就继续履行事宜作出新的安排。但是，在法院审理过程中，刘某并未向法院提供证据证明其在起诉之前有积极主张重新网签、办理过户的证据材料，法院认为基于刘某同意撤销网签和撤销网签后的行为，足以使史某认为刘某将不再履行合同义务，史某因此行使解除合同的权利符合法律规定。

二审法院认为，根据刘某与史某共同申请注销网签的行为及其在撤销网签后并未积极主张进行重新网签，且刘某亦未按照《房屋买卖居间合同》的约定履行相关义务，一审法院据此认定史某享有合同的法定解除权，并无不妥。

相关法律规定

《中华人民共和国合同法》

第九十四条 有下列情形之一的，当事人可以解除合同：

（一）因不可抗力致使不能实现合同目的；

（二）在履行期限届满之前，当事人一方明确表示或者以自己的行为表明不履行主要债务；

（三）当事人一方迟延履行主要债务，经催告后在合理期限内仍未履行；

（四）当事人一方迟延履行债务或者有其他违约行为致使不能实现合同目的；

（五）法律规定的其他情形。

第一百零七条 当事人一方不履行合同义务或者履行合同义务不符合约定的，应当承担继续履行、采取补救措施或者赔偿损失等违约责任。

《不动产登记暂行条例实施细则》（国土资源部令第63号）

第三十八条 申请国有建设用地使用权及房屋所有权转移登记的，应当根据不同情况，提交下列材料：

（一）不动产权属证书；

（二）买卖、互换、赠与合同；

（三）继承或者受遗赠的材料；

（四）分割、合并协议；

（五）人民法院或者仲裁委员会生效的法律文书；

（六）有批准权的人民政府或者主管部门的批准文件；

（七）相关税费缴纳凭证；

（八）其他必要材料。

不动产买卖合同依法应当备案的，申请人申请登记时须提交经备案的买卖合同。

《北京市建设委员会关于实行存量房买卖合同网上签约和信息公示有关问题的通知》（京建交〔2007〕508号）

一、我市行政区域内国有土地上的存量房买卖（指通过办理房屋权属转移登记取得房屋所有权证的房屋的再次买卖），凡经房地产经纪机构居间或代理（含代办转移登记手续）的，均须进行买卖合同网上签约和交易信息公示。权属部门办理转移登记时须在权属系统上进行网上办理。

存量房买卖双方自行达成交易的，可直接签订纸制合同文本。

案件来源

刘某与史某等房屋买卖合同纠纷二审民事判决书［（2017）京03民终12764号］

地方相关规定

《北京市高级人民法院民一庭关于妥善处理涉及住房限购政策的房屋买卖合同纠纷案件若干问题的会议纪要》（2011年12月13日）

五、（对未办理网签的合同要求继续履行的处理原则）

房屋买受人要求出卖人继续履行合同，办理房屋过户登记，经审查双方虽未办理网上签约，但买受人家庭（含夫妻双方及未成年子女）具备“京十五条”规定的购房资格（见附件一，略）的，可以判决或调解出卖人为买受人办理房屋过户登记；不具备资格的，法院应向当事人释明其可以变更诉讼请求，即要求解除买卖合同；经释明当事人变更请求的，按本纪要第三条的内容处理，当事人坚持要求继续履行的，判决驳回其诉讼请求。

……

050 出卖人隐瞒房屋权属状况构成欺诈的，买受人有权诉请解除房屋买卖合同并要求其赔偿相应的房屋差价损失

阅读提示

二手房买卖合同纠纷中，买受人以欺诈为由要求撤销合同并要求出卖人赔偿相应损失的情形屡见不鲜，但法院多以买受人证据不足，不予支持其欺诈主张。

本案中，房屋登记在出卖人（丈夫）名下，但其故意隐瞒房屋共有权人（妻子）情况，并由他人冒充其妻子出具同意出售证明的，构成欺诈，导致房屋买卖合同履行不能的，买受人有权诉请解除房屋买卖合同并要求其赔偿相应的房屋差价损失。房屋差价损失争议，由法院结合买受人的期待利益及防止损失扩大义务，根据网签合同撤销日的房地产市场评估价值减去该房屋合同约定价格，酌定出卖人赔偿相应的房屋差价损失。

在延伸阅读部分，通过整理公开案例，揭示法院判决房屋买卖合同涉嫌欺诈的争议类型及裁判观点。

裁判要旨

出卖人隐瞒房屋共有权人情况，并由他人冒充共有权人出具同意出售证明的，属于欺诈，买受人有权解除房屋买卖合同并要求其赔偿相应的房屋差价损失。

案情简介

2011年12月13日，经A公司居间介绍，许某（买受人）与郑某（出卖人）签订《北京市存量房屋买卖合同》，约定郑某将位于北京市昌平区602号的房屋出售给许某，总价款为172万元。同日，三方签订补充协议，就房款支付、银行托管、按揭贷款、交房过户等事项予以具体约定。

2011年12月13日，案外人夏某以郑某配偶的名义出具《同意出售证明》，同意郑某出售上述房屋。郑某认可在签约时，未向许某及A公司告知其配偶并非夏某，而是高某。

2012年5月7日，上述房屋买卖合同办理了网签。2012年8月，郑某将上述房屋交付给许某。后因郑某的配偶高某提起确权诉讼及请求变更登记，经生效调解书确认并经强制执行办理了该房屋所有权变更登记（按份共有，各占50%）。郑某与许某未能办理房屋过户手续。2012年10月23日，上述网签合同被撤销。许某占有该房屋并使用至今。

许某向一审法院提起诉讼，称在办理房屋过户手续的过程中，才发现郑某的妻子并非夏某，而是高某。郑某、A公司在房屋买卖过程中隐瞒了事实真相，其行为构成欺诈，应承担由其欺诈行为导致房屋增值部分的损失。诉请：判令撤销房屋买卖合同，郑某、A公司共同赔偿许某房屋价值损失1,720,400元等。经许某申请，一审法院委托评估公司对上述房屋的市场价值进行评估，确定估价对象于估价基准日2013年7月18日的市场价值为3,440,400元。

郑某答辩称，同意撤销房屋买卖合同，但过错不完全在郑某，许某没有尽到充分的审查义务，双方均有过错，应由双方共同承担过错责任。郑某对该估价报告的评估基准日提出异议，并申请重新评估，应以网签合同撤销日市场价值与签约日市场价值之间的差额予以确定。经一审法院委托评估公司对上述房屋的市场价值进行评估，确定估价对象在价值时点2011年12月13日（房屋签约日）的房地产市场价值为2,379,000元，估价对象在价值时点2012年10月23日（网签合同撤销日）的房地产市场价值为 2,546,700 元。

第三人高某述称，许某、郑某签订的房屋买卖合同应属无效，没有房屋共有人的签字确认。配偶承诺书是由夏某签字，此事实涉及刑事案件，法院应移交司法机关立案侦查。并诉请：确认房屋买卖合同无效，许某腾房。

一审法院认为，本案中，郑某在与许某签订房屋买卖合同时，故意隐瞒其配偶为高某的真实情况，而由案外人夏某以郑某配偶的名义签署《同意出售证明》，该行为最终直接导致许某与郑某之间的房屋买卖合同无法履行，故郑某的行为构成欺诈，许某据此要求撤销房屋买卖合同，于法有据，应予支持。根据《中华人民共和国合同法》第五十八条之规定，合同被撤销，且涉案房屋被确认为郑某与高某共有，故许某应将涉案房屋返还给郑某、高某。许某作为信赖合同有效成立的一方当事人，依约履行了合同约定的义务，但因郑某的过错导致合同无法履行，造成许某信赖利益受损，故许某要求郑某赔偿房屋差价损失，理由正当，予以支持。损失的具体数额由法院根据房地产估价报告，并结合本案的具体情况酌情予以确定。因许某在网签合同被撤销前即已知晓郑某的配偶并非夏某，且高某与郑某进行房屋确权诉讼的事实，故许某在房屋买卖合同存在无法履行可能性的情况下，其自身亦负有采取合理措施以防止损失扩大的义务。故其主张损失为持续存在，应以 2013 年 7 月 18 日的房屋市场价值为准，要求郑某赔偿差价损失 1,720,400 元的诉讼请求，不予支持。虽然 A 公司在该合同签订及履行过程中存在过错，但许某与 A 公司之间系居间合同关系，与本案不属同一法律关系，许某要求 A 公司与郑某共同承担赔偿责任，法律依据不足，不予支持。至于许某与 A 公司之间的纠纷，双方可另行解决。判决：撤销房屋买卖合同；郑某赔偿房屋差价损失 826,700 元；许某于被告郑某履行完毕上述赔偿等义务后，返还房屋。

郑某、高某不服原判，上诉至本院。郑某的上诉请求为：请求二审法院对于原判第四项予以改判，确定市场差价为 16.77 万元。因双方均存在过错，应当按照过错比例予以分担。具体数额由法院裁量。高某的上诉请求为：撤销原审判决第五项，返还房屋是无条件的，郑某是否履行给付金钱义务不应作为返还房屋的条件。许某与郑某之间的交易存在违法，许某没有审查配偶身份，没有对房屋进行审查，应当按照过错程度承担相应责任。二审法院判决：驳回上诉，维持原判。

裁判要点

两审法院判决因房屋出卖人欺诈，买受人有权撤销合同并要求赔偿房屋差价损失的原因在于：

1. 出卖人欺诈，买受人有权撤销房屋买卖合同。

本案中，郑某在与许某签订房屋买卖合同时，故意隐瞒配偶的真实情况，采取欺诈的行为导致房屋买卖合同无法履行。合同法明确规定，一方以欺诈手段使对方在违背真实意思的情况下订立的合同，受损害方有权请求人民法院或者仲裁机构撤销。故许某有权请求撤销双方所签房屋买卖合同。

2. 买受人尽了买房的注意义务，主观上不存在过错。

许某认为夏某应为郑某之妻符合一般人的判断，不存在过错。签订房屋买卖合同时，房屋登记在郑某名下，郑某承认夏某（怀有身孕）为配偶，且夏某本人以郑某配偶的身份出具了一份《同意出售证明》。

3. 出卖人欺诈导致买受人房屋买卖目的落空，以合同约定价格为基础计算房屋差价损失。

出卖人郑某主张房屋差价损失应以网签合同撤销日市场价值与签约日市场价值之间的差额予以确定，因双方合同约定的房屋成交价格是经双方协商一致的结果，若房屋买卖合同能够继续履行，该价格是许某取得房屋所有权的对价，正是由于郑某的欺诈行为导致许某取得房屋所有权的目的落空，法院按双方合同约定的交易价格进行计算并无不当。

最终，法院结合买受人许某的期待利益及防止损失扩大义务，根据 2012 年 10 月 23 日（网签合同撤销日）的房地产市场价值 2,546,700 元减去合同约定价格 172 万，酌定郑某赔偿房屋差价损失 826,700 元。

实务经验总结

前事不忘，后事之师。为避免未来发生类似败诉，提出如下建议：

1. 出卖人对房屋的信息披露要真实、准确、完整，包括房屋权属状况、质量状况等，否则构成欺诈，则买受人有权撤销，出卖人需要赔偿房屋差价损失。

2. 房产是重大财产，买受人在购买二手房时，要善尽注意义务。在程序上，应该对该房屋共有权人身份予以核验，并要求其出具同意出售证明。另，买受人可与出卖人特别约定，因房屋买卖合同因出卖人或第三人原因不能履行的，买受人有权解除并要求赔偿相应损失（违约金或计算方式）。

3. 居间人不得为促成交易，违反居间义务，故意隐瞒重要信息，恶意促成合同订立，否则导致房屋买卖合同不能履行的，居间人不得向委托人请求支付报酬。

法院判决

本院认为，一方以欺诈的手段，使对方在违背真实意思的情况下订立的合同，受损害方有权请求人民法院或者仲裁机构变更或者撤销。郑某在与许某签订房屋买卖合同时，故意隐瞒配偶的真实情况，采取欺诈的行为导致许某与郑某签订的房屋买卖合同无法履行。此种情况下，许某请求撤销双方所签房屋买卖合同并无不当。

因导致双方所签房屋买卖合同无法履行的原因系郑某的欺诈行为，而在许某依约履行了合同义务的前提下，原审法院判令郑某承担许某信赖利益损失并无不当。结合本案查明的事实，许某认为夏某应为郑某之妻符合一般人的判断，不存在过错。原审法院根据房地产估价报告，并结合本案的具体情况酌情判定的郑某赔偿许某房屋差价损失的数额适当，本院予以维持。上诉人郑某所述房屋差价损失应以网签合同撤销日市场价值与签约日市场价值之间的差额予以确定一节，因双方合同约定的房屋成交价格是经双方协商一致的结果，若房屋买卖合同能够继续履行，该价格是许某取得房屋所有权的对价，正是由于郑某的欺诈行为导致许某取得房屋所有权的目的落空，原审法院按双方合同约定的交易价格进行计算并无不当。

相关法律规定

《中华人民共和国合同法》

第五十四条　下列合同，当事人一方有权请求人民法院或者仲裁机构变更或者撤销：

（一）因重大误解订立的；

（二）在订立合同时显失公平的。

一方以欺诈、胁迫的手段或者乘人之危，使对方在违背真实意思的情况下订立的合同，受损害方有权请求人民法院或者仲裁机构变更或者撤销。

当事人请求变更的，人民法院或者仲裁机构不得撤销。

第五十八条　合同无效或者被撤销后，因该合同取得的财产，应当予以返还；不能返还或者没有必要返还的，应当折价补偿。有过错的一方应当赔偿对方因此所受到的损失，双方都有过错的，应当各自承担相应的责任。

《中华人民共和国民法总则》

第一百四十八条　一方以欺诈手段，使对方在违背真实意思的情况下实施的民事法律行为，受欺诈方有权请求人民法院或者仲裁机构予以撤销。

《最高人民法院印发〈关于贯彻执行《中华人民共和国民法通则》若干问题的意见（试行）〉的通知》（法（办）发〔1988〕6号）

68. 一方当事人故意告知对方虚假情况，或者故意隐瞒真实情况，诱使对方当事人作出错误意思表示的，可以认定为欺诈行为。

《最高人民法院关于适用〈中华人民共和国婚姻法〉若干问题的解释（三）》（法释〔2011〕18号）

第十一条 一方未经另一方同意出售夫妻共同共有的房屋，第三人善意购买、支付合理对价并办理产权登记手续，另一方主张追回该房屋的，人民法院不予支持。

夫妻一方擅自处分共同共有的房屋造成另一方损失，离婚时另一方请求赔偿损失的，人民法院应予支持。

案件来源

郑某与许某等房屋买卖合同纠纷二审民事判决书［（2014）一中民终字第07088号］

延伸阅读

一、最高法院司法解释欺诈类型及裁判规则

1.《最高人民法院关于审理商品房买卖合同纠纷案件适用法律若干问题的解释》第九条规定："出卖人订立商品房买卖合同时，具有下列情形之一，导致合同无效或者被撤销、解除的，买受人可以请求返还已付购房款及利息、赔偿损失，并可以请求出卖人承担不超过已付购房款一倍的赔偿责任：（一）故意隐瞒没有取得商品房预售许可证明的事实或者提供虚假商品房预售许可证明；（二）故意隐瞒所售房屋已经抵押的事实；（三）故意隐瞒所售房屋已经出卖给第三人或者为拆迁补偿安置房屋的事实。"

2. 郝某与大庆A房地产开发有限公司房屋买卖合同纠纷申诉、申请民事裁定书［（2016）最高法民申2599号］：根据《最高人民法院关于审理商品房买卖合同纠纷案件适用法律若干问题的解释》第九条的规定，出卖人订立商品房买卖合同时，故意隐瞒所售房屋已经出卖给第三人的事实，导致合同无效或者被撤销、解除的，买受人可以请求返还已付购房款及利息、赔偿损失，并可以请求出卖人承担不超过已付购房款一倍的赔偿责任。根据本案情况，2007年10月16日，A公司与B公司签订《奥林国际公寓住宅区购物中心购买合同》《奥林国际公寓住宅区购物中心补充协议》，将包含涉案房产在内的商业区整体出售给B公司。2009年6月10日、2012年7月16日，A公司又与郝某签订《商品房参建协议》《商品房买卖合同》，将涉案房产出售给郝某。A公司故意隐瞒已将涉案房产出售给B公司的事实，将该房产再次出卖给郝某，导致《商品房参建协议》《商品房买卖合同》解除，属于“一房二卖”。在这种情况下，郝某要求A公司在返还已付购房款及利息的同时，承担已付购房款一倍的赔偿责任，应予支持。

3. 宁夏某房地产开发有限公司与赵某、银川某投资咨询有限公司、宁夏某小额贷款有限公司房屋买卖合同纠纷二审民事判决书［（2013）民一终字第62号］：根据《最高人民法院关于审理商品房买卖合同纠纷案件适用法律若干问题的解释》第九条的规定，出卖人订立商品房买卖合同时，故意隐瞒所售房屋已经出卖给第三人的事实，导致合同被解除的，买受人可以请求返还已付购房款及利息、赔偿损失，并可以请求出卖人承担不超过已付购房款一倍的赔偿责任。因某房地产开发有限公司在签订《商品房买卖合同》时存在明显的欺诈行为，且其实际使用了赵某的资金，在综合全部案情基础上，为公平保护双方当事人利益，判令某房地产开发有限公司赔偿赵某945万元损失，符合本案实际。

二、北京地区司法实务中涉嫌欺诈类型及裁判观点

（一）当事人隐瞒房屋违反住房限购政策的事实导致合同无法履行

《北京市高级人民法院民一庭关于妥善处理涉及住房限购政策的房屋买卖合同纠纷案件若干问题的会议纪要》“七、（合同存在欺诈的处理原则）”规定，住房限购政策实施后，因一方当事人故意隐瞒或虚构相关事实，导致订立的合同违反住房限购政策而无法继续履行，另一方当事人请求解除或撤销合同，并要求对方当事人赔偿其因此所受损失的，应予支持。

（二）出卖人不履行真实房屋状况的告知义务涉嫌欺诈

1. 出卖人隐瞒产权情况：房屋登记人与真实权利人不一致。

裁判要旨：出卖人未将登记在其名下的房屋真实产权情况告知过买受人，并与买受人签订房屋买卖合同的，其行为构成欺诈，应返还收取的购房款并赔偿买受人相应的损失。

秦某与蔡某房屋买卖合同纠纷二审民事判决书［（2014）二中民终字第09028号］：本院认为，根据查明的事实，蔡某明知诉争房屋已经法院生效判决确认归其与三个子女共有，却擅自与秦某签订房屋买卖合同、签署承诺书称其系该房屋的合法产权人并对房屋有完整的处分权。秦某基于对产权登记及蔡某承诺的信赖造成认识错误而与其达成买卖的合意，蔡某未能提供证据证明其曾将真实产权情况

告知过居间方或买受人，其行为构成欺诈。故蔡某应将收取的定金 1 万元及利息退还给秦某并赔偿其损失。鉴于蔡某已 80 岁高龄，秦某在与其交易时未能与其家人核实，未尽到审慎的注意义务，其对合同不能履行亦有一定责任，故本院对其损失予以酌定。

2. 出卖人隐瞒房屋已设定抵押的事实。

裁判要旨：出卖人隐瞒房屋设定抵押的事实，违背了应向买受人告知房屋真实情况及重大事项的义务，构成欺诈，买受人有权要求撤销合同并赔偿相应损失。

（1）王某与江某、北京某房地产经纪有限公司房屋买卖合同纠纷民事判决书［（2016）京 03 民再 34 号］：本院认为，本案中，涉诉房屋在签订买卖合同时存在抵押是不争的事实，该抵押事项属于涉诉房屋的重大事项，将影响合同双方当事人真实意思表示，出卖人有义务明确告知买受人。江某辩称因上述房屋买卖合同是格式合同，合同书中所指的未抵押是指未向银行抵押，且签订合同前已向王某说明房屋存在抵押情况。本院认为，该辩解缺乏合理性，且江某未能提供有力证据证明已将房屋存在抵押的情况明确告知王某，故江某的抗辩意见，本院不予采纳。某房地产经纪有限公司系专业提供房屋租售业务的居间服务机构，且作为合同的一方当事人，在其明知涉诉房屋存在抵押登记的情况下，未如实向买受人报告房屋的真实情况，其行为亦明显不当。江某、某房地产经纪有限公司的行为已损害了王某对出卖人及提供居间服务的中介机构的合理信赖。原审法院认为，涉案房屋在签订买卖合同时存在他人抵押权并不必然影响合同目的的实现，但现无证据显示江某、某房地产经纪有限公司在抵押解除后将此情形及时、明确告知王某，且有真诚继续履行该合同的意思表示。同时鉴于原审诉讼期间，江某未通知法院及王某，擅自将涉诉房屋再次抵押给他人，后又通过某房地产经纪有限公司居间出卖给他人的事实，本院认为江某、某房地产经纪有限公司的行为构成欺诈，王某主张撤销该合同应予支持。

（2）方某与董某房屋买卖合同纠纷二审民事判决书［（2015）一中民终字第 8473 号］：本院认为，双方签订的《北京市存量房屋买卖合同》第二条对房屋的抵押情况有明确的约定，仅有招商银行的一项抵押权，而未记载其他抵押权。方某主张董某知晓抵押情况，未提交充分证据予以证明，法院不予采信。原审法院认定方某存在隐瞒房屋抵押情况等重大事实的欺诈行为，导致董某对于诉争房屋的性质及现状产生重大误解，据此撤销该合同正确，本院予以确认。

三、上海地区司法实务中涉嫌欺诈类型及裁判观点

裁判要旨：出卖人未将房屋重大交易事项（设定抵押）全部如实告知买受人，

居间人作为专业机构未能善尽审核告知义务，导致房屋买卖合同无法履行的，需向买受人承担相应的赔偿责任。

甲等与丁房屋买卖合同纠纷民事判决书［（2009）沪一中民二（民）终字第1272号］：民对于甲、乙、丙要求判令丁及某公司赔偿损失问题，由于甲、乙、丙签订居间合同时知晓涉案房屋有银行抵押，而对于蒋某设定抵押一节，没有证据证明丁已如实告知，相反可以认定丁为获取甲、乙、丙的购房款而故意隐瞒或作虚假陈述，已构成欺诈，因此丁应当承担相应责任。而某公司作为专业的房屋中介机构，理应利用自己的专业优势和信息资源，在居间服务过程中有责任进行必要的审查，并负有如实告知的义务。但本案中，除在2008年4月14日的《居间合同》中可以看出已告知涉案房屋有银行抵押外，次日某公司至房屋交易中心查阅房屋详细登记信息后，应及时将其他信息一并如实报告，但某公司并没有提供确凿证据证明自己已履行相关义务，因此某公司对本案后果应当承担一定责任，某公司应当吸取教训。原审法院根据各方过错大小，酌定某公司承担5万元为限的补偿赔偿责任，合乎本案事实，可予维持。至于上诉人甲、乙、丙要求某公司承担全部赔偿责任的诉讼请求，由于甲、乙、丙并未提供证据证明某公司与丁之间存在恶意串通、故意告知虚假事实以促成合同订立并履行，以损害甲、乙、丙的利益，因此甲、乙、丙的上述主张，缺乏事实和法律依据，本院不予支持。

四、广东地区司法实务中涉嫌欺诈类型及裁判观点

《广东省高级人民法院关于审理房屋买卖合同纠纷案件的指引》（2017年9月12日）第二十九条第一款规定，房地产调控政策实施后，一方当事人故意隐瞒或者虚构事实，或者明知另一方当事人的条件不符合政策要求仍诱导其签订房屋买卖合同的，另一方当事人因合同无法履行请求解除或者撤销合同，并要求对方当事人赔偿损失的，可予支持。

五、借名买房

051 借名买房中出名人反悔，借名人应就借名买房关系存在承担举证责任｜附证明借名买房的三个要素

阅读提示

在借名买房过程中，如果出名人在利益的驱使下违反约定，主张借名人与出名人之间的关系为借款买房而非借名买房，房屋实际归其所有，此时由于房屋所有权登记在出名人名下，借名人只有诉诸法院请求确认双方存在借名买房关系进而主张对房屋的合法权益。根据我国相关法律的规定，在此类诉讼过程中，借名人应当就借名买房关系存在承担举证证明责任，否则将承担不利后果。

案情简介

李某系高某之姨。2003 年 8 月，宣武危改办收到李某交纳的购房定金 1 万元。同年 9 月，李某将剩余购房款 267,296 元从其账户打至宣武危改办的账户内，随后天桥公司与高某签订《购买房屋合同书》，约定高某购买宣武区 703 室房屋（经济适用房），购房款合计 277,296 元。

2005 年 8 月 7 日，高某取得该房屋的所有权证。该房屋长期由李某的弟弟一家实际居住，高某并未实际占有。

李某与高某对该房屋的所有权问题发生争议，李某认为 703 室房屋系李某借高某之名购买，即双方存在借名买房关系，该房屋实际所有人应为李某。高某则主张购房款系向李某的借款，即双方存在借款买房的关系。

2014 年，李某向法院起诉，请求法院确认 703 号房屋归其所有。一审法院判决支持了李某的诉讼请求。

高某不服，提起上诉。北京市第二中级人民法院二审最终认定双方间存在借名买房关系，李某主张确认权属与主张转移登记在结果上殊途同归，原审判决处

理结果并无明显不妥，最终判决驳回上诉，维持原判。

但是本书认为，此处一审法院判决的确稍有不妥。根据《北京市高级人民法院关于审理房屋买卖合同纠纷案件若干疑难问题的会议纪要》的规定，借名人直接起诉要求确认房屋归其所有的，法院应当向其释明，告知其可以提起合同之诉，要求出名人为其办理房屋过户登记手续。

败诉原因

借名买房中的借名人向法院起诉主张自己对标的房屋的合法权益的，应当就借名买房关系存在的基本事实承担举证责任。证明的基本事实至少应当包括：（1）有借名买房的书面或者口头约定；（2）房屋登记在出名人名下但房款由借名人支付；（3）房屋由借名人实际占有。

本案诉讼过程中，通过李某的举证可以证明：案涉703室房屋的定金和购房款均为李某所付，且该房屋一直归李某的弟弟居住，可以推定其经李某允许居住、李某为该房屋的实际占有人。综合以上条件，法院最终认定李某和高某之间存在借名买房关系。

实务经验总结

前事不忘，后事之师。为避免未来发生类似败诉，提出如下建议：

1. 借名人与出名人对二人之间存在借名买房关系还是借款买房关系存在争议，借名人向法院起诉主张对标的房屋的合法权益的，应当承担举证证明责任，否则借名人将承担不利后果，即法院可能因借名人举证不利认定借名买房关系不成立。

2. 借名人主张借名购房关系成立应至少举证证明以下基本事实：（1）购房款由借名人支付；（2）房屋归借名人实际占有；（3）双方存在借名买房的口头或者书面约定。

3. 借名买房标的较大，为了保险起见，借名人与出名人应当签订书面的借名购房协议，即使双方为亲友关系也不宜盲目信任仅做口头约定，否则在发生纠纷时，借名人的举证将比较困难。

法院判决

本院认为，本案的焦点问题在于李某与高某之间是否成立借名买房关系。《中华人民共和国民事诉讼法》第六十五条第一款规定，当事人对自己提出的主张应当及时提供证据。《最高人民法院关于民事诉讼证据的若干规定》第二条规定，当事人对自己提出的诉讼请求所依据的事实或者反驳对方诉讼请求所依据的事实有责任提供证据加以证明；没有证据或者证据不足以证明当事人的事实主张的，由负有举证责任的当事人承担不利后果。借名买房关系由李某主张，应当由其承担举证责任。对此，本院从如下三个方面进行分析：

第一，关于出资问题，李某先向宣武危改办交纳购房定金 1 万元，后又将剩余购房款从其账户直接打入宣武危改办的账户内。高某亦认可诉争房屋的购房款由李某实际交纳。故李某支付全部购房款的事实不存在争议，本院予以确认。

第二，关于居住使用问题，高某主张诉争房屋交付后由其母居住，但未能提供充分证据予以证明，故该主张难以成立。双方当事人均不可否认的事实是，诉争房屋由证人一家长期居住，高某未在诉争房屋内居住。而证人也认可诉争房屋系李某借高某之名购买，故可以认定证人系经李某的许可而长期居住诉争房屋，进而可以推定诉争房屋由李某一方实际占有，高某并未实际占有诉争房屋。

第三，李某申请两名证人出庭作证。证人均称系李某借用高某名义购买诉争房屋。上述证人证言可以作为认定事实的佐证。

据此，本院认为，李某与高某之间系亲姨甥关系，根据一般生活常理和传统家庭伦理，因亲属之间具有较高的信赖关系，故与陌生人之间的交易不同，处理相关事务未必签订书面协议。综合上述三个方面的分析，在可以确认李某出资购买并实际占有诉争房屋的事实、又有其他亲戚出庭作证的情况下，本院认为李某已完成举证责任，根据经验法则可以推定李某与高某之间存在借名买房的口头协议，双方之间存在借名买房关系。

因李某已完成举证责任，故举证责任转移至高某一方。高某应当就其否定借名买房关系成立的反驳意见做出合理解释并提供相应的事实与证据。对此，高某在一审中解释购房款系向李某的借款，但因李某直接向宣武危改办的账户打款而未通过高某交纳购房款，且高某十几年间一直未归还所谓的借款，故原审法院对高某的此项抗辩意见未予采纳，并无不当。高某在二审中又提出了另一种解释，即李某因鼓励高某之母离婚而买房。《最高人民法院关于适用〈中华人民共和国民事诉讼法〉的解释》第三百四十二条规定："当事人在第一审程序中实施的诉讼行为，在第二审程序中对该当事人仍具有拘束力。当事人推翻其在第一审程序中实施的诉讼行为时，人民法院应当责令其说明理由。理由不成立的，不予支持。"就李某支付购房款的行为，高某在二审中做出了与一审中相互矛盾的解释，违反了上述规定中的禁反言原则。根据上述规定，本院要求高某说明理由，高某在二审的两次庭审中做出了前后不同的两种说明理由。高某称其在一审中做出的购房款系借款的解释属于肆意发挥，该理由显然不属于合法正当的理由；此后，高某再次说明，李某为鼓励高某之母离婚而为其买房后又反悔，故变为补偿。据此，本院认为，一方面，高某在一、二审程序中就解释购房款问题的事实陈述自相矛盾，而对其在二审中提出的新解释，除与其有利害关系的证人证言外，未能提供充分证据予以佐证；另一方面，高某就其在一、二审中事实陈述自相矛盾的问题难以说明正当理由，且说明理由亦前后矛盾。鉴于此，本院对高某反驳借名买房关系成立的抗辩意见难以采纳。

根据上述分析结论，李某与高某的借名买房关系成立，故李某有权要求高某办理过户手续，将诉争房屋转移登记至其名下。另外需要说明的是，借名买房发生在限购政策实施之前，故本案不存在限购政策的审查问题；诉争房屋属于按经济适用房产权管理性质，不属于经济适用住房，可以随时转移权属，故借名买房协议不存在因违反有关规定而无效的情形。鉴于李某主张确认权属与主张转移登记在结果上殊途同归，原审法院根据李某的诉讼请求，确认诉争房屋归李某所有，从处理结果上看并无明显不妥，故本院予以维持。

相关法律规定

《最高人民法院关于适用〈中华人民共和国民事诉讼法〉的解释》

第九十条 当事人对自己提出的诉讼请求所依据的事实或者反驳对方诉讼请求所依据的事实，应当提供证据加以证明，但法律另有规定的除外。

在作出判决前，当事人未能提供证据或者证据不足以证明其事实主张的，由负有举证证明责任的当事人承担不利的后果。

第九十一条 人民法院应当依照下列原则确定举证证明责任的承担，但法律另有规定的除外：

（一）主张法律关系存在的当事人，应当对产生该法律关系的基本事实承担举证证明责任；

（二）主张法律关系变更、消灭或者权利受到妨害的当事人，应当对该法律关系变更、消灭或者权利受到妨害的基本事实承担举证证明责任。

《北京市高级人民法院关于审理房屋买卖合同纠纷案件适用法律若干问题的指导意见（试行）》（京高法发〔2010〕458号）

第十五条第一款 当事人约定一方以他人名义购买房屋，并将房屋登记在他人名下，借名人实际享有房屋权益，借名人依据合同约定要求登记人（出名人）

办理房屋所有权转移登记的，可予支持。但是，该房屋因登记人的债权人查封或其他原因依法不能办理转移登记，或者涉及善意交易第三人利益的除外。

根据上述法律规定，借名买房中的借名人向法院起诉主张自己对标的房屋的合法权益的，应当就借名买房关系存在的基本事实承担举证责任。结合上述北京市高院的规定以及本文引用的案例，所谓“借名买房关系存在的基本事实”至少应当包括三个方面：（1）有借名买房的书面或者口头约定；（2）房屋登记在出名人名下但房款由借名人支付；（3）房屋由借名人实际占有。

案件来源

高某与李某所有权确认纠纷二审民事判决书［北京市第二中级人民法院（2015）二中民终字第03162号］

052 为规避限购政策签订借名买房合同，借名人据此请求确权或过户的，法院将不予支持（仅可请求解除）｜附例外规定

阅读提示

2011年2月15日，北京市人民政府办公厅下发《关于贯彻落实国务院办公厅文件精神进一步加强本市房地产市场调控工作的通知》（即“京十五条”），其中第十条涉及住房限购政策：对已拥有1套住房的本市户籍居民家庭、持有本市有效暂住证在本市没拥有住房且连续5年（含）以上在本市缴纳社会保险或个人所得税的非本市户籍居民家庭，限购1套住房；对已拥有2套及以上住房的本市户籍居民家庭、拥有1套及以上住房的非本市户籍居民家庭、无法提供本市有效暂住证和连续5年（含）以上在本市缴纳社会保险或个人所得税缴纳证明的非本市户籍居民家庭，暂停在本市向其售房。

该项限购政策对购房资格作出严格限制，为了规避限购政策，实践中出现大量借名买房的案例，即无购房资格的借名人以有购房资格的出名人名义购买房屋并实际居住、使用，但将该房屋登记在出名人名下。实际上，这种做法是有很大风险的，本文引用的北京市高院的案例即认为，为规避住房限购政策而签订的借名买房合同应予以解除，借名人无权要求按合同约定办理过户手续。但并不是所有此类借名买房合同的借名人均不得要求将房屋过户至自己名下，根据相关法律规定，该合同签订于2011年2月17日“京十五条”实施前或者在一审法庭辩论前

借名人获得了购房资格的，对借名人请求办理过户登记手续的，法院将予以支持。

案情简介

2012 年 3 月 19 日，余某与丁某签订《房屋买卖合同》，约定丁某购买余某所有的顺义区房屋，成交价格为 112 万元。同日，余某（甲方）与丁某（乙方）签订了一份手写的《补充协议》，其中约定由于乙方无购房资质，如乙方购房资质无法办理或其他原因，乙方可以选择另行出售，出售价格与甲方无关，如需办理过户或公证手续，甲方需无条件配合乙方。

以上合同签订后，丁某先后支付定金及购房款共计 35.5 万元。后双方在履行合同过程中发生争议，余某向法院起诉，要求解除案涉《房屋买卖合同》及《补充协议》；丁某提出反诉，请求判令余某接受丁某后续部分购房款 76.5 万元并协助丁某将涉诉房屋的产权过户到丁某指定的购买人胡某名下。

经查，自上述合同签订后至诉讼时，丁某均无在北京购房的资格，丁某指定的购房人胡某同意涉诉房屋过户到其名下，但认可涉诉房屋实际为丁某所有。

北京市顺义区人民法院一审判决解除案涉《房屋买卖合同》及《补充协议》，驳回丁某的全部反诉请求。丁某提出上诉，北京市第三中级人民法院二审判决驳回上诉，维持原判。

丁某仍不服，向北京市高院申请再审。北京市高院经审理认为，余某及丁某之间签订的合同及补充协议实质属于规避限购政策的借名买房行为，最终裁定驳回再审申请。

败诉原因

当事人为了规避限购政策签订借名买房合同，借名人在仍不具有购房资格的情况下，无权要求办理过户手续。

本案中，余某和丁某均明知丁某没有购房资格，在此情况下仍然签订《房屋买卖合同》，并作出补充协议约定丁某可以自行将房屋另行出售；后丁某将该房屋“另行出售”与其指定的第三人胡某，胡某同意将该房过户到自己名下，但也认可该房屋实际归丁某所有。综合以上情况可以认定，补充协议中约定的“另行出售”实际上为借名办理过户登记，即余某和丁某签订的《房屋买卖合同》及《补充协议》实际上属于借名买房行为，违反相关住房限购政策，因此法院对丁某继续履行合同的反诉请求不予支持。

此时，由于丁某一直未具有购房资格，因此《房屋买卖合同》及《补充协议》在客观上已经不能履行，法院最终支持余某关于解除上述合同的诉讼请求。

实务经验总结

前事不忘，后事之师。为避免未来发生类似败诉，提出如下建议：

1. 当事人为了规避限购政策签订借名买房合同，借名人在仍不具有购房资格的情况下，无权要求办理过户手续。双方因此发生争议诉诸法院的，由于此时该合同客观上无法继续履行，因此当事人可以请求法院判决解除合同。

2. 当事人为了规避限购政策签订借名买房合同，在一审法庭辩论前借名人获得购房资格的属于例外情况，此时对于借名人请求按合同约定将房屋过户到自己名下的诉讼请求，法院将予以支持。

3. 另外一种例外情况是，如果该借名买房合同签订于2011年2月17日“京十五条”实施前，且买受人已经支付购房款并已经实际占有的，虽然其不符合限购政策要求的购房条件，也可以请求过户。

4. 对于借名人来说，如果确有必要签订规避购房政策的借名买房合同，则可以在合同中明确约定待买受人符合住房限购政策后再办理房屋过户登记，以免借名买房合同因客观履行不能而被判解除。

法院判决

本院认为，丁某与余某在签订涉案合同及其补充协议时，有关住房限购的房地产调控政策已颁布实施，双方明知由于受住房限购政策的限制，丁某不具备购房资格，所以约定丁某作为购房人属于明显违反住房限购政策的规定。虽然丁某与余某还约定，在丁某无法购买时，丁某可另行出售。但根据丁某指定的购房人胡某的陈述，胡某同意将涉诉房屋过户给自己，但认可涉诉房屋实际上为丁某所有。所以此种约定的实质属于规避住房限购政策的借名买房行为，双方之间的合同及其补充协议应予以解除。两审法院根据查明的事实并结合相应证据所作判决，并无不妥。丁某的再审理由不能成立。

相关法律规定

《北京市高级人民法院民一庭关于妥善处理涉及住房限购政策的房屋买卖合同纠纷案件若干问题的会议纪要》（2011年12月13日）

六、（对“京十五条”实施前签订的合同要求继续履行的处理原则）

本纪要第五条涉及案件中，买受人家庭不具备“京十五条”规定的购房资格，但买卖双方在该规定实施（2011年2月17日）之前已经订立房屋买卖合同，且已经支付购房款并实际占有使用房屋，解除合同会导致当事人间利益明显失衡的，对买受人要求继续履行合同并办理房屋过户登记的诉讼请求，可予支持；不符合前述条件的，按本纪要第五条第一项的内容处理。

法院对当事人提交的证明上述事实的证据应当严格审查，全面审核，判决支持买受人要求办理房屋过户登记诉讼请求的，应当在判前向受理法院的主管院庭长汇报，必要时可向二审法院汇报；原则上不宜以出具正式调解书的方式确认由出卖人为买受人办理房屋过户登记手续。

买受人在相应的住房限购政策实施前已经提起诉讼要求办理房屋过户登记，尚未审结的，不受该政策规定的住房限购条件的限制。

八、（明知合同违反住房限购政策的处理原则）

当事人双方在订立合同时明知或应当知道该合同不符合当时的住房限购政策，一方当事人要求继续履行的，不予支持，但一审法庭辩论前买受人家庭具备“京十五条”规定的购房资格的除外；合同约定待买受人符合住房限购政策后再办理房屋过户登记的，依照其约定。

九、规避住房限购政策的借名买房合同的处理原则

因住房限购政策的限制，当事人约定一方以他人名义购买房屋，并将房屋登记在他人名下，借名人以其系实际买受人为由，要求确认房屋归其所有或办理房屋过户登记的，不予支持；借名人因自身条件变化或政策发生调整等原因符合住房限购政策的，可以判决登记人为其办理房屋过户登记手续。

根据以上法律规定，当事人为了规避限购政策签订借名买房合同，借名人在仍不具有购房资格的情况下，无权要求办理过户手续。双方因此发生争议诉诸法院的，由于此时该合同客观上无法继续履行，因此当事人可以请求法院判决解除合同。

案件来源

丁某房屋买卖合同纠纷申诉、申请民事裁定书［北京市高级人民法院（2014）高民申字第1534号］

053 借名买房关系不能对抗法院的强制执行，借名人以其是房屋实际所有人为由要求停止执行的，法院将不予支持

阅读提示

房屋买卖交易中，当事人受限购政策、贷款条件等因素的影响，有时会选择借名买房的方式以促成交易顺利进行。但由于借名买房中房屋登记在出名人名下，因此存在较大风险，风险之一即借名买房关系不能对抗法院的强制执行。本文引用的案例中，当事人借名买房后，因出名人欠债未还，被法院查封了名下的所有房产，其中包括实际归借名人所有的房产。借名人以其是房屋实际所有人为由请求法院停止执行，即便出名人在法庭上认可借名人关于房屋所有权的主张，法院最终也没有支持借名人的诉讼请求。

案情简介

陈某因政策及军人身份限制无法办理按揭贷款手续，遂与杨某约定以杨某的名义办理贷款购买房屋。

2001 年 5 月 31 日，杨某与北京 A 房地产开发有限公司签订商品房买卖合同，约定由杨某购买该公司开发建设的 108 号房屋，总房款 1,088,784 元。108 号房屋登记在杨某名下，后陈某以本人名义办理入住手续并装修。该房屋一直由陈某及其家人居住。

根据法院生效判决及相关公证文书，杨某欠梅某债务 1,545,500 元，欠贾某债务 5,400,000 元。2005 年 7 月，因杨某未按期偿还前述债务，贾某、梅某分别向法院申请强制执行。同年 9 月 15 日，法院查封了杨某名下的 108 号房屋，随后发出通知决定依法评估、拍卖。

在先后两次向法院提出执行异议被裁定驳回后，陈某于 2011 年向法院提起执行异议之诉，以自己为 108 号房屋的所有人为由，要求法院停止对 108 号房屋的执行。海淀区人民法院一审判决驳回诉讼请求，陈某不服，提出上诉，北京市第一中级人民法院二审判决发回重审。

海淀区人民法院经重新审理依然判决驳回诉讼请求，陈某向北京市第一中级人民法院提起上诉，北京市第一中级人民法院最终判决驳回上诉，维持原判。

败诉原因

借名买房关系不能对抗法院的强制执行，即当法院强制执行出名人名下的房产时，借名人以二人之间存在借名买房关系，该房屋实际为借名人所有为由，申请法院停止执行的，法院将不予支持。

本案中，陈某以杨某名义购房，杨某所欠债款虽与陈某无关，但由于房屋登记在杨某名下，在杨某未能如约偿还借款、债权人申请强制执行时，法院查封杨某名下的108号房屋并决定择日拍卖于法有据，陈某不能以二人之间的约定对抗法院的强制执行，因此法院最终判决驳回陈某的诉讼请求。

实务经验总结

前事不忘，后事之师。为避免未来发生类似败诉，提出如下建议：

1. 借名买房需谨慎，尤其是要谨慎选择出名人，不仅要考虑是否具有购房资格、是否符合贷款条件等政策因素，还应当对出名人的个人经济状况进行审慎考察。并且在成功借名购房后，仍应当持续关注出名人的经济状况，发现其有可能存在不能偿还借款的情况时，及时作出应对策略，将房产转移登记到其他人名下。

2. 借名买房关系不能对抗法院的强制执行，在房产被法院强制执行时，借名人只能另案起诉出名人，要求其赔偿相应损失。但也有地方法院认为在确有证据证明被执行人仅是名义产权人、执行异议申请人才是真正产权人，且不违反国家利益、社会公共利益的，法院可以裁定停止执行。

法院判决

本院认为，法院在执行生效法律文书确定的金钱债权过程中，对登记在被执行人名下的特定房屋实施强制执行，案外人以其与被执行人之间存在借名买房关系，其是房屋实际所有权人为由，要求对该房屋停止执行的，一般不予支持；申请执行人要求对该房屋许可执行的，一般应予支持。本案中，人民法院依据公证债权文书依法对诉争房屋进行了查封，属于对生效法律文书中金钱债权的执行，在执行查封过程中，陈某以其与被执行人杨某之间存在借名买房关系为由要求停止对诉争房屋的执行，于法无据，本院不予支持。

金钱债权执行中，案外人依据执行标的被查封、扣押、冻结后作出的另案生效法律文书提出排除执行异议的，人民法院不予支持。在诉争房屋被查封后，陈某与杨某通过另行诉讼对诉争房屋达成的确权调解书，属于执行标的被查封、扣押、冻结后作出的另案生效法律文书。陈某以此为据要求对诉争房屋停止执行，本院不予支持。

相关法律规定

《北京市高级人民法院关于审理执行异议之诉案件适用法律若干问题的指导意见（试行）》（京高法发〔2011〕254号）

第十九条 法院在执行生效法律文书确定的金钱债权过程中，对登记在被执行人名下的特定房屋实施强制执行，案外人以其与被执行人之间存在借名买房关系，其是房屋实际所有权人为由，要求对该房屋停止执行的，一般不予支持；申请执行人要求对该房屋许可执行的，一般应予支持。

根据以上法律规定，借名买房关系不能对抗法院的强制执行，即当法院强制执行出名人名下的房产时，借名人以二人之间存在借名买房关系，该房屋实际为借名人所有为由，申请法院停止执行的，法院将不予支持。

值得注意的是，也有地方法院认为在执行异议人确有证据证明借名买房关系存在、其才是真正产权人，且不违反国家利益、社会公共利益的，可以申请法院停止执行（详见“地方相关规定”部分）。

案件来源

陈某与杨某等案外人执行异议之诉二审民事判决书［北京市第一中级人民法院（2015）一中民终字第04224号］

地方相关规定

《江苏省高级人民法院执行异议之诉案件审理指南》

19、案外人以其与被执行人之间存在借名买房关系为由主张对登记在被执行人名下的执行标的停止执行的，如何处理？

人民法院针对登记在被执行人名下的房屋实施强制执行，案外人以其与被执行人存在借名登记关系，其系房屋实际所有权人为由，请求对该标的物停止执行并确认所有权的，原则上不予支持。但是案外人有充分证据证明被执行人只是名义产权人、案外人才是真正产权人，且不违反国家利益、社会公共利益的除外。在此类案件的审判实践中，要对借名登记关系成立与否从严审查，防止被执行人与案外人以此为由逃避债务、规避执行。

054 买受人知道房屋存在借名登记情况仍与登记人签订房屋买卖合同的，借名人有权要求确认买卖合同无效

阅读提示

登记人将登记在其名下的房屋擅自转让给他人，借名人以其对房屋享有实际权利为由，要求确认买卖合同无效的，不予支持，但借名人能够证明买受人知道或应当知道房屋存在借名登记的除外。

案情简介

石某1与石某2系兄弟关系，与崔某系朋友关系。2002年5月，石某1与石某2各出资人民币24万元共同购买了涉案房屋，但当时因客观原因，原告无身份证，故其名下的房产份额暂时登记在崔某名下。

2008年10月，石某2与崔某签订《北京市存量房屋买卖合同》，约定：出卖人崔某将涉案房屋二分之一的份额售与买受人石某2；成交价格为人民币266,850元，石某2于2009年领取了《房屋所有权证》。

石某1在得知上述交易情况后，向法院提起诉讼，以自己为涉案房屋二分之一的份额的实际所有权人为由请求法院判决确认石某2与崔某签订的《北京市存量房屋买卖合同》无效。

本案经北京市东城区人民法院一审、北京市第二中级人民法院二审，后石某2向北京市高院申请再审，北京市高院裁定指令北京市第二中级人民法院再审，北京市第二中级人民法院裁定撤销原判，发回重审。最终北京市东城区法院一审、北京市第二中级人民法院二审均判决崔某与石某2签订的《北京市存量房屋买卖合同》无效。

裁判要点

登记人将登记在其名下的房屋擅自转让给他人，借名人以其对房屋享有实际权利为由，要求确认买卖合同无效的，不予支持，但借名人能够证明买受人知道或应当知道房屋存在借名登记的除外。

本案中，石某1与石某2系兄弟关系，涉案房屋系二人共同出资购买，因此即便房屋登记在崔某名下，石某2也应当知道涉案房屋二分之一份额的实际产权人是石某1这一事实。在此前提下，石某2与崔某签订房屋买卖合同购买登记在崔某名下的涉案房屋的二分之一份额，明显属于《中华人民共和国合同法》第五十二条第二款规定的恶意串通，损害国家、集体或者第三人利益的情形，因此法院最终判决认定案涉房屋买卖合同无效。

实务经验总结

前事不忘，后事之师。为避免未来发生类似败诉，提出如下建议：

1. 借名买房需谨慎。一般来说，不动产权属以不动产登记簿中的记载为准，借名人与登记人关于借名买房的约定并无公示效力，不得对抗善意第三人。因此，如果登记人将登记在其名下的房屋擅自转让给他人，除非借名人能证明买受人知道或者应当知道借名买房的事实存在，否则不得以存在借名买房关系、其为实际产权人为由主张买卖合同无效。

2. 借名人应当时刻关注房屋情况，发现登记人有准备擅自转让房产的情况的，应在第一时间向潜在买受人说明借名买房关系的存在，表明自己为实际产权人，最好以书面形式通知买受人并保留其收到通知的证据，以此留下买受人知道或者应当知道借名买房的事实存在的证据。

法院判决

本院认为，上述事实足以形成合理的证据链，证明原告石某1是涉案房屋原二分之一份额的实际产权人。被告石某2对原告石某1与被告崔某签订的协议不予认可，但未提供反证，且其关于涉案房屋原二分之一份额的实际产权人是被告崔某或者刘某的陈述前后矛盾，具有很大的不确定性，对其答辩意见本院不予采纳。

关于被告石某2与被告崔某签订的房屋买卖合同效力问题。本案中，在从案外人侯某处购买涉案房屋过程中，原告石某1和被告石某2均一直在场办理，原告石某1之妻曾找被告石某2索要涉案房屋租金，被告崔某名下的涉案房屋共有权证原件一直在原告石某1处等证明被告石某2应当知晓涉案房屋原二分之一份额的实际产权人是被告石某1。被告崔某亦自认涉案房屋原二分之一份额的实际产权人系石某1。二被告均明知原告石某1系涉案房屋原二分之一份额的实际产权人并持有房屋共有权证，仍挂失、补办房屋共有权证，之后又擅自签订《北京市存量房屋买卖合同》。涉案房屋的转让价格明显低于市场价格。综上，本院认为，二被告在明知实际产权人系原告石某 1 的情况下，未经原告石某 1 同意，擅自签订的房屋买卖合同属于恶意串通损害第三人合法权益的合同，应属无效。虽然被告崔某辩称其在房地产管理机关补办房产证时发现实际是签订房屋买卖合同后，随即离开，并不愿意将原告享有产权份额的房屋售予被告石某 2。但刘某系被告崔某之代理人，刘某代理被告崔某完成了与被告石某 2 就涉案房屋的所有权转让手续。因此，被告崔某对与被告石某 2 签订房屋买卖合同有放任之嫌，被告崔某应对代理人刘某的行为承担责任，故被告崔某的答辩意见难辞恶意之咎，本院不予采纳。被告石某 2 辩称自己实际向刘某支付购房款达人民币 115 万元，但因其只有 49 万元转账记录，余款无证据证明，且刘某亦否认曾收到其余款项，故对其主张自己并非低价购买的答辩意见，本院亦不予采纳。被告石某 2 主张即使原告石某 1 与被告崔某之间存在委托代理关系，原告石某 1 是实际产权人，二被告签订的房屋买卖合同仍然有效，原告石某 1 应另案起诉被告崔某的答辩意见，本院认为，登记人将登记在其名下的房屋擅自转让给他人，借名人以其对房屋享有实际权利为由，要求确认买卖合同无效的，不予支持，但借名人能够证明买受人知道或应当知道房屋存在借名登记的除外。如前所述，被告石某 2 作为买受人应当知道原告石某 1 是实际产权人、涉案房屋存在借名登记的情况。故对被告石某 2 的该答辩意见，本院亦不予采纳。

相关法律规定

《中华人民共和国合同法》

第五十二条　有下列情形之一的，合同无效：

（一）一方以欺诈、胁迫的手段订立合同，损害国家利益；

（二）恶意串通，损害国家、集体或者第三人利益；

（三）以合法形式掩盖非法目的；

（四）损害社会公共利益；

（五）违反法律、行政法规的强制性规定。

《北京市高级人民法院关于审理房屋买卖合同纠纷案件适用法律若干问题的指导意见（试行）》（京高法发〔2010〕458 号）

第十七条　登记人将登记在其名下的房屋擅自转让给他人，借名人以其对房屋享有实际权利为由，要求确认买卖合同无效的，不予支持，但借名人能够证明买受人知道或应当知道房屋存在借名登记的除外。买受人、借名人均要求继续履行合同的，可以参照本意见第十三条第一款的规定处理。

案件来源

石某 2 诉石某 1 等房屋买卖合同纠纷民事判决书［北京市第二中级人民法院（2015）二中民再终字第 00034 号］

055 借名买房中出名人反悔不配合过户，借名人应当提起合同之诉，要求出名人履行合同义务（直接起诉要求确权的，法院将不予支持）

阅读提示

近年来，受购房资格、贷款条件、户籍限制、购房政策等条件限制的影响，借名买房的现象越来越多。所谓“借名买房”，是指房屋的实际出资人（即借名人）借用他人（即出名人）名义购房，并以他人名义登记房屋所有权的行为。虽然现实生活中的借名买房通常发生在熟人和亲属之间，但出名人突然反悔，依据房产证明主张自己对房屋的所有权、拒绝协助借名人办理过户手续的情况也时常发生，那么此种情况下借名人该如何维护自己的合法权益呢?

案情简介

2000 年 12 月 30 日，张某以成某的名义按揭购买了案涉 302 号房屋。2001 年，张某与成某签订协议书，写明张某用成某的名义购买 302 号房屋，在贷款还清之时，成某将所有权过户给张某。2002 年，该房屋所有权证登记到成某名下，房屋所有权证由张某保存。

2010 年，成某谎称房屋所有权证丢失，骗补了新证，随后于 2011 年 2 月 14 日将诉争房屋卖给了霍某，并于同年 3 月 15 日将该房屋过户。

张某向法院起诉，请求法院判定成某、霍某签订的房屋买卖合同无效，并判令 302 号房屋归张某所有，成某、霍某协助将诉争房屋过户至张某名下。

一审法院经审理判决:（1）成某、霍某签订的房屋买卖合同无效;（2）霍某名下的 302 号房屋归张某所有;（3）成某、霍某协助将诉争房屋过户至张某名下。

霍某不服提起上诉，二审法院判决撤销一审法院第二项判决，维持一审其他判决。

败诉原因

本案中张某与成某之间存在一个借名购房的约定，该约定属于双方当事人真实的意思表示，且并不存在违反法律法规的强制性规定，因此合法有效，应受法律保护。张某要求成某协助过户其实是要求成某履行合同约定的义务，因此法院对该项诉讼请求予以支持。但依据借名购房协议法院仅能判定当事人之间存在债权债务关系，但对房屋所有权的归属不能确认，因此二审法院最终撤销了一审法院确认 302 号房屋归张某所有的判决。

实务经验总结

前事不忘，后事之师。为避免未来发生类似败诉，提出如下建议：

1. 借名买房需要以出名人名义登记房屋所有权，存在较大风险。例如，如果出名人隐瞒事实出卖该房屋，买受人很可能善意取得房屋所有权。因此，实践中应当尽量避免借名买房，确有必要借名买房的，应当谨慎选择出名人，以避免不必要的麻烦。

2. 借名买房合同应当明确写明双方的权利义务，特别是应明确约定房屋的实际所有权归属以及出名人协助借名人办理过户登记的义务。

3. 借名买房出现出名人违反合同约定不配合过户的情况，借名人应向法院提起合同之诉，主张出名人履行合同约定的协助过户义务，而不能直接诉请法院判决房屋归自己所有。

法院判决

本院对当事人的诸项请求做出如下认定：

第一，关于张某要求确认成某、霍某于 2011 年 2 月 14 日签订的《存量房屋买卖合同》及《二手房房屋买卖合同》均无效的诉讼请求，本院认为，虽张某与成某之间借名购房的约定属于二人之间的约定，不得对抗善意第三人，但经审查，难以认定霍某系善意购房人。成某与霍某的交易恶意串通的行为已经损害了张某的合法权益，故原审法院确认上述《存量房屋买卖合同》及《二手房房屋买卖合同》无效，该认定结果正确，本院予以维持。

第二，关于张某要求成某、霍某协助其将诉争房屋过户至其名下的诉讼请求，一是，成某、霍某之间的买卖合同应属无效，且霍某在购房中并非善意，亦未支付全部购房款，不构成善意取得，故霍某应当将诉争房屋过户回成某名下。二是，根据相关法律规定，当事人约定一方以他人名义购买房屋，并将房屋登记在他人名下，借名人实际享有房屋权益，借名人依据合同约定要求登记人（出名人）办理房屋所有权转移登记的，可予支持。故根据张某与成某之间借名购房的约定，张某有权主张成某在取回诉争房屋所有权之后将诉争房屋过户至张某名下。原审法院判令成某、霍某协助张某将诉争房屋过户至其名下，无明显不妥，本院予以维持。

第三，关于张某要求判令诉争房屋归其所有的诉讼请求，因张某与成某之间借名购房的约定确定的是双方之间的债权债务关系，故张某径直主张其享有诉争房屋的所有权，本院难以确认。原审法院对张某的该项请求予以支持，欠缺法律依据，本院予以更正。

相关法律规定

《中华人民共和国合同法》

第六十条 当事人应当按照约定全面履行自己的义务。

当事人应当遵循诚实信用原则，根据合同的性质、目的和交易习惯履行通知、协助、保密等义务。

《中华人民共和国物权法》

第六条 不动产物权的设立、变更、转让和消灭，应当依照法律规定登记。动产物权的设立和转让，应当依照法律规定交付。

第九条第一款 不动产物权的设立、变更、转让和消灭，经依法登记，发生效力；未经登记，不发生效力，但法律另有规定的除外。

第一，根据合同法中关于合同双方当事人应当全面履行合同义务的规定，只要合同系双方当事人的真实意思表示，并且不存在《中华人民共和国合同法》第五十二条规定的无效情形，该合同就有拘束力，当事人均应按照合同内容全面履行自己的义务。

第二，根据上述物权法的规定，物权的设立、变更均应严格依照法律的规定。因此，双方当事人签订以转让物权为内容的合同，合同生效并不意味着物权同时变更，即借名买房合同虽然生效，当事人也不能以该合同为依据直接主张房屋归借名人所有。

综合以上两点，借名买房中出名人违反约定不配合借名人办理过户手续的，借名人可以向法院提起一个合同之诉，要求对方履行合同义务。如果借名人直接起诉请求法院判定案涉房屋归借名人所有，法院将不予支持。

案件来源

霍某诉张某等合同纠纷民事判决书［北京市第二中级人民法院（2012）二中民终字第 13642 号］

地方相关规定

《北京市高级人民法院关于审理房屋买卖合同纠纷案件适用法律若干问题的指导意见（试行）》（京高法发〔2010〕458 号）

第十五条第一款　当事人约定一方以他人名义购买房屋，并将房屋登记在他人名下，借名人实际享有房屋权益，借名人依据合同约定要求登记人（出名人）办理房屋所有权转移登记的，可予支持。但是，该房屋因登记人的债权人查封或其他原因依法不能办理转移登记，或者涉及善意交易第三人利益的除外。

《北京市高级人民法院关于审理房屋买卖合同纠纷案件若干疑难问题的会议纪要》（京高法发〔2014〕489 号）

十、借名买房的认定和处理

借名人以出名人（登记人）为被告提起诉讼，要求确认房屋归其所有的，法院应当向其释明，告知其可以提起合同之诉，要求出名人为其办理房屋过户登记手续。

……

056 借名买房中借名人有充分证据证明其为房屋实际权利人的，也可对抗法院对出名人的强制执行｜附证明借名买房的主要证据

阅读提示

借名买房关系究竟能否对抗法院的强制执行？其实借名人能否对抗强制执行的关键并非借名买房关系存在与否，其根本问题在于谁是房屋的真正产权人，如

果借名人能够举证证明其为房屋实际权利人、被执行人仅是名义产权人，在不违反国家利益、社会公共利益的情况下，法院也可以裁定停止执行。

案情简介

2004年3月25日，胡某1、胡某2与杜某1签订《协议书》，约定胡某2、胡某1借用杜某1之名购买位于丰台区的某房屋，同时约定在房产证办妥后，由杜某1将该房屋的产权过户至胡某2名下。签订协议后，胡某1、胡某2对该房屋进行了装修并实际居住。

2010年5月28日，杜某1与杜某2签订《存量房屋买卖合同》，以55.3万元的价格将涉案房屋卖予杜某2。当月，该房屋产权登记变更至杜某2名下。

2010年6月4日，民生银行与杜某1、杜某2及其配偶王某签订了借款合同，约定杜某1向民生银行借款额度为120万元，杜某2将涉案房屋作为抵押物抵押给民生银行。

2012年11月16日，由于杜某1未按照约定还本付息，民生银行向北京市丰台区人民法院申请强制执行，要求行使其涉案房屋的抵押权。执行期间，胡某2、胡某1向北京市丰台区人民法院提出执行异议，法院最终裁定中止执行。民生银行遂向法院起诉，要求法院判令许可对涉案房屋的执行。

法院经审理查明，2011年胡某1、胡某2曾两次向法院起诉，分别请求法院确认《协议书》的效力、判定杜某1与杜某2之间买卖涉案房屋的行为无效，最终法院均支持了其诉讼请求。

北京市丰台区人民法院一审认为，涉案房屋的实际权利人为胡某2、胡某1，判决驳回民生银行的诉讼请求。民生银行不服，向北京市第二中级人民法院提起上诉。北京市第二中级人民法院最终判决驳回上诉，维持原判。

败诉原因

当事人仅以存在借名买房关系为由要求停止对出名人的强制执行的，法院一般不予支持；但借名人能够举证证明其为房屋实际权利人、被执行人仅是名义产权人，在不违反国家利益、社会公共利益的情况下，法院也可以裁定停止执行。

本案中，第一，法院已有判决确认杜某1与胡某2、胡某1所签协议书有效、双方存在借名买房关系。第二，杜某1在明知借名买房关系存在的情况下与杜某2签订买卖合同，将房屋产权登记变更至杜某2名下，二人系恶意串通，该买卖行为应为无效，且北京市住房和城乡建设委员会也做出了撤销杜某2房屋登记的决定。综合以上两点可以认定，该房屋的实际所有权人应当为胡某2、胡某1，杜某2并非该房屋的所有权人，其将涉案房屋作为抵押物抵押给民生银行没有物权基础，民生银行也就无法要求行使抵押权。综上，法院最终没有支持民生银行继续执行的诉讼请求。

实务经验总结

前事不忘，后事之师。为避免未来发生类似败诉，提出如下建议：

1. 借名买房存在较大风险，尤其是在法院强制执行出名人名下财产的情况下，借名人很难以买房关系对抗法院的强制执行。因此，借名买房需谨慎，尤其是要谨慎选择出名人，不仅要考虑是否具有购房资格、是否符合贷款条件等政策因素，还应当对出名人的个人经济状况进行审慎考察。而且，在成功借名购房后，仍应当持续关注出名人的经济状况，发现其有可能存在不能偿还借款的情况时，及时作出应对策略，将房产转移登记到其他人名下。

在房产被法院强制执行后，借名人可以另案起诉出名人，要求其赔偿相应损失。

2. 借名买房关系也并非必然不能对抗法院对出名人的强制执行，如果借名人能够举证证明其为房屋实际权利人、被执行人仅是名义产权人，在不违反国家利益、社会公共利益的情况下，法院也可以裁定停止执行。

这就要求借名人有充分证据证明双方存在借名买房关系。实践中，这类证据主要包括：(1) 双方口头或者书面协议。口头协议具有较大的不确定性，难以举证，因此建议当事人在采用借名买房方式时应当签署书面协议，并且在协议中明确表明双方的借名买房关系，必要时可以请第三方见证。(2) 房屋的实际使用和房产证持有状况。借名买房后房屋通常是由借名人实际占有并使用，应当注意的是，房屋房产证明也应当由借名人保管，以防止出名人随意处置房屋。(3) 除以上两点外，借名买房的合理动机、房屋日常开销（物业费、维修基金）的承担，贷款偿还状况等也是证明借名买房关系的有利证据，因此借名人应当注意保存购房手续、付款证明等相关材料。

法院判决

人民法院已经发生法律效力的裁判文书对当事人具有法律效力。人民法院生效裁判文书确定了如下事实：胡某2、胡某1与杜某1签订的《协议书》，属于当事人真实的意思表示，不违反法律规定，已经由人民法院生效裁判认定为有效；购买涉案房屋的购房款、契税、公共维修基金等费用的票据均在胡某2、胡某1手中；《协议书》签订后，胡某2、胡某1对房屋进行了装修并实际占有使用至今；涉案房屋虽为经济适用房，但已经符合上市交易条件，可以办理过户。上述人民法院生效裁判认定的事实足以说明，涉案房屋的实际权利人应是胡某2、胡某1。胡某2、胡某1之所以无法将涉案房屋过户至自己名下，原因正是在于杜某1将涉案房屋抵押给民生银行，涉案房屋上被设立了抵押权。虽然民生银行在涉案房屋上设定了抵押权，但杜某1与杜某2之间买卖的民事行为（该行为也是涉案房屋权属登记在杜某2名下的原因行为）已经被人民法院生效判决认定为无效。而且，民生银行在对杜某1、杜某2提出的抵押物的权属状况进行审查时，曾委托评估机构到涉案房屋进行过评估，民生银行应当对涉案房屋的实际权属情况有所了解，在设定抵押权时，民生银行亦应对涉案房屋的权属情况进行更为审慎的审查。民生银行与杜某1、杜某2的借款协议及抵押权纠纷，可通过另行诉讼的方式予以解决。

北京市第二中级人民法院认为，根据已经生效的民事判决的认定，杜某1与胡某2、胡某1所签协议书有效，杜某1与杜某2之间买卖涉案房屋的民事行为无效。由此，杜某2不能取得涉案房屋的所有权，且北京市住房和城乡建设委员会作出了撤销杜某2房屋登记的决定。因此杜某2将涉案房屋作为抵押物抵押给民生银行没有物权基础，民生银行现要求行使对该房屋的抵押权，无法实现。胡某2、胡某1虽然没有办理房屋的产权过户手续，但根据以上事实，其应当作为涉案房屋的实际所有权人。民生银行要求继续对涉案房屋强制执行，缺乏法律依据，其上诉理由不能成立，对其上诉请求本院不予支持。一审判决认定事实清楚，适用法律正确，应予维持。

相关法律规定

《北京市高级人民法院关于审理执行异议之诉案件适用法律若干问题的指导意见（试行）》（京高法发〔2011〕254号）

第十九条 法院在执行生效法律文书确定的金钱债权过程中，对登记在被执行人名下的特定房屋实施强制执行，案外人以其与被执行人之间存在借名买房关系，其是房屋实际所有权人为由，要求对该房屋停止执行的，一般不予支持；申请执行人要求对该房屋许可执行的，一般应予支持。

《江苏省高级人民法院执行异议之诉案件审理指南》

19、案外人以其与被执行人之间存在借名买房关系为由主张对登记在被执行人名下的执行标的停止执行的，如何处理？

人民法院针对登记在被执行人名下的房屋实施强制执行，案外人以其与被执行人存在借名登记关系，其系房屋实际所有权人为由，请求对该标的物停止执行并确认所有权的，原则上不予支持。但是案外人有充分证据证明被执行人只是名义产权人、案外人才是真正产权人，且不违反国家利益、社会公共利益的除外。在此类案件的审判实践中，要对借名登记关系成立与否从严审查，防止被执行人与案外人以此为由逃避债务、规避执行。

案件来源

民生银行等与胡某2等执行人执行异议之诉民事判决书［北京市第二中级人民法院（2013）二中民终字第17142号］

057 借名买房约定不清且有争议时实际购房人的证明责任与标准

阅读提示

借名购房，借名人提供该房屋购买的出资凭证，但其与挂名人之间对借名登记约定不清的，其主张确认房屋归其所有或要求登记人办理房屋所有权转移登记的，诉请是否一定不被法院支持？

但“未有借名登记的约定”不能仅凭形式上的理解，而应推求其实质精神。本案裁判观点认为，即使双方就借名购房未签订书面借名约定，且双方对借名与否存在争议，但借名人有充分的证据证明借名购房关系成立的（根据房屋出资、占有使用及房产登记等行为予以推定），也能认定其为实际购房人。本案中，公司（借名人）主张借名购房，前员工（挂名人）主张房屋属于公司补助且有公司领导辅助证明，历经一审、二审，法院均认定不属于借名购房，现经公司积极举证并申请再审，再审法院撤销原判并最终确认借名购房法律关系成立，公司为实际购房人。

裁判要旨

借名买房纠纷中，当事人之间的借名购房协议不清，无书面协议且双方表述各异，若借名人有充分的证据，如出资凭证、占有使用、房产登记状态等足以表明其与出名人之间的借名购房约定确实存在的，也可以认定借名购房法律关系成立，借名人可以诉请确认房屋的所有权并要求出名人为其办理房屋过户登记手续（该房屋已处分给善意第三人的除外）。

案情简介

A公司系由案外人B公司等共同出资组建，于2000年成立。孙某作为B公司的员工被派驻到A公司工作。

2000年8月18日，北京C开发公司与孙某签订《北京市内销商品房预售契约》并交付了房屋。

2001年1月21日，孙某与建设银行北京前门支行签订《中国建设银行北京市分行个人住房贷款借款合同》，约定孙某向该银行借款118万元用于支付购买诉争房屋的房款，贷款期限为20年。

A公司现主张诉争房屋系公司借用孙某名义购买，其是该房屋的实际购买人，并诉请孙某及D公司协助公司办理产权登记手续。

证据材料主要有三个：一是A公司提交了涉案房屋的首付款及贷款支付凭证，且公司一直实际使用该房屋。二是B公司〔2005〕第16次《会议纪要》，其第二条约定：为理顺资产关系，决定对A公司和E公司按揭房进行处理，此事授权公司计划财务部办理，本着先内后外的原则，按当时按揭价格处理给个人，剔除装修费，要房人一次性与公司结清公司已付房款，后续按揭款项由购房人负责支付。三是B公司出具的《情况说明》。主要内容为，B公司委派孙某至A公司工作，2002年9月买断工龄离职；孙某于1998年在省财政厅参加省直机关公有住房房改；2000年8月，因当时尚未被废止的《城市私有房屋管理条例》规定机关、团体、部队、企事业单位不得购买或变相购买城市私有房屋，如因特殊需要必须购买，须经县以上人民政府批准，为解决A公司的办公场所，A公司以孙某名义购买了诉争房屋。

孙某辩称，因B公司派其驻京，故同意为其购买诉争房屋。A公司支付的按揭款是作为使用该房屋的费用，相当于租金。上述《会议纪要》的核心是收回出资并不是收回房产，且《会议纪要》并没有指定处理给某人，只规定了先内后外的原则，现在孙某愿意将A公司已支付的款项退还，也与《会议纪要》的要求相符。另外，孙某申请法院向当时B公司及A公司的相关领导（主要为张某、姜某）调查取证，核实情况，上述人员均对诉争房屋产权应为孙某所有予以确认。

一审法院认定，A公司、孙某双方就借名购买诉争房屋没有约定，A公司提交的证据不足以证明其为诉争房屋的实际购买人，判决驳回 A 公司诉讼请求。A 公司提起上诉，二审法院维持原判。

A 公司向北京市高院申请再审，并提交了新的证据，2002 年 1 月 25 日，D 公司（诉争房屋所在项目更名过户到公司名下）将诉争房屋差价款 6.35 万元退还给 A 公司。另，再审法院查明，至本案诉讼之前，孙某未取得诉争房屋的产权证，且诉争房屋已经出售给第三人。最终，再审法院判决，撤销一审及二审判决，改判确定 A 公司为案涉房屋的实际购买人。

裁判要点

再审法院判决撤销一审及二审判决，改判确定 A 公司为案涉房屋的实际购买人的原因在于：

1. 孙某至本案起诉前未取得诉争房屋的产权证。

此为再审法院新查明的事实，孙某不满足该房屋物权的公示要件。

2. 优势证据规则判定 A 公司为实际购房人。

再审法院根据证据规则，对 A 公司是否为实际购买人达到相应的证明责任予以重新裁量判断，并认定当时 B 公司及 A 公司的相关领导（主要为张某、姜某）证人证言的证明力较低并不予采信，孙某不满足其母公司 2005 年《会议纪要》关于处理按揭房并由个人购买的条件。

3. A 公司实际出资并一直占有使用案涉房屋。

A 公司提交的诉争房屋首付款及偿还贷款支付凭证，交纳物业费、水电费的收据，D 公司将诉争房屋差价款退还的进账单，A 公司一直占有、使用诉争房屋的事实均证明 A 公司是诉争房屋的实际购买人。

实务经验总结

前事不忘，后事之师。为避免未来发生类似败诉，提出如下建议：

1. 公司借名个人（职工）购房，要注意保存相关材料，如该房屋的付款凭证等，并与职工签订借名购房协议，明确双方权利义务；若职工中途离职，则公司需及时与职工协商该房屋的处理办法，明确后续程序操作，以避免未来发生争议。

2. 对于公司对职工关于补助或采取奖励措施的允诺，员工不可轻信，而应该根据公司就此下发的相应制度及时响应，避免失权；另外，可让公司开具证明，明确房屋权属。最重要的是需完成房屋登记，取得所有权。如此，可避免公司反悔，以借名买房向职工索要房屋等可能争议。

3. 借名买房纠纷争议中，借名人承担较重的证明责任，要积极举证。其核心要件有两个：一是实际付款的客观事实，二是向挂名人借名买房的主观合意。

法院判决

本院再审认为，本案争议焦点系 A 公司是否借用孙某之名购买诉争房屋，是否为实际购买人。

A 公司提交的 2005 年 11 月 7 日《会议纪要》第二条内容为，为理顺资产关系，决定对 A 公司和 E 公司按揭房进行处理，此事授权公司计划财务部办理，本着先内后外的原则，按当时按揭价格处理给个人，剔除装修费，要房人一次性与公司结清公司已付房款，后续按揭款项由购房人负责支付。孙某 2002 年辞职，2005 年已不是 B 公司职工，从《会议纪要》内容中可以看出，孙某不具备优先购买诉争房屋的条件，且事后亦未按照《会议纪要》一次性与公司结清公司已付房款，支付后续按揭款项，直至本案诉讼之前都未取得诉争房屋的产权证。原 B 公司的相关领导张某和姜某虽称诉争房屋产权应为孙某所有，该房是对外埠工作的工作人员的补助及奖励，但《会议纪要》上并没有上述相关记载，也没有公司租用孙某房屋并用按揭款折抵租金的内容。孙某亦未举证证明其与 A 公司之间存在租赁关系，故本院认为张某和姜某证言的证明力较弱，原判予以采信欠妥。A 公司提交的诉争房屋首付款支付凭证、车位款、装修费收据、偿还贷款凭单、交纳物业费、水电费的收据、D 公司将诉争房屋差价款退还的进账单、A 公司一直占有、使用诉争房屋的事实均证明 A 公司是诉争房屋的实际购买人。因孙某已将诉争房屋出售，A 公司要求其协助办理产权登记手续的诉讼请求已经无法实现，A 公司就此遭受的损失可以另行起诉予以解决。

相关法律规定

《北京市高级人民法院关于审理房屋买卖合同纠纷案件若干疑难问题的会议纪要》(京高法发〔2014〕489 号)

十、借名买房的认定和处理

借名人以出名人（登记人）为被告提起诉讼，要求确认房屋归其所有的，法院应当向其释明，告知其可以提起合同之诉，要求出名人为其办理房屋过户登记手续。

……

《北京市高级人民法院关于审理房屋买卖合同纠纷案件适用法律若干问题的指导意见（试行）》（京高法发〔2010〕458号）

第十五条　当事人约定一方以他人名义购买房屋，并将房屋登记在他人名下，借名人实际享有房屋权益，借名人依据合同约定要求登记人（出名人）办理房屋所有权转移登记的，可予支持。但是，该房屋因登记人的债权人查封或其他原因依法不能办理转移登记，或者涉及善意交易第三人利益的除外。

当事人一方提供证据证明其对房屋的购买确实存在出资关系，但不足以证明双方之间存在借名登记的约定，其主张确认房屋归其所有或要求登记人办理房屋所有权转移登记的，不予支持；其向登记人另行主张出资债权的，应当根据出资的性质按照相关法律规定处理。

《最高人民法院关于民事诉讼证据的若干规定》

第七十三条　双方当事人对同一事实分别举出相反的证据，但都没有足够的依据否定对方证据的，人民法院应当结合案件情况，判断一方提供证据的证明力是否明显大于另一方提供证据的证明力，并对证明力较大的证据予以确认。

因证据的证明力无法判断导致争议事实难以认定的，人民法院应当依据举证责任分配的规则作出裁判。

案件来源

北京A投资管理有限公司房屋买卖合同纠纷审判监督民事判决书［（2016）京民再115号］；本案的二审判决书［（2015）二中民终字第05686号］

六、贷款纠纷

058 基于假按揭签订的房屋买卖合同无效

阅读提示

当事人为了套取银行贷款，虚构房屋买卖事实订立买卖合同，因为双方并无买卖房屋的真实意思表示，该房屋买卖合同无效。

案情简介

徐某分别与A担保公司和中行某支行签订按揭贷款服务合同、按揭担保借款合同，约定徐某向中行借款30万元用于购买万某的8号房屋，A公司承担连带保证责任，后徐某与万某签订《存量房屋买卖合同》。

万某分别与A公司和中国工商银行签订合同，约定万某向工商银行借款25万元用于购买徐某的8号房屋，二人也签订了相应的房屋买卖合同。

万某、徐某已将房屋实际过户到对方名下，银行也均已下发了贷款。

万某向法院起诉称，双方订立房屋买卖合同的目的是向银行申请贷款，因此请求法院判定双方签订的《存量房屋买卖合同》无效。法院一审判决驳回万某的全部诉讼请求，万某提起上诉。

北京市第一中级人民法院二审认为，双方当事人签订房屋买卖合同的目的是骗取贷款，并无买卖房屋的真实意思表示，二者之间不存在真实的买卖关系，因此判决撤销原判，该《存量房屋买卖合同》无效。

实务经验总结

具有真实的意思表示是民事法律行为有效的必要条件，缔约双方以虚假的意思表示实施的民事法律行为无效。本案中，万某与徐某虽签订了《存量房屋买卖合同》，但二人之间并无买卖房屋的意思表示，二人签订该合同的目的仅是套取银行贷款，因此案涉房屋买卖合同无效。

法院判决

本院认为，意思表示真实是民事法律行为应当具备的构成要件之一，缔约双方意思表示不真实的房屋买卖合同无效。本案中，上诉人万某与被上诉人徐某于2009年4月29日签订了8号房屋买卖合同，但是从合同的订立来看，双方未就付款方式、付款期限、房屋交付、违约责任等重要事项做出书面约定，难以充分体现双方买卖房屋的意思表示；从合同的履行情况来看，徐某自认未按照合同约定向万某支付10万元定金，且8号房屋所获30万元贷款由万某以徐某的名义实际偿还至2013年10月。同时，8号房屋一直由万某实际占有使用，截至2014年腾房诉讼前，徐某未向万某主张交付8号房屋，不符合通常的房屋买卖交易习惯，与买卖房屋的意思表示相悖。同时，徐某、王某提供的证言进一步证明万某与徐某之间不存在真实的买卖关系，双方签订合同的真实目的是以房屋买卖之名获取银行低息贷款。被上诉人徐某虽主张双方真实意思表示是买卖房屋，但未提供充分证据予以证明，本院不予采信。因此，8号房屋买卖合同系双方为套取银行贷款虚构房屋买卖事实而订立，双方并无房屋买卖的真实意思表示，万某请求确认合同无效具有事实和法律依据，本院予以支持。原审法院未根据合同生效的条件，对缔约双方的真实意思表示和合同效力进行全面审查，仅以不构成“以合法形式掩盖非法目的”为由驳回万某要求确定合同无效的诉讼请求不妥，本院予以纠正。

相关法律规定

《中华人民共和国民法总则》

第一百四十三条　具备下列条件的民事法律行为有效：

（一）行为人具有相应的民事行为能力；

（二）意思表示真实；

（三）不违反法律、行政法规的强制性规定，不违背公序良俗。

第一百四十六条　行为人与相对人以虚假的意思表示实施的民事法律行为无效。

以虚假的意思表示隐藏的民事法律行为的效力，依照有关法律规定处理。

《北京市高级人民法院关于审理房屋买卖合同纠纷案件若干疑难问题的会议

纪要》(京高法发〔2014〕489号)

三、基于假按揭签订房屋买卖合同的效力

当事人为套取银行贷款虚构房屋买卖事实订立买卖合同，双方并无买卖房屋的真实意思表示，房屋买卖合同无效。当事人尚未还清银行贷款的，对于合同无效的法律后果可以参照《最高人民法院关于审理商品房买卖合同纠纷案件适用法律若干问题的解释》第25条的规定处理。

案件来源

万某与徐某确认合同无效纠纷二审民事判决书［北京市第一中级人民法院(2015)一中民终字第05871号］

059 买受人要求出卖人出具与实际支付金额不符的首付款收据以骗取银行贷款，出卖人一定有权拒绝吗?

阅读提示

房屋买卖当事人签订“阴合同”以做高房价获得高额银行贷款，并约定出卖人应配合买受人提供符合银行贷款所需之首付款收据，现买受人申请贷款并要求出卖人配合出具超过实际首付款金额之假收据的，出卖人能否予以拒绝？因此导致迟延贷款、迟延过户的，出卖人能否以此抗辩并要求解除房屋买卖合同？

本案例裁判观点认为，虽然出具与实际支付金额不符之首付款收条确实存在不妥，但房屋买卖双方对做高房价获得高额银行贷款的目的明确，且出卖人已承诺配合买受人提供有银行贷款所需材料及首付款收据。故出卖人无权拒绝，由此导致迟延贷款、迟延过户的，其无权要求解除房屋买卖合同。

裁判要旨

房屋买卖当事人明知并签订阴合同做高房价以获得银行贷款，且出卖人亦承诺配合买受人提供符合银行贷款所需之首付款收据，即使买受人要求出卖人出具与实际支付金额不符之首付款收条确实存在不妥，出卖人也不能因此抗辩并拒绝履行提供银行贷款的配合义务，因此导致迟延贷款、迟延过户的，出卖人需承担违约责任，买受人有权要求合同继续履行。

案情简介

2015 年 12 月 16 日，甲方（出卖人）与乙方（买受人）签订《房地产买卖合同》，约定：房产转让价款为 251.8 万元；并补充约定：乙方为多申请贷款需做高房屋总价，甲乙双方约定于 2015 年 12 月 26 日前签订网签合同。

2015 年 12 月 26 日，甲乙双方签订《上海市房地产买卖合同》，约定：房屋转让价款共计 280 万元。另就乙方贷款有特别约定：乙方于付清首付款后 10 个工作日内，备齐贷款资料办理银行贷款申请手续。甲方应按乙方贷款银行要求配合乙方办理银行贷款手续。

同日，甲乙双方签订《补充协议》，约定：合同约定的成交价为 280 万元整仅为配合乙方贷款，乙方购买该房屋的实际总价为 251.8 万元。为配合乙方贷款，甲方应配合乙方开具符合乙方银行贷款要求的首付款收据。

合同签订后，双方因故并未按照合同约定时间办理申请贷款事项，也未共同向房地产交易中心申请办理转让过户手续。之后，乙方欲办理申请贷款时需要提供由甲方出具的首付款 84 万元的收据，甲方予以拒绝，致使乙方申请贷款未能进行。

甲方以乙方未按约定时间履行合同，且要求出具的收据属违法，认为乙方已构成违约，通知并诉请乙方解除合同。乙方则坚持要求继续履行合同。

一审法院判决房屋买卖合同继续履行，甲方协助乙方办理过户登记，乙方支付剩余价款。甲方上诉后，二审法院判决驳回上诉，维持原判。

裁判要点

终审法院认定，出卖人无权以不提供超过实际金额之首付款收据抗辩配合贷款义务的履行并不得以买受人原因迟延贷款等为由解除合同的原因在于：

1. 出卖人违背了诚实信用原则。

虽然买受人要求出卖人出具与实际支付金额不符之首付款收条确实存在不妥，但双方对于做高房价以获得银行贷款的做法在签订买卖合同时已经明确，出卖人也在同日签订的补充协议中承诺配合买受人提供符合银行贷款所需之首付款收据。因此，出卖人在配合被上诉人办理贷款申请时予以反悔，违背了诚实信用原则。

2. 出卖人不配合办理贷款材料违约在先，不享有合同解除权。

出卖人理应按照补充协议之约定向买受人提供符合银行贷款所需之材料，以配合买受人办理贷款申请。现因出卖人不予配合办理贷款在先，且在买受人催告后仍不予履行配合义务，出卖人已构成违约。因此，出卖人再以买受人迟延办理贷款、迟延过户为由，行使合同解除权，其理由不成立。

实务经验总结

前事不忘，后事之师。为避免未来发生类似败诉，提出如下建议：

1. 房屋网签价格与实际价格不一致的现象在房屋买卖市场较为普遍。房屋买卖当事人若签订了阴阳合同，要格外注意房屋买卖合同的效力及价格认定规则。司法实务中一般认为，当事人签订阴阳合同的，虚假的房屋转让价格无效，但不影响合同其他部分效力，房屋买卖合同依然有效。故当事人不能心存侥幸，阴合同虽然非法，但阴合同除转让价格外，约定的其他义务与责任依然需要适当履行。

2. 当前司法实务中，合同无效的判定趋于严格，仅限于违反法律、行政法规的效力性强制性规定。上海司法裁判在房屋买卖合同纠纷中，司法政策更是明确，无论是合同签订后的预期违约还是合同履行期届满后的实际违约，如另一方坚决要求继续履行的，除符合《中华人民共和国合同法》第一百一十条规定外，应责令双方继续履行。

因此，在房屋买卖过程中，当事人要诚信守约履约，即使认为对方违规违约，也不要轻言行使抗辩权并立即停止自己义务的履行，更不能轻言解除合同。此时可以及时咨询律师，寻求专业的建议，以避免陷入后期纠纷解决中的被动局面。

法院判决

双方均确认 2016 年 4 月 8 日中介公司曾召集双方就贷款申请事宜进行协商。据上诉人称，当时被上诉人要去申请贷款并要求上诉人配合出具超过实际首付款金额之假收条，故上诉人不予同意。虽然被上诉人要求上诉人出具与实际支付金额不符之首付款收条确实存在不妥，但双方对于做高房价以获得银行贷款的做法在签订买卖合同时已经明确，上诉人也在同日签订的补充协议中承诺配合被上诉人提供符合银行贷款所需之首付款收据。因此，上诉人在配合被上诉人办理贷款申请时予以反悔，违背了诚实信用原则。同时，亦无证据显示 2016 年 4 月 8 日协商时，上诉人对于被上诉人延期申请贷款、未按期过户的情况提出过异议。综合上述情况可以认定，上诉人同年 4 月 8 日对于被上诉人未按期申请贷款且未按期办理过户是认可的，双方当时的争议仅在于上诉人应否配合被上诉人出具与实际首付款金额不相符之收据，以用于被上诉人向银行申请贷款。而结合前述分析，上诉人在 4 月 8 日理应按照补充协议之约定向被上诉人提供符合银行贷款所需之材料，以配合被上诉人办理贷款申请。现因上诉人不予配合办理贷款在先，且在被上诉人催告后仍不予履行配合义务，上诉人已构成违约。因此，上诉人在同年4月18日再以被上诉人迟延办理贷款、迟延过户为由，行使合同解除权，其理由不成立，本院不予采纳。被上诉人主张继续履行买卖合同，于法有据。

相关法律规定

《中华人民共和国民法总则》

第七条　民事主体从事民事活动，应当遵循诚信原则，秉持诚实，恪守承诺。

《中华人民共和国合同法》

第九十四条　有下列情形之一的，当事人可以解除合同：

（一）因不可抗力致使不能实现合同目的；

（二）在履行期限届满之前，当事人一方明确表示或者以自己的行为表明不履行主要债务；

（三）当事人一方迟延履行主要债务，经催告后在合理期限内仍未履行；

（四）当事人一方迟延履行债务或者有其他违约行为致使不能实现合同目的；

（五）法律规定的其他情形。

第一百一十条　当事人一方不履行非金钱债务或者履行非金钱债务不符合约定的，对方可以要求履行，但有下列情形之一的除外：

（一）法律上或者事实上不能履行；

（二）债务的标的不适于强制履行或者履行费用过高；

（三）债权人在合理期限内未要求履行。

《上海市高级人民法院关于审理“二手房”买卖案件若干问题的解答》

6. 合同签订后，一方不愿意再履行买卖合同，而另一方坚决要求继续履行的，如何处理？

答：按照约定全面履行合同义务是合同履行的一项基本原则。因此，除合同另有约定或出现可单方解除合同的法定情形外，无论是合同签订后的预期违约还是合同履行期届满后的实际违约，如另一方坚决要求继续履行的，除符合《合同法》第一百一十条规定外，应责令双方继续履行。在履行义务的同时，另一方还有其他损失的，应当赔偿损失。

……

案件来源

刘某诉田某房屋买卖合同纠纷一案二审民事判决书［（2017）沪01民终58号］

延伸阅读

1. 规范性文件针对自然人在贷款买房中签订阴合同做高房价以获得高额银行贷款的行为予以限制，银行业金融机构以网签备案合同价款和房屋评估价的最低值作为计算基数确定贷款额度。

住房和城乡建设部、中国人民银行、中国银行业监督管理委员会《住房城乡建设部、人民银行、银监会关于规范购房融资和加强反洗钱工作的通知》规定："二、加强信息互通和部门间协作……（五）畅通信息查询渠道。各地应建立信息互通查询机制，房产管理部门向相关银行业金融机构提供新建商品房、二手房网签备案合同及住房套数等信息的实时查询服务，有效防范交易欺诈、骗取贷款等行为。银行业金融机构在办理个人住房贷款业务时，要以在房产管理部门备案的网签合同和住房套数查询结果作为审核依据，并以网签备案合同价款和房屋评估价的最低值作为计算基数确定贷款额度。"

2. 各地司法实务中关于房屋买卖阴阳合同效力及价格的裁判规则为，除虚假转让价格无效外，房屋买卖合同依然有效，按照实际履行合同继续履行并确认转让价格。

（1）上海司法实务裁判规则。

《上海市高级人民法院关于审理"二手房"买卖案件若干问题的解答》规定："8、当事人分别签订了几份买卖合同，但约定的房价不一致。现当事人对于房屋成交价格产生争议，如何认定？

答：对于前后合同约定的房价不一致这一情况，根据后合同优先于前合同的原则，原则上应以后订立的合同为准。如一方当事人确有证据证明双方为规避纳税、骗取贷款等，而故意在此后的《上海市房地产买卖合同》等合同中订立虚假价格的，因该项变更非双方变更房价的真实意思，且具有非法目的，不应予以认定，仍应以前合同约定的成交价履行。

判断时，除由提出异议方承担举证责任外，还应结合前后合同签订后的履行情况、前后合同约定的成交价与市场价格的差距大小、合同登记备案情况等综合判断。此外，对于当事人确存在规避纳税、骗取贷款等行为的，可一并建议相关部门予以处理。"

（2）北京司法实务裁判规则。

《北京市高级人民法院关于审理房屋买卖合同纠纷案件适用法律若干问题的指导意见（试行）》第十二条规定："当事人之间就转让同一房屋先后分别签订数份买卖合同，合同中关于房屋价款、履行方式等约定存在不一致，当事人就此产生争议的，应当依据当事人真实意思表示的合同约定继续履行。对于当事人在房屋买卖中确实存在规避税收征管、骗取贷款等行为的，必要时可一并建议相关行政主管部门予以处理。"

《北京市高级人民法院关于审理房屋买卖合同纠纷案件若干疑难问题的会议纪要》规定："四、房屋买卖中阳合同的效力　当事人在房屋买卖合同（包括双方已经签字的网签合同）中为规避国家税收监管故意隐瞒真实的交易价格，该价格条款无效，但该条款无效不影响合同其他部分的效力。当事人以逃避国家税收为由，要求确认买卖合同全部无效的，不予支持。……"

（3）广东司法实务裁判规则。

《广东省高级人民法院〈关于审理房屋买卖合同纠纷案件的指引〉的通知》规定："十八、当事人在提交登记机关的房屋买卖合同中虚构交易价格，该价格条款无效。一方请求按照真实的交易价格履行合同的，应予支持。

当事人在提交登记机关的房屋买卖合同中虚构交易价格，登记机关按照真实价格核算或者追缴税费，导致交易税费增加，对增加部分税费的负担当事人不能协商一致的，一般由当事人按照法律规定负担。"

060 未取得银行按揭贷款属于买受人自身原因且约定了替代性履行方式的，房屋买卖合同不予解除

阅读提示

房屋买卖人因各种原因（如购房政策变化，银行贷款条件审核等）未取得银行按揭贷款导致合同难以履行的，买受人可以解除合同。根据未取得银行按揭贷款的不同原因，各方的责任承担也不同。对此，最高法院司法解释有相应的规定。

鉴于近年来各大城市房价高涨，未取得银行按揭贷款，法院一般推定为合同履行不能，买受人因此诉请解除合同的证明责任较轻，较易得到法院支持。但本案中，双方提前就未取得银行按揭贷款约定了替代性履行方式，且未取得银行按

揭贷款系买受人自身原因，法院判决房屋买受人无权解除房屋买卖合同，双方合同继续履行。

裁判要旨

房屋买受人未取得银行按揭贷款属于自身原因，且房屋买卖当事人就未取得银行按揭贷款提前约定了替代性履行方式，并不影响合同继续履行的，房屋买受人无权解除房屋买卖合同。

案情简介

2013 年 10 月 7 日，周某（买受人、乙方）与 A 公司（出卖人、甲方）签订《北京市商品房现房买卖合同》（以下简称现房买卖合同）合同约定：A 公司将其开发的位于北京市丰台区的某商业房出售给周某。

2013 年 10 月 7 日，周某与 A 公司就上述合同签订附件四（计价方式与价款的其他约定）：买受人以按揭贷款的方式支付购房款的，应当在签署现房买卖合同之同时向出卖人支付首期购房款；自签署现房买卖合同之日起三日内，买受人应按贷款银行的要求办理完毕相关贷款手续，如买受人延迟提交上述资料或办理贷款手续，视为逾期付款，买受人应当按照现房买卖合同第八条之约定承担逾期付款的违约责任；若买受人已按贷款银行规定的要求提供了相应的资料，并在前述规定的时间内办理了按揭贷款的手续，由于贷款银行不能按买受人申请的贷款金额和贷款年限发放贷款或拒绝向买受人提供贷款的，买受人可以在以下方式中选择处理办法：（1）按照银行确定的贷款金额和年限办理贷款手续，并自接到上述通知之日起十日内一次性向出卖人补交差额房款部分；（2）自收到贷款银行拒绝发放贷款通知之日起十日内，一次性向出卖人支付完剩余房款。

上述合同签订后，周某按合同约定向 A 公司实际支付首付款约 50 万元。周某至今尚未取得涉案房屋的所有权证书，涉诉房屋现无查封抵押。

贷款银行就涉诉房屋所在商城的贷款发放情况及周某的贷款申请审批情况出具《情况说明》。其载有："12. 周某：初次签约南京银行，个人征信记录逾期严重，不符合我行审批条件，未受理……2015 年 6 月，有两名购房者向我总行投诉该项目涉嫌违规操作，因此分行暂时对本项目叫停……鉴于目前西客站商业广场开业状况不理想，部分购房人与开发商有法律纠纷且已诉至法院，我行对该项目已暂停发放"等内容。

周某认为其信用卡有部分轻微逾期，但不严重，并未达到不能办理按揭贷款的程度，贷款银行并未拒绝其办理贷款，只是要求进一步提供资料和说明。现因A公司及银行的原因，即不可归责于周某的原因导致无法办理贷款，合同无法继续履行，故要求解除合同。A公司称依据上述《情况说明》，系因周某个人原因无法办理贷款，和整个项目无关。

周某诉请解除合同，返还支付的购房款及利息等费用。一审判决驳回诉请，二审驳回上诉，维持原判。

裁判要点

两审法院判决认定未办理按揭贷款情形下，房屋买受人周某无权解除房屋买卖合同的原因在于：

1. 买受人未能取得银行按揭贷款属于自身原因。

贷款银行出具了情况说明，证明因周某个人征信记录逾期严重，不符合贷款银行审批条件，是周某无法办理银行按揭贷款的主要原因。周某又未举证证明未取得贷款是银行或涉诉项目等第三方原因。法院综合判断认为，未取得银行按揭贷款系买受人周某自身原因。

2. 未取得银行按揭贷款并不影响合同继续履行。

《中华人民共和国合同法》第九十四条规定了法定解除权，若当事人一方迟延履行债务或者有其他违约行为致使不能实现合同目的，当事人可以解除合同。商品房买卖纠纷中，最高人民法院司法解释更是进一步规定，无论哪一方或第三方原因导致未取得银行按揭贷款，影响合同继续履行的，均可以解除合同，只是在各方责任承担上有差别。但本案中，双方就未取得银行按揭贷款提前约定了替代性履行方式，未取得银行按揭贷款并不影响合同继续履行。

实务经验总结

前事不忘，后事之师。为避免未来发生类似败诉，提出如下建议：

1. 房屋出卖人不妨借鉴本案中替代性付款方式的约定，可以有效避免买受人提供办理按揭贷款信息虚假不实的风险，使房屋买卖合同目的得以实现。

2. 鉴于近年来各大城市房屋调控措施的突发性与普遍性，银行按揭贷款的条件限制成为行政干预经常采取的手段。房屋买受人在签约时务必谨慎衡量自身贷款条件的满足程度，最大限度地避免因自身原因未取得按揭贷款进而承担较重的法律责任。

法院判决

本案争议焦点为涉诉《北京市商品房现房买卖合同》是否具有合同法定解除之情形。

第一，从周某未能取得银行按揭贷款之原因来看。对此，周某主张其未通过贷款审批之原因为涉诉项目存在查封、经营状况不理想以及银行调整信贷政策等不可归责于自身的事由。根据贷款申请受理行南京银行股份有限公司北京分行2016年3月15日出具的《情况说明》显示，周某申请贷款情况为“周某：初次签约南京银行，个人征信记录逾期严重，不符合我行审批条件，未受理”。尽管该《情况说明》亦提及由于2015年6月有购房者向南京银行总行投诉涉诉项目涉嫌违规操作等原因导致南京银行股份有限公司北京分行对涉诉项目暂停发放贷款，但是该暂停发放贷款日期距双方2013年10月7日签订涉诉合同时间相去甚远，且该情况系部分“材料齐全，未上报审批”的客户未能获得贷款的原因。综合案件查明情况，周某未能取得银行按揭贷款不能排除系自身原因，同时周某亦未能提供充分证据证明其未能取得贷款系银行、涉诉项目等其他方面原因直接导致。因此，周某不享有涉诉《北京市商品房现房买卖合同》的法定解除权。

第二，从双方关于付款方式的合同约定来看。涉诉《北京市商品房现房买卖合同》附件四约定，由于贷款银行不能按买受人申请的贷款金额和贷款年限发放贷款或拒绝向买受人提供贷款的，买受人可以选择向出卖人补交差额房款部分或一次性支付完剩余房款。可见合同双方签约时已经预见到可能发生无法取得银行按揭贷款的情况，并且约定了替代性付款方式。因此，现周某无法取得银行贷款并非导致合同目的无法实现之不可预见的障碍。

相关法律规定

《中华人民共和国合同法》

第九十四条 有下列情形之一的，当事人可以解除合同：

（一）因不可抗力致使不能实现合同目的；

（二）在履行期限届满之前，当事人一方明确表示或者以自己的行为表明不履行主要债务；

（三）当事人一方迟延履行主要债务，经催告后在合理期限内仍未履行；

（四）当事人一方迟延履行债务或者有其他违约行为致使不能实现合同目的；

（五）法律规定的其他情形。

《最高人民法院关于印发〈全国民事审判工作会议纪要〉的通知》

二、关于房地产纠纷案件

（三）关于在民事审判中贯彻落实房地产调控政策的问题

房屋买卖合同约定以按揭贷款方式付款，买受人以房贷政策变化不能办理按揭贷款导致无履约能力为由，请求解除合同，并要求出卖人返还所收受的购房款或定金的，经审查，买受人的确因房贷政策变化而不能办理约定的按揭贷款，对其请求可予支持。

……

《最高人民法院关于审理商品房买卖合同纠纷案件适用法律若干问题的解释》

第二十三条　商品房买卖合同约定，买受人以担保贷款方式付款、因当事人一方原因未能订立商品房担保贷款合同并导致商品房买卖合同不能继续履行的，对方当事人可以请求解除合同和赔偿损失。因不可归责于当事人双方的事由未能订立商品房担保贷款合同并导致商品房买卖合同不能继续履行的，当事人可以请求解除合同，出卖人应当将收受的购房款本金及其利息或者定金返还买受人。

案件来源

周某与A公司商品房销售合同纠纷二审民事判决书［（2016）京02民终7807号］

地方相关规定

《广东省高级人民法院全省民事审判工作会议纪要》（粤高法〔2012〕240号）

（五）关于房地产调控政策问题

11. 商品房买卖合同签订后，如政府部门出台限购限贷政策的，人民法院应查明买受人是否属于限购或限贷范围。确因限购限贷政策无法办理房屋所有权变更登记，或者不能订立商品房担保贷款合同并导致商品房买卖合同不能继续履行，当事人请求解除合同的，人民法院可参照最高人民法院《关于审理商品房买卖合同纠纷案件适用法律若干问题的解释》第二十三条的规定予以支持。买受人请求判令出卖人办理过户登记手续的，人民法院应向其释明可以变更诉讼请求；买受人坚持不变更的，驳回其诉讼请求。

……

七、政策调控

061 买房人以 9·30 限贷新政影响其履约能力为由主张解除房屋买卖合同，卖房人要求其承担违约责任的，法院将不予支持

阅读提示

2016 年 9 月 30 日，北京市住房城乡建设委员会等部门出台实施了《关于促进本市房地产市场平稳健康发展的若干措施》（以下简称“购房新政”或“9·30 新政”），其中第四条提高了个人购买自住房屋的首付款比例。新政出台无疑提高了买房的“门槛”，那么买房人可否以新政导致其丧失履行能力为由要求解除房屋买卖合同呢？

本文引用的案例中，房屋买卖双方当事人在新政出台前三天签订房屋买卖合同，新政出台导致买方需要多支付近 70 万元的首付款，买方遂以此为由主张其没有继续履行的能力，而卖方则认为买方的行为构成违约，应当承担违约责任。经审理，法院最终判决解除合同，并判决卖方返还已经收取的全部定金。

案情简介

2016 年 9 月 26 日，张某（买受人）与王某（出卖人）签订《北京市存量房屋买卖合同》及补充协议，约定张某购买王某名下的 403 号房屋，成交价格为 430 万元，房屋的配套设施设备等作价 112 万元，以上两项共计 542 万元；买受人采取商业贷款申办抵押贷款，拟贷款金额为 300 万元。

上述合同签订后，张某分别于 2016 年 9 月 26 日和 2016 年 9 月 27 日向王某支付定金总计 20 万元。

2016 年 9 月 30 日，北京市住房城乡建设委员会等部门出台实施了“购房新政”。新政实施后第二天，张某告知王某因“购房新政”实施，超出其价款负担能

力，无法继续履行合同。

2016 年 11 月 2 日张某向王某出具《解约通知书》，要求返还定金 20 万元。同年 12 月 1 日，王某向张某出具《解除合同通知书》，并要求支付违约金 108.4 万元。

双方就解约事宜协商未果。2016 年 12 月 1 日，张某向法院起诉，请求法院判决解除双方的房屋买卖合同及补充协议，并要求王某返还定金 20 万元。王某则提起反诉，要求张某支付违约金 108.4 万元。

本案经北京市海淀区人民法院一审、北京市第一中级人民法院二审，法院均认为新政实施确实影响张某的履行能力，导致其继续履行合同出现困难，其行为并不构成违约，不应承担违约责任。最终法院判决王某退还张某 20 万元定金，驳回张某的其他诉讼请求，驳回王某的全部反诉请求。

败诉原因

首先，经法院庭审阶段查明，本案中张某不能继续履行系由于国家“9・30 新政”的出台，导致其需要另外自筹 60 多万元的首付款，此种情形确实会给其履约能力造成重大影响，此时要求张某继续履行合同确有困难。其次，国家政策的出台是本案中买卖双方在签订合同时不可预测的，即新政出台影响履行能力并不可归责于任何一方当事人。最后，张某在房屋买卖合同签订后，没有导致合同未能在新政出台前履行完毕的拖延履行，且在新政出台后在第二天及时通知出卖人，其在主观上没有过错。

综上，本案中房屋买卖合同不能继续履行确属事实，且张某对此并无过错，其行为不属于违约行为，因此法院最终判决解除房屋买卖合同，王某返还张某已经支付的定金 20 万元。

实务经验总结

前事不忘，后事之师。为避免未来发生类似败诉，提出如下建议：

1. 房屋买卖合同的双方当事人可以在主要付款方式之外另行约定一种补充付款方式，以便于在出现约定的付款方式不能实现时，仍可以另一种方式继续履行合同。

2. 房屋买卖合同签订后，买卖双方均应当积极履行合同义务，出现对合同履行有重大影响，特别是有可能导致合同不能继续履行的事由时，应当及时通知对方当事人，以防止损失或避免损失扩大，否则可能因为怠于履行通知义务而承担相应的赔偿责任。

3. 从本文案例中可以看出，在房屋买卖纠纷案件审理过程中，当买卖双方各执一词，中介公司作为中立的、专业的房产经纪机构，其对于案件事实的陈述比较容易被法院采纳。因此，在房屋买卖交易过程中，尤其是发生纠纷之后，应当注意合理有效利用中介机构这一资源来化解纠纷或者表达己方观点。

法院判决

北京市海淀区人民法院一审认为：本案本诉及反诉的争议焦点为张某是否存在违约行为，是否应承担违约责任。对此，法院认为，根据双方合同约定，张某需通过银行贷款方式支付部分购房款，而2016年9月30日“购房新政”出台实施，对于首付款的比例进行了调整，导致张某在此“购房新政”条件下，无法按预期获取拟贷款金额。在首付比例提高的情况下，张某不可能再按照合同约定申请300万元贷款来支付房款，买卖双方约定的付款方式已经不再可能，张某无法按照合同约定的付款方式继续履行合同，故张某并不构成违约。

庭审中，张某与王某就“购房新政”实施后，如何计算贷款数额及张某自筹款项增加数额存在争议。对此，法院认为，A经纪公司作为本次房屋买卖合同履行的居间方，其系从事房地产经纪的专业机构，法院采信其对“购房新政”实施后本案所涉合同贷款金额变化情况之陈述。因此，按照合同约定的房屋成交价格430万元来计算可申请贷款金额，张某需要额外自行筹措购房款85万元左右；即使按照房屋总价最高限价468万元来计算可申请贷款的金额，张某需要额外自行筹措购房款66万元左右。也就是说，无论采取何种价款支付方式，张某都需要至少自筹66万元左右的购房款，此种情形确已给张某的履约能力造成了重大影响，合同继续履行会产生一定困难。因此，继续履行合同会导致当事人双方之间的利益关系失衡，合同的不可履行也不可以归责于双方当事人。但是，卖方因合同解除可能会遭受一定的损失，依据公平原则，主张解除合同的买方应当分担卖方的部分损失。对于这一损失，卖方负有举证责任。然而，本案中，王某在庭审中并未就自己的实际损失提交证据。而且，结合当事人双方提交的证据，双方于2016年9月26日签订了房屋买卖合同。在北京市2016年9月30日出台“购房新政”的第二天，张某就已经联系王某协商解除合同。虽然双方并未达成一致，但王某直到2016年12月1日才发出解约通知书，没有采取积极的措施减少自己可能遭受的损失。而且，由于王某仍持有房屋，可在解除合同后通过另行出售房屋弥补自己的损失。综上，就张某诉请解除《房屋买卖成交确认及定金收付协议》一节，鉴于上述合同已实际履行完毕，不存在解除之必要，对该项诉讼请求，法院不予支持。就张某诉请王某退还定金 200,000 元一节，根据法院查明的事实及现有证据，房屋新政的实施对张某的履约能力产生重大影响，合同继续履行困难。庭审中，张某与王某确认《北京市存量房屋买卖合同》《补充协议》已于 2016 年 12 月 1 日解除。对此，法院不持异议。王某应将其收取的定金 200,000 元全部予以退还，就张某诉讼王某返还定金 200,000 元之诉讼请求，法院予以支持。就王某反诉张某支付违约金 1,084,000 元一节，缺乏事实与法律依据，法院不予支持。依照《中华人民共和国合同法》第六十条规定，判决：（1）王某于本判决生效后七日内退还张某定金 20 万元。（2）驳回张某其他诉讼请求。（3）驳回王某之全部反诉请求。如果未按本判决指定的期间履行给付金钱义务，应当依照《中华人民共和国民事诉讼法》第二百五十三条的规定，加倍支付迟延履行期间的债务利息。

北京市第一中级人民法院二审认为：本案的争议焦点是张某的行为是否构成违约及张某是否应承担相应的违约责任。双方合同签订于 2016 年 9 月 26 日，2016 年 9 月 30 日"购房新政"出台，其中针对首付款的比例进行了调整，新政实施后，张某能够申请到的贷款金额与合同中约定的张某拟贷款金额有较大差距，确实给张某履约能力造成重大影响，此种情形确属不可归责于双方当事人的事由。根据本院查明的事实，张某在"购房新政"出台实施后的第二天即明确告知王某无法继续履行合同，且双方于 2016 年 10 月 8 日在居间方就该问题再次进行协商，王某对于双方交涉的事实予以认可，故张某的行为并不构成违约，张某不应承担违约责任。现双方均同意解除合同，张某亦不具有违约行为，王某应返还其收受的 20 万元定金。

相关法律规定

《北京市住房城乡建设委员会等部门〈关于促进本市房地产市场平稳健康发展的若干措施〉的通知》（京政办发〔2016〕46 号）

四、进一步完善差别化信贷政策

购买首套普通自住房的首付款比例不低于 35%，购买首套非普通自住房的首付款比例不低于 40%（自住型商品房、两限房等政策性住房除外），对拥有 1 套住房的居民家庭，为改善居住条件再次申请商业性个人住房贷款购买普通自住房的，无论有无贷款记录，首付款比例均不低于 50%；购买非普通自住房的，首付款比例不低于 70%。

《北京市高级人民法院民一庭关于妥善处理涉及住房限购政策的房屋买卖合同纠纷案件若干问题的会议纪要》(2011 年 12 月 13 日)

三、(住房限购政策的性质和合同解除的处理原则)

住房限购政策在性质上具有公共政策的性质，确实会对房屋买卖合同能否继续履行造成重大影响。对于合同订立后由于住房限购政策的实施致使买受人无法办理房屋过户登记的，属于因不可归责于双方当事人的原因导致合同目的无法实现，当事人要求解除合同的，除合同另有约定外，一般应予支持。出卖人应当将收受的购房款或定金返还给买受人；当事人一方要求另一方承担违约责任或适用定金罚则的，不予支持；经审查合同解除确实导致当事人间利益失衡，损失方要求对方补偿其所受合理损失的，可酌情予以支持。

房屋买卖合同依约定期限能够实际履行，因一方当事人的原因致合同处于迟延履行状态，在此期间由于住房限购政策的实施导致合同无法继续履行的，对守约方要求解除合同，并要求另一方承担赔偿损失等违约责任的诉讼请求，应予支持。

案件来源

北京 A 房地产经纪有限公司、王某与张某房屋买卖合同纠纷二审民事判决书［北京市第一中级人民法院（2017）京 01 民终 4671 号］

地方相关规定

《浙江省高级人民法院民一庭关于审理受房地产市场调控政策影响的房屋买卖合同纠纷案件的若干意见（试行）》

第二条 纯粹因受限贷、限购、禁购等调控政策的直接影响，合同确实无法继续履行的，不属于“不可抗力”，一般应认定属于《解释》第四条、第二十三条规定的“不可归责于当事人双方的事由”。当事人据此请求解除合同的，可予以支持，但当事人另有约定的除外。

第三条 调控政策实施前订立的合同并未明确约定以按揭贷款方式付款，现买受人以其因受限贷政策影响而无法继续履行为由，请求解除合同的，一般不予支持。

《天津市高级人民法院关于依法妥善审理房屋买卖合同纠纷案件的通知》

七、关于受房地产调控政策影响案件的处理问题

因受限贷、限购、禁购等房地产调控政策的直接影响，合同确实无法继续履行的，一般应认定合同不能履行属于不可归责于双方当事人的情形，当事人据此

请求人民法院变更或者解除合同的，人民法院应当结合案件的实际情况准予变更或者解除合同。因前述原因，当事人解除合同以后，出卖人应当将已经收到的购房款或定金返还给买受人，买受人应将接收的房屋返还给出卖人。因解除合同造成的损失一般情况下应按照公平原则由双方合理分担。如因一方当事人过错导致当事人利益严重失衡，损失方要求加大对方承担比例的，可酌情予以支持。

……

《广东省高级人民法院全省民事审判工作会议纪要》

（五）关于房地产调控政策问题。

11. 商品房买卖合同签订后，如政府部门出台限购限贷政策的，人民法院应查明买受人是否属于限购或限贷范围。确因限购限贷政策无法办理房屋所有权变更登记，或者不能订立商品房担保贷款合同并导致商品房买卖合同不能继续履行，当事人请求解除合同的，人民法院可参照最高人民法院《关于审理商品房买卖合同纠纷案件适用法律若干问题的解释》第二十三条的规定予以支持。买受人请求判令出卖人办理过户登记手续的，人民法院应向其释明可以变更诉讼请求；买受人坚持不变更的，驳回其诉讼请求。

……

《山东省高级人民法院关于印发全省民事审判工作会议纪要的通知》

二、关于房地产纠纷案件

……对于因国家信贷政策变化导致买受人丧失履约能力、因限购措施导致合同无法履行的情形，应依据合同法的规定和合同的约定，依法变更或者解除合同，并根据案件的具体情况，辅之以返还原物、折价补偿和赔偿损失等，切实保护当事人合法权益；……

062 “3 · 17 新政”出台导致房屋买卖合同不能履行的，裁判支持合同解除并返还购房款

阅读提示

北京市“3 · 17 新政”出台后，因政策波及的房屋买卖合同纠纷涌向北京市各级法院（经检索，目前公开案例只在北京中级及基层法院）。2017 年年底，北京市高级人民法院及时就此制定了规范性文件《北京市高级人民法院民一庭关于妥善处理涉及“3 · 17 新政”的房屋纠纷案件若干问题的会议纪要》，对“3 · 17 新政”

导致的房屋买卖合同效力及履行争议提供了裁判指引。

本文案例为二审法院案例，企业购买的商品房签订转卖合同后，"3·17新政"出台，案涉房屋的上市交易期限因不满3年，导致不能按约履行房屋移转登记。现买受人诉请解除合同并赔偿损失。两审法院鉴于双方均依约付款交房，主观无过错，裁判合同解除，出卖人返还购房款本息，驳回买受人要求赔偿其他损失的请求。

裁判要旨

因"3·17新政"出台导致房屋买卖合同不能履行的，属于不可归责于双方当事人的原因导致合同目的无法实现，当事人要求解除的，裁判予以支持并返还相应的购房款。

案情简介

2014年12月16日，Z公司向刘某购买诉争房屋，同日该房移转登记在Z公司名下。

2017年3月5日，王某（买受人）与Z公司（出卖人）签订《北京市存量房屋买卖合同》，约定：王某购买Z公司名下诉争房屋，房屋已设定抵押，房屋成交价格为1,005万元。

2017年3月5日，王某、Z公司与A公司签订《补充协议》，约定：购房款1,005万由王某按阶段支付（具体略）。Z公司于2017年5月15日前办理房屋的抵押登记注销手续。自本合同签订之日起100日内，双方共同向房屋权属部门申请办理该房屋的权属转移登记手续。后王某依约支付购房款计530万元。

2017年3月17日，《关于完善商品住房销售和差别化信贷政策的通知》（以下称"3·17新政"）出台，第一条规定：企业购买的商品住房再次上市交易，需满3年及以上，若其交易对象为个人，按照本市限购政策执行。Z公司表示依规诉争房屋于2017年12月16日就满三年，符合上市交易的条件，本案合同可以继续履行。王某表示其不同意继续履行合同，要求解除。

王某向一审法院起诉请求：（1）确认《北京市存量房屋买卖合同》及《补充协议》解除；（2）判令Z公司返还购房款530万元本息；（3）判令Z公司赔偿未能及时退款造成的损失。

一审法院判决：（1）案涉《北京市存量房屋买卖合同》及《补充协议》于判决

生效之日解除；（2）Z公司返还购房款530万元本金及按照银行存款利率计算的利息；（3）驳回王某要求Z公司赔偿损失的请求。经王某上诉，二审法院判决驳回上诉，维持原判。

裁判要点

两审法院判定案涉房屋买卖合同不能履行予以解除及承担责任的原因在于：

1. 因“3·17新政”导致房屋买卖合同无法继续履行的，当事人有合同解除权。

《中华人民共和国合同法》第九十四条规定了当事人可以解除合同的具体情形，包括但不限于不可抗力、预期违约、迟延履行主要债务及迟延履行导致合同目的无法实现。在实务中，有一些行政干预措施，当事人有所预期，故不属于不可抗力，但亦导致合同目的无法实现的，属于本条法律规定的其他情形。房屋买卖领域的限购、限贷及限售等措施即属于此类。北京市高院文件明确规定，对于合同订立后由于“3·17新政”的实施致使合同无法继续履行的，属于因不可归责于双方当事人的原因导致合同目的无法实现，当事人可以解除合同。

2. 因“3·17新政”原因导致合同解除的，双方不因此承担过错责任。

鉴于房屋买卖当事人在合同履行中均无违约行为，只因“3·17新政”导致案涉房屋上市交易条件尚未成就，在合同约定的期限内无法履行。北京市高级人民法院规范性文件明确规定，因“3·17新政”原因导致合同解除后，出卖人应当将收受的购房款或定金返还给买受人；当事人一方要求另一方承担违约责任或适用定金罚则的，不予支持。

实务经验总结

前事不忘，后事之师。为避免未来发生类似败诉，提出如下建议：

“3·17新政”出台后，对北京地区房屋买卖合同效力及履行造成的影响逐渐显现，较多的案件涌向法院，但目前终审并公开的案例较少。北京市高级人民法院在2017年年底出台了文件，对裁判规则予以明确。因涉及“3·17新政”导致的房屋买卖合同纠纷，房屋买卖双方可以选择律师调解的救济途径，以便节约成本，高效化解纠纷。

法院判决

本院认为，综合双方诉辩主张及证据情况，本案二审的争议焦点即Z公司是否存在违约行为，是否应向王某赔偿损失。在双方履行合同的过程中，2017 年 3 月 17 日出台房产新政，影响企业购买的商品住房上市交易年限。因该事项是涉及房屋过户时间的重要影响因素，双方应通过协商一致的方式变更原合同的相关约定以促使合同继续履行。但根据查明的情况，由于涉诉房屋于 2017 年 12 月 16 日才能满三年符合上市交易条件，双方经协商后无法就继续履行合同达成一致。现王某诉至法院要求解除合同，原审法院考虑到双方所签合同现已经不具备继续履行的实际条件，Z 公司亦同意解除，确认合同于判决生效之日解除并无不当。由于该合同系因双方无法就履行过程中出现的新情况达成一致而解除，并无充分证据认定任一方存在违约行为，现王某主张应以其短信通知对方的第二日即为合同解除时间，并据此要求 Z 公司支付由此产生的损失，缺乏事实及法律依据，本院不予采信。原审法院在认定双方合同解除的基础上判令 Z 公司返还王某购房款并支付利息，并无不当，应予维持。

相关法律规定

《北京市住房和城乡建设委员会等关于完善商品住房销售和差别化信贷政策的通知》(京建法〔2017〕3 号)

为促进本市房地产市场平稳健康发展，自本通知发布次日起，商品住房销售和居民家庭申请商业性个人住房贷款执行以下规定：

一、企业购买的商品住房再次上市交易，需满 3 年及以上，若其交易对象为个人，按照本市限购政策执行。

二、居民家庭名下在本市无住房且无商业性住房贷款记录、公积金住房贷款记录的，购买普通自住房的执行现行首套房政策，即首付款比例不低于 35%，购买非普通自住房的首付款比例不低于 40%（自住型商品住房、两限房等政策性住房除外）。

居民家庭名下在本市已拥有 1 套住房，以及在本市无住房但有商业性住房贷款记录或公积金住房贷款记录的，购买普通自住房的首付款比例不低于 60%，购买非普通自住房的首付款比例不低于 80%。

三、暂停发放贷款期限 25 年（不含 25 年）以上的个人住房贷款（含住房公积金贷款）。

《中华人民共和国合同法》

第七十七条第一款 当事人协商一致，可以变更合同。

第九十四条 有下列情形之一的，当事人可以解除合同：

（一）因不可抗力致使不能实现合同目的；

（二）在履行期限届满之前，当事人一方明确表示或者以自己的行为表明不履行主要债务；

（三）当事人一方迟延履行主要债务，经催告后在合理期限内仍未履行；

（四）当事人一方迟延履行债务或者有其他违约行为致使不能实现合同目的；

（五）法律规定的其他情形。

第九十七条 合同解除后，尚未履行的，终止履行；已经履行的，根据履行情况和合同性质，当事人可以要求恢复原状、采取其他补救措施，并有权要求赔偿损失。

《北京市高级人民法院民一庭关于妥善处理涉及“3·17 新政”的房屋纠纷案件若干问题的会议纪要》（2017 年 12 月 18 日）

三、（新政性质与履行障碍认定）

“3·17 新政”具有公共政策的性质，其具体的限贷、限购、限售等措施，对部分房屋买卖合同会造成成本增加或履行不能等障碍。

对于合同订立后由于“3·17 新政”的实施致使合同无法继续履行的，属于因不可归责于双方当事人的原因导致合同目的无法实现。当事人要求解除合同的，除合同另有约定外，一般应予支持。

对于已经过网签的房屋买卖，原则上不认为存在因“3·17 新政”导致的履行障碍，但有相关证据表明履行存在政策障碍的，法院应与相关行政主管部门核实后予以认定。

五、（合同解除后的处理）

因“3·17 新政”原因导致合同解除后，出卖人应当将收受的购房款或定金返还给买受人；当事人一方要求另一方承担违约责任或适用定金罚则的，不予支持。

开发商将规划性质为商业办公类用房出售给个人的，因“3·17 新政”原因导致该商业办公类用房买卖合同解除的，开发商主张房屋贬值损失补偿的，不予支持。

案件来源

王某与 A 公司、Z 公司房屋买卖合同纠纷二审民事判决书［（2017）京 03 民终 12877 号］

延伸阅读

“3·17 新政”属于综合调控政策，涉及限售、限购、限贷等多种措施，对于其性质认定（区别于不可抗力）及合同解除后的处理原则，可参考北京市高级人民法院文件对住房限购政策性质的相关论述。

《北京市高级人民法院民一庭关于妥善处理涉及住房限购政策的房屋买卖合同纠纷案件若干问题的会议纪要》“二、（住房限购政策与不可抗力）”规定：“国家对于房地产市场的宏观调控并非是一个令所有市场主体猝不及防的突变过程，而是经历了一个从限贷到限购逐步加强和完善的发展过程。房屋买卖合同作为一种标的额相对较大、与买卖双方切身利益密切相关的合同，当事人在签订合同时对合同订立后可能出现的房地产市场风险及各种履行障碍均应当有一定程度的预见和判断。因此，住房限购政策在司法实践中不宜认定为《合同法》第一百一十七条规定的不可抗力。”

“三、（住房限购政策的性质和合同解除的处理原则）”规定：“住房限购政策在性质上具有公共政策的性质，确实会对房屋买卖合同能否继续履行造成重大影响。对于合同订立后由于住房限购政策的实施致使买受人无法办理房屋过户登记的，属于因不可归责于双方当事人的原因导致合同目的无法实现，当事人要求解除合同的，除合同另有约定外，一般应予支持。出卖人应当将收受的购房款或定金返还给买受人；当事人一方要求另一方承担违约责任或适用定金罚则的，不予支持；经审查合同解除确实导致当事人间利益失衡，损失方要求对方补偿其所受合理损失的，可酌情予以支持。房屋买卖合同依约定期限能够实际履行，因一方当事人的原因致合同处于迟延履行状态，在此期间由于住房限购政策的实施导致合同无法继续履行的，对守约方要求解除合同，并要求另一方承担赔偿损失等违约责任的诉讼请求，应予支持。”

063 调控政策构成情势变更的，裁判可裁量支持合同继续履行

阅读提示

北京市房地产市场因涉及限购、限售、限贷、税务、首付款比例等诸多类型政策调控措施的频频出台，影响房屋买卖合同履行，导致较多争议。

北京市高级人民法院也出台了一系列规范性文件，就政策出台影响合同效力及履行导致的房屋买卖争议提供裁判指引。例如，2011 年的《北京市高级人民法

院关于涉及住房限购政策的房屋买卖合同纠纷案件处理的暂行意见》《北京市高级人民法院民一庭关于妥善处理涉及住房限购政策的房屋买卖合同纠纷案件若干问题的会议纪要》；2013 年的《关于妥善处理涉及“新国五条”的房屋纠纷案件若干问题的会议纪要》；2017 年年底的《北京市高级人民法院民一庭关于妥善处理涉及“3 · 17 新政”的房屋纠纷案件若干问题的会议纪要》。

调控政策并非不可抗力，这是共识。上述文件一般将调控政策界定为“因不可归责于双方当事人的原因”。至于合同是继续履行还是解除，法院需要根据调控政策导致合同目的不能实现的程度予以裁量。

北京市住房和城乡建设委员会和中国人民银行营业部于 2016 年 11 月 10 日公布《关于进一步加强存量房交易资金监管的通知》（京建发〔2016〕16 号，以下简称《通知》）。这一调控政策规定，购房款需缴纳至监管账户，否则房屋买卖合同不得网签，进而影响银行贷款及过户。法院认定，鉴于当事人已经按照约定自行划款支付购房款，故《通知》影响合同履行，构成情势变更，若买卖合同履行的基础并未丧失，买卖双方未能就变更合同履行达成一致意见之前而中止履行合同义务，不构成违约，裁判支持合同继续履行。

裁判要旨

因政策调控措施的出台影响房屋买卖合同履行构成情势变更，若买卖合同履行的基础并未丧失，买卖双方未能就变更合同履行达成一致意见之前而中止履行合同义务，不构成违约，裁判支持合同继续履行。

案情简介

2016 年 9 月 16 日，经某经纪公司居间介绍，刘某与于某签订《北京市存量房屋买卖合同》，约定刘某将 301 号房屋出售给于某，房屋总价为 411 万元。同日，刘某与于某签订《房屋交易资金自行划转声明》，约定了买方向卖方支付房款的具体方式，直接支付 191 万元，剩余房款 220 万元由银行直接支付给出卖人。

至 2016 年 12 月 2 日，于某向刘某支付房款计 166 万元，自有交易资金部分仅余 25 万元未付。2016 年 12 月 9 日，刘某将 301 号房屋交付于某，于某已实际装修使用。

《通知》规定委托经纪机构达成交易的，买卖双方在完成存量房网签前，应通过存量房交易服务平台与区房产管理部门签订《存量房自有交易资金划转协议》，在完成不动产登记手续后，通过存量房自有交易资金监管账户划转自有资金。《通知》自 2016 年 12 月 15 日起执行。

2016 年 12 月 27 日，双方办理网签合同，约定买受人通过昌平区住建委存量房自有交易资金监管账户划转自有资金 119 万元。至此，双方当事人就将自有交易资金存入监管账户的问题产生分歧，最终未能协商一致。而于某未按照《房屋交易资金自行划转声明》的约定，于 2017 年 1 月 10 日前将剩余房款 25 万元支付完毕。

2017 年 2 月 28 日，刘某以房屋买卖合同纠纷起诉至一审法院，诉请解除房屋买卖合同（经纪成交版）并支付违约金。于某提起反诉，要求合同继续履行，刘某配合办理案涉 301 号房屋的转移登记手续。

一审法院认为,《通知》的施行，对案涉房屋买卖合同的履行产生了实质影响，属于情势变更。双方当事人因情势变更，未能就变更合同履行达成一致意见之前而中止履行合同义务，事出有因，不构成违约。认定不支持刘某解除合同及要求违约金的诉求；支持于某要求继续履行合同，刘某配合办理过户登记的诉求。二审法院对一审法院上述裁判观点予以认可。

裁判要点

两审法院认为因《通知》影响，双方不构成违约，认定合同继续履行的原因在于：

1.《通知》影响房屋买卖合同的履行构成情势变更。

房屋买受人依据《房屋交易资金自行划转声明》的约定，已经将大部分购房款自行支付给出卖人，仅余 25 万元自有交易资金未付。现《通知》出台，规定完成网签需要将交易资金 119 万元存入监管账户。如果要求于某继续按照《房屋交易资金自行划转声明》支付房款，显然不公平，同时也无法实现房屋买卖合同的合同目的（完成网签及贷款）。该《通知》的施行，对双方当事人签订的《北京市存量房屋买卖合同》的履行产生了实质影响，且非双方当事人在订立合同时所能预见或者避免的，属于情势变更。

2. 因情势变更中止履行不构成违约。

该《通知》要求，在 2016 年 12 月 15 日之后办理网签的，自有交易资金必须进行资金监管，监管金额为网签的价格减去贷款的数额。根据该规定，于某应将 119 万元存入监管账户，但因为于某已经按照《房屋交易资金自行划转声明》的约定自行支付刘某 166 万元，除银行贷款外剩余房款仅为 25 万元，不能满足资金监管需要。在此情况下，导致合同未能如约履行，不能归责于任何一方，不存在承担违约责任的问题。

3. 情势变更并未导致合同履行基础丧失，买卖合同继续履行。

根据《最高人民法院关于适用〈中华人民共和国合同法〉若干问题的解释（二）》第二十六条的规定，构成情势变更的，对于变更还是解除合同，法院有自由裁量权。本案中法院认为，该《通知》的施行并未导致《北京市存量房屋买卖合同》履行的基础丧失，买卖双方应在公平平等的基础上对合同的履行做出变更，故认定合同应继续履行。

实务经验总结

前事不忘，后事之师。为避免未来发生类似败诉，提出如下建议：

房屋当事人应诚信履约，轻易不诉求解除合同，即使因行政调控频频出台，如本案中《通知》影响合同履行构成情势变更，法院依然有裁量权，并不一定支持解除合同。合同履行出现障碍，双方可积极协商解决。如本案审理中，为满足《通知》规定的资金监管要求，双方各自退让，分别出钱补齐。另外，为防止类似行政调控措施导致房屋买卖合同效力及履行受到严重影响，双方可以在房屋买卖合同中约定相应的解除权或责任承担方式。

法院判决

一审法院认为，2016年12月15日，《通知》正式施行，该《通知》规定委托经纪机构达成交易的，买卖双方在完成存量房网签前，应通过存量房交易服务平台与区房产管理部门签订《存量房自有交易资金划转协议》，在完成不动产登记手续后，通过存量房自有交易资金监管账户划转自有资金。2016年12月27日，双方当事人完成网签，根据网签合同约定，于某应将自有交易资金119万元存入监管账户，但是根据《房屋交易资金自行划转声明》的约定，于某已将大部分自有交易资金支付刘某。至此，如果要求于某继续按照《房屋交易资金自行划转声明》支付房款，显然不公平，同时也无法实现房屋买卖合同的合同目的。《最高人民法院关于适用〈中华人民共和国合同法〉若干问题的解释（二）》第二十六条规定："合同成立以后客观情况发生了当事人在订立合同时无法预见的、非不可抗力造成的不属于商业风险的重大变化，继续履行合同对于一方当事人明显不公平或者不能实现合同目的，当事人请求人民法院变更或者解除合同的，人民法院应当根据公平原则，并结合案件的实际情况确定是否变更或者解除。”法院认为，《通知》的施行对双方当事人签订的《北京市存量房屋买卖合同》的履行产生了实质影响，且非双方当事人在订立合同时所能预见或者避免的，属情势变更。但《通知》的施行并未导致《北京市存量房屋买卖合同》履行的基础丧失，买卖双方应在公平平等的基础上对合同的履行做出变更，然而在法院法庭调查结束之前，双方并未就合同的变更达成一致意见。双方当事人因情势变更，未能就变更合同履行达成一致意见之前而中止履行合同义务，事出有因，不构成违约。

二审法院认为，当事人应当按照约定全面履行自己的义务。刘某与于某签订的《北京市存量房屋买卖合同》及《房屋交易资金自行划转声明》系双方当事人真实的意思表示，并不违反法律、行政法规的强制性规定，合法有效。合同签订后，刘某与于某均在积极履行合同。由于《通知》于 2016 年 11 月 14 日发布，北京市落实该《通知》的要求是在 2016 年 12 月 15 日之后办理网签的，自有交易资金必须进行资金监管，监管金额为网签的价格减去贷款的数额。根据该规定，于某应将 119 万元存入监管账户，但因为于某已经按照《房屋交易资金自行划转声明》的约定自行支付刘某 166 万元，除银行贷款外剩余房款仅为 25 万元，不能满足资金监管需要。在此情况下，导致合同未能如约履行，不能归责于任何一方，刘某与于某之间的合同应继续履行，且不存在承担违约责任的问题，一审法院判决驳回刘某的诉讼请求正确，本院予以确认。

相关法律规定

《中华人民共和国合同法》

第七十七条第一款 当事人协商一致，可以变更合同。

第九十四条 有下列情形之一的，当事人可以解除合同：

（一）因不可抗力致使不能实现合同目的；

（二）在履行期限届满之前，当事人一方明确表示或者以自己的行为表明不履行主要债务；

（三）当事人一方迟延履行主要债务，经催告后在合理期限内仍未履行；

（四）当事人一方迟延履行债务或者有其他违约行为致使不能实现合同目的；

（五）法律规定的其他情形。

《最高人民法院关于适用〈中华人民共和国合同法〉若干问题的解释（二）》

第二十六条 合同成立以后客观情况发生了当事人在订立合同时无法预见的、非不可抗力造成的不属于商业风险的重大变化，继续履行合同对于一方当事人明显不公平或者不能实现合同目的，当事人请求人民法院变更或者解除合同的，人民法院应当根据公平原则，并结合案件的实际情况确定是否变更或者解除。

《最高人民法院关于正确适用〈中华人民共和国合同法〉若干问题的解释（二）服务党和国家的工作大局的通知》

二、严格适用《中华人民共和国合同法》若干问题的解释（二）第二十六条

为了因应经济形势的发展变化，使审判工作达到法律效果与社会效果的统一，根据民法通则、合同法规定的原则和精神，解释第二十六条规定：合同成立以后客观情况发生了当事人在订立合同时无法预见的、非不可抗力造成的不属于商业风险的重大变化，继续履行合同对于一方当事人明显不公平或者不能实现合同目的，当事人请求人民法院变更或者解除合同的，人民法院应当根据公平原则，并结合案件的实际情况确定是否变更或者解除。

对于上述解释条文，各级人民法院务必正确理解、慎重适用。如果根据案件的特殊情况，确需在个案中适用的，应当由高级人民法院审核。必要时应报请最高人民法院审核。

《最高人民法院关于当前形势下审理民商事合同纠纷案件若干问题的指导意见》

一、慎重适用情势变更原则，合理调整双方利益关系

3. 人民法院要合理区分情势变更与商业风险。商业风险属于从事商业活动的固有风险，诸如尚未达到异常变动程度的供求关系变化、价格涨跌等。情势变更是当事人在缔约时无法预见的非市场系统固有的风险。人民法院在判断某种重大客观变化是否属于情势变更时，应当注意衡量风险类型是否属于社会一般观念上的事先无法预见、风险程度是否远远超出正常人的合理预期、风险是否可以防范和控制、交易性质是否属于通常的"高风险高收益"范围等因素，并结合市场的具体情况，在个案中识别情势变更和商业风险。

4.……为防止情势变更原则被滥用而影响市场正常的交易秩序，人民法院决定适用情势变更原则作出判决的，应当按照最高人民法院《关于正确适用〈中华人民共和国合同法〉若干问题的解释（二）服务党和国家工作大局的通知》（法〔2009〕165号）的要求，严格履行适用情势变更的相关审核程序。

《北京市住房和城乡建设委员会、中国人民银行营业管理部关于进一步加强存量房交易资金监管的通知》（京建法〔2016〕16号）

根据《房地产经纪管理办法》（住建部、发改委和人保部29号令）、《关于开展房地产中介专项整治工作的通知》（建房函〔2016〕111号）有关规定，为保障存量房交易资金安全，进一步规范我市房地产经纪服务行为，维护房地产交易秩

序，现就我市进一步加强存量房交易资金监管有关问题通知如下：

一、本市全面实施存量房交易资金监管，各区房产管理部门要切实组织开展好存量房交易资金监管工作。

二、东城、朝阳、通州、顺义、昌平、大兴等区，应按照《关于开展存量房交易服务平台扩大试点工作的通知》（京建发〔2011〕276号）、《关于做好存量房交易服务平台扩大试点工作有关问题的通知》（京建发〔2013〕73号）要求，由区房产管理部门选择监管银行、开设存量房自有交易资金监管账户，与监管银行签订《北京市存量房交易资金监管服务协议》，委托监管银行做好存量房交易资金监管工作。

三、委托经纪机构达成交易的，买卖双方在完成存量房网签前，应通过存量房交易服务平台与区房产管理部门签订《存量房自有交易资金划转协议》，在完成不动产登记手续后，通过存量房自有交易资金监管账户划转自有交易资金；自行达成交易的，可协商选择是否进行自有交易资金监管。

四、房地产经纪机构、从业人员不得通过监管账户以外的账户代收代付交易资金，不得侵占、挪用交易资金，不得利用客户资源和信息优势强制提供担保、金融等相关服务。

五、各有关银行应按照《人民币银行结算账户管理办法》（人民银行令〔2003〕第5号）、《北京市行政事业单位银行存款账户管理暂行办法》（银管发〔2002〕394号京财国库〔2002〕1250号）和《关于做好存量房交易服务平台扩大试点工作有关问题的通知》（京建发〔2013〕73号）等文件规定，办理存量房自有交易资金监管账户开设、变更和撤销业务，切实做好资金监管，保障资金专款专用。

六、本通知自2016年12月15日起执行。原《关于印发〈北京市存量房交易结算资金账户管理暂行规定〉的通知》（京建法〔2007〕253号）和《关于做好北京市存量房客户交易结算资金专用存款账户开立等有关工作的通知》（银管发〔2007〕67号）同时废止。

案件来源

刘某与于某房屋买卖合同纠纷二审民事判决书［（2017）京01民终5412号］

延伸阅读

1. 裁判要旨：司法实践中，是否构成情势变更，应以是否导致合同基础丧失，是否致使合同目的落空，是否造成对价关系障碍作为判断标准。

冯某与邓某房屋买卖合同纠纷二审民事判决书［（2017）京 01 民终 2217 号］：关于冯某主张因房地产调控措施出台导致其卖房换购目的无法实现，其已通知邓某解除了涉案合同，故合同已经解除的上诉理由，本院认为，合同依法成立后，除各方当事人协商一致解除的情形外，当事人一方只有在具备约定解除权或者法定解除权的情形下才有权解除合同，其他情形下不得擅自解除合同。本案中，冯某主张房地产调控措施的出台导致其合同目的不能实现不能成立，本院予以驳回。关于冯某主张"9·30 新政"属于情势变更情形的上诉理由，本院认为，在司法实践中，具体判断是否构成情势变更，应以是否导致合同基础丧失，是否致使合同目的落空，是否造成对价关系障碍作为判断标准。本案中，"9·30 新政"政策的出台并未对冯某出售房屋构成障碍，也并不影响其获取房价款的合同目的，并非影响涉案合同成立和履行的重大变化，故冯某主张"9·30 新政"属于情势变更，其行使解除权有法律依据的上诉理由并不能成立，本院予以驳回。

2. 裁判要旨：通州区住房限购政策作为房地产调控措施，当事人应该有所预见，该政策虽导致出卖人出售房产后无法再在通州区购房，但不影响购房人也不影响出卖人在其他地区购房，故出卖人主张情势变更解除合同不予支持，裁判支持合同继续履行。

王某等与张某房屋买卖合同纠纷二审民事判决书［（2016）京 03 民终 3339 号］：本院认为，通州区住房限购政策在性质上具有公共政策的性质，确实会对部分房屋买卖合同能否继续履行造成重大影响。但在本案中，上述限购政策实施前，双方之间的房屋买卖合同已经签订并且办理了网签手续，购房人张某亦具备在通州区购房的资质，双方继续履行合同不存在现实障碍。对于王某、田某而言，依据现有情况，其在出售涉案房屋后无法再行在通州区购买商品房，不可避免对其利益造成一定影响，但房屋买卖合同作为一种标的额相对较大、与买卖双方切身利益密切相关的合同，当事人在签订合同时对合同订立后可能出现的房地产市场风险及各种履行障碍均应当有一定程度的预见和判断。对王某、田某亦是如此，并且上述限购政策并不影响其在通州区另购其他性质的房屋或在通州区以外的北京市其他地区购房。特别是在本案中，其二人并未提交充分证据证明其与张某缔结涉案房屋买卖合同的目的在于在通州区另购住房，故王某、田某依据情势变更原则主张解除合同缺乏事实及法律依据。综合上述论述，一审判决双方继续履行房屋买卖合同，并依据具体情况确定双方继续履行合同的内容、期限及方式均无不当，本院予以维持。

八、家庭房事

064 离婚后不及时变更户口登记，前夫处分前妻房产签订房屋买卖合同构成表见代理的，代理行为有效

阅读提示

夫妻离婚后大都会及时办理离婚登记手续，以在法律上正式解除婚姻关系，但却往往会忽略变更户口登记簿，由此留下隐患。本文就介绍一则相关案例，当事人因为离婚后未及时变更户口登记而使合同相对人产生误认，最终导致败诉，被迫出让唯一住房。

案情简介

叶某与宋某1协议离婚，协议约定10A号房屋归叶某单独所有，二人于2010年6月4日办理了离婚登记手续，2010年6月8日办理了房屋所有权转移登记手续，但未就离婚报备变更户口登记的内容，以10A号房屋为地址的户口簿载明，户主系叶某，在册人口包括宋某1（之夫）、宋某2（之女）。

2012年，叶某（出卖人）代理人宋某1与曾某（买受人）签订《北京市存量房屋买卖合同》，合同约定叶某以655万元出售10A号房屋，签订合同时宋某1声称是受叶某的委托，并出示了委托书以及户口簿。

合同签订后曾某依约支付了定金20万元，但宋某1以种种理由拒绝配合出售房屋，随后叶某表示并未委托宋某1，明确表示拒绝售房。

曾某向法院提起诉讼，要求对方继续履行合同并支付违约金。一审法院判决《北京市存量房屋买卖合同》继续履行。宋某1、叶某不服，提起上诉。二审法院判决驳回上诉，维持原判。

败诉原因

本案中 10A 号房屋的所有人为叶某，宋某 1 在实际未获得叶某委托的情况下代理叶某对外签订房屋买卖合同属于无权代理行为，无权代理原则上应无权代理人自行承担责任。

但本案中，叶某作为户主，在与宋某 1 离婚后未及时就离婚申请户口变更登记，导致买受人曾某相信二人系夫妻关系、宋某 1 有代理权，进而与宋某 1 签订合同，叶某对曾某的错误认识存在一定责任，因此宋某 1 的行为构成表见代理，代理行为有效，叶某应当继续履行该房屋买卖合同。

实务经验总结

前事不忘，后事之师。为避免未来发生类似败诉，提出如下建议：

1. 夫妻离婚应当及时办理各项变更登记手续，包括离婚登记、房屋产权变更登记、户口变更登记等，以避免不必要的麻烦。

2. 对于房屋买受人而言，在进行交易时应当谨慎审查房屋的权属登记相关情况；与房屋所有权人的代理人签订合同时，应特别注意审查其出具的委托手续；在代理人与被代理人系夫妻关系时，还应当要求其出示婚姻关系证明。

3. 出卖人冒名顶替，冒充他人签订房屋买卖合同的，买受人可以依据表见代理制度主张该合同对被冒名人有拘束力，进而要求继续履行合同。

法院判决

依据本案查明的事实，曾某从专业的房屋经纪机构购买涉案房屋，购买涉案房屋时查看了宋某 1 与叶某的户口簿，该户口登记簿上记载宋某 1 系叶某之夫，曾某亦查看了宋某 1 出具的叶某委托其卖房的委托书。作为一名普通购房人，基于叶某与宋某 1 之间的身份关系以及宋某 1 与 10A 号房屋的渊源，曾某有理由相信宋某 1 享有代理权，在此次交易中尽到了审慎义务。故宋某 1 的代理行为的法律后果应由叶某承担，宋某 1 代理叶某与曾某签订的房屋买卖合同及补充协议约束被代理人叶某。在宋某 1、叶某未举证证明涉案合同及补充协议具有其他无效情节的情况下，一审法院对于叶某及宋某 1 合同无效、叶某不承担合同责任的抗辩不予采信正确。叶某与曾某之间的《北京市存量房屋买卖合同》及补充协议合法有效。

依法成立之合同对双方当事人具有法律约束力，当事人应依约履行己方义务，不得擅自变更或解除合同。现曾某有能力一次性付清剩余购房款，不存在履约障碍，一审法院对曾某要求叶某继续履行双方之间的房屋买卖合同、办理房屋转移登记的诉求予以支持正确。

相关法律规定

《中华人民共和国民法通则》

第六十六条第一款 没有代理权、超越代理权或者代理权终止后的行为，只有经过被代理人的追认，被代理人才承担民事责任。未经追认的行为，由行为人承担民事责任。本人知道他人以本人名义实施民事行为而不作否认表示的，视为同意。

《中华人民共和国合同法》

第四十八条第一款 行为人没有代理权、超越代理权或者代理权终止后以被代理人名义订立的合同，未经被代理人追认，对被代理人不发生效力，由行为人承担责任。

第四十九条 行为人没有代理权、超越代理权或者代理权终止后以被代理人名义订立合同，相对人有理由相信行为人有代理权的，该代理行为有效。

以上是法律中关于表见代理的规定。简单来说，表见代理是指行为人没有合法的代理权，却以被代理人名义订立的合同，但由于被代理人过失或被代理人与无权代理人之间存在某种特殊关系，使相对人相信行为人有代理权，则该代理行为虽属无权代理，却产生与有权代理相同的法律效果。

案件来源

宋某 1、叶某与曾某房屋买卖合同纠纷上诉案［北京市第三中级人民法院（2014）三中民终字第 640 号］

延伸阅读

《北京市高级人民法院关于审理房屋买卖合同纠纷案件若干疑难问题的会议纪要》“八、冒名签订房屋买卖合同的效力”规定：“出卖人冒用房屋所有权人名义（如伪造所有权人身份证明、找相貌近似者冒充所有权人交易等）擅自转让房屋，可以参照《合同法》第 48 条无权代理的规定认定房屋买卖合同无效，该合同对房屋所有权人没有约束力，但买受人有证据证明构成《合同法》第 49 条规定表见代理的除外。买受人信赖出卖人享有代理权法律外观的形成系不可归因于房屋所有权人的，不构成前款规定的表见代理。”

065 父母以子女名义支付首付购房，虽供子女婚后居住但并无赠与意思，应当认定为房屋的共同共有人

阅读提示

《最高人民法院关于适用〈中华人民共和国婚姻法〉若干问题的解释（三）》第七条规定，婚后一方父母以子女名义购买住房，一般可以认定为对自己一方子女的赠与，但该条款的适用以父母有赠与的意思为前提条件。如果有证据证明父母并无赠与之意，则应当将其认定为该房屋的共同共有人。

案情简介

赵某系农业部退休人员，与陈某系母子关系。2009年，农业部门配给赵某限价房一套。因赵某已办理退休手续，为方便贷款，经房管处和农业部同意，赵某以陈某的名义于2010年10月签订购房合同，购房定金、首付款及装修款均由赵某支付，房屋登记在陈某名下，由陈某实际占有。

2010年2月，陈某和靳某结婚，婚后二人居住在案涉房屋中，并共同贷款用于支付该房屋的剩余购房款。

2013年陈某和靳某离婚，在离婚协议中将该房屋作为夫妻共同财产进行分割。赵某得知这一情况后，以该离婚协议侵害了其财产权为由向法院提起诉讼，请求判定靳某和陈某签订的离婚协议中关于房屋的内容无效。

一审法院认为案涉房屋系赵某单位福利，且赵某对购买该房亦有出资，已经构成该房屋的共同共有人，因此判决支持赵某的诉讼请求。

靳某不服，提起上诉，北京市第三中级人民法院二审判决驳回上诉，维持原判。

败诉原因

婚后一方父母支付首付购买房屋，登记在自己一方子女名下，且贷款由夫妻共同偿还的，一般应当认定该房屋为夫妻共同财产，但以上法条的适用应当以父母有赠与的意思为前提条件。

本案中，赵某以儿子陈某名义购房是为了贷款方便，且其向法院起诉的行为

也明确表明并无将房屋赠与儿子的意愿，因此应当认定赵某也是该房屋的共同共有人，即不能认定该房屋为夫妻共有财产。陈某和靳某在离婚协议中将该房屋作为夫妻共有财产进行分配实际上是损害了赵某作为共有人的权利，因此法院判决该离婚协议条款无效。

实务经验总结

前事不忘，后事之师。为避免未来发生类似败诉，提出如下建议：

1. 婚后父母以子女名义部分出资买房并将房产登记在子女名下的，如果夫妻二人共同偿还房贷，应当认定该房屋为夫妻共有财产。但这应当以父母有赠与的意思为前提条件，否则，该房产应当为夫妻以及出资的父母共同共有，而非夫妻共同财产，未经父母同意，不得随意处置。

2. 不动产权属证书仅是权利的外在表现形式，只具有推定的证据效力，并不一定与实际权利状况完全吻合。因此，判断某房产的权属时不能仅依据房产证明文件，而应当根据实际出资人、占有使用情况等具体情形加以判断。

法院判决

本院认为，《最高人民法院关于适用〈中华人民共和国婚姻法〉若干问题的解释（三）》第七条关于婚后由一方父母出资为子女购买的不动产，产权登记在出资人子女名下的，可按照《中华人民共和国婚姻法》第十八条第三项的规定，视为只对自己子女一方的赠与，该不动产应认定为夫妻一方的个人财产的规定，其适用需父母有赠与意愿。本案中，赵某否认其有赠与意愿，且无证据表明其有赠与意愿，故其支付首付款以陈某名义购买争议房屋，不能视为对陈某的赠与。《北京市高级人民法院关于审理房屋买卖合同纠纷案件适用法律若干问题的指导意见（试行）》第十五条规定，当事人约定一方以他人名义购买房屋，并将房屋登记在他人名下，借名人实际享有房屋权益，借名人依据合同约定要求登记人（出名人）办理房屋所有权转移登记的，可予支持。本案中，争议房屋虽由赵某支付首付款购买，且使用了其工龄利益，但房屋权益实际上由陈某与靳某享有，且无证据表明赵某向陈某支付房屋贷款，因此不符合借名买房的特征，而赵某与陈某关于借名买房约定的真实性亦无法确定，因此无法认定赵某与陈某之间存在借名买房关系。《中华人民共和国物权法》第十七条规定，不动产权属证书是权利人享有该不动产物权的证明。该证书是权利的外在表现形式，只具有推定的证据效力，与实际权利状况并不一定完全吻合。有证据证明登记人以外的其他人为真正权利人或享有权利份额的，可否定不动产权属证书记载的权利人的权利。《中华人民共和国物权法》第九十四条规定，按份共有人对共有的不动产或者动产按照其份额享有所有权。依据农业部开具的“农业部职工购买限价房临时凭单”及农业部基建房管处副处长李某在接受原审法院调查时陈述的意见，争议房产的申请人为赵某，购买使用了赵某的工龄、部龄，属于赵某的职工福利，而靳某关于争议房屋系其与陈某二人婚后申请的上诉意见没有证据支持。且赵某对房屋的购买支付了首付款，赵某的出资和工龄利益使其成为争议房屋的共同购买人，其对争议房屋享有份额。《中华人民共和国合同法》第五十一条规定，无处分权的人处分他人财产，经权利人追认或者无处分权的人订立合同后取得处分权的，该合同有效。《中华人民共和国合同法》第五十一条规定的无权处分，既包括无处分权人处分他人财产的情形，也包括处分权受限制的共有人处分共有物的情形。本案中无证据表明陈某与靳某签订离婚协议时征求了赵某的意见，因此二人约定将争议房屋归靳某所有应属无效，但靳某如认为己方利益受损，可另行主张权利。综上，原审法院认定事实清楚，适用法律正确，所作判决并无不当，应予维持。

相关法律规定

《中华人民共和国婚姻法》

第十八条　有下列情形之一的，为夫妻一方的财产：

……

（三）遗嘱或赠与合同中确定只归夫或妻一方的财产；

……

《最高人民法院关于适用〈中华人民共和国婚姻法〉若干问题的解释（三）》

第七条第一款　婚后由一方父母出资为子女购买的不动产，产权登记在出资人子女名下的，可按照婚姻法第十八条第（三）项的规定，视为只对自己子女一方的赠与，该不动产应认定为夫妻一方的个人财产。

《北京市高级人民法院关于审理婚姻纠纷案件若干疑难问题的参考意见》

二十七、【婚后父母部分出资购房的认定】

婚后由一方父母支付首付款为子女购买的不动产，产权登记在出资人子女名下，由夫妻共同偿还余款的，不属于《婚姻法司法解释三》第七条第一款的规定的情形，该不动产应作为夫妻共有财产，在离婚时综合考虑出资来源、装修情况等因素予以公平分割。

……

根据上述法律规定，婚后一方父母支付首付购买房屋，登记在自己一方子女名下，且贷款由夫妻共同偿还的，一般应当认定该房屋为夫妻共同财产，但以上法条的适用应当以父母有赠与的意思为前提条件。在父母并无赠与的意思的情况下，不宜依据上述法条认定房屋仅为夫妻共有，部分出资购房的父母也应该一并认定为该房屋的共同共有人。

案件来源

靳某与赵某等夫妻财产约定纠纷二审民事判决书［北京市第三中级人民法院（2015）三中民终字第5004号］

066 夫妻一方偷偷转让共有房屋，买卖合同效力如何？

阅读提示

实践中经常出现夫妻共有房产被一方擅自出卖的案件。一般情况是该房屋为夫妻婚后购买，属于夫妻二人共有，但房屋登记于一方名下，该登记的一方与相对人签订房屋买卖合同，处分共有房产，往往交易完成后，其配偶一方依然毫不知情。

那么，此种情况下签订的房屋买卖合同是否有效？答案恐怕是肯定的！当然，合同有效并不一定意味着买受人能够顺利取得房屋所有权。

案情简介

王某与张某系夫妻关系，二人共有的房屋（1603号）登记在张某名下。2002年，张某与朱某同时签订《借款证明》和《关于1603号住房的双方协议》，两份协议经法院另案审理认定为实际上的买卖合同，即张某与朱某之间存在房屋买卖合同法律关系。

王某向法院起诉称，张某未经王某同意与朱某签订《借款证明》和《关于1603号住房的双方协议》，属于无权处分夫妻共有财产，请求法院判定两份协议无效。

法院经审理认为，张某与朱某签订的《借款证明》《关于1603号住房的双方协议》以及由此形成的房屋买卖合同关系合法有效，判决驳回王某的诉讼请求。

裁判要旨

夫妻一方未经另一方同意，以自己名义转让登记在自己名下的法定共有房屋，当事人仅以出卖人没有处分权为由主张房屋买卖合同无效的，法院将不予支持。

法院判决

本院认为，当事人一方以出卖人在缔约时对标的物没有所有权或者处分权为由主张合同无效的，人民法院不予支持。据此，在行为人处分夫妻共有财产的买卖合同中，无权处分行为涉及的是合同能否履行以及合同履行后相对人能否取得标的物所有权问题，并非必然影响该合同的效力。本案中，根据法院生效判决查明的事实，张某与朱某于2002年6月29日签订了《借款证明》及《关于1603号住房的双方协议》，双方事实上形成房屋买卖合同法律关系。虽原告主张涉案房屋属夫妻共有财产，张某出售涉案房屋构成无权处分行为，但涉案房屋购买后登记于张某名下，张某将涉案房屋交付予朱某，朱某亦支付了相应对价，且原告未能提供二被告恶意串通以侵害其合法权益的事实。综上，张某与朱某签订的《借款证明》《关于1603号住房的双方协议》以及由此形成的房屋买卖合同关系系双方真实的意思表示，其内容不违反法律、行政法规的强制性规定，应属合法有效。故原告以张某无权处分夫妻共有财产为由，主张张某与朱某之间的《借款证明》《关于1603号住房的双方协议》以及房屋买卖合同关系无效，缺乏充分的事实和法律依据，本院不予支持。

相关法律规定

《中华人民共和国合同法》

第五十二条　有下列情形之一的，合同无效：

（一）一方以欺诈、胁迫的手段订立合同，损害国家利益；

（二）恶意串通，损害国家、集体或者第三人利益；

（三）以合法形式掩盖非法目的；

（四）损害社会公共利益；

（五）违反法律、行政法规的强制性规定。

《最高人民法院关于审理买卖合同纠纷案件适用法律问题的解释》

第三条第一款　当事人一方以出卖人在缔约时对标的物没有所有权或者处分

权为由主张合同无效的，人民法院不予支持。

以上是全国范围内适用的法条，合同法明确列举了会导致合同无效的五种法定情形，除此之外不宜轻易认定合同无效；而最高院的司法解释更是明确指出不能仅以出卖人对标的物没有处分权为由主张合同无效。

案件来源

王某与张某等确认合同无效纠纷一审民事判决书［北京市石景山区人民法院（2014）石民初字第554号］

地方相关规定

《北京市高级人民法院关于审理房屋买卖合同纠纷案件若干疑难问题的会议纪要》

六、无权处分合同的效力和履行

夫妻一方未经另一方同意，以自己名义转让登记在自己名下的法定共有房屋，当事人以出卖人在缔约时对房屋没有所有权或者处分权为由主张房屋买卖合同无效的，不予支持。

……

《上海市高级人民法院关于审理"二手房"买卖案件若干问题的解答》

2. 未经房屋共同共有人同意，出卖人对外签订的"二手房"买卖合同，效力如何认定？

答：审判实践中，经常遇到房屋共有人以其他共有人擅自处分共有财产为由，主张其他共有人对外签订的"二手房"买卖合同无效。对此问题，应区别不同的情形分别处理。一是房屋出售时，权利登记仅为出卖人一人的，基于不动产的公示、公信原则，买受人有理由相信出卖人系房屋的完全权利人，其与出卖人之间签订的买卖合同，应认定为有效；但如有证据证明买受人存有过错，与出卖人恶意串通，损害其他共有人利益的除外。二是房屋出售时，权利登记为数人的，基于部分共同共有人不得擅自处分共有财产的法律规定，在其他权利人事后不予追认的情况下，应认定买卖合同无效；但买受人有理由相信出卖人有代理权，符合表见代理构成要件的，应确认买卖合同有效。

067 夫妻一方无权处分房屋导致合同解除，另一方应承担连带责任（有范围）

阅读提示

婚姻关系存续期间夫妻一方擅自出卖共有房屋，导致房屋买卖合同因无权处分被判无效，对于买房人返还购房款、支付违约金、赔偿房屋差价损失等诉求，无过错的另一方是否应承担连带责任？本文引用的案例中，法院认定夫妻一方无权处分房屋所得款项仍为夫妻共同财产，最终判决夫妻双方就返还已付购房款承担连带责任，而因合同解除导致的其他违约责任，则由无权处分一方自行承担。

案情简介

张某与池某系夫妻关系，涉诉房屋系夫妻共同财产，登记在池某名下。2012年5月25日，池某在张某不知情的情况下与闫某签订买卖协议，将涉诉房屋卖与闫某，约定房屋价款为75万元，并约定如池某不将房屋卖与闫某，则应当支付闫某房屋价款的20%作为违约金。

合同签订后，闫某分别于2012年5月25日、10月12日和10月15日向池某支付购房款202,922元、10,000元、537,078元，共计75万元，其中，537,078元由闫某为池某及张某偿还抵押贷款。

2012年11月12日，闫某办理房屋过户手续时，张某提出对该房屋的异议登记导致过户手续未能办理。闫某遂向法院提起诉讼，请求解除房屋买卖合同，要求池某返还购房款75万元、支付违约金15万元、赔偿房屋差价损失60万元，并要求张某与池某共同承担责任。

北京市延庆县人民法院一审判决解除池某与闫某的房屋买卖合同，池某返还购房款75万元、支付违约金15万元并赔偿房屋差价损失60万元，张某对购房款75万元中的537,078元负连带给付义务。

张某不服一审判决，上诉至北京市第一中级人民法院，认为房屋买卖行为产生于张某与池某分居期间，且张某已于2012年1月4日还贷40万元，剩余贷款仅9.5万元，因此请求改判张某对于未还贷款9.5万元与池某承担连带责任。

北京市第一中级人民法院经审理认为，池某对于售房款的使用情况并不改变售房款的共有性质，因此本案中不应以款项用途为标准对张某与池某对外负有的返还义务进行区分，最终判决驳回上诉，维持原判。

败诉原因

池某擅自出卖夫妻共同财产的行为属于无权处分，其与闫某签订的买卖合同虽为有效合同，但合同目的已无法实现，池某应当对此承担违约责任。

本案的争议焦点在于违约责任是否应当由张某与池某共同承担。本案中涉案房屋为夫妻共同财产，池某在夫妻关系存续期间与闫某签订买卖合同并由此获得75万元购房款，该笔款项应为夫妻共同财产，因此池某应当就该75万元与张某承担连带还款责任。

至于因合同不能履行而产生的违约金、房屋差价损失等其他违约责任，因其产生是由于池某擅自处分房产的个人行为，张某对此并不知情，其也并非买卖合同的一方主体，因此张某对这部分债务不承担责任。

实务经验总结

前事不忘，后事之师。为避免未来发生类似败诉，提出如下建议：

1. 夫妻一方无权处分共有房屋导致房屋买卖合同解除，另一方应就返还购房款承担连带责任。此时应当注意区分返还购房款与违约金、房屋差价损失等其他违约责任，因后者是由于无权处分一方的个人行为导致，无过错的另一方无须就该部分承担连带责任。

2. 夫妻一方在婚姻关系存续期间无权处分共有房屋所得房款为夫妻共同财产，无权处分一方对房款的实际用途不改变其共有性质，即便该行为发生在分居后且另一方对此不知情也不能对抗买房人的权利，另一方仅可在离婚诉讼中就夫妻债务分担问题另行主张。

法院判决

本院认为，已发生法律效力的民事判决书确认，池某与闫某就涉诉房屋签订的买卖合同为有效合同。因池某擅自处分夫妻共同财产，欠缺对于涉案房屋的处分权，导致闫某无法实现其合同目的。池某对此应当承担违约责任。张某所持买卖合同无效，池某应承担缔约过失责任的上诉理由与生效裁判文书的认定相矛盾，本院不予采纳。

池某与闫某签订房屋买卖合同系池某单方处分夫妻共同财产的行为，因其不具备处分权导致合同无法继续履行，闫某因无法实现合同目的，主张解除于法有据。根据《中华人民共和国合同法》第九十七条之规定，合同解除后，尚未履行的，终止履行；已经履行的，根据履行情况和合同性质，当事人可以要求恢复原状、采取其他补救措施，并有权要求赔偿损失。本案中，因涉案房屋为大妻共同财产，池某系在与张某夫妻关系存续期间签订买卖合同，在合同发生效力后，池某收取的75万元购房款系涉案房屋的对价，应为夫妻共同财产，池某负有将房屋所有权转移登记至闫某名下的义务。现买卖合同解除，尚未履行的合同义务归于消灭，池某与张某对于涉案房屋的权利恢复到原有状态，对于已经履行的部分应当恢复原状，故闫某有权主张返还已经支付的75万元房款，张某及池某作为涉案房屋及售房款的共有权人，对闫某负有连带返还义务。

闫某接受池某的指示，将部分房款转入池某的贷款账户的行为系其支付房款的一种方式，本质为池某对于售房款用途的支配。池某对丁售房款的使用情况并不改变售房款的共有性质，故不应以款项用途为标准对张某与池某对外负有的返还义务进行区分。一审法院对此认定有误，本院予以纠正。因闫某未提出上诉，故本院对于一审法院的该项判决结果予以维持。售房款项实际用途以及张某关于其对与池某分居后发生的债务不知情的抗辩意见仅影响夫妻之间债权债务的分割，不能对抗闫某的权利。故对张某所持其仅对9.5万元贷款承担连带责任的上诉请求，本院不予支持。张某可就夫妻债务分担问题另行主张。

关于闫某所主张的其他违约责任问题，本院认为，根据婚姻法之相关规定，夫妻对共同所有的财产，有平等的处理权。非因日常生活需要对夫妻共同财产作出重要处理决定，夫妻双方应当平等协商，取得一致意见。现池某与闫某签订房屋买卖合同系池某擅自处分夫妻共同财产的个人行为，该行为违反了法律规定。买卖合同无法继续履行系由于池某违反法律规定，以及张某保护自身权利的正当行为所致，张某对于买卖合同的签订不知情，对于违约责任的产生亦不存在过错。故因合同不能履行而产生的其他违约责任之债务，为池某的个人债务，由池某个人负责清偿。现池某明确认可闫某所主张的违约金、利息损失、房屋差价损失、中介费损失及具体数额，系其处分自己的民事权利的行为，一审法院对此处理正确，本院予以维持。张某所持闫某主张的违约金、利息损失、差价损失均不应支持的上诉请求于法无据，本院不予支持。

就张某上诉提出的诉讼地位问题，本院认为，本案系闫某认为池某构成根本违约，其无法实现合同目的而主张解除合同并由池某、张某承担相应法律责任的诉讼，张某在本案中不存在独立的诉讼主张，故其所持其为有独立请求权第三人的上诉理由于法无据，张某对于闫某的诉讼请求所作抗辩，不能对抗池某处分自身实体权利行为的效力，一审法院审理程序并无不当。

相关法律规定

《中华人民共和国合同法》

第九十七条 合同解除后，尚未履行的，终止履行；已经履行的，根据履行情况和合同性质，当事人可以要求恢复原状、采取其他补救措施，并有权要求赔偿损失。

《最高人民法院关于适用〈中华人民共和国婚姻法〉若干问题的解释（二）》

第二十四条第一款 债权人就婚姻关系存续期间夫妻一方以个人名义所负债务主张权利的，应当按夫妻共同债务处理。但夫妻一方能够证明债权人与债务人明确约定为个人债务，或者能够证明属于婚姻法第十九条第三款规定情形的除外。

案件来源

闫某等房屋买卖合同纠纷二审民事判决书［北京市第一中级人民法院（2014）一中民终字第02011号］

068 夫妻一方偷偷转让共有房屋，买受人可依善意取得制度取得房屋所有权

阅读提示

夫妻一方擅自将登记在自己名下的共有房产出卖给第三人，即使并无处分权利，买卖合同依然有效，但合同有效并不一定意味着买受人可以取得房屋所有权。实践中，买受人想要取得房屋所有权还需满足善意取得的构成要件，否则即便房屋已经办理过户登记，夫妻另一方仍然可以追回该房屋。夫妻一方无权处分夫妻共有房屋，符合善意取得构成要件的买受人可以取得房屋所有权。

案情简介

刘某与周某系夫妻关系，二人婚后购买北京市大兴区501号房屋，该房屋所有权人登记为周某，未登记共有人。

2010年7月23日，周某与苏某签订网签《存量房屋买卖合同》，合同约定周某将501号房屋卖与苏某。为了避税，合同中载明的交易价格为25万元，实际达成的房屋交易价格为107万元。苏某按约定先向周某支付了5万元定金，房屋产

权登记变更后又支付了 102 万元。

刘某向法院起诉称，周某与苏某恶意串通签订房屋买卖合同，请求法院确认案涉《存量房屋买卖合同》无效，并将案涉房屋的登记人恢复为周某。

一审法院判决驳回原告的诉讼请求。刘某不服，提起上诉。北京市第二中级人民法院二审认为，案涉买卖合同合法有效，且苏某的行为符合善意取得构成要件，判决驳回上诉，维持原判。

败诉原因

本案中周某出卖房屋的行为虽属无权处分，但该房屋所有权人登记为周某一人，买受人苏某出于对产权证的信赖而相信周某有出卖房屋的权利并无过错，且苏某已经支付合理的对价并完成了过户登记，因此苏某的行为符合善意取得构成要件，已经取得房屋所有权，刘某不能再主张追回该房屋。

实务经验总结

前事不忘，后事之师。为避免未来发生类似败诉，提出如下建议：

1. 房屋买受人在签订买卖合同时应该尽到谨慎注意义务，详细了解房屋的权属情况，确定房屋是否存在登记人之外的其他共有人，存在其他共有人的，应当获得其书面同意，以避免不必要的麻烦。

2. 房屋买受人应当督促出卖人尽快办理过户登记，否则可能因缺失公示要件而不能构成善意取得，最终无法顺利取得房屋所有权。

3. 夫妻一方无权处分共有房屋，并且已经过户到买受人名下的，夫妻另一方仍然可以以不构成善意取得为由向法院提起诉讼，要求追回房产。

法院判决

本院认为，根据《中华人民共和国物权法》第一百零八条之规定，无处分权人将不动产或者动产转让给受让人的，所有权人有权追回；但符合下列情形的，受让人取得该不动产或者动产的所有权：（1）受让人受让该不动产或者动产时是善意的；（2）以合理的价格转让；（3）转让的不动产或者动产依照法律规定应当登记的已经登记，不需要登记的已经交付给受让人。本案中，周某未经共有人同意将应属夫妻共同所有的房屋卖给苏某，属于无权处分。苏某能否取得诉争房屋的所有权，关键在于苏某的行为是否符合法律规定的善意取得的要件。虽然本案房屋买卖合同中约定的成交价格为25万元，但结合周某出具的欠条、定金收条，苏某提交的转账汇款凭据以及法院调取的账户证明书、账户历史交易明细表等证据，可以认定苏某购买诉争房产的实际价款为107万元，且苏某已将107万元的购房款全部给付周某。该价款虽未达到刘某提交估价报告的评估价格，但并未明显低于刘某提交估价报告的评估价格，属于合理价格区间范围内。苏某购买诉争房屋是出于对周某持有的房屋产权证的信赖，刘某并未提交证据证明苏某在签订合同时明知或应当知道诉争房产系夫妻共同财产，亦未提交充分证据证明苏某系出于恶意购买诉争房产，且诉争房产的权属已经办理变更登记至苏某名下。因此，苏某的行为符合善意取得的构成要件，诉争房屋的所有权应当归苏某所有，故对于刘某关于苏某不构成善意取得，其主观上存在明显恶意，应知或明知诉争房屋系夫妻共同财产，且苏某购买诉争房屋的价格明显低于市场价格的主张，本院难以支持。

相关法律规定

《中华人民共和国物权法》

第一百零六条 无处分权人将不动产或者动产转让给受让人的，所有权人有权追回；除法律另有规定外，符合下列情形的，受让人取得该不动产或者动产的所有权：

（一）受让人受让该不动产或者动产时是善意的；

（二）以合理的价格转让；

（三）转让的不动产或者动产依照法律规定应当登记的已经登记，不需要登记的已经交付给受让人。

受让人依照前款规定取得不动产或者动产的所有权的，原所有权人有权向无处分权人请求赔偿损失。

当事人善意取得其他物权的，参照前两款规定。

简单来说，第一，善意取得制度以无权处分为前提，如果出卖方系有处分权的主体，则无善意取得适用的余地。第二，买受人主张善意取得房屋必须同时满足三个条件：（1）买受人在交易时是善意的，即不知道也不应当知道出卖人没有出卖房屋的权利；（2）买卖双方以合理的价格进行交易，根据合同法司法解释二，转让价格达不到交易时交易地的指导价或者市场交易价70%的，一般可以视为明显不合理的低价；转让价格高于当地指导价或者市场交易价30%的，一般可以视为明显不合理的高价；（3）买卖双方已经依法完成了变更登记。

夫妻一方擅自转让共有房屋，买受人受让房屋符合上述条件的即可顺利取得房屋所有权，夫妻另一方不得再主张返还；反之，只要不符合其中任意一条，另一方可起诉要求追回房屋。

案件来源

刘某与周某、苏某房屋买卖合同纠纷二审民事判决书［北京市第二中级人民法院（2014）二中民再终字第 06930 号］

地方相关规定

《北京市高级人民法院关于审理房屋买卖合同纠纷案件若干疑难问题的会议纪要》

六、无权处分合同的效力和履行

夫妻一方未经另一方同意，以自己名义转让登记在自己名下的法定共有房屋，当事人以出卖人在缔约时对房屋没有所有权或者处分权为由主张房屋买卖合同无效的，不予支持。

前款房屋已经交付但尚未办理过户登记，不符合《物权法》第 106 条第 1 款规定的善意取得构成要件，买卖合同构成法律上的履行不能，买受人要求继续履行买卖合同办理房屋过户登记的，法院应当释明买受人可以主张解除合同，经释明买受人坚持不变更诉讼请求的，应当判决驳回其诉讼请求。房屋买卖合同解除的，善意买受人有权要求出卖人承担包括赔偿房屋差价损失在内的违约责任。

前款房屋已经过户登记到买受人名下，但不符合《物权法》第 106 条第 1 款规定的善意取得其他构成要件，夫妻另一方依据该规定要求追回房屋的，应予支持。

“善意”的判断时点以买受人申请过户登记时为准。

069 离婚诉讼期间夫妻一方擅自出卖共有房屋，合同履行不能被解除后，另一方不承担连带责任

阅读提示

夫妻一方擅自出售共有房产导致合同解除，另一方是否应就返还购房款、赔偿差价损失等承担连带责任呢？上文《夫妻一方无权处分房屋导致合同解除，另一方应承担连带责任》中引用的案例认为，婚姻关系存续期间，一方无权处分房

屋所得款项属于共同财产，夫妻双方应就返还已付购房款承担连带责任。那么，如果无权处分房产的行为发生在离婚诉讼期间，不知情的另一方是否依然要承担责任？

本文引用的案例中，男方在离婚诉讼期间出卖共有房屋，法院分割共有财产时将涉案房屋判归女方所有，房屋买卖合同被判解除，买受人及男方要求女方就返还购房款及赔偿房屋差价损失承担连带责任的诉讼请求均未获得法院支持。

裁判要旨

离婚诉讼期间一方擅自出售共有房产，买卖合同因无法继续履行被法院判决解除的，如该房款在离婚时未作为夫妻共同财产予以分割，则另一方无须就返还房款、赔偿损失承担连带责任。

案情简介

刘某与陈某 1 原系夫妻关系。2011 年，陈某 1 提起离婚诉讼，法院于 2015 年 1 月 5 日作出判决，判令刘某与陈某 1 离婚，认定涉案房屋系夫妻共同财产，归陈某 1 所有。

2011 年 1 月 29 日，刘某与陈某 2 签订房屋买卖合同，约定刘某将涉案房屋出卖给陈某 2，成交价为 526 万元。合同签订后，陈某 2 向刘某实际支付购房款 155 万元，涉案房屋尚未过户，由陈某 2 居住使用至今。

2015 年 3 月，陈某 1 以返还原物纠纷为由诉至法院，要求陈某 2 腾退涉案房屋。法院判决支持其诉讼请求。

2015 年 6 月，陈某 2 诉至北京市朝阳区人民法院，要求解除陈某 2 与刘某签订的买卖合同，刘某及陈某 1 连带返还购房款并支付房屋增值损失。法院一审判决刘某返还陈某 2 购房款 155 万元并赔偿房屋差价损失 138.09 万元。

刘某不服一审判决，上诉至北京市第三中级人民法院，以房屋买卖交易发生在夫妻关系存续期间、涉案房款属于夫妻共同财产为由，要求陈某 1 承担连带责任。

北京市第三中级人民法院经审理认为，根据离婚纠纷的生效判决，法院并未对涉案房屋的售房款进行分割，因此不能认定该款项属于夫妻共同财产，陈某 1 无须对返还房款承担连带责任，最终判决驳回上诉，维持原判。

裁判要点

离婚诉讼期间一方擅自出售共有房产，如该房款在离婚时未作为夫妻共同财产予以分割，则另一方无须就返还房款、赔偿损失承担连带责任。

本案中，刘某在离婚诉讼期间隐瞒房屋系夫妻共有的事实将房屋出卖给陈某2，后法院在分割财产时将该房产判归妻子陈某1，导致房屋买卖合同履行不能最终被判解除，刘某理应返还购房款并赔偿陈某2因此遭受的损失。

本案争议焦点在于陈某1是否应与刘某承担连带责任。第一，就返还全部购房款而言，因法院在离婚判决中仅将涉案房屋判归陈某1所有，并未就该笔购房款进行分割，且刘某也无证据证明陈某1对售房一事知情，因此不能认定该笔购房款为夫妻共同财产，陈某1对该部分不承担连带责任。第二，就赔偿房屋差价损失而言，因该损失是违约损失，而陈某1并非合同相对方，因此其对此部分也无须承担连带责任。

综上，法院最终没有支持陈某2及刘某要求陈某1承担连带赔偿责任的诉讼请求。

实务经验总结

前事不忘，后事之师。为避免未来发生类似败诉，提出如下建议：

1. 作为买房人来说，房屋出售人有配偶时，需要特别注意房屋是否属于夫妻共同财产。在签订合同时应当要求夫妻双方共同签字，或者征得另一方的同意并留下书面证明，以免房屋买卖合同因无权处分被判解除。

2. 买受人主张夫妻双方就返还购房款承担连带责任的，应当证明购房款用于夫妻共同生活。房屋交易发生在离婚诉讼期间的，应当证明该部分购房款通过某种方式被夫妻双方分割，否则不能要求另一方就此部分款项承担连带责任。

3. 房屋差价损失属于因一方违约造成的违约损失，对于此部分损失买受人不能要求不属于合同相对方的夫妻一方承担连带赔偿责任。

法院判决

原审法院认为，当事人一方迟延履行债务或者有其他违约行为致使不能实现合同目的的，当事人可以解除合同。本案中，因为涉案房屋在刘某及陈某1的离婚判决中判归陈某1所有，陈某2与刘某间签订的房屋买卖合同因而无法继续履行，陈某2要求解除，陈某1亦同意。因此，就陈某2要求解除合同的诉讼请求，法院予以准许。刘某陈述称，陈某1就涉案合同知情并同意，陈某1予以否认，刘某未进一步举证，法院就刘某的陈述不予采信。

合同解除后，尚未履行的，终止履行；已经履行的，根据履行情况和合同性质，当事人可以要求恢复原状、采取其他补救措施，并有权要求赔偿损失。本案中，因为刘某的原因导致合同无法履行，现陈某2要求刘某返还购房款、支付增值损失、承担房屋装修损失具有事实和法律依据。陈某2要求陈某1连带返还购房款，根据庭审调查可知，陈某2和刘某的房屋买卖合同关系发生在刘某及陈某1离婚诉讼期间，陈某2无证据证明刘某所收到的购房款用于刘某及陈某1的夫妻共同生活，该部分购房款通过某种方式被陈某1所分割，所以陈某2要求陈某1连带返还购房款无事实和法律依据，法院不予准许。就房屋增值损失，因该损失是违约损失，陈某1不是合同相对方，陈某2无权要求陈某1就增值损失承担连带赔偿责任。

北京市第三中级人民法院二审认为，处分共有的不动产，应当经占份额三分之二以上的按份共有人或者全体共同共有人同意，但共有人之间另有约定的除外。根据查明事实，刘某在向陈某2出售涉诉房屋时，存在对其隐瞒房屋共有人陈某1并不知情的情形；陈某2在签订合同时已尽审慎审查义务，不存在过错，为善意相对人；在涉案房屋买卖合同履行过程中，陈某1作为刘某的配偶表示涉案房屋系其二人的夫妻共同财产，不同意出卖涉案房屋；其后，涉案房屋经法院生效判决判归陈某1所有，陈某1作为房屋所有权人明确表示不同意出售涉诉房屋。本院认为，综合上述事实，刘某在未经陈某1同意的情形下擅自处分共有房屋，侵犯了陈某1的共有权利，构成无权处分。虽然刘某主张该售房行为征得了陈某1的同意，但出售涉案房屋时正值刘某与陈某1离婚诉讼期间，刘某并未提交充分证据证明陈某1对此事知情并同意，原审法院未予采信，处理正确。现涉案房屋已经法院生效判决判归陈某1所有，陈某1作为房屋所有权人明确表示不同意出售，陈某2与刘某之间的房屋买卖合同因而无法继续履行，原审法院根据本案实际情况解除双方所签合同处理正确，各方均不持异议，本院予以确认。

合同解除的法律后果表现为终止履行或者恢复原状，如有损失的还可以要求相对人赔偿损失。本案中，刘某作为房屋出售方向买受方陈某2隐瞒共有权人陈某1的真实意愿，最终导致涉案房屋无法办理过户手续而不得不解除合同，刘某应对此承担相应的违约责任。原审法院基于公平原则，结合双方合同约定及刘某的违约情节判令刘某返还全部售房款及陈某2垫付的供暖费、物业费、车位费等，处理正确，应予维持。就刘某上诉主张该购房款的取得时间在夫妻婚姻关系存续期间，离婚诉讼中已经作为夫妻共同财产进行分割的主张，本院认为，根据双方离婚纠纷的生效判决，涉及的共同存款分割问题，仅对刘某名下存款 80.13 万元进行了处理，并未体现对涉案房屋售房款 155 万元的分割情况，因此对于刘某的上述主张，本院不予采信。

相关法律规定

《中华人民共和国合同法》

第九十七条 合同解除后，尚未履行的，终止履行；已经履行的，根据履行情况和合同性质，当事人可以要求恢复原状、采取其他补救措施，并有权要求赔偿损失。

《最高人民法院关于适用〈中华人民共和国婚姻法〉若干问题的解释（二）》

第二十四条第一款 债权人就婚姻关系存续期间夫妻一方以个人名义所负债务主张权利的，应当按夫妻共同债务处理。但夫妻一方能够证明债权人与债务人明确约定为个人债务，或者能够证明属于婚姻法第十九条第三款规定情形的除外。

案件来源

陈某 2 等与陈某 1 房屋买卖合同纠纷二审民事判决书［北京市第三中级人民法院（2016）京 03 民终 9038 号］

070 房屋登记中有未成年人的，单方监护人处分房屋的合同效力如何判断

阅读提示

房屋登记中有未成年人的，其监护人作为未成年人的法定代理人有权处分房产。尤其是在房价高涨的时期，出卖人签了合同又事后反悔，往往会主张房屋买卖合同无效，进而引发纠纷，理由一般有二：一是该房屋是夫妻共同财产，未得到另一监护人的同意，代理未成年人处分房屋合同无效；二是除为维护被监护人利益外，法律明确规定监护人不得处分被监护人的财产。

本案中，房屋出卖人在签订房屋买卖合同后还不到 7 天，就打算毁约不卖了，一审中主张互不赔偿，败诉；二审中其以上述两个理由主张合同无效，但法院认

为，该房屋登记权利人为父与子，现在由监护人父亲法定代理儿子卖房，合法有效，且《北京市房屋登记工作规范》并未对一方监护人单独代未成年人申请房屋权属登记作出禁止性规定，因妻子未被登记为房屋权利人，善意买受人基于对房屋登记的推定力（本案情形并不属于无权处分），具有信赖利益，应受法律保护。另外，二审法院对本案涉及的"为被监护人利益处分财产"争议，在四个层面上对保护未成年人利益与维护交易安全予以利益衡量，逻辑清、条理明，较为精彩，值得借鉴。

裁判要旨

房屋登记中有未成年人的，其一方监护人有权作为其法定代理人处分房屋，买受人的信赖利益依法受到保护，房屋买卖的合同效力裁判需综合衡量未成年人利益保护与买受人的交易安全予以判断。

案情简介

2016年7月22日，郭某与高某1、高某2（高某1的儿子，未成年人）签订《北京市存量房屋买卖合同》，约定高某1、高某2将其所有的位于北京市朝阳区某房屋（以下简称涉案房屋）出售给郭某，价值为1,030万元。其中房屋状况说明书中写明"满五唯一、共有状态"。合同约定，第三笔定金100万元应于2016年8月15日前由郭某支付给高某1、高某2，同日高某1、高某2须将房屋交付郭某，但至今双方均未履行。

郭某起诉要求继续履行合同。本案一审中，高某1主张顺序履行抗辩权，法院不予采信，判决继续履行合同。高某1、高某2上诉称，一审程序严重违法，涉案房屋是高某1与其妻子在婚姻关系存续期间取得的房屋，为夫妻共同财产，应当追加其妻为当事人参加诉讼；本案涉及未成年人权益，根据《中华人民共和国民法通则》《房屋登记办法》，在未征得未成年人另一法定代理人同意的情况下，非为未成年人利益，无权处分未成年人财产，高某1单独处分高某2的财产，且无法证明是为了高某2的利益，合同应为无效。

二审法院经审理认为，限制民事行为能力人的法定代理人有权代理其从事民事活动，涉案房屋买卖难以认定损害未成年人权益，从而认定合同有效，可以继续履行，判决驳回上诉，维持原判。

裁判要点

二审法院认为本案中房屋买卖合同有效，合同继续履行的原因在于：

1. 一方监护人有权单独代理未成年人申请房屋权属登记，基于房屋登记的公示公信力，买受人信赖利益应得到保护，合同有效。

涉案房屋登记为高某1与高某2，高某1是未成年人高某2的法定代理人。因此，高某1以其父亲及房屋共有权人的身份与买受人郭某签订房屋买卖合同，符合法律规定，不影响合同效力。另外，涉案房屋虽然是高某1与其妻子钟某的夫妻共同财产，但高某1作为高某2的法定监护人，其代理行为符合法律规定，且就北京市住房和城乡建设委员会出台的《北京市房屋登记工作规范》中具体规定而言，亦未对一方监护人单独代未成年人申请房屋权属登记作出禁止性规定。鉴于房屋登记的权利推定力，郭某的信赖利益应当得到法律保护，房屋买卖合同有效。

2. 为被监护人利益而处分财产的合同效力，法院需要在未成年人利益保护与买受人交易安全之间进行利益衡量。

本案中，二审法院对此从四个层面予以判断，一是本案房屋买卖合同等价有偿，不存在恶意串通行为；二是亲权与监护权结合的制度现状；三是郭某作为善意买受人的合同审查义务；四是售房款实际用途的追踪检验，若确实存在不利于子女利益的处分行为，高某2仍可以向高某1主张权利，但其不影响本案买卖合同本身的效力认定。

实务经验总结

前事不忘，后事之师。为避免未来发生类似败诉，提出如下建议：

1. 房屋买受人在合同约定不明或履行受阻时，应积极主张权利，树立证据意识，保存与房屋出卖人及经纪公司等沟通往来的相关文字、录音等材料，以备未来发生争讼时取得有利的地位。

2. 房屋登记中有未成年人的，交易时需要谨慎，房屋买受人可以要求未成年的法定代理人 / 监护人出具户口本核实身份或必要时要求其提供经过公证的监护关系证明及共有人同意出售声明，避免后期合同履行过程中的纠纷。

法院判决

本院认为，争议焦点为关于双方签订合同的效力问题。

第一，高某1、高某2与郭某签订合同时对房屋的基本状况、价款数额、价款支付方式、违约责任、解决争议的方式等房屋买卖合同的主要内容进行了明确约定，是双方买卖房屋的真实意思表示，房屋买卖合同关系成立。根据法律规定，限制民事行为能力人的民事活动可以由其法定代理人代理，由于出卖房屋时高某 2 作为房屋所有权人之一系限制民事行为能力的未成年人，高某 1 以其父亲及房屋共有权人的身份与郭某签订房屋买卖合同，符合法律规定，不影响合同效力。关于高某 1、高某 2 主张高某 2 的另一法定代理人钟某对合同签订不知情也不认可，本院认为，限制民事行为能力人的法定代理人有权代理其从事民事活动。高某 1 作为未成年子女高某 2 的法定监护人，其代理行为符合法律规定，且就北京市住房和城乡建设委员会出台的《北京市房屋登记工作规范》中具体规定而言，亦未对一方监护人单独代未成年人申请房屋权属登记作出禁止性规定。因此，依照公平、诚实信用的原则，郭某的信赖利益应当得到法律保护，合同合法有效，双方均应遵照履行。

第二，高某 1、高某 2 主张根据法律规定，除为被监护人的利益外，监护人不得处理被监护人的财产，而本次交易损害了高某 2 作为未成年人的利益，要求确认合同无效。就此问题，本院认为，监护人出卖被监护人财产过程中一旦与买受人发生争议，监护人或者被监护人很可能会以监护人不是为了被监护人利益而处分财产为由主张买卖合同无效。此时，法院必须对出卖房屋是否为被监护人利益作出判断，在未成年人利益保护与买受人交易安全之间进行利益衡量。具体到本案中，首先，郭某、高某 1 事先并不相识，而是通过经纪公司达成房屋买卖意向并签订合同，系等价有偿交易，所约定的房屋交易价格并未低于当时市场价格，不存在双方恶意串通损害未成年人利益的情形。其次，关于售房款的用途，高某 1 主张是因为做生意资金紧张，并非为了高某 2 的利益，但其并未就此提供有力证据予以证实，难以排除其以此理由恶意达到毁约目的的可能。而且本案中虽无证据显示高某 1 出卖房屋的真正意图，但在我国亲权与监护权并未进行分离区别的情况下，其作为监护人，经济状况好坏必然关乎抚养能力状态，即使因资金困难出卖房屋，本院亦难以仅凭此就认定损害了未成年人利益。再次，郭某作为善意的买受人并不具备审查能力，无从知晓监护人处分财产的真实目的，如在产生纠纷之际，仅凭高某 1 自述即认定此笔交易损害被监护人利益而无效，显然科以其过重的合同审查义务，不利于交易的安全和稳定，亦可能导致未成年人利益保护的滥用。最后，退一步讲，即使高某 1 在交易中承诺是为了高某 2 利益出卖房屋，其是否真正为了孩子的利益仍有待于后续对该笔售房款的实际用途进行追踪检验。如果高某 1 在出卖房产后确实行使了明显不利于子女利益的处分行为，高某 2 仍可以向高某1主张权利，但该权利的行使并不影响本案买卖合同本身的效力认定。

相关法律规定

《中华人民共和国民法总则》

第二十三条　无民事行为能力人、限制民事行为能力人的监护人是其法定代理人。

第二十七条　父母是未成年子女的监护人。

未成年人的父母已经死亡或者没有监护能力的，由下列有监护能力的人按顺序担任监护人：

（一）祖父母、外祖父母；

（二）兄、姐；

（三）其他愿意担任监护人的个人或者组织，但是须经未成年人住所地的居民委员会、村民委员会或者民政部门同意。

第三十四条　监护人的职责是代理被监护人实施民事法律行为，保护被监护人的人身权利、财产权利以及其他合法权益等。

监护人依法履行监护职责产生的权利，受法律保护。

监护人不履行监护职责或者侵害被监护人合法权益的，应当承担法律责任。

第三十五条　监护人应当按照最有利于被监护人的原则履行监护职责。监护人除为维护被监护人利益外，不得处分被监护人的财产。

未成年人的监护人履行监护职责，在作出与被监护人利益有关的决定时，应当根据被监护人的年龄和智力状况，尊重被监护人的真实意愿。

成年人的监护人履行监护职责，应当最大程度地尊重被监护人的真实意愿，保障并协助被监护人实施与其智力、精神健康状况相适应的民事法律行为。对被监护人有能力独立处理的事务，监护人不得干涉。

《中华人民共和国物权法》

第六条　不动产物权的设立、变更、转让和消灭，应当依照法律规定登记。动产物权的设立和转让，应当依照法律规定交付。

《中华人民共和国合同法》

第一百零七条　当事人一方不履行合同义务或者履行合同义务不符合约定的，应当承担继续履行、采取补救措施或者赔偿损失等违约责任。

《北京市房屋登记工作规范》（京建法〔2014〕10号）

2.11 监护

未成年人的房屋，应当由其监护人代为申请登记。监护人代为申请时，应当提交本人和未成年人的身份证明、监护关系证明。因处分未成年人房屋申请登记的，监护人还应当提供为未成年人利益处分房屋的书面保证。

……

案件来源

高某2、高某1房屋买卖合同纠纷二审民事判决书［（2017）京03民终4667号］

九、特殊房屋

（一）抵押房

071 买受人的涤除权：出卖人未经抵押权人同意转让抵押房屋，买受人有权要求代为清偿债务以消灭抵押权并办理过户登记

阅读提示

在房产交易过程中，出卖人未经抵押权人同意，擅自出售存在抵押权的房屋，即所谓“先抵后卖”的现象屡见不鲜。根据我国相关法律的规定，在抵押权存续期间，抵押人要想处分抵押财产，应当事先征得抵押权人的同意，未经抵押权人同意转让抵押房屋的，虽然房屋买卖合同不会因此无效，但买受人不能请求办理过户登记手续。那么，此时买受人真的就无法将房屋登记在自己名下了吗？答案是否定的。本文引用的案例中买受人行使了一项特殊权利——涤除权，即出卖人（抵押人）未经抵押权人同意转让抵押房屋的情况下，买受人有权要求代替出卖人清偿债务以消灭抵押权并办理房屋过户手续。

案情简介

2010 年 10 月 29 日，吴某为购买北京市顺义区 × 室房屋（涉诉房屋）作为主申请人向建设银行顺义支行申请贷款 107 万元，借款期限为 360 个月，以该房屋作为抵押并办理了抵押登记。

2012 年 8 月 18 日，孟某与吴某签订《北京市存量房屋买卖合同》，约定：吴某将涉诉房屋出售给孟某，成交价格为人民币 1,650,000 元；该房屋已经设定抵押，出卖人应于 2013 年 7 月 30 日前办理抵押注销手续。

2012 年 12 月，吴某将房屋交付给孟某，孟某对房屋进行装修后开始使用。截

至 2013 年 7 月 25 日，孟某共计支付吴某购房首付款 1,115,000 元。

因吴某一直未按照合同约定办理抵押注销手续，涉诉房屋一直无法办理过户手续，孟某遂向法院起诉，要求代吴某偿还贷款本息，在贷款清偿后注销涉诉房屋的抵押权登记并将房屋过户到自己名下，并要求吴某支付违约金。

根据建设银行顺义支行在法庭上的陈述，吴某尚欠贷款本金 1,011,005.92 元，建设银行顺义支行不同意孟某的诉讼请求。

北京市顺义区人民法院经审理判决支持了孟某的诉讼请求。

败诉原因

根据我国相关的法律规定，出卖人（抵押人）未经抵押权人同意转让抵押房屋的，买受人有权要求代为清偿债务以消灭抵押权并办理过户登记。

本案中，吴某因借款将涉诉房屋抵押给建设银行顺义支行。在抵押权存续期间，未经建设银行同意将该房屋卖给孟某，孟某知情后表示愿意代替吴某向建设银行偿还借款本息，即要求行使涤除权，孟某实际履行还款承诺后，建设银行存在于涉诉房屋上的抵押权基础也将丧失。因此，法院判决支持孟某代吴某偿还借款本息、消除抵押权并将房屋过户到自己名下的诉讼请求。

实务经验总结

前事不忘，后事之师。为避免未来发生类似败诉，提出如下建议：

1. 出卖人（抵押人）未经抵押权人同意转让抵押房屋的，买受人可以行使涤除权，代替出卖人偿还借款以消除房屋上负担的抵押权，实际履行还款承诺之后即可要求办理房屋过户手续。对于代替还款数额多于所欠购房款的部分，可以另案要求出卖人返还。

2. 涤除权是一项法定权利，即便出卖人（抵押人）或抵押权人反对，也不能阻碍涤除权的行使。

法院判决

根据前述法律规定，吴某与孟某签订的房屋买卖合同系双方真实意思表示，应确认有效。涉诉房屋买卖合同签订后，被告吴某表示愿意将房屋出卖于孟某，应积极履行相关手续。

房屋抵押权存续期间，出卖人（抵押人）未经抵押权人同意转让抵押房屋的，不影响房屋买卖合同的效力。原告孟某作为买受人要求继续履行合同，同意并能够代为清偿债务消灭建设银行顺义支行在涉诉房屋上设定的抵押权，不违反法律规定，本院予以支持。在原告孟某代被告吴某按照编号为110750012-011-2010000662的《个人住房（商业用房）借款合同》以一次性付款向第三人建设银行顺义支行还清全部贷款本金及利息等款项后，第三人建设银行顺义支行应当配合原告孟某将在涉诉房屋上设定的抵押权注销，以便为涉诉房屋登记过户至原告孟某名下创造继续履行条件。原告孟某代被告吴某履行前述《个人住房（商业用房）借款合同》偿还全部贷款本息等款项后，若与吴某存在争议，原告孟某表示另行解决，本院不持异议。

综上所述，原告孟某要求继续履行房屋买卖合同，于法有据，本院予以支持，对于继续履行房屋买卖合同的具体履行内容以及履行顺序，本院根据双方《北京市存量房屋买卖合同》中所作的明确约定，充分考虑到因被告吴某单方违约造成部分合同义务履行期间在案件审理过程中已经届满、需要由原告孟某代被告吴某直接向第三人建设银行顺义支行偿还贷款本息等因素予以酌情调整并合理确定。

孟某主张吴某存在违约行为，要求自2013年7月31日起按已付购房款的万分之十即每日1,115元的标准向其支付违约金。违约金系对违约方的惩罚，但以填补损失为原则。本案中，孟某已自2012年12月占有使用涉诉房屋，并通过诉讼方式解决房屋所有权转移登记问题，其所受损失由本院酌情确定。

相关法律规定

《中华人民共和国物权法》

第一百九十一条第二款　抵押期间，抵押人未经抵押权人同意，不得转让抵押财产，但受让人代为清偿债务消灭抵押权的除外。

《北京市高级人民法院关于审理房屋买卖合同纠纷案件适用法律若干问题的指导意见（试行）》（京高法发〔2010〕458号）

第八条第一款　房屋抵押权存续期间，出卖人（抵押人）未经抵押权人同意转让抵押房屋的，不影响房屋买卖合同的效力。

第二款　出卖人在合同约定的履行期限届满时仍未履行消灭抵押权的义务，致使买受人无法办理房屋所有权转移登记，买受人请求解除合同，并要求出卖人承担相应违约责任的，应予支持；买受人要求继续履行合同，办理房屋所有权转移登记，经法院释明后仍坚持不变更的，对其诉讼请求，不予支持，但买受人同意并能够代为清偿债务消灭抵押权的除外。

根据以上法律规定，抵押人未经抵押权人同意转让抵押房屋，买受人可以代为清偿债务，进而消灭抵押权，此时则无须征得抵押权人的同意，买受人可要求将房屋过户至自己名下。

案件来源

孟某诉吴某房屋买卖合同纠纷一案［北京市顺义区人民法院（2015）顺民初字第 3533 号］

072 转让抵押房屋未经抵押权人同意的，不影响房屋买卖合同的效力，但买受人无权要求办理过户手续（仅可请求解除合同）| 有例外

阅读提示

在房产交易过程中，出卖人未经抵押权人同意，擅自出售存在抵押权的房屋，即所谓“先抵后卖”的现象屡见不鲜。而根据我国相关法律的规定，在抵押权存续期间，抵押人要想处分抵押财产，一般必须事先征得抵押权人的同意。那么这是否意味着该房屋买卖合同无效？买受人此时应当如何维护自己的合法权益？

根据本文引用的案例，抵押人未经抵押权人同意转让抵押房屋的，房屋买卖合同依然合法有效，但在该房屋上负担的抵押权尚未消灭之前，除非买受人同意并能够代为清偿债务消灭抵押权，否则其请求办理过户手续或者房屋产权证明的，法院将不予支持。此时，买受人仅可请求法院解除房屋买卖合同，并要求出卖人赔偿相应损失。

案情简介

2005 年 5 月 8 日，张某与 A 房地产公司签订《北京市 ×× 商品房买卖契约》，约定张某购买 A 房地产公司开发的房屋一套，价款合计为 679,603 元。契约签订后，张某支付了全部购房款，A 房地产公司向张某交付了房屋。

因 A 公司一直未能为张某办理房屋产权证，双方又于 2011 年 11 月签订《协议书》，约定 A 公司于 2012 年 2 月 29 日前为张某办理房屋产权证，否则需赔偿张某购房款总价两倍的赔偿金。

上述协议签订后，A 公司仍未能按约定办理房屋所有权证。张某遂向法院起

诉，要求A公司立即为其办理房屋所有权证并支付逾期办证违约金1,359,206元。

经法院审理查明，诉争房屋已于2001年4月12日被A公司抵押给中国建设银行，现仍存在抵押权。张某表示无法代为偿还相关债务以解除抵押。

北京市昌平区人民法院经审理认为，A公司存在违约行为，但诉争房屋现仍存在抵押权，尚不具备办理所有权证书的条件，因此判决A公司赔偿张某违约金18万元，驳回张某的其他诉讼请求。

败诉原因

房屋抵押权存续期间，出卖人（抵押人）未经抵押权人同意转让抵押房屋的，不影响房屋买卖合同的效力。买受人要求办理房屋所有权转移登记，法院将不予支持，但买受人同意并能够代为清偿债务消灭抵押权的除外。

本案中，诉争房屋已经在签订买卖合同之前抵押给建设银行，A公司将其出卖给张某并未经中国建设银行同意，属于“未经抵押权人同意转让抵押房屋”的情况。虽然该买卖合同合法有效，但在A公司无法自行清除诉争房屋上的抵押、张某也明确表示无法代为偿还相关债务的情况下，买受人张某无权要求办理诉争房屋的所有权证。因此，法院判决A公司赔偿违约金但驳回张某关于办理房屋所有权证的诉讼请求。

实务经验总结

前事不忘，后事之师。为避免未来发生类似败诉，提出如下建议：

1. 对于买受人来说，在选择房屋时应当谨慎检查房屋权属状况，特别是确认标的房屋上有无现存的抵押权。对于存在抵押权的房屋应当事先获得抵押权人的同意（最好是书面同意），否则不宜购买。

2. 未经抵押权人同意转让抵押房屋的，不影响房屋买卖合同的效力，但买受人要求办理过户手续的，法院将不予支持。此时，买受人仅可请求法院判决解除合同并要求出卖人支付违约金。但存在一个例外，即买受人享有涤除权，买受人有权要求代为清偿债务以消灭抵押权，此种情形下则无须抵押权人同意即可办理过户手续。

法院判决

本院认为，依法成立的合同，对当事人具有法律约束力。房屋抵押权存续期间，出卖人未经抵押权人同意转让抵押房屋的，不影响房屋买卖合同的效力。原告与被告签订的《北京市 ×× 商品房买卖契约》和《协议书》系双方当事人真实意思表示，属合法有效，双方均应依约履行合同。依据原被告双方约定，被告A 房地产公司有义务为原告张某办理房屋所有权证。现被告 A 房地产公司长时间逾期未能办理，给原告在行使房屋所有权时带来障碍，故应当承担违约责任。关于违约金的数额，《协议书》约定的明显过高，本院依据原告损失情况、合同履行情况、被告方的过错程度等予以调整。关于原告要求被告办理房屋所有权证书的诉讼请求，因诉争房屋现仍存在抵押权，且原告不同意代为偿还债务以解除抵押，故诉争房屋尚不具备办理房屋所有权证书的条件，原告的该项请求本院不予支持。原告可在诉争房屋解除抵押后，另行主张。

相关法律规定

《中华人民共和国物权法》

第一百九十一条第二款 抵押期间，抵押人未经抵押权人同意，不得转让抵押财产，但受让人代为清偿债务消灭抵押权的除外。

《北京市高级人民法院关于审理房屋买卖合同纠纷案件适用法律若干问题的指导意见（试行）》（京高法发〔2010〕458 号）

第八条第一款 房屋抵押权存续期间，出卖人（抵押人）未经抵押权人同意转让抵押房屋的，不影响房屋买卖合同的效力。

第二款 出卖人在合同约定的履行期限届满时仍未履行消灭抵押权的义务，致使买受人无法办理房屋所有权转移登记，买受人请求解除合同，并要求出卖人承担相应违约责任的，应予支持；买受人要求继续履行合同，办理房屋所有权转移登记，经法院释明后仍坚持不变更的，对其诉讼请求，不予支持，但买受人同意并能够代为清偿债务消灭抵押权的除外。

根据上述法律规定，设有抵押权的房产的所有人要想出卖该房产应当事先征得抵押权人的同意，但未经抵押权人同意并不影响房屋买卖合同的效力，仅是不能发生物权变动效力。此时，如果买受人同意并能够代为清偿债务消灭抵押权，可以请求办理过户手续，否则只能请求法院解除房屋买卖合同，并就其所受损失向出卖人主张违约赔偿。

案件来源

张某与北京 A 房地产开发公司商品房销售合同纠纷一审民事判决书［北京市

昌平区人民法院（2015）昌民初字第07871号］

地方相关规定

《广东省高级人民法院全省民事审判工作会议纪要》

一、关于房地产纠纷案件

（一）关于合同效力问题

1. 要准确理解和适用法律、行政法规的强制性规定，依法维护合同效力。《物权法》第一百九十一条第二款并非针对抵押财产转让合同的效力性强制性规定，当事人仅以转让抵押房地产未经抵押权人同意为由，请求确认转让合同无效的，不予支持。受让人因抵押登记未涂销无法办理物权转移登记而请求解除合同的，应予支持；受让人要求转让人承担相应的民事责任的，应考虑当事人的过错程度等因素进行处理

……

《安徽省高级人民法院关于审理房屋买卖合同纠纷案件适用法律问题的指导意见》

10、房屋抵押权存续期间，出卖人（抵押人）未经抵押权人同意转让抵押房屋的，不影响房屋买卖合同的效力。在合同约定的履行期限届满时因抵押登记仍未涂销，导致无法办理房屋所有权转移登记，买受人请求解除合同的，可予支持。买受人要求出卖人承担违约责任的，可综合考虑合同双方过错、所造成的损失等因素，确定应予承担的责任。

（二）查封房

073 出卖人擅自将已被查封的房屋转卖给他人的，房屋买卖合同无效

阅读提示

房屋所有人在房屋已经被采取查封等强制措施且尚未解除的情况下，擅自与买受人签订房屋买卖合同转让该房屋，该买卖合同违反相关法律法规的强制性规定，属无效合同，且自始无效。当事人不得依据该合同请求继续履行或是主张该合同约定的定金罚则。

案情简介

夏某、李某系夫妻关系，二人共有位于北京市大兴区的302室房屋。2015年11月23日，王某在明知302号房屋已经被法院查封的情况下，与夏某签订了《买卖定金协议书》，约定夏某将302室房屋以313万元价格出售给王某，夏某应于2016年1月28日将房屋解除查封，查封解除后三方签署买卖合同。上述协议签订后，王某以资金托管的方式向夏某支付定金20万元，夏某出具收取定金20万元的收据。

2016年4月，因夏某未按约定解除查封，并且表示房子不卖了，王某向法院提起诉讼，请求法院判决夏某、李某支付定金金额一倍的罚金20万元。

北京市大兴区人民法院一审认为涉案《买卖定金协议书》为有效合同，但李某并非合同的相对方，因此判决夏某支付王某罚金20万元。

夏某、李某不服，以诉争房屋已经被查封在先，因此双方签署的协议书当属无效为由提起上诉。

北京市第二中级人民法院经审理认为，案涉《买卖定金协议书》性质上可以认定为买卖合同。王某与夏某在签订该协议书时均明知诉争房屋处于查封状态，因此双方的买卖合同自始无效。最终判决撤销原判，驳回王某的诉讼请求。

败诉原因

根据我国法律的规定，已经被国家有权机关采取查封措施的房屋不得擅自出售，出卖人擅自转让房屋的，买卖合同无效。

王某与夏某签订的《买卖定金协议书》虽然名为定金协议，但其内容对标的房屋、价款及付款方式等进行了详细的约定，已经具备房屋买卖合同的基本要素，可以认定为买卖合同，因此王某与夏某签订该协议实际上是出售302室房屋的行为。而在该协议签订之前，302室房屋已经被人民法院查封，根据相关法律的规定，已被查封的房屋不得擅自出售。综上，王某与夏某签订的《买卖定金协议书》属于违反法律法规强制性规定的合同，当属无效，且自始无效。因此，法院最终判决驳回王某依据该协议要求夏某支付罚金的诉讼请求。

实务经验总结

前事不忘，后事之师。为避免未来发生类似败诉，提出如下建议：

1. 房屋买受人在签订合同之前应当就房屋的权属登记情况做全面调查，注意房产上是否存在尚未解除的查封等强制措施。对于已经被查封的房屋，在事先征得有权机关或者申请查封权利人同意（应当要求书面同意）后方可签订买卖合同。

2. 合同的性质不能单凭合同名称确定，如果当事人之间签订的合同内容对标的、价款、付款方式等事项进行了详细的约定，就可以认定双方之间已经成为买卖合同关系。因此，当事人欲购买被查封的房屋，可以与房屋所有人签订预约合同，约定先解除查封，后签订买卖合同，但在该预约合同中不能就标的房屋、房屋的价款、付款方式等买卖合同的基本事项进行详细、全面的约定，否则该合同可能被法院认定为买卖合同而最终导致全部无效。

法院判决

本院认为，王某与夏某签订的《买卖定金协议书》对买卖标的、价款、付款方式等进行了详尽的约定，具备了房屋买卖合同意思表示的要素，可以认定双方成立了房屋买卖合同关系。关于合同效力问题，《中华人民共和国城市房地产管理法》第三十八条规定："下列房地产，不得转让：……（二）司法机关和行政机关依法裁定、决定查封或者以其他形式限制房地产权利的……"《最高人民法院关于转卖人民法院查封房屋行为无效问题的复函》（〔1997〕经他字第 8 号）载明，北京亚运特需供应公司在此后擅自将其已被查封的房产转卖给北京沃克曼贸易开发有限责任公司的行为是违法的，所订立的房屋买卖合同系无效合同。据此，王某与夏某在签订《买卖定金协议书》时，均明知诉争房屋处于被人民法院查封状态，双方的房屋买卖合同应属无效。合同无效系自始无效，王某仍然依照合同的约定要求夏某、李某履行定金罚则，法律依据不足，应予驳回。原审法院法律适用有误，本院予以更正。

相关法律规定

《中华人民共和国城市房地产管理法》

第三十八条　下列房地产，不得转让：

……

（二）司法机关和行政机关依法裁定、决定查封或者以其他形式限制房地产权利的；

……

《北京市高级人民法院关于审理房屋买卖合同纠纷案件适用法律若干问题的指导意见（试行）》（京高法发〔2010〕458号）

第九条 出卖人擅自将已被有权国家机关采取了查封等强制措施的房屋转让给他人的，买卖合同一般认定为无效，但相应有权国家机关或申请采取强制措施的权利人同意转让，或者一审法庭辩论终结前强制措施已经解除的，可以认定合同有效。

……

根据上述法律规定，已经被国家有权机关采取查封等强制措施的房屋，除非经有权机关或者申请采取强制措施的权利人同意，否则在采取强制措施期间不得转让，出卖人擅自转让房屋的，买卖合同无效。

另外，根据本文引用的案例，此类买卖合同属于自始、全部无效的合同，当事人不仅不能主张继续履行，也不能依据该合同约定中的定金罚则向对方主张罚金。

案件来源

夏某等与王某房屋买卖合同纠纷二审民事判决书［北京市第二中级人民法院（2016）京02民终6517号］

地方相关规定

《最高人民法院关于转卖人民法院查封房屋行为无效问题的复函》

北京市第二中级人民法院在审理广州市海珠区南华西物资公司诉北京亚运特需供应公司购销合同纠纷一案中，依法作出的〔1994〕中法调字第23号民事裁定书虽未抄告房管部门，但已送达当事人，根据《中华人民共和国民事诉讼法》第一百四十一条规定，诉前保全的裁定是不准上诉的裁定，依该裁定书保全查封被告的房产，属合法有效。北京亚运特需供应公司在此后擅自将其已被查封的房产转卖给北京沃克曼贸易开发有限责任公司的行为是违法的，所订立的房屋买卖合同系无效合同。北京市高级人民法院〔1995〕高经终字第11号民事判决书确定该案保全查封的房产为执行的标的物是正确的。北京亚运特需供应公司在其未能履行生效判决书所确定的还债义务时，以拍卖或变卖本案保全查封的房产的价款偿还债务，于法有据。至于北京沃克曼开发有限责任公司是否为善意第三人及其利益的保护等问题，可通过诉讼另案解决。

（三）学区房

074 学区房买卖中，卖方迁出自己户口后房屋内尚存他人户口的，卖方仍应当承担违约责任

阅读提示

如今为了避免孩子“输在起跑线上”，家长们纷纷斥巨资购买学区房。相较于一般的房屋买卖，户口问题在学区房交易中显得更为重要——如果买方不能顺利办理落户手续可能直接影响孩子升学，导致有学区房也上不了学。学区房买卖过程中，出卖人未按照约定迁出户口，理应承担违约责任；但如果出卖人已经按约定迁出自己的户口，买受人又发现该房屋上尚存第三人的户口没有迁出，此时，出卖人是否还应当承担违约责任？根据相关法律规定以及本文引用的案例，只要出卖人未能按约定迁出学区房上的全部户口，就应当承担违约责任，而不论未迁出的户口户主是谁。

案情简介

2013 年 2 月 18 日，刘某 1 为购买学区房与吴某签订《北京市存量房屋买卖合同》，约定吴某将其所有的 206 号房屋出售给刘某 1，总价为 445 万元，出卖人应当在该房屋所有权转移之日起 180 日内办理完成原户口迁出手续，并约定了违约金条款。经查，该房屋系翠微小学学区房。

合同签订后，刘某 1 按约定支付了全部购房款，双方于 2013 年 3 月 20 日办理了过户手续，同年 5 月，吴某将其家人的户口迁出涉案房屋。2014 年 1 月，刘某 1 将户口迁入。

2015 年 12 月，刘某 1 在办理孩子的落户过程中，得知该房屋内尚有刘某 2 一家五口的户口未被迁出，其中包括一名学龄前儿童，因此影响刘某 1 的孩子入学。

2016 年，刘某 1 向法院提起诉讼，请求法院判令吴某继续履行合同，迁出 206 号房屋内刘某 2 一家的户口，并支付违约金 2,240,575 元。

北京市海淀区人民法院经审理认为，吴某未按约定迁出全部户口已经构成违约。但根据相关户籍管理制度，吴某无法迁出他人户口，因此法院最终判决吴某给付刘某 1 违约金 16 万元，驳回刘某 1 的其他诉讼请求。

败诉原因

合同双方均应当遵照约定全面履行自己的义务，否则应当承担违约责任。违约责任的承担不以过错为前提，即使一方当事人违约系由于第三人的原因造成的，也不能因此主张免责。

本案中，第一，房屋买卖双方约定出卖人应当将原户口迁出，而在约定期限届满之后该房屋之上尚存其他第三人的户口，虽然出卖人已经在约定期限内将自己的户口迁出，且房屋内现存的户口与其没有关系，但并不能因此免除其违约责任。第二，吴某虽然应当继续履行合同义务即迁出全部户口，但一方面，206 号房屋上现存的户口户主为刘某 2，按照相关户籍管理制度，吴某客观上无法将刘某 2 的户口迁出；另一方面，户籍管理也不属于人民法院民事案件的受理范围。综上，法院认定吴某构成违约，判决吴某赔偿刘某 1 违约金 16 万元，但驳回了刘某 1 关于吴某继续履行合同、迁出刘某 2 户口的诉讼请求。

实务经验总结

前事不忘，后事之师。为避免未来发生类似败诉，提出如下建议：

1. 为了避免发生学区房纠纷，买受人在购买学区房时应当在合同中写明购房目的，并明确约定卖方迟延迁出户口或者未迁出全部户口的违约金条款。另外，可以通过在合同中约定预留部分购房款，待户口全部迁出后支付等方式督促卖方尽快办理迁户手续。

2. 学区房出卖人应当特别注意房屋内的户口情况，如果房屋上存在除自家之外的其他户口，而该户主不配合迁出户口，即便该户口与出卖人无关，出卖人仍应当承担违约责任。

法院判决

本院认为，合法的民事权益受法律保护。刘某 1 与吴某于 2013 年 2 月 18 日签订的《北京市存量房屋买卖合同（经纪成交版）》系双方当事人真实意思表示，未违反法律、行政法规的强制性规定，双方均应遵守履行。尽管 2013 年 3 月 1 日，吴某与石某、刘某 1 又签订存量房屋买卖合同，但该合同仅系为办理网签手续而签订，并不影响刘某 1 与吴某于 2013 年 2 月 18 日签订合同的效力。在该份合同中，双方当事人在签订合同时已对涉案房屋的迁户期限及违约责任进行了明确约定。吴某应当在涉案房屋所有权转移之日起 180 日内，向房屋所在地的户籍管理机关办理原有户口迁出手续，现吴某未按约定期限迁出全部户口，导致其出售的房屋存有他人户口之瑕疵，已构成违约，应当承担相应的违约责任。故刘某 1 起诉要求吴某支付逾期迁户违约金之请求，理由正当，本院予以支持。吴某辩称其售房时不知道涉案房屋内还有其他人的户口，且表示刘某 1 的购房目的不是学区房等理由均不能免除其应当对此承担的违约责任，故对吴某上述抗辩，本院不予采信。但考虑到吴某已在约定期限内将其家人的户口迁出、刘某 1 一家的户口也可以迁入涉案房屋内等客观事实，且吴某亦表示合同中约定的违约金标准过高等情况，本院将依据合同履行情况、当事人过错程度等综合因素，根据公平原则和诚实信用原则对吴某应当承担的违约金予以酌定。另，由于我国目前的户籍管理制度的原因，吴某自身无法将涉案房屋内他人户口迁出，故刘某 1 起诉要求吴某迁出案外人户口之请求，本院不予支持。

相关法律规定

《中华人民共和国合同法》

第六十条　当事人应当按照约定全面履行自己的义务。

当事人应当遵循诚实信用原则，根据合同的性质、目的和交易习惯履行通知、协助、保密等义务。

第一百二十一条　当事人一方因第三人的原因造成违约的，应当向对方承担违约责任。当事人一方和第三人之间的纠纷，依照法律规定或者按照约定解决。

根据上述法律规定，合同双方均应当遵照约定全面履行自己的义务，否则应当承担违约责任，且违约责任的承担不以过错为前提条件，即使一方当事人违约系由于第三人的原因造成的，也不能主张免责。因此，如果房屋之上除了出卖人的户口之外尚有第三人的户口，而在合同约定期间内该第三人没有将户口迁出，那么即使该第三人与出卖人无任何关系，出卖人也应当承担违约责任。

案件来源

刘某 1 与吴某房屋买卖合同纠纷一审民事判决书［北京市海淀区人民法院（2016）京 0108 民初 5235 号］

（四）经济适用房

075 出卖人在限制上市期间内转卖经济适用房的，买卖合同并非一律无效

阅读提示

根据《经济适用住房管理办法》（建住房〔2007〕258号）的相关规定，经济适用住房，是指政府提供政策优惠，限定套型面积和销售价格，按照合理标准建设，面向城市低收入住房困难家庭供应，具有保障性质的政策性住房。

因此，经济适用房属于政策性住房，根据上述管理办法的规定，其土地为划拨用地，若将经济适用房转卖的需向政府交纳相应的土地收益。

经济适用房制度中有较多的行政限制，其中，限制上市交易期限是较为独特的规定。上述管理办法规定，购买经济适用住房不满5年，不得直接上市交易。北京市住建委出台了具体的规章，具体为，已购经济适用住房家庭取得契税完税凭证或房屋所有权证未满五年的，不得按市场价格上市出售。因此，在限制上市交易期限内买卖已购经济适用住房，买卖合同无效，见延伸阅读中所引的北京案例及广东高院规范性文件。这并非因为违反行政规章的禁止性规定，而是本禁止规定所体现的社会公共利益。

但，本案例表明在北京地区司法实务中，在严格的条件下，对此有例外有效的规定。即出卖人转让的经济适用住房的原购房合同系2008年4月11日（含）之前签订，当事人又在转让该已购房屋的合同中约定在限制上市交易期限届满后再办理房屋所有权转移登记的，裁判认定合同有效。

裁判要旨

出卖人转让的经济适用房的原购房合同系2008年4月11日（含）之前签订，且转卖合同中约定在限制上市交易期限届满后再办理房屋所有权转移登记的，该转卖合同有效。

案情简介

2004年5月27日，廖某与北京某房地产开发有限公司签订《商品房买卖合同》，廖某以48万元购买该经济适用房。2008年9月10日，涉案房屋所有权登记

至廖某名下。

2008年9月14日，廖某（出卖人）与牛某（买受人）签订房屋买卖意向书，约定：廖某将涉案房屋出售给牛某，房屋成交价为112万元，定金2万元，首付款为70万元。出卖人完成变更产权手续之日起一日内，买受人支付余款40万元。出卖人应于2013年9月10日起1个月内向朝阳区房地产交易大厅申请将该房屋产权变更至买受人名下。出卖人应当在2008年10月15日前将该房屋交付给买受人。后牛某依约支付了定金及首付款共计72万元，廖某依约交房。

2013年7月，廖某诉称，按国家及北京市的有关规定，已购经济适用房不满五年的，只能以购买价格销售给具有购买经济适用房资格的购房人。其和牛某的实际交易价格已远超过原购房价格，应属无效合同。诉请：1.确认《房屋买卖意向书》无效；2.牛某返还涉案房屋。

一审法院认定该协议真实有效，判决驳回廖某的诉请，二审法院判决驳回上诉，维持原判。

裁判要点

两审法院认定本案情形下，经济适用房买卖合同有效的原因在于：

1.北京地区的司法政策有明确规定。

《北京市高级人民法院关于审理房屋买卖合同纠纷案件适用法律若干问题的指导意见（试行）》第六条确立了经济适用房在限制上市交易期限内转让的不同层次的合同效力制度，原则无效，例外有效。

其中，例外源于北京市关于经济适用房的相关政策以2008年4月11日为界，老房老政策，即2008年4月11日（含）之前购房的，新房新政策，即2008年4月11日之后购房的。按照《关于已购经济适用住房上市出售有关问题的补充通知》的相关规定，老房与新房达到上市建议期限后转卖的，缴纳的土地收益款差别巨大，老少新多。

该例外规定为北京市高级人民法院指导意见第六条第二款，出卖人转让的经济适用住房的原购房合同系2008年4月11日（含）之前签订，当事人又在转让该已购房屋的合同中约定在限制上市交易期限届满后再办理房屋所有权转移登记的，可以认定合同有效。本案恰好符合上述情形，故法院认定经济适用房买卖合同有效。

2.本案认定经适房买卖合同有效不违背限制上市交易期限的立法目的。

根据《关于已购经济适用住房上市出售有关问题的通知》的规定，已购经济适用住房家庭取得契税完税凭证或房屋所有权证未满 5 年的，不得按市场价格上市出售。由此确立了经济适用房转卖的限制上市交易期限。该期限的目的是防止利用经济适用房投资投机，确保其发挥为城市低收入家庭提供住房的功能。

但在该通知出台前，根据已废止的《经济适用住房管理办法》（建住房〔2004〕77 号）的相关规定，经济适用房在取得房产证及土地证一定年限后，方可按市场价上市出售，并向当地政府缴纳相应的收益。直至 2007 年修订《经济适用住房管理办法》第三十条才明确规定，购买经济适用住房不满 5 年，不得直接上市交易。

故北京市高级人民法院参考经济适用房行政管理的实际情况及政策变迁，确立 2008 年 4 月 11 日作为分界线，较好地平衡了当事人的转卖“老房”的期限利益及实现打击炒房的政策目的。

实务经验总结

前事不忘，后事之师。为避免未来发生类似败诉，提出如下建议：

1. 若出卖人是经济适用房的一手购房人，在转卖该房时，可以根据 2008 年 4 月 11 日为界限，针对缴纳的土地收益款多寡，在签约时，合理分配承担金额，并对老房与新房进行合理定值。另需核实经济适用房是否已满 5 年上市交易期限，否则原则上不得交易。

2. 房屋买受人在购买经济适用房时要核查房产证，特别是原购房日期，属于 2008 年 4 月 11 日（含）之前的，需缴纳的土地收益较少，房屋价格可进一步协商。另外，需核实经济适用房是否已满 5 年上市交易期限，避免合同无效导致购买目的落空。

法院判决

本院认为，根据已查明事实，涉案房屋虽属经济适用房，但购买时间系在 2008 年 4 月 11 日之前，且廖某与牛某所签房屋买卖意向书约定了限制上市交易期限届满后办理房屋所有权转移登记，现涉案房屋已经具备了上市交易条件，上述房屋买卖意向书并不违反法律、行政法规的强制性规定，是双方真实意思表示，属合法有效。廖某上诉请求确认房屋买卖意向书违反相关规定为无效协议，缺乏事实和法律依据，本院不予支持。

相关法律规定

《中华人民共和国合同法》

第五十二条　有下列情形之一的，合同无效：

（一）一方以欺诈、胁迫的手段订立合同，损害国家利益；

（二）恶意串通，损害国家、集体或者第三人利益；

（三）以合法形式掩盖非法目的；

（四）损害社会公共利益；

（五）违反法律、行政法规的强制性规定。

《经济适用住房管理办法》

第二条　本办法所称经济适用住房，是指政府提供政策优惠，限定套型面积和销售价格，按照合理标准建设，面向城市低收入住房困难家庭供应，具有保障性质的政策性住房。

本办法所称城市低收入住房困难家庭，是指城市和县人民政府所在地镇的范围内，家庭收入、住房状况等符合市、县人民政府规定条件的家庭。

第三十条　经济适用住房购房人拥有有限产权。

购买经济适用住房不满5年，不得直接上市交易，购房人因特殊原因确需转让经济适用住房的，由政府按照原价格并考虑折旧和物价水平等因素进行回购。

购买经济适用住房满5年，购房人上市转让经济适用住房的，应按照届时同地段普通商品住房与经济适用住房差价的一定比例向政府交纳土地收益等相关价款，具体交纳比例由市、县人民政府确定，政府可优先回购；购房人也可以按照政府所定的标准向政府交纳土地收益等相关价款后，取得完全产权。

上述规定应在经济适用住房购买合同中予以载明，并明确相关违约责任。

《北京市高级人民法院关于审理房屋买卖合同纠纷案件适用法律若干问题的指导意见（试行）》

第六条第一款　相关政策、法规规定的限制上市交易期限内买卖已购经济适用住房，当事人主张买卖合同无效的，可予支持。政策、法规有新规定的，适用其规定。

第二款　出卖人转让的经济适用住房的原购房合同系2008年4月11日（含）之前签订，当事人又在转让该已购房屋的合同中约定在限制上市交易期限届满后再办理房屋所有权转移登记或在一审法庭辩论终结前该房屋已具备上市交易条件的，可以认定合同有效。

《关于已购经济适用住房上市出售有关问题的通知》(京建住〔2008〕225号)

二、自本通知发布之日起，签订购房合同的已购经济适用住房上市出售，按照以下规定执行：

(一)已购经济适用住房家庭取得契税完税凭证或房屋所有权证未满五年的，不得按市场价格上市出售，确需出售的，产权人应当向户口所在区县住房保障管理部门提出申请，由区县住房保障管理部门通过摇号等方式确定符合条件的购房人(购房人须按照有关规定，已办理经济适用住房的购买资格审核手续)，由购房人按原价购买或由区县住房保障管理部门按原价回购。

……

三、本通知发布之日(含)前签订购房合同的已购经济适用住房上市出售，按以下规定执行：

(一)已购经济适用住房家庭取得契税完税凭证或房屋所有权证未满五年的，不得按市场价格上市出售，确需出售的，按照本通知第二条有关规定执行，产权人原购房时因面积超标交纳的综合地价款予以退还。

……

《关于已购经济适用住房上市出售有关问题的补充通知》(京建发〔2010〕237号)

一、根据《关于已购经济适用住房上市出售有关问题的通知》(京建住〔2008〕225号)的规定，2008年4月11日起签订购房合同的已购经济适用住房家庭取得契税完税凭证或房屋所有权证满5年后，可以按市场价出售所购住房。产权人应按原购房价格和出售价格价差的70%补交土地收益等价款。购房人按市场价购买已购经济适用住房后取得商品房产权。

2008年4月11日(含)前签订购房合同的已购经济适用住房家庭和《关于已购经济适用住房上市出售具体问题的通知》(京建住〔2009〕255号)中第一条所列家庭取得契税完税凭证或房屋所有权证满5年后，可以上市出售，产权人应按出售价格的10%补交土地收益等价款。购房人按市场价购买已购经济适用住房后取得商品房产权。

案件来源

廖某与牛某等房屋买卖合同纠纷二审民事判决书[(2014)三中民终字第03634号]

延伸阅读

1. 北京地区司法裁判规则：出卖人在限制上市交易期限内（自取得契税完税凭证或房产证未满五年）按市场价格转卖经济适用房的，房屋买卖合同因违背政策规定，损害社会公共利益而无效。

纪某与韩某房屋买卖合同纠纷再审审查民事裁定书［（2017）京02民申447号］：本院经审查认为，根据一审已查明的事实，涉案房屋系经济适用房。2008年4月8日，北京市建设委员会发布《关于已购经济适用房上市出售有关问题的通知》，明确规定自该通知发布之日起，已购经济适用房家庭取得契税完税凭证或房屋所有权证未满五年的，不得按市场价格上市出售。而被申请人韩某于2006年9月26日取得涉案房屋的所有权证，与申请人纪某于2009年7月7日签订涉案房屋的买卖合同时，尚未满五年。因此，一审法院认为双方之间签订的买卖涉案房屋的合同与国家制定和推行经济适用住房的政策相悖，损害了社会公用利益，并判决确认该合同无效，认定事实清楚，适用法律正确。

闻某与王某房屋买卖合同纠纷二审民事判决书［（2017）京01民终5127号］：本院认为，合同效力问题属于人民法院审理合同案件应当主动审查的范围，诉争房屋为经济适用住房，系王某于2008年4月11日之后购买。闻某与王某于2012年10月23日签订《北京市存量房屋买卖合同》，属于在相关政策、法规规定的限制上市交易期限内买卖已购经济适用住房，王某据此主张双方签订的房屋买卖合同无效，本院予以支持。

2. 广东地区司法裁判规则：房屋买卖当事人在规定的限制上市交易期限内买卖经济适用房等保障性住房的，合同因损害社会公共利益而无效。

《广东省高级人民法院关于审理房屋买卖合同纠纷案件的指引》（2017年9月12日）第十六条规定："当事人在规定的限制上市交易期限内买卖保障性住房，应当依照合同法第五十二条第四项或者民法总则第一百五十三条第二款的规定认定合同无效。"

076　购买经济适用房，借名购房合同未必无效，"新房""老房"有所区别（以2008年4月11日为界）

阅读提示

《关于已购经济适用房上市出售有关问题的补充通知》明确规定，经济适用房再上市的新老办法“分界线”为2008年4月11日，4月11日之前签订购房合同的经济适用房（老房）执行“老办法”，之后签订购房合同的（新房）执行“新办法”。新老政策相比，区别最大的就是再上市交纳的土地收益金不同：对于新房而言，5年后上市出售补交土地收益等价款，补交金额按原购经济适用住房时的价格和出售时同地段房屋状况基本相似的普通商品房价差的70%补交；对于老房而言，5年后可上市交易，按再上市成交价的10%补交土地收益等价款。

此外，借名购买经济适用房合同的效力也因标的房屋为“新房”或“老房”而有所不同。经济适用房属于政策性保障住房，借名购买此类房屋损害符合购买该类房屋资格家庭的合法权益，原则上应当认定借名购买经济适用房的合同无效；但是根据相关法律规定，在2008年4月11日之前签订的借名购买经济适用房合同，满足一定条件即可认定为有效。

案情简介

常某与张某系中学同学，张某无购买北京市经济适用房资格。2006年，张某以常某的名义购买了涉案房屋，并由张某实际支付了购房首付款。案涉房屋性质为经济适用房，登记于常某名下，由张某办理入住手续并对该房屋装修后一直使用。

2015年，常某将张某起诉至法院，请求法院判令确认张某借用常某购买经济适用住房资格的借名买房合同无效，确认常某系涉案房屋的所有权人。

一审法院认为案涉借名买房合同系2008年4月11日之前签订，属于“老经济适用房”，应适用老政策，因此判决张某与常某之间的借名买房合同关系有效，驳回常某的诉讼请求。

常某不服，向北京市高级人民法院提起上诉。北京市高级人民法院经审理判决驳回上诉，维持原判。

败诉原因

经济适用房本身属于政策性保障住房，本案中张某自身没有经济适用房的购房资格，与常某签订借名买房合同后，以常某名义购买经济适用房，实际上是损害了其他符合购买条件的家庭的合法利益，因此该借名买房合同原则上应属无效。但因为经济适用房受国家政策影响较大，而北京市关于经济适用房的政策在2008年4月11日前后有很大变化，因此法律作出特别规定，在无其他违法因素的情况下，2008年4月11日（含）之前签订的借名购买经济适用房合同有效。本案中，张某与常某的借名买房合同关系形成于2006年，系双方真实意思表示达成的合意，且不存在其他违反法律规定的事由，因此法院最终没有支持常某的诉讼请求。

实务经验总结

1. 2008年4月11日（含）之前签订的借名购买经济适用房的购房合同如果不存在其他无效情形，应当认定有效。符合国家政策条件时，借名人可以请求出名人履行合同义务，配合办理过户手续。

2. 2008年4月11日以后，无购房资格的购房人不能再以借名买房的方式购买经济适用房，否则虽然房屋买卖合同有效，但借名合同将被认定为无效，而此时房屋登记在出名人名下，在法律上为出名人所有，一旦发生纠纷，借名人将不能就房屋主张所有权。

法院判决

本院认为，本案争议的焦点是常某与张某之间的借名买房合同关系的效力。生效判决已经认定常某与张某存在借名买房合同关系。本案的特殊性在于，涉案房屋为经济适用房，属于政策性保障住房，这就涉及上述借名买房行为的效力问题。政策性保障住房是指国家为保障中低收入城镇居民家庭住房困难提供的政策性住房，主要包括经济适用房、限价商品房和自住型商品房。借名购买该类房屋损害了广大符合购买该类房屋资格家庭的合法权益，认定借名购买经济适用房的合同无效是处理该类纠纷的基本原则；但是，作为政策性保障住房的经济适用房，其和国家的相关政策是密不可分的；实际上，北京市关于经济适用房的相关政策以2008年4月11日为界，在政策适用上，前后有着明显差异，原购房合同是在2008年4月11日（含）之前签订的，属于“老房”，适用“老政策”。本案中，涉案房屋的购房合同签订在2008年4月11日之前，且并非通过摇号程序取得的购房指标，不违反法律、行政法规的强制性法律规定，亦不存在其他合同无效之情形，原审法院结合本案实际情况，对双方之间借名买房合同关系的效力认定正确，对本案作出的相应处理，并无不当。综上，原审判决认定事实清楚，适用法律正确，本院应予维持。常某的上诉请求缺乏事实及法律依据，本院不予支持。

相关法律规定

《北京市高级人民法院关于审理房屋买卖合同纠纷案件适用法律若干问题的指导意见（试行）》（京高法发〔2010〕458号）

第六条第二款 出卖人转让的经济适用住房的原购房合同系2008年4月11日（含）之前签订，当事人又在转让该已购房屋的合同中约定在限制上市交易期限届满后再办理房屋所有权转移登记或在一审法庭辩论终结前该房屋已具备上市交易条件的，可以认定合同有效。

第十六条 借名人违反相关政策、法规的规定，借名购买经济适用住房等政策性保障住房，并登记在他人名下，借名人主张确认房屋归其所有或者依据双方之间的约定要求登记人办理房屋所有权转移登记的，一般不予支持。

《北京市高级人民法院关于审理房屋买卖合同纠纷案件若干疑难问题的会议纪要》（京高法发〔2014〕489号）

十、借名买房的认定和处理

……

《北京市高级人民法院关于审理房屋买卖合同纠纷案件适用法律若干问题的指导意见（试行）》第16条规定中的政策性保障住房包括经济适用住房、两限房等保障中低收入家庭住房困难的房屋。借名人要求办理房屋过户登记手续，经审查借名购买的经济适用住房的原购房合同系2008年4月11日（含）之前签订的，可以参照前述指导意见第6条第2款的规定处理。

……

所谓借名购买经济适用房即没有购房资格的一方（借名人）出资，借用有购房资格的人（出名人）的名义签订经济适用房买卖合同，房屋登记在出名人名下而实际使用人为借名人的情况。综合以上法条可以看出，借名购买经济适用房等政策保障性住房是违反相关政策、法规的行为，一般会认定该借名购房合同无效。但存在一个例外：双方当事人在2008年4月11日之前签订借名买房合同，在不存在其他无效事由的情形下，法院可以认定该借名买房合同有效。

案件来源

常某与张某所有权确认纠纷二审民事判决书［北京市第三中级人民法院（2015）三中民终字第15126号］

077 借名购买经济适用房合同被判无效后，出名人起诉要求返还房屋的，借名人可以要求其支付房屋增值补偿款

阅读提示

一些买房人为了享受优惠政策或者规避法律而采取借名购房的方式购买经济适用房，借名人和出名人往往事先约定待时机成熟时办理过户变更手续。然而，现实中经常出现借名买房后房价猛涨，出名人认为有利可图，要求确认房屋实际所有权归属自己并要求借名人腾退房屋，法院最终判决借名购买经济适用房合同因违反法律法规的强制性规定而无效，支持出名人的诉讼请求。此种情况下借名人应如何维护自己的合法权益呢？

本案例中，借名人在法院判决支持出名人请求判决合同无效、腾退房屋的诉讼请求后，起诉出名人要求返还购房款及利息等已付费用之外，还要求出名人支付房屋增值补偿款，最终判得房屋差价损失189万余元。

案情简介

2001年2月15日，白某与房产公司签订《商品房买卖合同》，约定白某购买402号房屋，总价款为403,012元。经查，该房屋性质为经济适用房，于2002年取得所有权证书，登记所有权人为白某，房屋交付后由戴某装修并使用至今。

2006年12月11日，白某出具证明一份，证明戴某为402号房屋的实际产权人，因戴某没有北京市户口，所以以白某的名字购买，首付款以及后续贷款均由戴某负担，待政策允许时白某应配合戴某办理过户手续。

2013年和2014年，白某两次起诉戴某，分别要求确认房屋归白某所有、戴某返还房屋，法院均支持了白某的诉讼请求。

2014年，戴某向法院提起本案诉讼，请求法院确认戴某借白某名义买房的行为无效，要求白某返还购房款、购房利息、装修损失以及房屋差价损失。诉讼过程中经鉴定，402号房屋的市场价值为277.04万元。

北京市昌平区人民法院一审判决白某支付戴某购房款、贷款利息、房屋增值差价损失共计234.7,015万元（其中房屋差价损失为189.49,104万元）。

白某不服提起上诉，北京市第一中级人民法院经审理最终判决驳回上述，维持原判。

败诉原因

借名购买经济适用房等政策保障性住房是违反相关政策、法规的行为，借名购买经济适用房的合同属无效合同，因该合同取得的财产，应当予以返还或者予以折价补偿。

本案中，戴某因不具备购房资格而与白某约定以白某名义购房，且所购房屋性质属于经济适用房。因此，其借名买房的行为应属无效，涉案402号房屋应归登记产权人白某所有，白某应当返还戴某支付的购房款及贷款利息。此外，402号房屋的增值部分亦属戴某的合理期待利益，合同无效导致其无法获得该部分利益，因此对戴某的此部分损失，白某亦应当予以适当补偿。综上，法院最终判决支持了戴某要求白某支付购房款、房屋差价损失等诉讼请求。

实务经验总结

前事不忘，后事之师。为避免未来发生类似败诉，提出如下建议：

1. 借名购买经济适用房合同中，往往是因为出名人违反约定不配合过户或者有其他违约行为导致纠纷出现，因此法院一般认定出名人对此类合同无效承担主要责任。所以，借名给他人购房并非有利可图，即便在房价猛涨后法院认定借名买房合同无效将房屋判归出名人所有，其仍应向借名人支付房屋增值补偿款，有时甚至会“得不偿失”。

2. 对于借名人而言，可以与出名人签订补充协议，约定借名买房合同被判无效后出名人应在支付全部购房款、装修费用（按实际情况写明具体数额）等费用及利息之外，还应支付房屋增值损失，并明确约定房屋增值损失的计算方式及双方应分别承担的份额。

法院判决

北京市昌平区人民法院一审认为，双方借名购买经济适用房的行为已经经过生效民事判决书认定违反了国家政策，应属无效，因此戴某再次要求确认借名买房行为无效的诉讼请求，违反了一事不再理的原则，因此法院不予支持。本案争议的焦点是诉争房屋由谁出资购买。根据庭审查明的情况，购房手续原件均由戴某持有，诉争房屋由戴某装修并居住使用，白某书写的证明中认可了戴某的出资及戴某之子张某代为偿还贷款的事实，而白某并未提供任何证据证明其出资的事实，因此法院认定诉争房屋系戴某出资购买。因该借名买房的行为已经被确认无效，合同无效后，因该合同取得的财产应当予以返还，现已有生效文书判决戴某将诉争房屋腾退给白某，因此白某应返还戴某为购买涉案房屋支付的购房款及利息、契税、印花税等相关款项，故戴某要求白某返还购房出资及相关税费的诉求中的合理部分，法院予以支持。对于装修，因装修完成后，戴某实际使用该房屋，对于装修的现值，戴某并不申请鉴定，因此对于戴某诉讼请求中关于装修的部分，法院不予支持。对于该合同的无效，双方均有过错，考虑到戴某支付了全部购房款，白某拒绝履行等因素，白某应对合同的无效承担主要责任。对于因房屋升值所产生的收益，白某应按照其过错程度给予戴某相应的房屋增值补偿款，增值款的具体数额由法院根据房屋价值、双方过错程度等情况酌情予以确定。

北京市第一中级人民法院认为，已为人民法院发生法律效力的裁判所确认的事实，当事人无须举证证明，对方当事人有相反证据足以推翻的除外。本院（2013）一中民终字第 10868 号民事判决已经认定戴某与白某之间存在借名购买经济适用房的合同，白某在本案中又提出不认可借名买房，未提出充足证据予以推翻该事实，本院对其主张不予采信。白某主张张某是代白某交的钱，未提出充分证据证明其与张某有过代交房款的约定，本院不予采信。

综上所述，白某上诉理由不能成立，本院不予支持。原审法院判决认定事实清楚，适用法律正确，应予维持。

相关法律规定

《中华人民共和国合同法》

第五十八条　合同无效或者被撤销后，因该合同取得的财产，应当予以返还；不能返还或者没有必要返还的，应当折价补偿。有过错的一方应当赔偿对方因此所受到的损失，双方都有过错的，应当各自承担相应的责任。

案件来源

戴某与白某一案二审民事判决书［北京市第一中级人民法院（2015）一中民终字第 2861 号］

（五）小产权

078 男方父母婚前赠与小产权房作为婚房，离婚后女方判得35 万元房屋补偿款（小产权房离婚分割实例）

阅读提示

小产权房没有正式的房产证，并非真正法律意义上的产权，小产权房的权利人对其只有使用权而没有所有权，因而通常情况下不能正常买卖。那么小产权房是否能够赠与呢？在离婚诉讼中对夫妻共有的小产权房应如何分割？

本案例中，男方父母在婚前将小产权房赠与夫妻二人作为婚房，二人离婚后法院判决该房屋的使用权归男方所有，但同时判决男方给付女方 35 万元的房屋补偿款。

案情简介

2007 年吴某、王某经介绍相识，2010 年王某父母将其出资购买并装修的 202 号房屋赠与吴某、王某作为二人的婚房。

经查，202 号房屋系小产权房，没有房屋产权证，房屋开发商曾出具收据将缴款人改为王某、吴某。2010 年 1 月 15 日，王某、吴某登记结婚，婚后一直居住在 202 号房屋。

2016 年 6 月 8 日，吴某、王某经法院调解离婚。后吴某向法院起诉请求法院确认 202 号房屋的使用权归吴某所有。

北京市通州区人民法院一审认为涉案房屋系小产权房，当事人通过开发商更改收据收款人名字的行为应当视为赠与，因此吴某对涉案房屋有占有使用的权利，最终判决 202 号房屋的使用权归王某所有，王某给付吴某房屋补偿款 35 万元。

王某不服一审判决，上诉至北京市第三中级人民法院。北京市第三中级人民法院二审判决驳回上诉，维持原判。

败诉原因

本案涉案房屋为小产权房，没有正式的房产证，且除开发商出具的收据外也没有其他权利证明凭证。因此，法院将开发商将缴款人由王某之父改为王某、吴某的行为认定为赠与行为，据此判定王某、吴某实际取得涉案房屋的占有使用权。占有使用权也是一种权益，王某与吴某离婚后应当对其就涉案房屋的共有权益进行分割，因此法院最终在考虑房屋价值、购买出资情况以及现状等各种因素后，判决房屋使用权归王某所有，王某给付吴某房屋补偿款35万元。

实务经验总结

前事不忘，后事之师。为避免未来发生类似败诉，提出如下建议：

1. 小产权房的权利人对房屋仅有使用权而不享有所有权，因此在离婚诉讼中，可以请求对共同占有使用的小产权房的使用权进行分割，直接请求分割房屋的，法院将不予支持。

2. 小产权房的权利人虽然对房屋不享有所有权，但依然有占有使用的权利，该使用权也是一种法律上的利益，在实际生活中有价可循。因此，夫妻二人共同享有对小产权房的占有使用权的，在离婚时可以请求法院对该房屋进行分割，请求保有对该房屋的使用权的一方应当支付另一方一定数额的房屋补偿款。

法院判决

一审法院认为，现双方的争议焦点是，由开发商出具的收据能否证明赠与关系成立。根据已查明的事实，涉案房屋为小产权房，买方与开发商之间没有签订合同，除开发商出具的收据外，没有其他任何证明房屋权利的凭证。在这种情况下，当事人通过开发商更改收据缴款人名字的行为，应视为赠与。由于更改名字后，王某与吴某实际居住房屋，房屋亦已完成交付，王某、吴某已实际取得占有使用权。现双方虽未取得合法的所有权，但占有使用仍是一种利益，且实际生活中有价可循，故法院对涉案房屋依法予以分割。具体的分割方案，法院考虑到房屋的价值、居住的现状、房屋的购买出资情况以及照顾妇女儿童的基本原则，依法予以确定。故对吴某要求请求法院依法确认位于北京市通州区××202号房屋的使用权归吴某所有的诉讼请求，对其合理部分，法院予以支持；对其不合理部分，法院不予支持。

北京市第三中级人民法院认为，根据已查明的事实及双方当事人的陈述，涉案房屋系小产权房，由王某之父出资购买。因其父与房屋开发商并未签订书面合同，且无其他权利记载凭证，故通过开发商更改收据缴款人为王某和吴某的行为，应视为赠与，且涉案房屋在变更缴款人名称后已实际交付，由王某、吴某居住使用，该赠与已实际履行，故王某和吴某已取得涉案房屋的相关权利，一审法院对此认定正确。王某上诉主张赠与事实不存在，缺乏事实依据，本院不予采信。一审法院考虑居住现状、房屋购买出资情况等因素，判令涉案房屋的使用权归王某享有，这实质是对涉案房屋排他性的占有使用。在此情况下，对于吴某对于涉案房屋应享有的权益应一并予以处理，故一审法院考虑房屋价值及照顾妇女儿童原则等因素，判令王某给付吴某相应房屋补偿款，并无不当。王某上诉主张一审法院判令王某给付吴某相应房屋补偿款超出审理范围并违反物权法定原则，且因吴某存在出轨行为应驳回吴某的诉讼请求，依据不足，本院对此不予采纳。另，王某主张依据合同法的相关规定，因涉案房屋尚未变更登记到王某和吴某名下，故其父可以撤销赠与；因涉案房屋系小产权房，出资购买人并未取得涉案房屋的所有权，其对于涉案房屋仅享有与开发商的合同权利，且涉案房屋已交付王某和吴某实际占有使用，赠与已实际履行，故王某的该项主张，于法无据，本院不予采纳。

相关法律规定

《北京市高级人民法院民一庭关于审理婚姻纠纷案件若干疑难问题的参考意见》

三十五、[小产权房分割]对于已被有权机关认定为违法建筑的小产权房，不予处理；但违法建筑已经行政程序合法化的，可以对其所有权归属做出处理。

对于虽未经行政准建，但长期存在且未受到行政处罚的房屋，可以对其使用做出处理。在处理使用时，人民法院应向当事人释明变更相关诉讼请求。在处理相关房屋的使用归属时，能分割的进行分割，不能分割的可采用协商、竞价、询价等方式进行给予适当补偿。

在涉小产权房分割案件中，应在判决论理部分中明确使用处理的判决内容不代表对小产权房合法性的认定，不能以此对抗行政处罚、不能作为产权归属证明或拆迁依据等。

案件来源

王某与吴某用益物权确认纠纷民事二审程序民事判决书［北京市第三中级人民法院（2017）京03民终18号］

（六）央产房

079 有关单位不同意央产房出售的，央产房买卖合同有效但不具备过户登记条件，买受人诉请过户登记不被支持

阅读提示

根据《关于加强中央在京单位保障性住房管理有关问题的通知》（国管房改〔2010〕230号，以下简称230号文）的相关规定，央产房（中央在京单位保障性住房类型）仅限于职工自住，在有关上市交易办法出台前，不得上市交易、出租、出借，也不得擅自改变住房用途。上述规定属于规范性文件，故央产房买卖合同因不违反法律、行政法规的强制性规定，合法有效。

有关单位不同意央产房出售的，影响买卖合同履行，使该央产房不具备过户登记的条件，根据本案例裁判观点，买受人诉请过户登记的，裁判不予支持。在延伸阅读部分，北京市高级人民法院2015年内部规范性文件（司法政策）明确，对属于中央在京单位保障性住房的，在国家相关上市交易办法出台前，不应判决房屋过户登记到买受人名下。

裁判要旨

央产房买卖合同不违反法律、行政法规的强制性规定，合法有效。有关单位不同意该央产房出售的，影响合同履行，该央产房不具备过户登记的条件，买受人诉请过户登记的，裁判不予支持。

案情简介

2005年11月21日，杨某（乙方）与中央民族大学（甲方）签订《公有住宅买卖契约》，约定甲方同意将海淀区11号住宅出售给乙方，总房价款为4万元；根据教计〔1995〕1号、教发〔1998〕23号文件精神，乙方经甲方主管部门审批同意后可依法出售所购住房，但必须优先卖给甲方。

2006年7月28日，杨某（甲方）与孙某（乙方）签订了《协议书》，约定甲方自愿将北京市海淀区11号房屋以30万元卖给孙某，因甲方原因房产证暂无法过户，故乙方先行支付甲方25万元；甲方在具备过户条件时应及时无条件办理过

户手续，一旦过户成功，乙方应无条件支付甲方余款 5 万元。上述协议签订当日，孙某给付杨某购房款 25 万元，杨某将房屋交付给孙某。此后，双方一直未办理房屋产权过户手续。

孙某的继承人提起诉讼，请求：1. 确认房屋买卖合同合法有效；2. 判令杨某协助办理该 11 号房屋的产权过户手续。

一审法院在审理过程中向中央民族大学资产管理处调查有关上述房屋的性质、上市交易及优先购买权情况，该校答复如下：涉案房屋属于央产房，目前学校暂不允许上市交易，并将该意见在“在京中央和国家机关住房交易办公室”备案；如果房屋允许上市交易学校是否行使优先购买权正在研究，目前无确定意见。

一审法院判决认为，双方签订的房屋买卖合同效力尚处于待定状态，判决驳回孙某继承人的诉讼请求。杨某对原审判决结果无异议，但对裁判理由有异议，请求改判认定本案所涉房屋买卖《协议书》无效。二审法院对原判认定合同效力的裁判理由予以纠正，认为合同有效，判决驳回上诉，维持原判。

裁判要点

二审法院在主管单位不同意案涉央产房上市交易，纠正一审法院认定的合同效力待定，驳回出卖人合同无效的上诉主张，最终认定房屋买卖合同有效并驳回买受人继承人的过户诉请的原因在于：

1. 央产房买卖合同不违反法律法规的强制性规定。

根据 230 号文的相关规定，央产房仅限于职工自住，在有关上市交易办法出台前，不得上市交易、出租、出借，也不得擅自改变住房用途。但是本规定的效力层级属于规范性文件，当事人买卖央产房并未违反法律、行政法规效力性强制性规定，故合同有效。

2. 杨某出卖该央产房属于有权处分。

虽权利依约受限，上市交易需履行审批手续，但杨某具有该央产房的处分权，即使认为杨某无权上市出售该央产房，买卖合同依然有效。

一审法院认为，杨某出卖央产房按照规定及约定需由中央民族大学审批。中央民族大学目前并不同意涉案房屋上市交易，但同时声明不排除今后上市交易的可能。故案涉买卖合同效力尚处于待定状态。一审法院并未表明其裁判认定的法律依据。根据《中华人民共和国合同法》第五十一条的规定，无权处分未经本人追认前，其效力待定。但是最高法院买卖合同解释第三条规定，已经改变了上述规则，认为无权处分合同依然有效。

3. 央产房并非绝对禁止上市交易。

根据法院调查，中央民族大学目前并不同意涉案房屋上市交易，但同时声明不排除今后上市交易的可能。况且，230号文明确，在有关上市交易办法出台前，央产房不得上市交易，此属于管理性规范，并非否定央产房上市交易行为的效力。因此，该央产房不属于绝对禁止交易的标的物。

4. 央产房的过户登记障碍影响合同履行。

二审法院在裁判理由中运用物权法的区分原则，将合同效力与合同履行严格予以区分，买卖合同属于债权负担行为，过户登记属于物权处分行为。故央产房的过户登记障碍只影响合同的履行而不涉及合同的效力，最终法院判决驳回买受人的继承人要求过户登记的诉请。

实务经验总结

前事不忘，后事之师。为避免未来发生类似败诉，提出如下建议：

1. 央产房出卖人在签订合同前，应当前往原产权单位及在京中央和国家机关住房交易办公室查询房屋是否属于央产房，能否办理及如何办理上市交易手续。要诚信履约，不能心存侥幸，即使央产房因不能过户登记被解除的，出卖人依然要承担违约责任并赔偿损失。

2. 央产房买受人签约时务必谨慎防范风险，认真查验出卖人的房屋所有权证书及原购房合同，并就房屋是否属于央产房写入合同条款。在合同中约定出卖人出具主管单位同意出售的证明并履行上市审批手续；或合理分配阶段付款与上述事项办理的相应节点，合理化解风险，并明确相应的违约责任。

法院判决

本院认为，孙某与杨某就涉案房屋买卖签订的《协议书》是双方当事人的真实意思表示，且未违反法律、行政法规的强制性规定，属有效合同。因涉案房屋性质为中央在京单位已购公有住房，即俗称的“央产房”，有关部门对于央产房的上市交易有严格规定，未经批准，不能随意买卖。中央民族大学目前并不同意涉案房屋上市交易，但同时声明不排除今后上市交易的可能。基于上述情况，双方签订的《协议书》能否继续履行尚处于待定状态，目前涉案房屋尚不具备产权过户条件，故原审判决驳回孙某的继承人要求办理涉案房屋产权过户手续的诉讼请求正确，但原审判决判理中对于“合同效力尚处于待定状态”的认定不当，本院对此予以纠正。

相关法律规定

《中华人民共和国合同法》

第五十一条 无处分权的人处分他人财产，经权利人追认或者无处分权的人订立合同后取得处分权的，该合同有效。

第五十二条 有下列情形之一的，合同无效：

（一）一方以欺诈、胁迫的手段订立合同，损害国家利益；

（二）恶意串通，损害国家、集体或者第三人利益；

（三）以合法形式掩盖非法目的；

（四）损害社会公共利益；

（五）违反法律、行政法规的强制性规定。

《中华人民共和国物权法》

第十五条 当事人之间订立有关设立、变更、转让和消灭不动产物权的合同，除法律另有规定或者合同另有约定外，自合同成立时生效；未办理物权登记的，不影响合同效力。

《最高人民法院关于适用〈中华人民共和国合同法〉若干问题的解释（二）》

第十四条 合同法第五十二条第（五）项规定的“强制性规定”，是指效力性强制性规定。

《最高人民法院关于审理买卖合同纠纷案件适用法律问题的解释》

第三条 当事人一方以出卖人在缔约时对标的物没有所有权或者处分权为由主张合同无效的，人民法院不予支持。

出卖人因未取得所有权或者处分权致使标的物所有权不能转移，买受人要求出卖人承担违约责任或者要求解除合同并主张损害赔偿的，人民法院应予支持。

《关于加强中央在京单位保障性住房管理有关问题的通知》

一、本通知所称中央在京单位保障性住房，是指用于解决中央和国家机关无房和住房困难职工基本住房需求的住房。具体包括中央和国家机关集中建设及各部门利用自用土地自行建设、参照经济适用住房价格配售的新建住房和腾退的旧有住房。

二、中央在京单位保障性住房仅限于职工自住，在有关上市交易办法出台前，不得上市交易、出租、出借，也不得擅自改变住房用途。凡擅自出售、出租、出借或改变住房用途且拒不整改的，按照有关规定或者合同约定收回，并取消再次申请购买职工住宅的资格。

三、中央和国家机关职工购买或承租的北京市保障性住房（含经济适用住房、限价商品住房、廉租住房和公共租赁住房等），上市交易以及出租、出借等方面的使用管理，按照北京市的有关规定执行。

四、中央和国家机关职工购买的军队房改房（含经济适用住房）或承租的军队住房，出租、出借等方面的使用管理，按照军队的有关规定执行。

五、中央和国家机关各部门、各单位要认真履行职责，完善职工住房档案，建立健全有关监管制度，切实做好保障性住房监管工作。

六、中央在京企业保障性住房管理参照本通知执行。

特此通知。

案件来源

杨某与孙某等房屋买卖合同纠纷二审民事判决书［（2017）京01民终4061号］

延伸阅读

《北京市高级人民法院政策性文件：当前民事审判中需注意的5个常见法律问题》（2015年）“一、央产房买卖纠纷的处理”规定，央产房是我市特有的一类政策性很强的房屋，主要包括中央在京单位已购公有住房和中央在京单位保障性住房两类。前者是职工按房改成本价或标准价购买的原产权属于中央在京单位的公有住房，性质上属于已购公房，多数没有上市交易的限制，大家对该类房屋也比较熟悉。后者是2010年后新界定的一类房屋，是指用于解决中央和国家机关无房和住房困难职工基本住房需求的住房，在分类上归于按经济适用住房管理的房屋，但仅限于职工自住，目前不得上市交易。各级法院在审理涉及央产房买卖的案件中应当认真查看房屋的权属证明，正确区分上述两种房屋，并适用不同的处理规则，涉及相关政策问题时应当及时向在京中央和国家机关住房交易办公室咨询，对属于中央在京单位保障性住房的，在国家相关上市交易办法出台前，不应判决房屋过户登记到买受人名下。

080 央产房不能过户登记导致合同目的不能实现的，出卖人有权诉请法院解除该买卖合同

阅读提示

俗称的央产房，一般分为中央在京单位已购公有住房和中央在京单位保障性住房两类。前者是职工按房改成本价或标准价购买的原产权属于中央在京单位的公有住房，性质上属于已购公房，多数没有上市交易的限制，本文不论。后者是2010年后新界定的一类房屋，是指用于解决中央和国家机关无房和住房困难职工基本住房需求的住房，在分类上归于按经济适用住房管理的房屋，即本案例分析意义上的央产房。

经检索案例数据库可知，央产房买卖合同纠纷绝大部分发生在北京，相关的裁判规则属于北京司法实务中的特色。

根据《关于加强中央在京单位保障性住房管理有关问题的通知》的相关规定，央产房仅限于职工自住，在有关上市交易办法出台前，不得上市交易、出租、出借，也不得擅自改变住房用途。因此，央产房买卖在过户登记上存在障碍，出卖人以央产房不能过户登记导致合同目的不能实现为由诉请解除合同，法院是否支持？在北京房屋价格一路上涨的情形下，判决支持解除合同是导致恶意违约的滥用。

对此，在北京地区司法实务中存在争议。本案例的一审及二审裁判结果的差异，延伸阅读中的反面案例，揭示了不同的裁判规则。另外，延伸阅读第二部分，对房屋买卖合同纠纷中因“合同目的不能实现”导致合同解除的具体类型及裁判规则予以归纳整理。

裁判要旨

央产房因政策限制上市交易，其过户登记存在障碍，因央产房不能过户登记导致合同目的不能实现的，出卖人有权诉请法院解除该买卖合同。

案情简介

2004年2月，洪某与国土资源部签订《国土资源部经济适用房买卖协议书》，约定国土资源部将其集资建设的401号房屋按经济适用房价格出售给洪某，该房屋建筑面积为85.82平方米，价款为207,255元。后洪某向国土资源部支付了购房款。

2004年4月8日，洪某（甲方）与战某（乙方）签订《住宅房屋买卖协议书》，约定乙方购买甲方401号房屋；房屋售价为24万元；双方同意在房地产权证件下发后，甲方应立即通知乙方并无条件与乙方同到北京市房地产交易管理部门办理房屋买卖过户手续；本协议生效后，除不可抗力外，乙方不按期付款，甲方有权解除本协议。协议签订后，战某依约向洪某支付了全部购房价款，洪某亦依约将房屋交付给战某。

2010年8月12日，北京市住房和城乡建设委员会填发了该房屋的所有权证，登记的房屋所有权人为洪某，房屋性质为按经济适用住房管理。

2014年，洪某以国管房改〔2010〕230号文件禁止房屋上市出售为由，诉请解除该房屋买卖合同。战某辩称已依约向洪某支付所有房款，并在涉案房屋内居住达十年之久。本案产生的真正原因是十年来北京房价上涨，不同意解除合同。

在庭审中，一审法院就上述房屋的性质征询了国土资源部的意见，2014年10月15日，国土资源部住房制度改革办公室向法院出具《情况说明》，主要内容为：洪某购买的401号住房，是我部于2004年2月按照经济适用住房价格出售给该职工，房屋性质属于按经济适用住房管理央产房，目前上市交易是按照国务院机关事务管理局和中共中央直属机关事务管理局联合印发的《关于加强中央在京单位保障性住房管理有关问题的通知》（国管房改〔2010〕230号）执行。

一审法院认为，洪某以合同目的无法实现为由要求解除房屋买卖合同，法律依据不足，判决驳回诉请。洪某不服，提起上诉。二审法院判决撤销原判，改判解除该买卖合同。

裁判要点

两审法院在该央产房存在政策限制尚不具备过户登记条件下，针对出卖人解除合同的诉请，判决结果相反的原因在于：

1. 央产房过户登记是否仅属于买受人的合同目的。

一审法院认为，买卖合同是出卖人转移标的物所有权于买受人，买受人支付价款的合同，出卖人洪某签订合同的目的是取得房屋价款，现买受人战某已全额支付购房价款，故出卖人洪某的合同目的已经实现，出卖人无权以合同目的不能实现为由要求解除合同。

二审法院认为，合同目的应从整体上理解，不能割裂开来。办理房屋过户登记，属于双方共同的合同目的。现合同订立后由于住房政策的实施致使买受人无法办理房屋过户登记的，属于因不可归责于双方当事人的原因导致合同目的无法实现，当事人要求解除合同的，应予支持。

2. 央产房过户登记是否导致合同目的不能实现。

国管房改〔2010〕230号文件目前禁止央产房上市交易。一审法院认为，国家关于此类房屋的相关上市交易办法尚未出台，涉案房屋的过户登记并非确定不可办理，故洪某以合同目的无法实现为由要求解除房屋买卖合同，法律依据不足，法院不予支持。

二审法院认为，判断合同目的能否实现，不能脱离现实情况，央产房在未来是否允许销售，不能改变目前此类房屋不得上市交易的现实，因此央产房不能过户登记导致合同目的无法实现，当事人要求解除合同的，应予支持。

实务经验总结

前事不忘，后事之师。为避免未来发生类似败诉，提出如下建议：

1. 房屋出卖人应诚信履约，在合同签约后因政策变化导致房屋过户登记存在障碍的情形下，应该积极与买受人协商解决办法，而不能心存侥幸，轻率地解除合同。本案二审虽然改判支持出卖人解除合同的诉请，但认为，合同解除后产生的相应法律后果，双方可另行解决。根据法律规定，此时买受人可以请求出卖人赔偿房屋差价损失。

2. 房屋买受人购买央产房时，不能贪图便宜而不顾合同履行的风险。鉴于国管房改〔2010〕230号文件明确规定禁止央产房上市交易，央产房在过户登记上存在现实的障碍。因此，买受人在签约时，宜在合同中就央产房过户登记的风险及责任予以特别约定，以预防可能的损失。

法院判决

一审法院认为，现洪某以涉案房屋是中央在京单位保障性住房，不具备上市交易条件，无法办理过户登记，合同目的不能实现为由，主张解除房屋买卖合同。对此，法院认为，买卖合同是出卖人转移标的物所有权于买受人，买受人支付价款的合同，洪某签订合同的目的是取得房屋价款，现战某已全额支付购房价款，而房屋产权过户应为战某的签约目的；而且，合同的法定解除应以客观上确定履行不能为必要，涉案房屋系中央在京单位保障性住房，目前国家关于此类房屋的相关上市交易办法尚未出台，涉案房屋的过户登记并非确定的不可办理，故洪某以合同目的无法实现为由要求解除房屋买卖合同，法律依据不足，法院不予支持。

二审法院认为，对于合同订立后由于住房政策的实施致使买受人无法办理房屋过户登记的，属于因不可归责于双方当事人的原因导致合同目的无法实现，当事人要求解除合同的，应予支持。洪某与战某于2004年4月8日签订《住宅房屋买卖协议书》后，因2010年6月7日出台的国管房改〔2010〕230号文件，致使战某无法办理房屋过户登记，导致合同目的无法实现，现洪某起诉要求解除合同，理由正当，本院予以支持。买卖合同是出卖人转移标的物的所有权于买受人，买受人支付价款的合同。合同目的应从整体上理解，不能割裂开来，原审判决有关产权过户只是买受人的合同目的、出卖人的合同目的只是取得房款的论述错误。判断合同目的能否实现，不能脱离现实情况，中央在京单位保障性住房在未来是否允许销售，不能改变目前此类房屋不得上市交易的现实，原审判决有关目前国家关于此类房屋的相关上市交易办法尚未出台、涉案房屋的过户登记并非确定不可办理的认定错误。原审判决据此驳回洪某的诉讼请求错误，本院予以纠正。合同解除后产生的相应法律后果，双方可另行解决。

相关法律规定

《中华人民共和国合同法》

第九十四条 有下列情形之一的，当事人可以解除合同：

（一）因不可抗力致使不能实现合同目的；

（二）在履行期限届满之前，当事人一方明确表示或者以自己的行为表明不履行主要债务；

（三）当事人一方迟延履行主要债务，经催告后在合理期限内仍未履行；

（四）当事人一方迟延履行债务或者有其他违约行为致使不能实现合同目的；

（五）法律规定的其他情形。

第九十七条 合同解除后，尚未履行的，终止履行；已经履行的，根据履行情况和合同性质，当事人可以要求恢复原状、采取其他补救措施，并有权要求赔偿损失。

第一百一十条 当事人一方不履行非金钱债务或者履行非金钱债务不符合约定的，对方可以要求履行，但有下列情形之一的除外：

（一）法律上或者事实上不能履行；

（二）债务的标的不适于强制履行或者履行费用过高；

（三）债权人在合理期限内未要求履行。

《关于加强中央在京单位保障性住房管理有关问题的通知》

一、本通知所称中央在京单位保障性住房，是指用于解决中央和国家机关无房和住房困难职工基本住房需求的住房。具体包括中央和国家机关集中建设及各部门利用自用土地自行建设、参照经济适用住房价格配售的新建住房和腾退的旧有住房。

二、中央在京单位保障性住房仅限于职工自住，在有关上市交易办法出台前，不得上市交易、出租、出借，也不得擅自改变住房用途。凡擅自出售、出租、出借或改变住房用途且拒不整改的，按照有关规定或者合同约定收回，并取消再次申请购买职工住宅的资格。

三、中央和国家机关职工购买或承租的北京市保障性住房（含经济适用住房、限价商品住房、廉租住房和公共租赁住房等），上市交易以及出租、出借等方面的使用管理，按照北京市的有关规定执行。

四、中央和国家机关职工购买的军队房改房（含经济适用住房）或承租的军队住房，出租、出借等方面的使用管理，按照军队的有关规定执行。

五、中央和国家机关各部门、各单位要认真履行职责，完善职工住房档案，建立健全有关监管制度，切实做好保障性住房监管工作。

六、中央在京企业保障性住房管理参照本通知执行。

案件来源

洪某与战某房屋买卖合同纠纷二审民事判决书［（2015）一中民终字第 00240 号］

延伸阅读

1. 反面案例：央产房因政策限制过户登记存在障碍，出卖人以合同目的不能实现为由诉请解除买卖合同的，并非一定能得到法院支持。下引案例中二审法院认为，规制涉案央产房上市交易的办法尚未出台，涉案房屋所有权尚无法转移，为此双方均部分实现了合同目的，驳回出卖人的诉讼请求。下引案例法院的论证思路与本案例法院的裁判理由有所差异。

在央产房上市交易办法尚未出台，针对央产房过户登记障碍对合同目的的影响认定上，本案例一审法院认为，过户登记并非确定不可办理，出卖人收取了购房款其合同目的已经实现；本案例二审法院认为，央产房在未来是否允许销售，不能改变目前此类房屋不得上市交易的现实，过户登记不能导致合同目的无法实现；下引案例二审法院认为，出卖人收取部分房款，买受人已实际使用该房屋，涉案房屋所有权尚无法转移，为此双方均部分实现了合同目的。

裁判要旨：央产房的产权性质是“按经济适用住房管理”，规制其上市交易的办法尚未出台，房屋所有权尚无法转移，但出卖人收取部分房款，买受人已实际使用该房屋的，出卖人不得以合同目的不能实现为由解除合同。

李某与梁某房屋买卖合同纠纷二审民事判决书［（2016）京02民终1018号］：本院认为，李某已收取部分房款，梁某亦已实际使用涉案房屋，根据相关规定及中央和国家机关住房交易办公室的复函［“诉争房屋属于央产房，原产权单位为文化部，房屋产权性质是‘按经济适用住房管理’。依据《关于加强中央在京单位保障性住房管理有关问题的通知》（国管房改〔2010〕230号）的规定，中央在京单位保障性住房仅限职工自住，在有关上市交易办法出台前，不得上市交易、出租、出借，也不得擅自改变住房用途。有关上市交易政策的研究与制定非本单位职责”］，规制涉案房屋上市交易的办法尚未出台，涉案房屋所有权尚无法转移，为此双方均部分实现了合同目的。李某以合同目的不能实现为由主张解除合同，亦缺乏事实与法律依据，本院不予支持。

2.关于房屋买卖合同纠纷中因“合同目的不能实现”导致合同解除的具体类型与裁判规则。

《最高人民法院关于审理商品房买卖合同纠纷案件适用法律若干问题的解释》第八条规定，具有下列情形之一，导致商品房买卖合同目的不能实现的，无法取得房屋的买受人可以请求解除合同、返还已付购房款及利息、赔偿损失，并可以请求出卖人承担不超过已付购房款一倍的赔偿责任：（1）商品房买卖合同订立后，出卖人未告知买受人又将该房屋抵押给第三人；（2）商品房买卖合同订立后，出卖人又将该房屋出卖给第三人。

《北京市高级人民法院民一庭关于妥善处理涉及“3·17新政”的房屋纠纷案件若干问题的会议纪要》“三、（新政性质与履行障碍认定）”规定，“3·17新政”具有公共政策的性质，其具体的限贷、限购、限售等措施，对部分房屋买卖合同会造成成本增加或履行不能等障碍。对于合同订立后由于“3·17新政”的实施致使合同无法继续履行的，属于因不可归责于双方当事人的原因导致合同目的无法实现。当事人要求解除合同的，除合同另有约定外，一般应予支持。对于已经过网签的房屋买卖，原则上不认为存在因“3·17新政”导致的履行障碍，但有相关证据表明履行存在政策障碍的，法院应与相关行政主管部门核实后予以认定。

《北京市高级人民法院民一庭关于妥善处理涉及住房限购政策的房屋买卖合同纠纷案件若干问题的会议纪要》“三、(住房限购政策的性质和合同解除的处理原则)”规定，住房限购政策在性质上具有公共政策的性质，确实会对房屋买卖合同能否继续履行造成重大影响。对于合同订立后由于住房限购政策的实施致使买受人无法办理房屋过户登记的，属于因不可归责于双方当事人的原因导致合同目的无法实现，当事人要求解除合同的，除合同另有约定外，一般应予支持。出卖人应当将收受的购房款或定金返还给买受人；当事人一方要求另一方承担违约责任或适用定金罚则的，不予支持；经审查合同解除确实导致当事人间利益失衡，损失方要求对方补偿其所受合理损失的，可酌情予以支持。

《北京市高级人民法院关于审理房屋买卖合同纠纷案件适用法律若干问题的指导意见(试行)》第二十一条规定，房屋买卖合同履行过程中，一方当事人构成根本违约的，守约方有权解除合同，违约方不享有合同法定解除权。如果因不可抗力或情事变更等原因，致使合同目的无法实现的，合同双方均有权要求解除合同。

(七)凶宅房

081 斥资600多万元购买婚房却买到“凶宅”，买受人可以出卖人隐瞒重要事实构成欺诈为由主张撤销房屋买卖合同

阅读提示

如今买房不容易，政策、房价、地段、学区、开发商、物业、配套设施等一系列因素考虑下来，一番千挑万选之后终于将房买到手，突然发现辛苦买来的房屋竟是“凶宅”，可在签订买卖合同时出卖人对此事只字未提，此时买房人应当如何处理?

案情简介

2014年3月26日，孙某为购买婚房，在A房屋中介公司居间下，与甄某就1905号房屋买卖事宜签订了《北京市存量房屋买卖合同》，约定由孙某以628万元的总价购买甄某名下的1905号房屋。孙某于同年6月9日支付了全部购房款，随

后甄某交付了房屋，并协助办理了过户登记手续。

房屋买卖合同履行完毕后，孙某从邻居处得知甄某的爱人在 2005 年 11 月凌晨自 1905 号房屋跳楼自杀，在与甄某交涉无果的情况下孙某向法院起诉，请求法院判定撤销案涉《北京市存量房屋买卖合同》，要求甄某返还购房款及利息并赔偿相应损失。

北京市海淀区人民法院一审判定解除案涉合同，甄某不服，提起上诉，北京市第一中级人民法院以一审法院释明程序不充分、明确为由，判决撤销原判，发回重审。

海淀区人民法院重新审理此案，认为 1905 号房屋构成传统意义上的“凶宅”，甄某在签订合同时隐瞒这一重要事实，已经构成欺诈，判决撤销案涉合同，甄某向孙某返还购房款及利息并赔偿相应损失。

甄某不服，向北京市一中院提起上诉，法院最终判决驳回上诉，维持原判。

败诉原因

《中华人民共和国合同法》第五十四条规定，一方以欺诈手段使对方在违背真实意思的情况下订立的合同，受损害方有权请求人民法院撤销。本案中，甄某的丈夫在 1905 号房屋跳楼自杀，根据中国传统观念，该 1905 号房屋应当属于“凶宅”，凶宅虽然不影响房屋的实际使用价值，但是会对一般公众的心理产生很大影响。因此，1905 号房屋属于“凶宅”这一事实属于与订立合同有关的重大事实，甄某在与孙某签订房屋买卖合同时即有义务就这一事实告知孙某，而根据法院查明的事实不能证明甄某履行了相关的告知义务，因此法院判决案涉《北京市存量房屋买卖合同》应当予以撤销。

实务经验总结

虽然本案法院认为甄某对 1905 号房屋属于“凶宅”　事负有告知义务，但一方面此义务并非法定义务，另一方面不同地区的法院对“凶宅”概念的界定有所不同，且对“欺诈”“因欺诈导致错误认识”“违背真实意思订立合同”这一系列要素的认定也存在一定困难，导致实践中存在大量买受人败诉的案例。

因此，建议买房人在签订合同时在合同中明确约定购房目的（家庭自住、学区房、婚房等），约定卖方应当保证房屋不存在非质量瑕疵，并且在合同中写明卖方违反约定义务应当承担相应的赔偿责任。

当然，最好的方法是预防，即在签订买卖合同之前仔细调查房产的相关情况，不仅是要查清房屋权属登记情况、有无共有人、是否属于共同财产等问题，还有必要到物业公司、居委会、邻居处了解该房屋和所在社区是否发生过死亡事件等相关具体情况，充分考虑各方面因素后再签订买卖合同，以避免不必要的麻烦。

法院判决

一审法院认为，本案的第一个争议焦点在于当事人之间就1905号房屋买卖事宜所签署的相关合同是否符合撤销要件。根据法律规定，一方以欺诈的手段，使对方在违背真实意思的情况下订立的合同，受损害方有权请求人民法院撤销。本案中，首先，当事人在订立合同过程中，应当遵循诚实信用原则，如实披露与订立合同有关的重要事实。而根据本案查明的事实，可以确认1905号房屋在孙某与甄某签订《北京市存量房屋买卖合同》等相关协议之前，确发生过甄某之夫王某自1905号房屋坠楼死亡的事实，其虽未在1905号房屋内死亡，但鉴于其系自1905号房屋中坠楼死亡，该非正常死亡事件与1905号房屋仍存在较大的关联性。因此，1905号房屋属于传统习俗认知的“凶宅”范畴。虽然“凶宅”概念并不影响房屋的实际使用价值，但对于普通民众而言，该情形却会对居住人的心理产生重大影响，此应属与订立合同有关的重要事实。对于该事实，甄某作为房屋出售人，其在缔约过程中负有向房屋买受人孙某如实予以告知的义务。甄某有关其对此不负有告知义务的答辩意见，缺乏法律依据，法院不予采信。其次，甄某虽抗辩孙某及其父母均在1905号房屋所在同一小区内生活，其应当知晓1905号房屋发生过高坠死亡事件的意见，但鉴于孙某及其父母所住707号房屋与1905号房屋在地理位置上并非属于同一楼宇，在没有其他充分证据予以佐证的情形下，仅因存有居住在同一小区的事实，亦不足以证明孙某对1905号房屋发生过高坠死亡事件应为明知状态。最后，即便本案中有关《房地产经纪服务事项告知书》上的“甄某”签字非甄某本人所签，但此仅能证明该告知书上有关1905号房屋是否为“凶宅”的承诺非甄某本人所为，仍不足以证明甄某已尽到了相应告知义务。综上，在孙某没有明确意愿表明其愿意购买“凶宅”的情形下，甄某未将上述重大事实如实告知孙某，导致其违背真实意思表示，与甄某签订了有关买卖合同，甄某的行为已构成了欺诈。因此，本案所涉合同，符合法定撤销要件，依法应予以撤销。

相关法律规定

《中华人民共和国合同法》

第五十四条 下列合同，当事人一方有权请求人民法院或者仲裁机构变更或者撤销：

（一）因重大误解订立的；

（二）在订立合同时显失公平的。

一方以欺诈、胁迫的手段或者乘人之危，使对方在违背真实意思的情况下订立的合同，受损害方有权请求人民法院或者仲裁机构变更或者撤销。

当事人请求变更的，人民法院或者仲裁机构不得撤销。

民法上的欺诈是指一方当事人出于误导对方的目的而故意隐瞒事实真相或者做虚假陈述，对方当事人因此产生错误认识，进而作出违背真实意思的行为。根据以上合同法的规定，一方当事人以欺诈手段与对方签订违背真实意思的合同，使对方受到损害的，受损害的一方可以请求法院撤销合同。

具体到本文所涉及的情况，在房屋买卖过程中，出卖人故意隐瞒所售房屋为“凶宅”的事实，导致买受人在不知情的情况下签订买卖合同并履行完毕，买受人在知情后可以出卖人的行为构成欺诈为由请求法院撤销买卖合同，并要求出卖人赔偿相应损失。

案件来源

甄某与孙某等房屋买卖合同纠纷二审民事判决书［北京市第一中级人民法院（2017）京 01 民终 1274 号］

（八）农村房

082 农村房屋经多手转让，最终买受人为集体经济组织成员的，前手出卖人不能再主张买卖合同无效

阅读提示

农村村民对在宅基地上建造的房屋有自由处分的权利，但依据“房地一体”的原则，对农村房屋的处分也就等于宅基地使用权的转让，而我国法律规定宅基

地使用权是农村集体经济组织成员享有的权利，与享有者特定身份相联系，非集体经济组织成员无权取得或者变相取得。因此，如果村民将房屋卖与本集体经济组织成员以外的人，房屋买卖合同将因违反法律法规的强制性规定而无效。但有一种特殊情况：农村房屋经过多手转让，最终买受人为房屋所在地集体经济组织成员的，考虑到有利于妥善解决现有纠纷，一般认定合同有效。

案情简介

2005 年 5 月，王某与卢某签订《房屋买卖合同》，约定卢某以 8,000 元价格购买位于北京市门头沟区安家庄村 127 号的房屋。

2014 年 11 月，卢某由于不能偿还到期借款，与李某达成抵账协议，将 127 号房屋以 16.5 万元的价格抵账给李某，李某一直居住该房屋至今。

2015 年 5 月，王某向法院起诉，以卢某不是安家庄村村民为由，要求法院判决其与卢某签订的《房屋买卖合同》无效。

经查，127 号房屋宅基地系村集体土地，李某系该村集体经济组织成员。

北京市门头沟区人民法院一审认为卢某虽非安家庄村集体经济组织成员，但案涉 127 号房屋现归李某所有，即最终仍属于该村集体经济组织成员所有，因此最终判决驳回原告王某的诉讼请求。

王某不服，提出上诉，北京市第一中级人民法院二审判决驳回上诉，维持原判。王某仍不服，向北京市高级人民法院申请再审，北京市高级人民法院最终裁定驳回再审申请。

败诉原因

一般来说，农村村民将房屋卖与本集体经济组织成员以外的人的房屋买卖合同属违反法律法规的强制性规定的无效合同，如果该房屋经过多手转让，最终买受人为房屋所在地集体经济组织成员的，考虑到妥善解决纠纷以及维护市场交易安全，法院一般会认定合同有效。

本案中案涉房屋经过两手买卖，前一手买受人卢某不是该集体经济组织成员，其与出卖人王某签订的房屋买卖合同应属无效。但卢某随后将该房屋抵债转让给李某，经查，李某属于该村集体经济组织成员，房屋在第二手买卖后一直由李某居住至今，案涉房屋归该村集体经济组织成员所有的性质并未改变。因此，法院最终判决驳回王某请求确认其与卢某签订的买卖合同无效的诉讼请求。

实务经验总结

前事不忘，后事之师。为避免未来发生类似败诉，提出如下建议：

1. 一般来说，不同集体经济组织的农村村民之间的房屋买卖合同会被法院认定为无效合同，但如果房屋经多次转卖，最终买受人属于房屋所在地集体经济组织成员的，法院一般会认定买卖合同有效。因此，农村房屋出卖人在发现买受人不具备买房资格时应当及时提起请求确认合同无效的诉讼，以免买受人将房屋转卖他人。

2. 房屋被转卖后，第一手出卖人应当注意核查是否存在真实交易，如果可以证明买受人为了规避法律风险而与房屋所在地的集体经济组织成员串通签订虚假协议，则仍可以主张该买卖合同无效。

法院判决

北京市高级人民法院再审认为：本院经审查认为，当事人对自己提出的诉讼请求所依据的事实或者反驳对方诉讼请求所依据的事实有责任提供证据加以证明。没有证据或者证据不足以证明当事人的事实主张的，由负有举证责任的当事人承担不利后果。一、二审法院根据查明的事实，认为房屋买卖必然涉及宅基地买卖，而宅基地买卖是我国法律、法规所禁止的。宅基地使用权是集体经济组织成员享有的权利，与特定的身份关系相联系，不允许转让；但是法院处理此类案件要考虑到有利于妥善解决现有纠纷，针对每个案件的不同情况区别对待。本案中，经过了王某与卢某的买卖以及卢某、李某之间的抵账行为，127 号房屋及宅基地归李某所有，李某系房屋所在地的集体经济组织的成员，即 127 号房屋最终属于安家庄村集体经济组织成员，故一、二审法院驳回了王某要求确认合同无效及要求卢某腾退房屋的主张正确。王某的再审理由不能成立。

相关法律规定

《第八次全国法院民事商事审判工作会议（民事部分）纪要》

五、关于物权纠纷案件的审理

……

（一）关于农村房屋买卖问题

19. 在国家确定的宅基地制度改革试点地区，可以按照国家政策及相关指导意见处理宅基地使用权因抵押担保、转让而产生的纠纷。

在非试点地区，农民将其宅基地上的房屋出售给本集体经济组织以外的个人，该房屋买卖合同认定为无效。合同无效后，买受人请求返还购房款及其利息，以及请求赔偿翻建或者改建成本的，应当综合考虑当事人过错等因素予以确定。

《房屋登记办法》

第八十七条 申请农村村民住房所有权转移登记，受让人不属于房屋所在地农村集体经济组织成员的，除法律、法规另有规定外，房屋登记机构应当不予办理。

案件来源

王某申请农村房屋买卖合同纠纷申诉申请一案［北京市高级人民法院（2016）京民申 2879 号］

083 即便买方将户口迁入房屋所在地，不同集体经济组织的村民之间签订的房屋买卖合同依然无效

阅读提示

农村村民对于在宅基地上建造的房屋有自由处分的权利，但依据“房地一体”的原则，对农村房屋的处分也就等于宅基地使用权的转让，而我国法律规定宅基地使用权是农村集体经济组织成员享有的权利，与享有者特定身份相联系，非集体经济组织成员无权取得或者变相取得。因此，如果村民将房屋卖与本集体经济组织成员以外的人，房屋买卖合同将因违反法律法规的强制性规定而无效。值得注意的是，“集体经济组织的成员资格”并不等同于户籍所在地，只要买方未被认定为集体经济组织成员，即便买受人将户口迁入房屋所在地，该房屋买卖合同仍属无效。

案情简介

2000 年 10 月 18 日，高某与张某签订买卖协议，约定高某将其名下位于南街村的案涉房屋出卖给张某，价款为 10 万元。经查，该房屋占地性质为集体土地。

2006 年 4 月 5 日，张某又将案涉房屋出卖给侯某，侯某支付全部房款后居住该房屋至今。

2010 年，高某将张某诉至法院，要求确认其与张某签订的买卖协议无效，该

案经北京市房山区人民法院审理最终判决支持了高某的诉讼请求。2015 年 7 月，高某再次向法院起诉，要求确认张某与侯某签订的《买卖协议书》无效。

北京市房山区人民法院一审认为张某将案涉房屋卖与侯某时，侯某及其家人均不属于南街村集体经济组织成员，虽然侯某及其家人的户籍已于 2003 年 7 月迁至南街村，且为农民户口，但其至今仍非南街村集体经济组织成员身份，因此最终判决张某与侯某签订的房屋买卖协议无效。

侯某上诉至北京市第二中级人民法院，法院二审判决驳回上诉，维持原判。侯某向北京市高级人民法院申请再审，北京市高级人民法院最终裁定驳回再审申请。

败诉原因

宅基地使用权是农村集体经济组织成员享有的权利，与享有者特定身份相联系，非集体经济组织成员无权取得或者变相取得。而依据物权法中的房地一体原则，农村村民处分房屋也相当于对房屋占地的处分，因此，农村村民将房屋出卖给非该集体经济组织成员的个人的房屋买卖合同应属无效。

农村集体经济组织源于农村生产队，即现在的农业生产合作社。目前，我国法律尚未对“农村集体经济组织成员”的迁入政策或法定程序给出具体统一的解释。但可以明确的是，集体经济组织成员不完全等于户口所在地为该地区的成员。本案中，买受人侯某在取得标的房屋后将户口迁入房屋所在地，这一行为并不能使其成为南街村集体经济组织成员。因此，法院最终判决认定张某与侯某签订的房屋买卖协议无效。

实务经验总结

1. 一般来说，不同集体经济组织的农村村民之间的房屋买卖合同会被法院认定为无效合同。而由于当前我国法律尚未对“农村集体经济组织成员”的迁入政策或法定程序给出具体统一的解释，各地农村集体经济组织成员身份认定依然受当地乡规民约、传统观念和历史习惯等因素影响，存在较大差异。因此，村民在购买其他集体经济组织成员的房屋时应当充分了解该村对农村集体经济组织成员身份认定的相关规定。

2. 不同集体经济组织的农村村民之间的房屋买卖合同在特殊情况下也会被认定有效，主要是以下两种情形：一是虽然买房人签订房屋买卖合同时不是该集体经济组织的成员，但后来取得该集体经济组织成员资格，一般认定合同有效；二是买房人虽非该集体经济组织成员，但其配偶属于该集体经济组织成员，一般认定合同有效，这种情况下且转让行为一般应得到村集体同意的。

法院判决

本院经审查认为，本案诉争的房屋之前由被申请人高某出卖给张某，而后张某又出卖给申请人侯某。高某与张某之间签订的《买卖协议》经房山法院（2010）房民初字第11189号判决确认无效。本案原审认定，依据合同法及相关法律规定，宅基地使用权是农村集体经济组织成员享有的权利，与享有者特定身份相联系，非集体经济组织成员无权取得或者变相取得。张某不是本集体经济组织成员，因此张某与侯某签订的房屋买卖协议无效。侯某称其户籍于2003年7月7日自房山区大峪沟村迁到南街村，其本人及妻子、子女户籍均登记在争议院落并在争议院落居住，称其属于南街村村民，且为农民户口，有权利购买10号院。但是南街村村委会出具的证明以及城关街道办事处出具的证明中均明确载明，侯某及家属均不是南街村集体经济组织成员。经原审法院向南街村村委会调查，南街村村委会称，1982年前户口迁入南街村的属于南街村集体经济组织成员，侯某及家人的户口均系1982年后迁入南街村，故侯某及家人不属于南街村集体经济组织成员，亦不享受南街村集体经济组织成员过年过节的分红、福利等待遇。在上述调查的基础上原审认定侯某非南街村集体经济组织成员无不当之处，并据此确认张某与侯某签订的房屋买卖协议无效也无不妥。

相关法律规定

《第八次全国法院民事商事审判工作会议（民事部分）纪要》

五、关于物权纠纷案件的审理

……

（一）关于农村房屋买卖问题

19.在国家确定的宅基地制度改革试点地区，可以按照国家政策及相关指导意见处理宅基地使用权因抵押担保、转让而产生的纠纷。

在非试点地区，农民将其宅基地上的房屋出售给本集体经济组织以外的个人，该房屋买卖合同认定为无效。合同无效后，买受人请求返还购房款及其利息，以及请求赔偿翻建或者改建成本的，应当综合考虑当事人过错等因素予以确定。

《房屋登记办法》

第八十七条　申请农村村民住房所有权转移登记，受让人不属于房屋所在地农村集体经济组织成员的，除法律、法规另有规定外，房屋登记机构应当不予办理。

案件来源

侯某申请房屋买卖合同纠纷申诉申请一案［北京市高级人民法院（2016）京民申 3130 号］

延伸阅读

《安徽省高级人民法院关于审理房屋买卖合同纠纷案件适用法律问题的指导意见》“三、关于农村房屋买卖合同纠纷”规定：“14、非同一农村集体经济组织成员之间签订的房屋买卖合同，应当认定为无效合同。但买受人在一审法庭辩论终结前取得出卖人所属的农村集体经济组织成员资格且符合其他购买条件的，可以认定合同有效。”

084　城镇居民去农村买房，虽然买卖合同无效，买受人仍有权取得拆迁补偿款

阅读提示

实践中，经常出现城镇居民在农村买房，房屋被拆迁后出卖人为取得拆迁补偿款而主张买卖合同无效。根据我国相关法律的规定，宅基地使用权是农村集体经济组织成员享有的权利，非本集体经济组织成员无权取得或变相取得，因此此种情况下房屋买卖合同会被法院认定为无效的合同。但是，房屋买卖合同无效不等于出卖人可以享有全部拆迁补偿款。本案例中，出卖人将房屋出售给非房屋所在地的集体经济组织成员，被法院认定为对合同无效负有主要责任，最终仅被判得 70 余万元的拆迁补偿款中的 30 万元宅基地区位补偿价款。

案情简介

房山区城关街道办事处 × 村 × 街 × 条 × 号（即案涉房屋）是村委会于

1996 年 11 月批给王某的宅基地。2000 年 4 月 7 日，王某与宋某签订房屋买卖协议，将案涉房屋以 86,000 元的价格卖给宋某。经查，协议签订时，宋某系城镇居民，2001 年 10 月 18 日，宋某将户籍迁入案涉房屋。

2013 年 11 月案涉房屋项目被拆迁，回迁面积为 160 平方米，宋某与村委会签订拆迁补偿安置协议，约定村委会支付拆迁补偿款共计为 709,270 元，其中宅基地区位补偿价为 300,000 元，房屋重置成新价为 217,353 元、装修及附属物补偿价为 93,810 元、周转费为 60,000 元、搬家补助费为 3,472 元及其他费用。此外，村委会支付宋某提前搬家奖、独生子女家庭奖励、房屋安全拆除奖、二次搬家补助费等款项共计 126,472 元。

2013 年 12 月，王某向法院起诉，要求确认王某与宋某房屋买卖合同无效，并要求宋某支付拆迁补偿款 200,000 元及回迁安置面积 80 平方米。

北京市房山区人民法院经审理认为，宋某无权享有案涉房屋的宅基地使用权，案涉房屋买卖合同应属无效，宋某取得的拆迁补偿款中应有王某的份额，最终判决王某与宋某签订的房屋买卖合同无效，宋某支付王某拆迁补偿款中的宅基地区位补偿款 9 万元，驳回王某的其他诉讼请求。

败诉原因

本案中，宋某不具有案涉房屋所在地集体经济组织成员资格，依照我国相关法律的规定，其无权取得案涉房屋所在地的集体土地使用权，因此法院判决认定王某与宋某签订的房屋买卖合同无效。根据我国法律的规定，合同无效后，因该合同取得的财产，应当予以返还，有过错的一方应当赔偿对方因此所受到的损失，双方都有过错的，应当各自承担相应的责任。本案中，宋某因案涉房屋拆迁取得拆迁补偿款，而宋某不享有案涉房屋所在地的宅基地使用权，该权利仍归王某所有。因此，王某有权要求分割基于宅基地使用权产生的拆迁补偿款，而对于拆迁款的其他部分，仍应归宋某所有，王某无权主张权利。

实务经验总结

前事不忘，后事之师。为避免未来发生类似败诉，提出如下建议：

城镇居民购买农村房屋，买卖合同因买受人不属于房屋所在地集体经济组织成员而被判无效，此时买受人因房屋拆迁所得的拆迁补偿费用并不需要全数返还给出卖人。相反，此种情况下法院通常会认定出卖人负主要责任，仅有权要求分割基于宅基地使用权产生的拆迁补偿款，对于拆迁款的其他部分不得再主张权利。

法院判决

本院认为，违反法律或者社会公共利益的民事法律行为无效。宅基地使用权是农村集体经济组织成员享有的权利，与享有者特定的身份相联系，非本集体经济组织成员无权取得或变相取得。原告与被告于2000年4月7日签订房屋买卖协议时，被告不属于×村集体经济组织成员，虽然签订协议后，被告及其家人已经将户口迁入×村，但结合本院对×村村委会的调查及×村集体经济组织成员认定标准，宋某及其家属不属于×村集体经济组织成员，且涉诉宅院亦未经县级人民政府土地行政管理部门变更登记为宋某，其无权享有×村×街×条×号的宅基地使用权，故原告要求确认房屋买卖合同无效的诉讼请求，理由正当，本院予以支持。

无效的合同自始没有法律效力，合同无效后，因该合同取得的财产，应当予以返还，有过错的一方应当赔偿对方因此所受到的损失，双方都有过错的，应当各自承担相应的责任。王某与宋某之间的房屋买卖合同无效，宋某应返还王某房屋，宋某购买×街×条×号宅院后一直由其居住、使用争议房屋，现争议房屋已拆迁。宋某与×村村委会签订拆迁补偿协议，取得拆迁补偿款。拆迁补偿款中有王某的份额，故王某对此有权要求分割。×村永久避险安置房项目进行拆迁时，宋某作为争议宅院使用人与拆迁方签订拆迁补偿协议，有权取得争议宅院拆迁补偿款中的房屋重置成新价、装修及附属物补偿价、周转费、搬家补助费、提前搬家奖、独生子女家庭奖励、房屋安全拆除奖等拆迁利益，上述款项王某无权主张权利。宋某因非×村集体组织成员不应享有对宅基地的使用权，故×街×条×号拆迁补偿款中宅基地区位补偿款，王某有权主张分割。王某将房屋卖与非集体经济组织成员的宋某，对造成合同无效应承担主要责任。关于宅基地区位补偿款的数额，为了平衡买卖双方的利益，结合买卖双方的过错程度，本院予以酌定。王某要求过高部分，本院不予支持。应安置建筑面积160平方米是基于×街×条×号宅院宅基地面积确定，针对的安置对象是特定的，应为房屋的所有权人和宅基地使用权人。王某与宋某之间房屋买卖合同无效，王某应为×街×条×号宅基地使用权人。回迁安置面积不属于农村房屋买卖合同处理范畴，与本案不属于同一法律关系，可另行解决。故王某主张享有×街×条×号因拆迁而应享有的安置建筑面积的诉讼请求，本院不予支持。同理，宋某关于房屋买卖合同有效、王某无权分配拆迁补偿款及回迁安置面积的抗辩理由，无事实及法律依据，本院不予采信。

相关法律规定

《最高人民法院关于当前民事审判工作中的若干具体问题》

七、关于涉农案件的审理问题

……

第二，关于农村房屋买卖问题。这是社会主义新农村建设中的重大问题，这个问题比较复杂，我们的总体意见是，要密切关注国家相关政策规定，在非试点地区，对于农民将其宅基地上的房屋出售给非本集体经济组织成员的，应该依法认定合同无效。但是可以探索合同无效后的损失范围和过错比例的研究。比如，出卖人因房屋涨价、拆迁补偿等原因主张合同无效，要求返还房屋或拆迁补偿款的，可以考虑根据案件实际情况，扩大信赖利益范围，合理确定过错大小，避免出现利益严重失衡的情况。

案件来源

王某与宋某确认合同无效纠纷一审民事判决书［北京市房山区人民法院（2014）房民初字第01593号］

下　编

写字楼租赁合同纠纷

085 房屋租赁合同纠纷适用租赁不动产所在地专属管辖

阅读提示

写字楼租赁纠纷中，根据合同诉请对方承担违约责任，法律规定很明确（2015 年民事诉讼法解释出台以后），适用专属管辖，即由案涉租赁不动产所在地人民法院管辖。

但是实务中，依然见到不少关于房屋租赁纠纷的管辖权异议之诉，一方面是违约方滥用诉权；另一方面是为拖延审判，并赢得诉讼准备时间，算作诉讼技巧。本案中，法院明确引用民事诉讼法及其司法解释的规定，房屋租赁合同纠纷适用租赁不动产所在地专属管辖。

裁判要旨

房屋租赁合同纠纷适用租赁不动产所在地专属管辖。

案情简介

J 公司与 Y 公司签订《写字楼租赁合同》，约定 Y 公司承租位于北京市丰台区某写字楼三层楼。

J 公司以 Y 公司未按约定履行房屋租赁合同，已构成根本违约为由，提起诉讼，请求判令解除双方的租赁合同、腾退租赁场地并支付房屋租金、占用使用费等。Y 公司提出管辖权异议，认为 Y 公司的住所地为北京市朝阳区，因此本案应由北京市朝阳区人民法院管辖。一审法院裁定驳回管辖权异议。Y 公司提起上诉，二审法院裁定驳回上诉，维持原裁定。

裁判要点

两审法院认定本案由房屋所在地即丰台区人民法院管辖的原因在于：

关于房屋租赁合同纠纷的管辖，法律有明确的规定，适用专属管辖规则。《中华人民共和国民事诉讼法》第三十三条第一项规定："因不动产纠纷提起的诉讼，由不动产所在地人民法院管辖。"《最高人民法院关于适用〈中华人民共和国民事诉讼法〉的解释》第二十八条第二款规定："农村土地承包经营合同纠纷、房屋租赁合同纠纷、建设工程施工合同纠纷、政策性房屋买卖合同纠纷，按照不动产纠纷确定管辖。”据此，本案应由不动产所在地人民法院管辖。

实务经验总结

前事不忘，后事之师。为避免未来发生类似败诉，提出如下建议：

租赁合同纠纷中，当一方当事人在租赁房屋所在地起诉，鉴于符合专属管辖的规定，另一方提起管辖权异议之诉，意义不大，即使为了争取准备时间，也要注意评估该行为会影响承办法官的心证，在案涉事实证据不清时，可能导致潜在的不利影响。

法院判决

本院认为，J公司以Y公司未按约定履行房屋租赁合同，已构成根本违约为由，提起本案诉讼，请求判令解除双方的租赁合同、腾退租赁场地并支付房屋租金、占用使用费等，故本案属于因房屋租赁合同纠纷产生的诉讼。

《中华人民共和国民事诉讼法》第三十三条第一项规定：“因不动产纠纷提起的诉讼，由不动产所在地人民法院管辖。”《最高人民法院关于适用〈中华人民共和国民事诉讼法〉的解释》第二十八条第二款规定：“农村土地承包经营合同纠纷、房屋租赁合同纠纷、建设工程施工合同纠纷、政策性房屋买卖合同纠纷，按照不动产纠纷确定管辖。”据此，本案应由不动产所在地人民法院管辖。鉴于本案纠纷所涉房屋位于北京市丰台区某商业楼负一层、一层、二层商场，属于北京市丰台区人民法院辖区范围，故北京市丰台区人民法院对本案享有管辖权。J公司向北京市丰台区人民法院提起诉讼，符合上述法律规定，应予支持。Y公司关于本案应由其住所地法院即北京市朝阳区人民法院管辖的上诉理由不成立，其上诉请求应予驳回。综上，一审裁定驳回Y公司对本案管辖权提出的异议，其结果正确，应予维持。

相关法律规定

《中华人民共和国民事诉讼法》

第三十三条第一项 因不动产纠纷提起的诉讼，由不动产所在地人民法院管辖。

《最高人民法院关于适用〈中华人民共和国民事诉讼法〉的解释》

第二十八条第二款 农村土地承包经营合同纠纷、房屋租赁合同纠纷、建设工程施工合同纠纷、政策性房屋买卖合同纠纷，按照不动产纠纷确定管辖。

案件来源

北京Y公司、J公司租赁合同纠纷二审管辖裁定书［（2017）京02民辖终444号］

086 承租企业欠付租金，出租人采取锁门措施影响租金标准

阅读提示

写字楼租赁中，承租企业因未按期缴纳租金引发争议，出租人协商未果，愤而采取锁门措施，是实务中较为常见的行为。但锁门作为私力救济，有风险，采用需谨慎。

本案例中，出租人采取锁门措施，影响承租企业的正常经营，在争讼中，法院裁判酌减承租企业锁门期间的租金标准。

裁判要旨

承租企业欠付房屋租金，出租人可通过合法途径进行催缴行使其权利，对涉案房屋长时期锁门的行为的确影响了承租企业的正常经营，法院依据涉案房屋状态对锁门期间的租金予以酌减。

案情简介

2013年5月15日，苏某（出租方、甲方）与H公司（承租方、乙方）签订《北京市写字楼租赁合同》，约定苏某将某写字楼中建筑面积约750余平方米的区域出租给H公司用于办公用途。

后因H公司拖欠租金问题发生争议，苏某于2014年7月1日将涉案房屋正门和侧门上锁，当天H公司找开锁公司自行将正、侧门上的锁开启，后经派出所处理，开锁公司又将正、侧门上锁，并将钥匙交予苏某。

2014年7月6日至7月14日期间，苏某没有对涉案房屋侧门上锁，涉案房屋由H公司实际使用。7月15日，苏某再次将涉案房屋侧门上锁。2014年8月4日，H公司将涉案房屋正、侧门锁开启后进入涉案房屋。

2014 年 7 月，苏某提起诉讼，诉请解除租赁合同、腾退房屋、给付租金、房屋占有使用费及逾期付款违约金等。H 公司提出抗辩，认为苏某锁门行为严重影响公司对涉案房屋的正常使用，妨碍了公司的正常经营，也侵犯了公司的商誉，给公司造成重大经济损失。苏某的行为已经构成违约，应将其锁门期间的租金予以扣除。

一审法院认为，2014 年 7 月 1 日至 8 月 4 日期间的租金，因苏某的锁门行为已经影响了 H 公司对涉案房屋的正常使用，故锁门期间的租金法院依据涉案房屋状态予以酌减。二审法院予以维持。

裁判要点

两审法院认为出租人锁门期间房屋租金应予以酌减的原因在于：

1. 锁门行为影响了承租企业的正常经营。

出租人在租赁期间具有保持租赁物符合约定的用途的义务与责任。写字楼租赁中，承租人多为企业，出租人不得影响承租企业的正常经营。鉴于租赁物约定租金标准适用于房屋正常使用状态，故因出租人锁门行为导致房屋租赁贬损，应予酌减。

2. 承租公司欠付房屋租金，出租人可通过合法途径予以催缴。

当承租人欠缴租金而继续使用时，实务中，锁门行为较为常见，但极易引发冲突，出租人不宜轻率采用。本案法院认定出租人可通过合法途径予以催缴，如提起诉讼等公力救济措施，并对锁门期间租金酌减，即对锁门作出否定评价。

实务经验总结

前事不忘，后事之师。为避免未来发生类似败诉，提出如下建议：

承租公司未按照约定期限缴纳租金而仍在使用房屋的，出租人可以采取各种合法途径及措施要求其及时缴纳，如积极协商、张贴告示或提起诉讼等。锁门作为私力救济，是实务中经常见到的做法，易加重冲突，出租人不宜轻率采用。若出租人迫不得已，采取锁门措施，建议全程录像，并尽快聘请律师提起诉讼。锁门用之失当，尚有承租人提起反诉要求经济赔偿的可能与风险。

法院判决

一审法院认为，至于 2014 年 7 月 1 日至 8 月 4 日期间的租金，因苏某的锁门行为已经影响了H公司对涉案房屋的正常使用，故锁门期间的租金法院依据涉案房屋状态予以酌减。

二审法院认为，H公司欠付房屋租金，苏某可通过合法途径进行催缴行使其权利，但其对涉案房屋长时期锁门的行为的确影响了H公司的正常经营，原审法院依据涉案房屋状态对锁门期间的租金予以酌减并无不妥，应予维持。

相关法律规定

《中华人民共和国合同法》

第二百一十二条　租赁合同是出租人将租赁物交付承租人使用、收益，承租人支付租金的合同。

第二百一十六条　出租人应当按照约定将租赁物交付承租人，并在租赁期间保持租赁物符合约定的用途。

案件来源

苏某等房屋租赁合同纠纷二审民事判决书［（2015）二中民终字第663号］

087 出租人就逾期腾房期间的房屋使用费提出高于约定租金标准的，应参照市场价值酌定

阅读提示

写字楼租赁中，出租人因承租企业欠缴租金等解除合同、腾退房屋并要求承租企业支付逾期腾房期间的房屋使用费，争议较多。该逾期腾房期间的房屋使用费，性质上属于承租人的不当得利，出租人有权要求其返还。

实务中，双方当事人在租赁合同中就此逾期腾房房屋使用费多未提前约定，且产生争议时也各说各话，难以达成一致意见。

参照合同法解释规则（该条款规定在合同法总则编，当前可起到债法总则的作用），当事人就合同价款没有约定或者约定不明确的，可以协议补充；不能达成补充协议的，按照合同有关条款或者交易习惯确定。仍不能确定的，价款可按照订立合同时履行地的市场价格履行。

鉴于逾期腾房房屋使用费属于不当得利（债之一种），可以按照上述解释的精神，按照腾退条件成就时（合同解除或指定腾退日期）的市场价格予以确定。

本案中，关于逾期腾房的房屋使用费标准，法院未按照出租人单方主张的租金价格予以确定，也未按照承租人主张的按照原合同租金标准，而是明确指出，出租人就逾期腾房期间的房屋使用费提出高于约定租金标准的，裁判应当参照市场价值酌情确定，可资借鉴。

裁判要旨

出租人就逾期腾房期间的房屋使用费提出高于约定租金标准的，裁判应当参照市场价值酌情确定。

案情简介

2010 年 10 月 11 日，X 公司（出租人）与邹某（承租人）签订了《写字楼租赁合同》，租期为 6 年，折算租金标准为每天每平方米 5.5 元。

后因邹某欠付租金，2015 年 3 月 17 日，X 公司向西城法院提起诉讼，要求邹某支付 2015 年 1 月 8 日至 2015 年 3 月 18 日的租金及相应的滞纳金。2015 年 5 月 29 日，西城法院判决支持了 X 公司的全部诉讼请求。后邹某按照判决所确定的给付内容支付完毕。

2015 年 3 月 18 日，X 公司依约向邹某送达《关于终止写字楼租赁合同的函》：请邹某于 2015 年 4 月 8 日前办理腾空租赁物业。

2015 年 4 月 8 日，X 公司向邹某送达《关于写字楼租赁合同终止后费用的通知》并就此办理了公证：鉴于邹某未在宽限期 4 月 8 日前腾空租赁物业，从 2015 年 4 月 8 日起使用房屋费用将按照每天每平方米 20 元的价格收取，直至腾空租赁物业止。

2015 年 9 月，X 公司提起诉讼，其中诉请，邹某向我公司支付 2015 年 4 月 8 日起至 2015 年 12 月 2 日（第一次开庭日）的房屋使用费（按照每日每平方米 14.1 元的价格计算）。X 公司提交其于 2014 年 12 月 30 日至 2015 年 8 月 28 日期间与大厦内其他商户签订的《写字楼租赁合同》4 份及租金付款凭证，以证明每平方米日租金 14.1 元为参考依据计算房屋使用费合理合法。邹某对上述证据的真实性予以认可，但认为与本案审理无关，未提交其他证据。

一审法院认为，关于房屋使用费，双方未达成合意，X 公司对其租金损失的扩大也有责任，故结合本案的具体情况对房屋使用费的具体数额予以酌定。双方不服，均提起上诉。X 公司上诉称，每平方米日租金 14.1 元为市场价，应予参照；

邹某上诉称，应按照约定的租金标准计算房屋使用费。二审法院驳回上诉，维持原判。

裁判要点

两审法院认为逾期腾房房屋使用费应结合具体情况按照市场价值予以酌定的原因在于：

1. 出租人 X 公司书面通知中提出的逾期腾退房屋使用费标准高于原合同租金标准，承租人邹某继续占用表示其愿意承担相应法律后果，房屋使用费应按照市场价值酌定。

二审法院认为，该通知表明，就腾退逾期后的房屋使用费，X 公司作出不同意按照原合同租金标准执行、要求大幅提高房屋使用费标准的意思表示。在此情况之下，承租人邹某继续占用租赁房屋的行为，虽然不能据此认定其接受了 X 公司提出的每天每平方米 20 元的房屋使用费标准，但可以认定为邹某愿意承担由此产生的法律后果，包括但不限于房屋使用费标准相较于原合同租金标准的提高，故自 2015 年 4 月 8 日开始至本案中 X 公司主张的截止日 2015 年 12 月 2 日这一期间的房屋使用费标准，应当参照市场价值酌情确定。

对比一审法院就该问题的论证，可以看出，虽然本案二审维持原判，但二审法院明显改变了一审的裁判理由，主要有两个：

第一，房屋使用费的计算标准。一审法院只从形式上着眼，认为双方就房屋使用费并未达成合意，故结合本案情况予以酌定。二审法院却从实质上入手，认为 X 公司就逾期腾房发出的书面通知，虽为单方意思表示，但是该房屋使用费标准明显高于原租金标准，这表明 X 公司不同意按照原合同租金标准执行、要求大幅提高房屋使用费标准的意思表示，而邹某继续占有使用该房屋不及时腾退，以行为表明其承担由此带来的不利后果。因此，双方就房屋使用费高于原租金标准可谓达成了事实上的合意，根据《中华人民共和国合同法》第六十二条关于价款不明确的解释规则，逾期腾房的房屋使用费参照市场价值酌情确定。

第二，关于双方过错与房屋使用费责任的认定。一审法院认为，前诉判决前后，邹某主观无过错、积极履行判决且愿意继续履约，而 X 公司自终止函发出半年后才诉请房屋使用费，需就租金损失的扩大承担一定的责任。二审法院在判决中并未明确回应一审法院该裁判观点并对之作出评判，但是根据二审法院就该房屋使用费认定的理由及角度，可见二审并未采纳原审法院的观点。笔者认为，承租人在合同解除后逾期腾退，主观上并无善意可言；且出租人在合同解除后因协商不成，半年后起诉，在诉讼时效内，并非怠于行使权利，在承租人霸占房屋拒不腾退时，出租人无法采取将该房转租等措施，并无适用《中华人民共和国合同法》第一百一十九条防止损失扩大的责任的余地。

2. 出租人X公司提出房屋使用费按照同期其他商户租金标准计算，依据不足。

二审法院认为：一是，该标准承租人邹某不予认可；二是，该标准X公司系上述合同及财务往来的一方当事人，证明力不足。故不予采纳。

实务经验总结

前事不忘，后事之师。为避免未来发生类似败诉，提出如下建议：

鉴于写字楼价值较大，出租人可以在租赁合同中提前约定逾期腾退期间房屋使用费的计算标准，如结合逾期天数，确定市场价标准。

若合同中未约定，则在合同终止或解除后，出租人应主动提出逾期腾退期间的房屋使用费计算标准，可参照同期同类地段的市场价格，以此督促承租人尽早腾房。

法院判决

一审法院认为，关于房屋使用费，X公司未提交证据证明双方就房屋使用费问题达成过合意，且在前诉判决邹某给付租金及滞纳金之前，邹某依据合同约定使用房屋并非恶意占用。前诉判决生效后，邹某也按照判决书的内容如实向X公司履行了给付义务，邹某希望继续履行合同的意愿明显。而X公司在庭审中认可双方曾就合同解除的后续问题进行过协商，且在X公司发出终止函后长达半年左右的时间中，X公司并未起诉邹某主张房屋占用费，故X公司对其租金损失的扩大也负有一定责任。综上，法院根据X公司提交的证据材料结合本案的具体情况对房屋使用费的具体数额予以酌定。

二审法院认为，关于2015年4月8日至2015年12月2日期间的房屋使用费标准如何确定一节。X公司主张参考其于2014年12月30日至2015年8月28日期间与新时代大厦内其他商户签订的《写字楼租赁合同》所约定的租金标准，按照每天每平方米14.1元计算，邹某对此不予认可，主张仍按照双方合同约定的每天每平方米5.5元计算。本院认为，双方合同已于2015年3月28日解除，X公司在解除租赁合同的函件中要求邹某于2015年4月8日前腾空租赁房屋，但是邹某并未按期腾空房屋，X公司提交的《公证书》可以证明2015年4月8日其向邹某送达了《关于写字楼租赁合同终止后费用的通知》。该通知记载“从2015年4月8

日起使用房屋费用将按照每天每平方米 20 元的价格收取，直至贵司及个人腾空租赁物业止”，由此可以认定 X 公司向邹某作出了对于 2015 年 4 月 8 日之后的房屋使用费 X 公司不同意按照原合同租金标准执行、要求大幅提高房屋使用费标准的意思表示。在此情况下，邹某继续占用租赁房屋的行为，虽然不能据此认定邹某接受了 X 公司提出的每天每平方米 20 元的房屋使用费标准，但可以认定为邹某愿意承担由此产生的法律后果，包括但不限于房屋使用费标准相较于原合同租金标准的提高。故自 2015 年 4 月 8 日开始至本案中 X 公司主张的截止日 2015 年 12 月 2 日这一期间的房屋使用费标准，应当参照市场价值酌情确定。

本案中，虽然 X 公司提交了其于 2014 年 12 月 30 日至 2015 年 8 月 28 日期间与新时代大厦内其他商户签订的《写字楼租赁合同》以及租金付款凭证用以证明每天每平方米 14.1 元为房屋使用费的市场价。但是邹某对此不予认可，且 X 公司是上述合同及财务往来的一方当事人，X 公司提交的现有证据尚不足以证明其上述主张，其上诉要求按照每天每平方米 14.1 元的标准计算 2015 年 4 月 8 日至 2015 年 12 月 2 日期间的房屋使用费，依据不足，本院不予支持。邹某以双方租赁合同继续有效为由要求按照约定的租金标准计算房屋使用费，与双方合同已经解除的客观事实不符，本院对邹某该项上诉请求亦不予支持。原审判决酌情确定的上述期间房屋使用费的金额并无不妥，本院予以维持。

相关法律规定

《中华人民共和国民法总则》

第一百二十二条　因他人没有法律根据，取得不当利益，受损失的人有权请求其返还不当利益。

《中华人民共和国合同法》

第六十一条　合同生效后，当事人就质量、价款或者报酬、履行地点等内容没有约定或者约定不明确的，可以协议补充；不能达成补充协议的，按照合同有关条款或者交易习惯确定。

第六十二条　当事人就有关合同内容约定不明确，依照本法第六十一条的规定仍不能确定的，适用下列规定：

……

（二）价款或者报酬不明确的，按照订立合同时履行地的市场价格履行；依法应当执行政府定价或者政府指导价的，按照规定履行。

……

第一百一十九条 当事人一方违约后，对方应当采取适当措施防止损失的扩大；没有采取适当措施致使损失扩大的，不得就扩大的损失要求赔偿。

当事人因防止损失扩大而支出的合理费用，由违约方承担。

《最高人民法院关于审理城镇房屋租赁合同纠纷案件具体应用法律若干问题的解释》

第十八条 房屋租赁合同无效、履行期限届满或者解除，出租人请求负有腾房义务的次承租人支付逾期腾房占有使用费的，人民法院应予支持。

案件来源

X公司与邹某房屋租赁合同纠纷二审民事判决书［（2016）京02民终2849号］

088 出租人请求承租人给付逾期腾房期间的房屋使用费的请求权基础

阅读提示

写字楼租赁合同纠纷中，出租人请求承租人支付逾期腾房房屋使用费，法院原则上予以支持，但出租人的该项请求权基础在理论上与实务上则存在争议。

本案中，关于逾期腾房的房屋使用费，法院认为出租人的请求权基础在于《中华人民共和国合同法》第一百一十三条，承租人的责任范围包括出租人的实际损失与可得利益，但受到承租人的预见规则的限制。司法实务中，法院并不采纳出租人的单方主张，而参照市场价（租金）标准予以酌定。

租赁合同终止或解除后，承租人腾房（《中华人民共和国合同法》第二百三十五条的规定）属于从合同义务，逾期腾房则为合同义务的违反，故承租人承担相应的违约责任。自合同解除或终止至实际腾房期间，承租人对该房屋属于无权占有，出租人作为房屋权利人可以依据《中华人民共和国物权法》第二百四十三条的规定，请求承租人返还该房屋及其孳息（房屋使用费也属于孳息的一种类型）。另外，为维护出租人最大权益，出租人可以根据《中华人民共和国民法总则》第一百二十二条不当得利的规定请求承租人支付逾期腾房房屋占有使用费。

裁判要旨

出租人有权依据《中华人民共和国合同法》第一百一十三条的规定请求承租人给付逾期腾房期间的房屋使用费。

案情简介

2010 年 11 月 10 日，M 公司（甲方、出租方）与王某（乙方、承租方）签订《写字楼商铺租赁合同》，约定 M 公司同意将 ×× 号房在设备完好状态下出租给王某使用，建筑面积为 164.1 平方米，作为餐饮用途。

后因王某屡次违背承诺欠付租金，2014 年 6 月，M 公司依据双方合同及王某所做承诺诉至法院，要求：（1）解除双方于 2010 年 11 月 10 日签订的《写字楼商铺租赁合同》；（2）王某立即将 ×× 号房腾空交给 M 公司，并按每日 771 元的标准向 M 公司支付 2014 年 7 月 16 日至实际腾空之日止的占有使用费。

一审法院判决支持 M 公司解除租赁合同，要求王某腾退 ×× 号房并支付房屋占有使用费的诉请，但认为 M 公司应为王某留出合理的腾房搬离时间，且 M 公司主张的标准过高，应以 761 元 / 日（23152.5 元 ×12 个月 / 365 天）为宜。二审法院判决驳回上诉，维持原判。

裁判要点

两审法院裁判支持出租人请求逾期腾房房屋使用费的原因在于：

房屋租赁合同解除，出租人有权要求承租人返还房屋。该义务性质上属于承租人的从合同义务，根据《中华人民共和国合同法》第二百三十五条的规定，租赁期间届满，承租人应当返还租赁物。但合同解除后至实际腾房期间承租人的房屋占有使用费，在合同法分则第十三章“租赁合同”中却并未明确规定。本案中，法院认为，该逾期腾退行为属于承租人的违约责任，出租人应该为承租人留出合理的腾房搬离期间，出租人对于房屋占有使用费的请求权基础在于《中华人民共和国合同法》第一百一十三条，责任范围包括出租人的实际损失与可得利益，但受到承租人的预见规则的限制。

实务经验总结

前事不忘，后事之师。为避免未来发生类似败诉，提出如下建议：

写字楼租赁合同中明确合同解除或终止时，承租人腾退时间及逾期腾退房屋使用费的计算方式，避免后期争议。若未予约定上述条款，则实践中，出租人应为承租人留出合理的腾房搬离期间，并可以向其主张逾期腾房的房屋使用费。

法院判决

本院认为，房屋租赁合同解除，出租人有权要求承租人返还房屋。故M公司要求王某腾退 ×× 号房，法院亦予以支持。当事人一方不履行合同义务或者履行合同义务不符合约定，给对方造成损失的，损失赔偿额应当相当于因违约所造成的损失，包括合同履行后可以获得的利益，但不得超过违反合同一方订立合同时预见到或者应当预见到的因违反合同可能造成的损失。现M公司要求解除合同、腾退房屋，王某不同意，M公司要求王某支付合同解除后至王某实际腾房期间的占有使用费有事实及法律依据，法院予以支持，但M公司应为王某留出合理的腾房搬离时间，且M公司主张的标准过高，应以761元/日（23152.5元 ×12个月/365天）为宜。

相关法律规定

《中华人民共和国民法总则》

第一百二十二条 因他人没有法律根据，取得不当利益，受损失的人有权请求其返还不当利益。

《中华人民共和国物权法》

第二百四十三条 不动产或者动产被占有人占有的，权利人可以请求返还原物及其孳息，但应当支付善意占有人因维护该不动产或者动产支出的必要费用。

《中华人民共和国合同法》

第一百一十三条第一款 当事人一方不履行合同义务或者履行合同义务不符合约定，给对方造成损失的，损失赔偿额应当相当于因违约所造成的损失，包括合同履行后可以获得的利益，但不得超过违反合同一方订立合同时预见到或者应当预见到的因违反合同可能造成的损失。

第二百一十二条 租赁合同是出租人将租赁物交付承租人使用、收益，承租人支付租金的合同。

第二百三十五条 租赁期间届满，承租人应当返还租赁物。返还的租赁物应当符合按照约定或者租赁物的性质使用后的状态。

第二百三十六条　租赁期间届满，承租人继续使用租赁物，出租人没有提出异议的，原租赁合同继续有效，但租赁期限为不定期。

案件来源

王某与M公司房屋租赁合同纠纷二审民事判决书［（2014）三中民终字第12897号］

089 因出租人原因导致承租商铺无法办理营业执照的合同解除与责任承担

阅读提示

写字楼租赁中，招商是关键。承租商铺做生意，获取营业执照很重要，特别是欲经营餐饮及酒店等特殊行业，尚需要其他行政许可。实务中，写字楼可能因不具备相关条件（违建，未完成竣工验收）等，影响承租商铺的营业执照及其他行政许可的办理。

本案中，因案外公司的原因，导致承租商铺无法办理营业执照，租赁合同目的无法实现的，承租商铺有权诉请出租人（合同相对性）解除租赁合同并请求其赔偿相应损失。

裁判要旨

因出租人原因导致承租商铺无法办理营业执照，租赁合同目的无法实现的，承租商铺有权解除租赁合同并请求出租人赔偿相应损失。

案情简介

2013年8月1日，A公司（甲方）与L公司（乙方）签订《租赁合同》，约定将北京市通州区某楼整体租赁给乙方，租期共计20年。甲方负责向乙方及乙方招租商户提供办理经营、工商注册等所需的或可能发生的环保、水、电等申请报批手续等需甲方提供的资料，但具体的申报手续及因办理报批手续产生的所有费用由乙方负责，如果以上政府相关证照手续无法办理，所有损失由甲方承担，租期相应顺延，乙方有权解除合同，并且全额退还乙方所交押金和已付租金。合同签订后，A 公司向 L 公司交付了租赁房屋，此后 L 公司开始招商，部分商户陆续入驻。

2014 年 5 月 12 日，张某与 L 公司签订《租赁合同》，约定案涉某楼二层某铺位出租给张某经营某甜品店。2014 年 5 月 5 日，张某与某资管公司签订《某甜品合同书》，加盟并支付投资管理费、服务费 28,800 元。

2014 年 5 月 14 日，L 公司向 A 公司发出《告知函》，告知：（1）由于 A 公司未提供综合楼房屋产权证或规划局的规划验收批文和建设部门的验收批文，未提供综合楼配套锅炉房的规划批文，导致招商客户中餐饮、酒店不能办理营业执照正常开业；（2）A 公司未办理负一层备案手续，导致商户超市无法办理营业执照，面临查封的问题。此后，因 L 公司与 A 公司之间的纠纷问题，商场至今未能全面正常营业，张某亦未能办理营业执照。

2014 年 8 月，张某向一审法院起诉，因该承租商铺不能进行实际经营，诉请解除合同并由 L 公司赔偿相应损失。一审判决解除合同并基本支持了张某的赔偿请求。经 L 公司上诉，二审法院判决驳回上诉，维持原判。

裁判要点

两审法院认定合同解除且出租人承担赔偿责任的原因在于：

1. 租赁合同目的不能实现，承租人有权解除合同。

因出租人原因导致承租人无法办理营业执照，对此，L 公司虽提出抗辩，但与其向 A 公司发函所明确的内容相悖，故承租人有权根据《中华人民共和国合同法》第九十四条第四项“当事人一方迟延履行债务或者有其他违约行为致使不能实现合同目的”的规定，行使法定解除权。

2. 合同解除后，出租人赔偿范围的确定。

出租人称，该楼目前存在的问题主要是由于案外人 A 公司的原因所导致，并申请追加该公司为被告的辩解意见，与本案不属于同一法律关系，本案不予处理。

两审法院均判决出租人退还押金、租金、赔偿装修及加盟费损失。至于承租人诉请出租人赔偿承租人因无法经营造成的损失 4 万元，因证据不足，不予支持。

实务经验总结

前事不忘，后事之师。为避免未来发生类似败诉，提出如下建议：

承租人承租写字楼，为做生意，获取营业执照很重要，特别是欲经营餐饮及酒店等特殊行业，尚需要其他行政许可。实务中，写字楼可能因不具备相关条件（违建，未完成竣工验收）等，影响承租商铺的营业执照及其他行政许可的办理。因此，在租赁合同中，宜就此无法办理的责任及违约责任予以明确约定，以更好地保护自身权益。

法院判决

本院认为，当事人对自己提出的诉讼请求所依据的事实或者反驳对方诉讼请求所依据的事实有责任提供证据加以证明。没有证据或者证据不足以证明当事人的事实主张的，由负有举证责任的当事人承担不利后果。L公司主张不存在L公司不能提供办理营业执照材料的事实，张某对此不予认可，而L公司所持上述主张与其2014年5月14日向A公司发出的《告知函》的内容相悖，故本院对L公司的主张不予采信。L公司主张张某加盟某甜品属终身加盟，张某对此不予认可，因L公司未能对此进一步举证，故本院对其上述主张亦不予采信。

当事人一方迟延履行债务或者有其他违约行为致使不能实现合同目的的，当事人可以解除合同。因L公司与A公司之间存在纠纷，致使商场至今未能全面正常营业，张某亦未能办理营业执照，双方签订合同的目的无法实现。故张某要求解除与L公司之间的租赁合同，理由正当，原审法院予以支持并无不当。

合同解除后，尚未履行的，终止履行；已经履行的，根据履行情况和合同性质，当事人可以要求恢复原状、采取其他补救措施，并有权要求赔偿损失。张某与L公司所签《租赁合同》关于租赁场地装修问题的约定，并不能免除L公司因违约致使合同解除而应承担的赔偿责任。张某作为守约方，有权要求L公司赔偿相应的损失。故张某要求L公司返还押金、租金、赔偿装修及加盟损失的请求，于法有据，原审法院予以支持亦无不当。

相关法律规定

《中华人民共和国合同法》

第九十四条　有下列情形之一的，当事人可以解除合同：

（一）因不可抗力致使不能实现合同目的；

（二）在履行期限届满之前，当事人一方明确表示或者以自己的行为表明不履行主要债务；

（三）当事人一方迟延履行主要债务，经催告后在合理期限内仍未履行；

（四）当事人一方迟延履行债务或者有其他违约行为致使不能实现合同目的；

（五）法律规定的其他情形。

第九十六条 当事人一方依照本法第九十三条第二款、第九十四条的规定主张解除合同的，应当通知对方。合同自通知到达对方时解除。对方有异议的，可以请求人民法院或者仲裁机构确认解除合同的效力。

法律、行政法规规定解除合同应当办理批准、登记等手续的，依照其规定。

第九十七条 合同解除后，尚未履行的，终止履行；已经履行的，根据履行情况和合同性质，当事人可以要求恢复原状、采取其他补救措施，并有权要求赔偿损失。

案件来源

L公司与张某房屋租赁合同纠纷二审民事判决书［（2014）三中民终字第14257号］

090 承租房屋不能满足特定行业用途的，出租人承担违约责任

阅读提示

写字楼租赁中，当承租房屋用途涉及特定行业，则双方当事人需格外加以注意。餐饮业个体工商户进行工商登记注册是否以取得环保局环境影响评价为前提，虽然部门间有争议，但就此最高人民法院有相应批复，无须以通过环境影响评价为前置条件，具体规定见延伸阅读。

但在实务中，因涉案承租房屋周边环境原因，环保局不予出具环境影响评价报告，导致承租人开办餐馆无法正常经营，承租合同目的无法达到。

本案中，裁判认定，承租房屋用于开办餐饮业，因此房屋具备通过餐饮业环境评估的基本要求是房屋具备餐饮条件的应有之义。出租人除房屋自身外还需保证周边环境符合餐饮条件，且承租人实际经营行为并不视为对房屋符合使用条件的默认，承租人有权解除合同（本案中出租人违约导致合同目的无法实现，既符合约定解除也符合法定解除条件），出租人应依约返还其已经缴纳的押金及房屋租金。

裁判要旨

写字楼租赁中，涉及特殊行业如餐饮业的，房屋具备通过餐饮业环境影响评估的基本要求是房屋具备餐饮条件的应有之义，出租人除房屋自身外还需保证周边环境符合餐饮条件，且承租人实际经营行为并不视为对房屋符合使用条件的默认。

案情简介

2014 年 11 月 4 日，李某（乙方、承租方）与马某（甲方、出租方）签订《写字楼商业租赁合同》，约定甲方将位于北京市东城区某商铺（225.41 平方米）出租给乙方使用，租赁期为 5 年；月租金为 10 万元；押金为 20 万元。甲方承诺此房具备餐饮条件，如果不具备餐饮条件，甲方退还乙方已交的房屋租金及押金。

李某接收房屋后，于 2015 年 1 月 25 日开业，并于 2 月 5 日办理了个体工商户名称预先核准手续。之后，李某向北京市东城区环保局申请办理经营餐饮业的环境影响评估，经环保局现场查勘后，口头答复李某涉案房屋不符合相关规定，无法通过环境影响评估。

自 2015 年 8 月 18 日，李某两次委托律师向马某发出《律师函》，李某以涉案房屋不符合合同约定的用途，无法取得北京市东城区环保局的环境影响评估报告书，无法办理营业执照为由，提出解除双方房屋租赁合同，并要求马某返还押金、租金、设备款、赔偿损失等。2015 年 8 月 20 日，马某收到上述《律师函》。2015 年 9 月 22 日，李某向一审法院起诉，提出了前述诉讼请求。

一审法院判决双方写字楼租赁合同于 2015 年 8 月 20 日解除，马某返还李某支付的租金及押金等。二审诉讼中，经法院向东城区环保局调查，该局答复因涉案房屋距离后面的住宅楼小于 9 米，且该房屋有一部分延伸至居民楼下，故不能通过餐饮业环境影响评估。二审法院判决驳回上诉，维持原判。

裁判要点

两审法院裁判认定涉案房屋约定解除条件成就的原因在于：

1. 涉案房屋具备餐饮条件不同于房屋自身条件。

租赁合同约定，出租人承诺此房具备餐饮条件，如果不具备餐饮条件，出租人退还承租人已交的房屋租金及押金。如出租人在上诉中主张，根据“甲方将商铺在设施、设备完好的状态下出租给乙方使用”的约定，主张双方租赁关系不包括周边环境情况，这混淆了租赁标的物（涉案商铺）与租赁标的物所应当符合的条件（商铺应当具备餐饮条件），因此二审法院对该上诉意见不予采纳。

2. 承租人实际经营不能证明涉案房屋具备餐饮条件。

本案中，承租人已经接收房屋并开业，即利用该房屋实际经营。但是实际经营并非合同约定的具备餐饮条件，也不意味着承租人以行为对该瑕疵事实的默认。按照一般理解，房屋具备通过餐饮业环境影响评估的基本要求是房屋具备餐饮条件的应有之义。否则，承租人签订合同的目的不能实现。

实务经验总结

前事不忘，后事之师。为避免未来发生类似败诉，提出如下建议：

1. 写字楼租赁中，承租人应当根据行业的特殊要求，如本案餐饮业需通过餐饮业环境影响评估，履行必要的注意义务，对承租写字楼进行实地考察，进而在租赁合同中约定出租人的保证条件及违约责任（如本案租赁合同约定：甲方承诺此房具备餐饮条件，如果不具备餐饮条件，甲方退还乙方已交的房屋租金及押金），以有效降低交易成本，避免未来发生争议。

2. 写字楼租赁合同发生争议的，应及时聘请律师提供前期法律咨询服务。本案中，承租人在诉讼前发律师函解除合同并固定事实，在诉讼中取得先机，最终获得胜诉。

法院判决

本院认为，双方租赁合同约定，甲方承诺此房具备餐饮条件，如果不具备餐饮条件，甲方退还乙方已交的房屋租金及押金。按照一般理解，房屋具备通过餐饮业环境影响评估的基本要求是房屋具备餐饮条件的应有之义。马某上诉根据“甲方将商铺在设施、设备完好的状态下出租给乙方使用”的约定，主张双方租赁关系不包括周边环境情况，这混淆了租赁标的物（涉案商铺）与租赁标的物所应当符合的条件（商铺应当具备餐饮条件），本院对于马某该项上诉意见不予采纳。至于李某在此实际经营与涉案房屋具备餐饮条件，亦属于不同的范畴，现因涉案房屋无法通过餐饮业环境影响评估，一审判决依据合同关于“如果不具备餐饮条件，甲方退还乙方已交的房屋租金及押金”的约定，判令马某退还李某租金及押金，符合合同约定，本院对于马某不同意退还租金及押金的上诉请求不予支持。

相关法律规定

《中华人民共和国合同法》

第九十三条　当事人协商一致，可以解除合同。

当事人可以约定一方解除合同的条件。解除合同的条件成就时，解除权人可以解除合同。

第九十四条　有下列情形之一的，当事人可以解除合同：

（一）因不可抗力致使不能实现合同目的；

（二）在履行期限届满之前，当事人一方明确表示或者以自己的行为表明不履行主要债务；

（三）当事人一方迟延履行主要债务，经催告后在合理期限内仍未履行；

（四）当事人一方迟延履行债务或者有其他违约行为致使不能实现合同目的；

（五）法律规定的其他情形。

第九十六条　当事人一方依照本法第九十三条第二款、第九十四条的规定主张解除合同的，应当通知对方。合同自通知到达对方时解除。对方有异议的，可以请求人民法院或者仲裁机构确认解除合同的效力。

法律、行政法规规定解除合同应当办理批准、登记等手续的，依照其规定。

第一百一十三条第一款　当事人一方不履行合同义务或者履行合同义务不符合约定，给对方造成损失的，损失赔偿额应当相当于因违约所造成的损失，包括合同履行后可以获得的利益，但不得超过违反合同一方订立合同时预见到或者应当预见到的因违反合同可能造成的损失。

第二百一十二条　租赁合同是出租人将租赁物交付承租人使用、收益，承租人支付租金的合同。

第二百一十六条　出租人应当按照约定将租赁物交付承租人，并在租赁期间保持租赁物符合约定的用途。

案件来源

马某与李某房屋租赁合同纠纷二审民事判决书［（2017）京 02 民终 910 号］

延伸阅读

公民个人租赁住宅楼开办个体餐馆，不属于环境影响评价法规定中的“建设项目”，工商行政管理部门审查颁发个体工商户营业执照不得适用环保评价前置许可。

《关于租赁住宅楼从事餐饮业执行环境影响评价制度和“三同时”制度有关意见的复函》(环办政法〔2017〕25号)规定:“一、公民个人租赁住宅楼开办个体餐馆，不属于环境影响评价法第十六条第三款关于‘建设项目的环境影响评价分类管理名录’规定中的‘建设项目’。因公民个人租赁住宅楼开办个体餐馆产生环境噪声、油烟等污染的，依照环境噪声污染防治法、大气污染防治法等有关法律法规处理。二、最高人民法院2006年11月27日作出的《关于工商行政管理部门审查颁发个体工商户营业执照是否以环保评价许可为前置条件问题的答复》(〔2006〕行他字第2号)现行有效，对各级人民法院审理同类案件具有普遍指导意义。三、关于公民个人租赁住宅楼开办个体餐馆具体应用法律问题，环境保护部之前所做规定与本复函不一致的，按本复函执行。《环境保护部办公厅关于公民租赁住宅楼开办个体餐馆应当执行环境影响评价制度的复函》(环办函〔2009〕1220号)同时废止。”

《最高人民法院行政审判庭关于工商行政管理部门审查颁发个体工商户营业执照是否以环保评价许可为前置条件问题的答复》(〔2006〕行他字第2号)规定:“公民个人租赁住宅楼开办个体餐馆的，不属于环境影响评价法第十六条第三款关于‘建设项目的环境影响评价分类名录’规定中的‘建设项目’。公民之间因个体餐馆排放的噪声空气污染产生争议的，可以依照环境噪声污染防治法和大气污染防治法的有关规定处理，经营管理者应采取有效措施，使其边界噪声、排放物达到国家规定的环境噪声、排放物的排放标准；对他人造成危害的，应承担相应的赔偿责任。”

091 供暖未达到通常标准（不低于16度）且影响承租企业办公的，出租人承担不利后果

阅读提示

写字楼租赁中，冬季供暖与夏季空调均是保证写字楼符合办公用途的重要条件。若租赁合同中未明确约定相应的供暖降温标准、检测方式及违约责任，一旦发生争议，承租企业需要承担初步的举证责任，而出租人往往不承认，双方难以和解并最终对簿公堂。承租企业即使赢了官司，也通常弥补不了实际经营损失。

本案就是因供暖标准未约定导致的写字楼租赁合同纠纷，出租人对承租人对供暖不达标的证据予以反驳，并手握北京市供热办答复商业用房供暖的最低温度没有明确规定的有利证据。但最终裁判依据出租人具有保障租赁物符合约定的办公用途，参考国家推荐标准，认定本案供暖标准未达到通常标准（以不低于16度

为宜），出租人承担相应的不利后果。

裁判要旨

写字楼租赁中，双方未约定冬季供暖标准且不能就此达成补充协议的，但实际供暖影响承租企业办公，导致租赁物不符合约定的用途，承租人就供暖不足完成初步举证责任，而出租人未能就此予以反驳的，裁判认定供暖标准未达到通常标准（以不低于16度为宜），出租人承担相应的不利后果。

案情简介

2014年3月13日，L公司（乙方）和叶某（甲方）签订《写字楼租赁合同》，约定甲方同意将位于北京市朝阳区的××房屋（以下简称涉案房屋）在设备完好状态下出租给乙方使用。承租区域作为办公用途。其中约定，甲方提供的房屋及各项设备设施不符合约定条件，影响乙方使用的，乙方有权解除本合同。合同签订后，L公司依约向叶某支付了各期租金。

2015年1月，L公司诉至一审法院称，到2014年11月正式供暖后，L公司发现供暖系统不能正常工作，室内温度一直严重偏低，无法达到北京市法定供暖温度标准。经物业公司检测，室内最低温度仅为10度。诉请解除双方之间签订的《写字楼租赁合同》，叶某退还押金及违约金等。

叶某反诉称，L公司出具的测温记录，没有物业公司的正式公章，物业公司也没有供暖室温的检测资质，检测的过程不符合北京市规定的检测流程，检测过程没有第三方在场，没有公证，检测结果完全无法认证。另，叶某向北京市供热办咨询了供暖温度的有关情况，得到的答复是，我国为了保障居民的生活，现在只有住宅的供热温度标准，对于商业用房的最低温度没有明确规定。通常都是物业和热力公司签订供热协议，约定供给整栋大楼的热量值。

一审法院认定涉案房屋确实存在温度不足的情况，在L公司告知叶某之后，叶某并未对此进行及时的修缮，在一定程度上影响了L公司对涉案房屋的使用。判决合同解除，叶某应当退还L公司押金，并支付L公司违约金。叶某不服提起上诉，二审法院判决驳回上诉，维持原判。

裁判要点

两审法院裁判认定涉案房屋供暖温度未达到标准的原因在于：

1. 出租人应保证租赁物符合约定用途。

本案属于写字楼租赁，虽然合同中未约定涉案房屋采暖季的供暖温度标准，但却约定了房屋的办公用途，且在出租人提供的房屋及各项设备设施不符合约定条件，影响承租人使用的，承租人有权解除本合同。供暖不足，影响承租公司办公及使用，承租公司取得约定解除权。

2. 供暖标准未约定的按照通常标准确定。

本案中，供暖标准的依据，法院并未在判决书中释明。一审法院认为，根据L公司证据，可以认定涉案房屋确实存在温度不足的情况，以供暖影响承租企业正常的办公用途有违其签订写字楼租赁合同目的为判断标准。二审法院依法认定供暖温度应达到通常标准，以不低于16度为宜。依据的具体法律，并不清楚。且叶某向北京市供热办咨询了供暖温度的有关情况，其答复为我国为了保障居民的生活，现在只有住宅的供热温度标准，对于商业用房的最低温度没有明确规定。

根据笔者分析，该供暖标准应为《室内空气质量标准》（GB/T188883-2002），其中规定冬季采暖标准值为“16—24℃”，因此二审法院认定供暖标准以不低于16度为宜。

另从《中华人民共和国合同法》解释规则（第六十一条及第六十二条）可知，合同无约定，可以补充约定；未补充的，则可按照交易习惯；仍未确定的，其中，质量要求约定不明的，可以参照国家、行业标准。

本案中，供暖标准及温度确实是写字楼符合租赁用途所必需，性质上可参照房屋的质量要求，参照国家标准确定。

3. 承租企业尽到了证明责任。

承租企业曾通过发信息等方式与出租人一方沟通温度过低的问题，后又通过物业公司对室内温度进行了测试，故已尽到了通知义务和基本的举证责任。出租人对承租企业提交的证据有异议，但未提出相反的证据予以反驳，亦未采取相应的维修或修缮措施以改善供暖温度不高的情况，故法院认定承租企业尽到了供暖不达标的证明责任，本案由出租人承担相应的不利后果。

实务经验总结

前事不忘，后事之师。为避免未来发生类似败诉，提出如下建议：

1. 写字楼租赁中，供暖是承租企业冬季符合办公条件的重要因素。故供暖标准、检测方式及违约责任最好在租赁合同中明确约定，避免未来发生争议。

2. 发生纠纷后，对于供暖标准等未约定事项双方产生争议的，建议咨询律师，确定策略，妥善举证质证，避免本案中，出租人重点放在反驳对方证据，而未积极搜集主张于己有利证据，忽视了该特殊争议事项的证明责任，导致败诉的结果。

法院判决

本院认为，出租人应当按照约定将租赁物交付承租人，并在租赁期间保持租赁物符合约定的用途。出租人在租赁物需要维修时可以要求出租人在合理期限内维修。涉案房屋规划用途为商业，L公司与叶某在《写字楼租赁合同》中亦约定用途为办公，但双方未约定涉案房屋采暖季的供暖温度标准，故本院依法认定供暖温度应达到通常标准，以不低于16度为宜。本案中，承租人L公司曾通过发信息等方式与出租人一方沟通温度过低的问题，后又通过物业公司对室内温度进行了测试，故L公司已尽到了通知义务和基本的举证责任。叶某一方对L公司提交的证据有异议，但未提出相反的证据予以反驳，亦未采取相应的维修或修缮措施以改善供暖温度不高的情况，故对涉案房屋供暖温度未达到通常标准这一事实，本院予以确认。

基于此，L公司要求解除合同，退还押金、支付违约金并赔偿相关损失，符合合同约定和法律规定，本院予以支持。一审法院根据L公司装修和电费支出、履约情况等事实酌情确定的损失数额并无不当，本院予以确认。

相关法律规定

《中华人民共和国合同法》

第六十一条　合同生效后，当事人就质量、价款或者报酬、履行地点等内容没有约定或者约定不明确的，可以协议补充；不能达成补充协议的，按照合同有关条款或者交易习惯确定。

第六十二条　当事人就有关合同内容约定不明确，依照本法第六十一条的规定仍不能确定的，适用下列规定：

（一）质量要求不明确的，按照国家标准、行业标准履行；没有国家标准、行业标准的，按照通常标准或者符合合同目的的特定标准履行。

……

第一百一十三条第一款　当事人一方不履行合同义务或者履行合同义务不符合约定，给对方造成损失的，损失赔偿额应当相当于因违约所造成的损失，包括合同履行后可以获得的利益，但不得超过违反合同一方订立合同时预见到或者应当预见到的因违反合同可能造成的损失。

第二百一十二条 租赁合同是出租人将租赁物交付承租人使用、收益，承租人支付租金的合同。

第二百一十六条 出租人应当按照约定将租赁物交付承租人，并在租赁期间保持租赁物符合约定的用途。

《室内空气质量标准》(GB/T188883-2002)

……冬季采暖标准值为“16—24℃”，夏季空调标准值为“22—28℃”。……

案件来源

叶某与L公司房屋租赁合同纠纷二审民事判决书［(2015)三中民终字第12809号］

092 承租企业单方委托鉴定不能证明甲醛超标属于出租人原因的，裁判不予采信

阅读提示

承租企业承租使用写字楼，对环境的要求一般较高。但租赁合同中对出租人的环境质量瑕疵担保责任与检测方法约定不明、不详，极易导致后续纠纷。

本案中，承租企业在使用写字楼达4月之久后，方才单方委托环境质量鉴定机构进行检测，检测结论为甲醛超标。承租企业遂以出租人未提供适用的租赁物，致使合同目的未能达到，诉请解除合同。裁判以该检测报告属于承租企业使用租赁物已久，单方委托鉴定证明力不强且未能证明甲醛超标为出租人原因所致，不采信该检测报告，不支持承租企业的解约请求。

裁判要旨

承租企业承租并使用写字楼后，其单方委托鉴定的环境质量检测报告，不能证明甲醛超标属于出租人原因，以该检测报告诉请解约的，裁判不予支持。

案情简介

2015年5月3日，Z公司(甲方、出租方)与X公司(乙方、承租方)签订

了《写字楼租赁合同》，约定乙方承租甲方写字楼面积约1000平方米，租赁用途为研发办公，租赁期限为5年。

合同签订后，Z公司于2015年5月将场地交付X公司使用。

2015年9月，X公司提起诉讼，诉请解约赔偿。其向法院提交2015年9月23日北京某环境评价中心对于人民大学地铁旁某大厦A座某层的《检测报告》，该报告检测结论为：经检测，所测室内空气中甲醛的浓度超出GB/T188883-2002《室内空气质量标准》限值，其余各项污染物浓度均未超出标准限值。

一审法院认为，承租公司向法院提交的《检测报告》为2015年9月，其间已经过4个月；且检测报告虽认定涉案场地甲醛超标，但未显示超标原因系Z公司所致，不予采信该解约理由。经双方上诉，二审法院判决驳回上诉，维持原判。

裁判要点

两审法院不支持承租企业提交的甲醛超标检测报告解约理由的原因在于：

1. 检测报告检测时间晚于承租起始期间。

2015年5月，承租企业入驻，承租期间开始计算。但迟至2015年9月，承租企业才委托专业机构对承租写字楼进行环境检测。出租人固然有交付适用租赁物的义务与责任，但本案中，环境监测结果为甲醛超标，但距离写字楼交付时点过晚，不足以证明为出租人原因所致，即难以判断具有直接因果关系。

2. 检测报告并未显示超标原因为Z公司所致。

鉴定机构出具检测报告，属于利用专门的技术与知识，对专门性问题（本案中为环境问题）做出专业的判断。案涉检测报告虽认定涉案场地甲醛超标，但未显示超标原因系Z公司所致。

3. 检测报告为承租企业单方委托。

检测报告本质上是鉴定意见，属于法定的证据类型之一，但由当事人申请并由法院委托鉴定，才能发挥检测报告的最大证明力。承租企业在诉讼前单方委托环境鉴定机构出具鉴定报告，虽然有一定的证明力，但在对方当事人否定的情形下，证明力不强。特别是承租企业以该检测报告作为法定解约理由，更是应该谨慎。本案中，法院最终不予采信该检测报告，认定承租企业需承担违约金等损失。

实务经验总结

前事不忘，后事之师。为避免未来发生类似败诉，提出如下建议：

1. 承租企业行使合同解除权，需谨慎对待，梳理约定解除权及法定解除权各项事由是否确凿无疑，否则贸然以此提起诉讼，要求解约，可能导致“赔了夫人又折兵”的不利后果。若关系利益、标的额重大，建议咨询律师后，再采取行动。

2. 承租企业在诉讼前单方委托鉴定的，要明白该单方鉴定意见只有初步证明力，一旦庭上对方当事人否认，则需要及时申请法院委托鉴定。

3. 承租写字楼使用的，若承租企业对环境质量要求较高，则在合同签订前或交付时及时进行环境检测，以固定证据，避免风险。或者在承租合同中就此环境质量瑕疵担保责任及检测方法予以约定。

法院判决

一审法院认为，X 公司主张甲醛浓度超标，其使用承租场地的时间为 2015 年 5 月，该公司向法院提交的《检测报告》检测时间为 2015 年 9 月，其间已经经过 4 个多月，而检测报告虽认定涉案场地甲醛超标，但未显示超标原因系 Z 公司所致，因此对于 X 公司以该理由解除合同的主张法院不予采信。

二审法院认为，X 公司向法院提交的《检测报告》为其单方委托检测，虽显示甲醛超标，但不能证明超标原因系 Z 公司所致，因此对于 X 公司以该理由解除合同的主张法院不予认可。对于 X 公司的上诉请求法院也不予支持。

相关法律规定

《中华人民共和国合同法》

第八条 依法成立的合同，对当事人具有法律约束力。当事人应当按照约定履行自己的义务，不得擅自变更或者解除合同。

依法成立的合同，受法律保护。

第九十四条 有下列情形之一的，当事人可以解除合同：

（一）因不可抗力致使不能实现合同目的；

（二）在履行期限届满之前，当事人一方明确表示或者以自己的行为表明不履行主要债务；

（三）当事人一方迟延履行主要债务，经催告后在合理期限内仍未履行；

（四）当事人一方迟延履行债务或者有其他违约行为致使不能实现合同目的；

（五）法律规定的其他情形。

第九十七条 合同解除后，尚未履行的，终止履行；已经履行的，根据履行情况和合同性质，当事人可以要求恢复原状、采取其他补救措施，并有权要求赔偿损失。

第二百一十六条 出租人应当按照约定将租赁物交付承租人，并在租赁期间保持租赁物符合约定的用途。

《中华人民共和国民事诉讼法》

第七十六条 当事人可以就查明事实的专门性问题向人民法院申请鉴定。当事人申请鉴定的，由双方当事人协商确定具备资格的鉴定人；协商不成的，由人民法院指定。

当事人未申请鉴定，人民法院对专门性问题认为需要鉴定的，应当委托具备资格的鉴定人进行鉴定。

案件来源

X公司等房屋租赁合同纠纷二审民事判决书［（2016）京01民终1309号］

093 装饰装修残值损失为合同解除时装饰装修现值及未摊销费用两者中较低的数额

阅读提示

写字楼租赁中，如朝阳区CBD，承租企业的装饰装修都很高大上，价值不菲。但是当租赁合同无效、解除或租赁期间届满时，如何处理该装饰装修就成为争议焦点。对此，最高人民法院出台了城镇房屋租赁合同解释（第9—13条）专门规定了裁判规则。但是关于装饰装修残值损失的确定仍存在诸多疑难问题。

因出租人违约，承租人解除合同并有权请求其赔偿装饰装修残值损失，本案特殊之处在于，租期虽然约定了3年但是承租人享有续约权，共计可租赁12年。故对于装饰装修未摊销费用基数，双方争议较大，裁判认定该装修费用预期的期限是12年并以此计算该基数。根据装饰装修残值损失的裁判规则，衡量比较合同解除时装饰装修的现值与未摊销费用，并“就低不就高”。最终裁判认定该装饰装修残值损失按照经评估鉴定的装饰装修现值确定。

裁判要旨

写字楼租赁中，装饰装修残值损失按照合同解除时装饰装修现值及未摊销费用两者中较低的数额予以确定，且摊销期间根据承租人的预期期限确定。

案情简介

2011年，A油田公司代表处（承租人）与B公司（出租人）就承租北京市东城区某广场A座九层、十层办公用房分别签订了《房屋租赁协议》，约定租赁期限为3年，且A油田公司代表处有3次续约机会，每次为3年。

双方按约定履行了交付保证金和租赁物的义务。A油田公司代表处对涉案房屋进行装修后入驻。

在履约过程中，因B公司实际控制人与他人存在债务、股权及公司控制权纠纷，导致A油田公司代表处多次收到双重付款指令。而且，B公司为规避法院强制执行，要求其换签租赁协议。故A油田公司代表处于2014年4月30日发函要求解除租赁合同。

A油田公司代表处向一审法院提起诉讼，诉请B公司赔偿我方租赁房屋内剩余装修价值等费用。为证明其装修剩余价值，A油田公司代表处于诉讼中申请并经法院委托某价格评估有限公司对其所租赁房屋在2014年8月31日的装修价值进行鉴定。

一审判决北京B房地产咨询有限责任公司赔偿美国A油田作业有限公司（北京代表处）房屋装修损失31209.58元。经双方上诉，二审法院判决驳回上诉，维持原判。

裁判要点

两审法院裁判认定案涉房屋装修损失赔偿数额的原因在于：

1. 对于剩余租赁期内装饰装修残值损失出租人应依法赔偿。

本案中，因出租企业的债务、股权及公司控制权纠纷，导致承租企业多次收到双重付款指令。而且，出租企业为规避法院强制执行，要求其换签租赁协议。

上述事实致使承租企业对出租企业能否继续履行合同以及自身的合法权益是否将因此受到损害产生合理质疑。加之在换签协议洽商过程中，出租企业多次以实际行动干扰、阻碍其正常使用租赁房屋，迫使承租企业换签合同，足以使承租企业相信若不接受出租企业换签协议的要求，其租赁房屋的合同目的将无法实现。因出租人违约，承租企业解约，并无不当，案涉租赁合同已经解除。根据最高人民法院的相关解释，承租企业有权要求出租企业赔偿剩余租赁期内装饰装修残值损失。

2. 剩余租赁期内装饰装修残值损失须衡量比较合同解除时装饰装修的现值与

未摊销费用，并“就低不就高”。

本案中，合同解除时，承租企业装饰装修现值已经价格评估公司鉴定予以确认。但双方当事人对合同解除时装饰装修未摊销费用的计算方式发生争议。所谓摊销费用，即装饰装修工程造价 / 使用期限。但案情特殊之处在于《房屋租赁协议》虽然仅约定了 3 年的租赁期限，但亦约定承租企业享有 3 次的续约机会，每次 3 年，故承租企业的装修费用预期的期限是 12 年。鉴于租赁合同已履行期限为 3 年，故未摊销期限为 9 年。如此计算，则装饰装修未摊销费用大于合同解除时装饰装修现值。两审法院认定，根据评估的装修现值确定出租企业应赔偿的装修损失。

实务经验总结

前事不忘，后事之师。为避免未来发生类似败诉，提出如下建议：

承租双方当事人在租赁合同中就装饰装修损失的赔偿条件及计算方式预先约定。在本案中，合同解除时装饰装修现值由承租企业申请价格评估公司鉴定确定，耗时费力。

法院判决

本院认为，因出租人违约导致合同解除，承租人请求出租人赔偿剩余租赁期内装饰装修残值损失的，应予支持。残值损失的确定以合同解除时装饰装修的现值为基础，同时考虑因合同解除未摊销的费用，当摊销后的费用高于装饰装修现值时，应以装饰装修的现值为准。本案中，《房屋租赁协议》虽然仅约定了 3 年的租赁期限，但亦约定 A 油田公司代表处享有 3 次续约机会，每次为 3 年，故 A 油田公司代表处的装修费用预期的期限是 12 年。根据 A 油田公司代表处提供的装修证据，经摊销后的装修费用高于通过评估确定的装修现值，故一审法院根据评估的装修现值确定 B 公司应赔偿的装修损失并无不当。

相关法律规定

《中华人民共和国合同法》

第二百二十三条　承租人经出租人同意，可以对租赁物进行改善或者增设他物。

承租人未经出租人同意，对租赁物进行改善或者增设他物的，出租人可以要求承租人恢复原状或者赔偿损失。

第二百三十五条　租赁期间届满，承租人应当返还租赁物。返还的租赁物应当符合按照约定或者租赁物的性质使用后的状态。

《最高人民法院关于审理城镇房屋租赁合同纠纷案件具体应用法律若干问题的解释》

第十一条 承租人经出租人同意装饰装修，合同解除时，双方对已形成附合的装饰装修物的处理没有约定的，人民法院按照下列情形分别处理：

（一）因出租人违约导致合同解除，承租人请求出租人赔偿剩余租赁期内装饰装修残值损失的，应予支持；

（二）因承租人违约导致合同解除，承租人请求出租人赔偿剩余租赁期内装饰装修残值损失的，不予支持。但出租人同意利用的，应在利用价值范围内予以适当补偿；

（三）因双方违约导致合同解除，剩余租赁期内的装饰装修残值损失，由双方根据各自的过错承担相应的责任；

（四）因不可归责于双方的事由导致合同解除的，剩余租赁期内的装饰装修残值损失，由双方按照公平原则分担。法律另有规定的，适用其规定。

案件来源

某（北京）物业管理有限公司、北京B房地产咨询有限责任公司等房屋租赁合同纠纷二审民事判决书［（2017）京02民终9296号］

094 承租人具有单方续约权，但其在租赁期间届满前“超期”转租的条款属于效力待定合同

阅读提示

写字楼租赁中，根据最高人民法院司法解释的相应规定，承租人经出租人同意将租赁房屋转租给第三人时，转租期限超过承租人剩余租赁期限的，人民法院应当认定超过部分的约定无效，但出租人与承租人另有约定的除外。但对于双方另行约定的除外条款具体情形，并未明确。

本案中，租赁合同中约定“租赁期间届满承租人有权递延五年租赁期”，双方对该条款的真实意思产生争议。

一审法院认为，该条款赋予双方在租赁期间届满时的协商权，在租赁期届满之前，转租合同中的“超期”（超期指超过承租人剩余租赁期限）条款，属于效力

待定条款，出租人诉请确定无效的，裁判不予支持。

二审法院虽维持一审裁判，但改变了裁判理由，认为，该条款实际上赋予承租人单方续约的权利，现租赁合同期限未届满，承租人未按合同约定递延租赁期，故转租合同中的“超期”条款，出租人诉请确认无效或承租人诉请确认有效的，裁判均不予支持。

裁判要旨

租赁合同中约定“租赁期间届满承租人有权递延五年租赁期”的，从真实意思解释，该条款赋予承租人单方续约的权利。现租赁合同期限未届满，承租人未按合同约定递延租赁期，故转租合同中的“超期”条款，出租人诉请确认无效或承租人诉请确认有效的，裁判均不予支持。

案情简介

2003年11月24日，M公司（出租人）与C公司（承租人）签订了租赁合同，约定C公司承租北京市海淀区某建筑面积达数千平方米的办公楼，合同期限为15年。C公司在合同期内对承租房屋有正常的经营使用权，有权租赁给第三方；租赁期限届满，C公司需要继续租用时，应当在租赁期届满前半年至一年提出。

2003年12月18日，双方签订了补充协议一，约定合同租赁期限为15年，租赁期满C公司有权递延5年租赁期等。另外，经双方数次补充约定，租赁期限调整为2004年10月1日至2019年9月30日。

2008年6月30日，C公司将案涉房屋中部分面积出租给A餐饮公司使用，租赁期为自2008年6月30日至2024年9月1日止。

M公司诉至法院，要求法院依法裁决C公司与A餐饮公司之间的写字楼租赁合同约定的租期超过2019年9月30日的部分无效。一审法院认定，C公司与A餐饮公司所签超出原合同租赁期2019年9月30日后的合同，系效力未定合同，判决驳回北京M公司全部诉讼请求。C公司提起上诉，上诉请求为：1.维持原审判决结果。2.确认C公司与A公司签订的写字楼租赁合同约定的租期中2019年9月30日至2024年9月1日的部分是有效的。二审法院判决驳回上诉，维持原判。

裁判要点

二审法院裁判驳回出租人对于房屋转租“超期”的合同无效之诉的原因在于：

1. 承租人在房屋租赁期间届满后具有单方续约权。

双方对补充协议一中“租赁期满乙方（C公司）有权递延五年租赁期”的理解存在争议。一审法院认为，该条款意在表明，在双方合同履行期满时是否递延五年，双方应另行协商解决。二审法院虽然判决维持一审判决，但是却改变了一审的裁判理由，部分采纳了乙方（C公司）上诉请求中的观点，即该条款明确赋予C公司单方续约的权利，因此C公司有权选择在租赁合同期满后递延租赁期或者不递延租赁期。

在对该争议条款的解释上，二审法院引用《中华人民共和国合同法》第一百二十五条的规定，采用文义解释、目的解释并结合交易习惯及诚信原则予以确定该条款的真实意思。最终，二审判决认定该条款属于承租人的单方续约权。虽然二审裁判理由披露不够充分，但对比一审裁判理由，本书推知裁判逻辑为，租赁期间届满，双方还须重新协商，则该条款就没有提前特别约定的必要；而且，从承租人转租期限“超过”本合同租赁期限，可知该条款已经使承租人具有期待权。因此，本书赞同二审裁判的观点，认为该条款明确赋予C公司单方续约的权利。

2. 转租“超期”条款的性质属于效力待定合同。

C公司有权选择在租赁合同期满后递延租赁期或者不递延租赁期。现租赁合同期限未届满，C公司尚未按合同约定递延租赁期，届期递延则转租“超期”有效；届期不递延，则根据最高人民法院的相应解释，转租“超期”无效。在此期间，则转租“超期”条款属于效力待定合同。

故C公司要求确认C公司与A餐饮公司签订的写字楼租赁合同约定的租期中2019年9月30日至2024年9月1日的部分有效，无事实与法律依据，裁判不予支持。

实务经验总结

前事不忘，后事之师。为避免未来发生类似败诉，提出如下建议：

1. 写字楼租赁中，出租人同意承租人转租的，承租人转租期间超过剩余租赁期间的，若无特殊约定，该超过部分的约定无效。出租人可以就此提起确认合同无效之诉。

2. 承租人在租赁期满后，欲享有单方续约权的，须在租赁合同中由双方当事人明确约定，避免后期产生争议，导致纠纷。

法院判决

本院认为，当事人应当按照约定全面履行自己的义务。当事人对合同条款的理解有争议的，应当按照合同所使用的词句、合同的有关条款、合同的目的、交易习惯以及诚实信用原则，确定该条款的真实意思。M公司与C公司对补充协议一中“租赁期满乙方（C公司）有权递延五年租赁期”的理解存在争议，应当按照双方的真实意思予以确定。从该条款的约定来看，C公司有权递延五年租赁期，该约定明确、具体，且具有明确的意思表示，即C公司在租赁期限届满后有权单方再递延五年租赁期，该权利是M公司赋予C公司的单方续约的权利。因此，C公司有权选择在租赁合同期满后递延租赁期或者不递延租赁期。现租赁合同期限未届满，C公司未按合同约定递延租赁期，故C公司要求确认C公司与A餐饮公司签订的写字楼租赁合同约定的租期中2019年9月30日至2024年9月1日的部分有效，无事实与法律依据，本院不予支持。

相关法律规定

《中华人民共和国合同法》

第六十条 当事人应当按照约定全面履行自己的义务。

当事人应当遵循诚实信用原则，根据合同的性质、目的和交易习惯履行通知、协助、保密等义务。

第七十七条 当事人协商一致，可以变更合同。

法律、行政法规规定变更合同应当办理批准、登记等手续的，依照其规定。

第一百二十五条 当事人对合同条款的理解有争议的，应当按照合同所使用的词句、合同的有关条款、合同的目的、交易习惯以及诚实信用原则，确定该条款的真实意思。

合同文本采用两种以上文字订立并约定具有同等效力的，对各文本使用的词句推定具有相同含义。各文本使用的词句不一致的，应当根据合同的目的予以解释。

第二百二十四条 承租人经出租人同意，可以将租赁物转租给第三人。承租人转租的，承租人与出租人之间的租赁合同继续有效，第三人对租赁物造成损失的，承租人应当赔偿损失。

承租人未经出租人同意转租的，出租人可以解除合同。

《最高人民法院关于审理城镇房屋租赁合同纠纷案件具体应用法律若干问题的解释》

第十五条 承租人经出租人同意将租赁房屋转租给第三人时，转租期限超过承租人剩余租赁期限的，人民法院应当认定超过部分的约定无效。但出租人与承租人另有约定的除外。

案件来源

C公司与M公司等房屋租赁合同纠纷二审民事判决书［(2016)京01民终2812号］

095 转租条款中未明确约定用作特种经营行业的，禁止转租作此用途

阅读提示

写字楼租赁中，出租人同意承租人转租的，基于商业互信、风险控制等原因，一般会禁止承租人整体转租及限制转租用途。

本案中，双方在租赁合同中明确承租人整体转租的，出租人享有合同解除权。但双方对补充协议中转租用途的约定出现争议，该条款约定承租人“可将剩余面积全部做写字间等项目出租”，现承租人转租房屋给第三人用作经营酒店业务。关于本条规定，一审法院认为，该条款意味着承租人可以将涉案房屋做写字间使用，亦可用作其他用途；二审法院则认为，经营住宿酒店属于特种经营行业，需特别许可，应在合同中作特别明示约定，故裁判认定“等项目”不能简单地理解为可经营住宿酒店。本书赞同二审法院的观点。

裁判要旨

经营住宿酒店属于特种经营行业，需要特别许可，应在合同中作特别明示约定。双方约定承租人可以转租给第三人用于经营写字楼“等项目”，承租人据此转租给第三人经营住宿酒店的，裁判不予支持。

案情简介

2008年11月6日，H公司（出租方，甲方）与D公司（承租方，乙方）签

订《房屋租赁合同》，约定甲方将位于北京市丰台区某楼二层全部出租给乙方。乙方擅自将承租房屋抵押、转租（部分转租除外）、转借给他人使用的，甲方有权解除合同。乙方有违约行为的，保证金及已交纳的剩余租金归甲方所有。H公司依约交付房屋。

2011年5月23日，H公司（甲方）与D公司（乙方）签订《补充协议》，约定:（1）甲方同意乙方与北京A公司合作，将乙方承租房屋的部分面积用于经营出租写字间。（2）如乙方餐厅的经营劣势不能改变，乙方亦可将剩余的餐厅面积全部做写字间等项目出租。

2013年4月7日，D公司（出租方、甲方）与张某（承租方、乙方）签订《租赁合同》，约定甲方同意将位于丰台区某楼二层全部租赁给乙方从事商业用途。后，张某将涉案房屋改建，用于经营B酒店公司。

2013年10月21日，H公司向D公司发出《解除合同通知书》。自2015年3月9日起，H公司陆续将D公司2015年3月5日后支付的房屋租金退还原转账账户。

2013年11月28日，H公司与B酒店公司签订《房屋租赁合同》，约定将案涉房屋租赁给B酒店公司。

H公司提起诉讼，诉请合同解除，依约收取保证金及剩余租金。一审判决部分支持了H公司的诉请（合同解除及收取保证金）。双方均提出上诉。二审法院判决驳回上诉，维持原判。

裁判要点

二审法院裁判认定承租人违反合同约定的原因在于：

1. 承租人整体转租的，出租人有权解除合同。

租赁合同明确约定，乙方（承租人）擅自将承租房屋转租（部分转租除外）的，甲方（出租人）有权解除合同。在补充协议中约定“乙方亦可将剩余的餐厅面积全部做写字间等项目出租”。这进一步明确，承租人转租的只能是剩余餐厅面积而非全部面积。因此，承租人将案涉房屋整体转租，违反约定，出租人有权解除合同。

2. 承租人转租房屋用于经营酒店违反合同约定。

承租人主张补充协议约定“乙方亦可将剩余的餐厅面积全部做写字间等项目出租”，“等项目”就表示可以做其他项目，包括酒店。出租人则认为补充协议是允许承租人经营餐饮及写字楼，未允许其经营住宿酒店。

关于该条款真实意思的争议。一审法院认为，该条款意味着承租人可以将涉案房屋做写字间、餐饮使用，亦可用作其他用途；二审法院则认为，经营住宿酒店属于特种经营行业，需要特别许可，应在合同中作特别明示约定，故裁判认定“等项目”不能简单地理解为可经营住宿酒店。

实务经验总结

前事不忘，后事之师。为避免未来发生类似败诉，提出如下建议：

1. 写字楼租赁中，出租人同意承租人转租的，建议设立承租人全部转租的禁止条款（此时出租人取得合同解除权）。因租赁基于双方的商业互信，该条款能确保写字楼租赁风格、用途等的合规及风控管理。

2. 为确保写字楼的经营用途，出租人同意承租人转租的，转租项目用途一定要明确具体，防止出现本案中承租人“可将剩余面积全部做写字间等项目出租”这样的不明确条款。

法院判决

本院认为，双方对补充协议的内容理解存在分歧，H公司认为补充协议是允许D公司经营餐饮及写字楼，未允许D公司经营住宿酒店。D公司则主张补充协议约定“乙方亦可将剩余的餐厅面积全部做写字间等项目出租”，“等项目”就表示可以做其他项目，包括酒店。本院认为，经营住宿酒店属于特种经营行业，需要特别许可，应在合同中作特别明示约定，“等项目”不能简单地理解为可经营住宿酒店。证人隆某虽作证称，H公司知道并同意D公司整体转租涉案房屋给B酒店公司用于经营酒店，但证人隆某系A公司的业务经理，其与D公司有身份关系，其证词不能被采信。证人张某证明H公司不同意D公司整体转租涉案房屋用于经营酒店，并通知其与D公司解除合同。从双方的举证情况及质证意见分析，D公司提交的证据不能明确地认定H公司同意其整体转租涉案房屋用于经营酒店。D公司的上诉意见，本院不予采信。H公司行使解除权的理由合法成立，一审判决认定D公司违约，保证金30万元不予返还并无不当，本院予以维持。

相关法律规定

《中华人民共和国合同法》

第七十七条 当事人协商一致，可以变更合同。

法律、行政法规规定变更合同应当办理批准、登记等手续的，依照其规定。

第一百二十五条 当事人对合同条款的理解有争议的，应当按照合同所使用的词句、合同的有关条款、合同的目的、交易习惯以及诚实信用原则，确定该条款的真实意思。

合同文本采用两种以上文字订立并约定具有同等效力的，对各文本使用的词句推定具有相同含义。各文本使用的词句不一致的，应当根据合同的目的予以解释。

第二百一十九条 承租人未按照约定的方法或者租赁物的性质使用租赁物，致使租赁物受到损失的，出租人可以解除合同并要求赔偿损失。

第二百二十四条 承租人经出租人同意，可以将租赁物转租给第三人。承租人转租的，承租人与出租人之间的租赁合同继续有效，第三人对租赁物造成损失的，承租人应当赔偿损失。

承租人未经出租人同意转租的，出租人可以解除合同。

《最高人民法院关于审理城镇房屋租赁合同纠纷案件具体应用法律若干问题的解释》

第十六条 出租人知道或者应当知道承租人转租，但在六个月内未提出异议，其以承租人未经同意为由请求解除合同或者认定转租合同无效的，人民法院不予支持。

因租赁合同产生的纠纷案件，人民法院可以通知次承租人作为第三人参加诉讼。

案件来源

H公司等房屋租赁合同纠纷二审民事判决书［（2016）京02民终8068号］

096 承租企业拒不履行合同约定的消防报验义务的，需承担违约责任

阅读提示

写字楼租赁中，承租企业承租使用后，因经营需要装修改造，需向消防部门申请报验。该消防报验义务，并非工程竣工时建设单位负担的消防报验义务，可由租赁合同予以约定。

本案中，承租人在租赁合同有明确约定的情形下，混淆了工程消防报验义务主体与装修改造报验义务主体的区别，拒不履行消防报验义务的，需承担违约责任。

裁判要旨

写字楼租赁中，承租企业装修改造的消防报验义务，可由租赁合同明确约定。承租人不履行消防报验义务的，需承担违约责任。

案情简介

2012年7月27日，T公司（出租方，甲方）与X公司（承租方，乙方）签订租赁合同，约定甲方将租赁单元出租给乙方。其中，乙方应依照大厦的物业管理规定办理进驻手续。办理进驻手续后，乙方方可对租赁单元进行使用或装修。乙方确认已了解《租户手册》及《装修手册》的相关内容，包括但不限于在办理人驻手续时需要缴纳的相关费用。乙方装修完成后应通知甲方、物业管理机构，经甲方、物业管理机构验收合格，物业管理机构将自装修竣工验收合格且乙方将消防局验收合格报告提交至物业管理机构后3个月内将装修押金扣除相应款项（如有）后一次性无息退还乙方。该等验收并不能豁免乙方因装修而需承担的所有义务和责任。

合同签订后，双方即开始履行。2012年7月21日，T公司将租赁单元交予X公司。2012年10月18日，物业公司北京A物业服务中心向X公司送达《关于贵司租区报批消防事宜》的通知，强行要求X公司报批消防验收手续。X公司提出异议，经T公司要求，依然不予办理。

因X公司拖欠租金，2014年11月，T公司提起诉讼，诉请X公司给付拖欠的租金、管理费等。X公司答辩并提起反诉，因业主未按照消防法的规定履行报验义务，故诉请确定双方签订的租赁合同无效，T公司需返还租金、保证金并赔偿相应损失。

一审法院认为，从合同约定及报验手续情况来看，X公司对于消防报验负有一定义务，X公司以T公司未进行消防报验为由而不予履行合同义务缺乏合理根据，其行为已经构成违约。一审判决X公司给付拖欠的租金、管理费等。X公司提起上诉，二审法院判决驳回上诉，维持原判。

裁判要点

两审法院认定承租企业不履行消防报验义务构成违约的原因在于：

1. 承租企业对于消防报验负有约定的义务。

租赁合同明确约定“乙方将消防局验收合格报告提交至物业管理机构”；根据出租人举证证明，在大厦几百户租户中，所有承租人装修后的消防验收都是由承租人自行申报的；另，物业公司已经要求承租人报批消防验收手续。

2. 进行消防报验并非出租人的单方义务，且出租人主观上无过错，应由承租人承担违约责任。

关于承租企业声称，根据消防法规定，由出租人履行消防报验义务。但经查实，消防法并无出租人履行消防报验义务的条款。另外，根据《消防条例实施细则》（已失效）第十一条规定：“工程竣工时，建设单位应当对工程的消防设施进行验收。对不符合防火设计要求的，待施工单位负责解决后，方可接收使用。”但该规定，只是工程竣工时，建设单位负责消防验收的规定。而案涉写字楼已经过整体验收，承租商铺需根据合同约定自行申报验收。为此，T 公司提交北京市公安局消防局建设工程消防验收意见书，证明大厦已于 2010 年 11 月 3 日通过整体消防验收。另外，T 公司提交北京市朝阳区公安消防支队建设工程消防验收意见书，用以证明承租人可以以出租人的名义办理消防报验，合同约定由承租人办理消防报验是合理可行的。因此，本案中，进行消防报验并非出租人的单方义务，且出租人主观上无过错。

实务经验总结

前事不忘，后事之师。为避免未来发生类似败诉，提出如下建议：

建设单位根据法律规定，负有工程竣工的消防验收义务。写字楼租赁中，承租企业装修改造的消防报验义务，可由租赁合同明确约定。

法院判决

一审法院认为，T 公司与 X 公司签订的租赁合同系双方当事人真实意思表示，不违反法律法规强制性规定，合法有效。X 公司主张租赁单元未进行消防报验故合同无效缺乏法律依据，法院对此不予支持。依法成立的合同对双方当事人均有约束力，合同双方均应严格履行，违反合同约定应当承担违约责任。从双方合同约定及报验手续情况来看，X 公司对于消防报验负有一定义务，其不同意履行相关报验手续的行为与合同约定相悖，缺乏依据。进行消防报验并非T公司的单方义务，且T公司在此事项中亦无过错或懈怠，X公司以T公司未进行消防报验为由而不予履行合同义务缺乏合理根据，其行为已经构成违约。T公司依据合同约定行使单方解约权并无不妥，双方合同已实际解除。

二审法院认为，对于X公司的上诉请求，X公司以租赁单元未办理消防验收为由，要求确认房屋租赁合同无效，缺乏法律依据，本院不予支持。

相关法律规定

《中华人民共和国合同法》

第八条 依法成立的合同，对当事人具有法律约束力。当事人应当按照约定履行自己的义务，不得擅自变更或者解除合同。

依法成立的合同，受法律保护。

第九十七条 合同解除后，尚未履行的，终止履行；已经履行的，根据履行情况和合同性质，当事人可以要求恢复原状、采取其他补救措施，并有权要求赔偿损失。

案件来源

X公司与T公司房屋租赁合同纠纷二审民事判决书［（2015）三中民终字第05296号］

097 因承租人违约导致租赁合同解除的，其承担赔偿责任的裁量标准

阅读提示

写字楼租赁中，若承租人擅自解除合同，导致合同最终被认定解除的，根据《中华人民共和国合同法》第九十七条的规定，承租人需要承担赔偿责任。

本案中，二审法院在裁判理由中揭示了赔偿责任的裁量标准，具体损失数额由法院根据合同的剩余租期、租赁房屋是否易于再行租赁、出租人另行出租的差价、承租人的过错程度等因素予以酌定，进而判决赔偿出租人的房租空置损失及中介费实际损失。

裁判要旨

因承租人违约导致租赁合同解除的，承租人承担赔偿责任的具体损失数额由法院根据合同的剩余租期、租赁房屋是否易于再行租赁、出租人另行出租的差价、承租人的过错程度等因素予以酌定。

案情简介

2013年2月5日，J公司（出租人，甲方）与H公司（承租人，乙方）签订《物业租赁合同》，约定海淀区某楼租赁事宜，在甲方没有违反本合同之约定的情况下，不允许乙方提前退租，如提前退租，需提前6个月通知甲方并获得甲方同意，否则甲方有权不退回押金，乙方向甲方支付甲方尚未收回的电力改造费用。

J公司依约将租赁标的交付H公司，并进行电力改造。2013年6月28日，H公司向J公司发出《关于解除物业租赁合同的通知》，擅自解除合同。

H公司向法院起诉，诉请确认合同于2013年6月28日解除，J公司返还租金押金及赔偿损失；J公司提起反诉，诉请合同于判决之日解除，H公司赔偿相应损失。一审法院判决合同解除，J公司返还H公司押金，J公司支付H公司部分赔偿款。J公司提起上述，二审法院判决撤销一审民事判决，改判合同于判决生效之日解除，H公司赔偿J公司相应损失。

裁判要点

二审法院改判认定承租人因擅自解租的赔偿责任的原因在于：

1. 赔偿数额的裁量标准。

《中华人民共和国合同法》第九十七条规定，合同解除的，根据履行情况和合同性质，当事人可以要求继续履行、采取补救措施或赔偿损失的违约责任。鉴于本案中，租赁合同已经解除，无继续履行或采取补救措施的必要，故承租人应承担赔偿损失的违约责任。二审法院揭示了赔偿损失数额认定的裁判规则，具体损失数额由法院根据合同的剩余租期、租赁房屋是否易于再行租赁、出租人另行出租的差价、承租人的过错程度等因素予以酌定。

2. 赔偿项目的具体构成。

二审法院在判项中确认赔偿项目包括6个月的空置租金损失、中介费损失及电梯维修费损失。其中，中介费属于出租人另寻其他承租人所实际花费的费用，属于实际损失；电梯维修费损失属于合同约定本应由承租人承担的费用，故应予以赔偿。

关于承租人擅自退租导致诉争房屋空租的损失，鉴于租赁合同中约定承租人解租的应提前 6 个月通知出租人，现由于承租人擅自解租导致房屋长期空置，具有直接因果关系，故综合考虑，裁判支持承租人赔偿 6 个月的房屋租金损失。

实务经验总结

前事不忘，后事之师。为避免未来发生类似败诉，提出如下建议：

写字楼租赁发生纠纷，承租人不可擅自解租导致承担违约责任，最佳策略是咨询律师或法律顾问，把关查证房屋是否具备解除条件，核实承租人是否取得法定或约定解除权，以《关于解除租赁合同的律师函》形式送达出租人，既能让出租人重视并及时反馈情况或采取补救措施，又能固定证据取得后续争议解决中的先机。

法院判决

本院认为，承租人拒绝履行租赁合同给出租人造成损失的，应当承担赔偿损失的违约责任，出租人作为守约方也负有减少损失扩大的义务，具体损失数额由法院根据合同的剩余租期、租赁房屋是否易于再行租赁、出租人另行出租的差价、承租人的过错程度等因素予以酌定。J 公司主张因 H 公司擅自退租导致诉争房屋空租造成巨大损失，J 公司于 2015 年年底才将诉争房屋出租，其要求 H 公司赔偿 6 个月的房屋租金损失作为赔偿。由于《物业租赁合同》中约定 H 公司如退租应提前 6 个月通知 J 公司，且由于 H 公司的擅自退租确实导致 J 公司长期未出租诉争房屋，综合考虑，J 公司要求 H 公司赔偿 6 个月的房屋租金损失，本院予以支持。J 公司按照 2.2 元 / 天 / 平方米的标准计算 6 个月租金为 2,648,448 元，符合双方扣除电力改造费后的租金标准，本院予以确认。此外，J 公司为签订《物业租赁合同》支付中介费 671,308 元，现因 H 公司擅自退租导致合同解除，该部分中介费属 J 公司的实际损失，应当由 H 公司予以赔偿。另外，根据《物业租赁合同》约定，诉争房屋本体及原有附属设备设施的保养、维修由 H 公司负责及承担费用，故 J 公司要求 H 公司返还电梯维修费 16,000 元符合法律规定，本院予以支持。

相关法律规定

《中华人民共和国合同法》

第六十条 当事人应当按照约定全面履行自己的义务。

当事人应当遵循诚实信用原则，根据合同的性质、目的和交易习惯履行通知、协助、保密等义务。

第九十七条　合同解除后，尚未履行的，终止履行；已经履行的，根据履行情况和合同性质，当事人可以要求恢复原状、采取其他补救措施，并有权要求赔偿损失。

第一百零七条　当事人一方不履行合同义务或者履行合同义务不符合约定的，应当承担继续履行、采取补救措施或者赔偿损失等违约责任。

第二百一十二条　租赁合同是出租人将租赁物交付承租人使用、收益，承租人支付租金的合同。

案件来源

J公司上诉H公司等房屋租赁合同纠纷案［（2016）京01民终5517号］

098 律师函在解除租赁合同及办理房屋交接中的神奇作用

阅读提示

写字楼租赁中，因出租人违约导致合同目的不能实现，承租人有法定解除权。鉴于纠纷发生时，情形并不明朗，出租人是否违约及该行为是否一定导致合同目的不能实现，需要承租人谨慎衡量。

实务中，承租人采取聘请律师发送律师函解除合同并要求办理房屋交接事宜，取得了良好的效果，值得借鉴。

本案中，承租人发函解除合同后，及时再次发函要求退房及交接事宜，法院认定承租人在合同解除后办理房屋交接过程中主观上不存在过错，无须就出租人主张的扩大损失承担责任并支付所谓房屋占有使用费。

裁判要旨

承租人发函解除合同后，及时再次发函要求退房及交接事宜，因此在合同解除后办理房屋交接过程中主观上不存在过错，无须就出租人主张的扩大损失承担责任并支付所谓房屋占有使用费。

案情简介

2014 年 11 月 4 日，李某（乙方、承租方）与马某（甲方、出租方）签订《写字楼商业租赁合同》，约定甲方将位于北京市东城区某楼出租给乙方使用。甲方承诺此房具备餐饮条件，如果不具备餐饮条件，甲方退还乙方已交的房屋租金及押金。合同签订后，马某向李某交付了房屋，李某依约支付租金并接收房屋。

2015 年 4 月 22 日，李某委托诉讼代理人向马某寄送了《律师函》，称马某交付的商铺可能因无法出具环境影响评价报告书而不符合餐饮条件，不能办理营业执照，有可能致使合同目的不能实现，提议李某应支付的租金暂由第三方监管，若涉案房屋符合餐饮条件，再将租金支付给马某。

2015 年 8 月 18 日，李某委托诉讼代理人向马某发出《律师函》，李某以涉案房屋不符合合同约定的用途，无法取得北京市东城区环保局的环境影响评估报告书，无法办理营业执照为由，提出解除双方房屋租赁合同，并要求马某返还押金、设备款、赔偿损失等。

2015 年 9 月 14 日，李某再次委托律师向马某发出《律师函》，李某要求马某收到函件后 3 日内与李某办理物业交接手续，并要求马某返还押金、设备款、赔偿损失、退还押金等。

马某向一审法院起诉请求，李某应当就其造成的扩大损失及房屋占有使用费承担相应责任。一审法院判决驳回马某的诉讼请求。经马某上诉，二审法院判决驳回上诉，维持原判。

裁判要点

两审法院认定合同解除期日及承租人无须承担扩大损失等责任的原因在于：

1. 承租人以合同目的不能实现为由解除合同，则该解除合同律师函送达出租人之日即租赁合同解除之日。

双方订立《写字楼商业租赁合同》约定由承租人使用涉案房屋经营餐饮，但涉案房屋不符合政府有关部门关于经营餐饮业的条件，存在重大瑕疵，导致租赁合同目的无法实现。因此，承租人要求解除合同理由正当，应予支持。承租人于 2015 年 8 月 18 日致函出租人通知解除合同，根据《中华人民共和国合同法》第九十六条的规定，该函件送达出租人之日即为合同解除之日。

2. 承租人向出租人再发律师函要求退还房屋并办理交接，主观上不存在过错，无须就扩大损失承担责任及支付房屋占有使用费。

本案中，出租人诉请承租人承担扩大损失及支付房屋占有使用费。但因承租人在解除合同函后再次及时向出租人发函要求退换房屋并办理房屋交接，承租人在合同解除后办理房屋交接过程中不存在过错。出租人在收到交接通知后仍持有异议，并未及时办理交接，且以承租人拖欠租金为由欲解除合同，但其并不据此享有合同解除权，异议并不成立。因此，承租人无须就扩大损失承担责任及支付所谓的房屋占有使用费。

实务经验总结

前事不忘，后事之师。为避免未来发生类似败诉，提出如下建议：

写字楼租赁合同纠纷中，律师函作为一方聘请专业律师出具的文书，具有固定证据，中断诉讼时效，尽到通知或提示义务及主观恶意免责的重要作用。因此，在纠纷发生时，律师函较多地被采用。如本案中，承租人在解除合同及办理房屋交接时均采用发送律师函的形式，裁判在认定合同解除期日及承租人是否扩大损失承担责任时均倾向于承租人，取得良好的效果。

法院判决

本院认为，马某上诉主张李某在解除合同的问题上存在明显过错，李某应当就其造成的扩大损失及房屋占有使用费承担责任。相关生效判决已考虑到李某对于合同的解除应承担责任，并判令其就消防改造费、燃气施工费、装修损失费等承担了相应损失。同时，该生效判决确认，双方之间的租赁合同系依据李某行使合同解除权于2015年8月20日解除。而在送达解除合同的律师函后，李某向马某再发律师函要求退还房屋并办理交接。但马某收到李某的解除通知及交接通知后仍持有异议，并未及时办理交接，且以李某拖欠租金为由欲解除合同，但马某并不据此享有合同解除权，其异议并不成立。故根据上述情形，李某在合同解除后办理房屋交接过程中不存在过错，马某要求李某就扩大损失承担责任并支付房屋占有使用费的上诉意见缺乏充分事实及依据，本院不予采信。

相关法律规定

《中华人民共和国合同法》

第九十三条 当事人协商一致，可以解除合同。

当事人可以约定一方解除合同的条件。解除合同的条件成就时，解除权人可以解除合同。

第九十四条 有下列情形之一的，当事人可以解除合同：

（一）因不可抗力致使不能实现合同目的；

（二）在履行期限届满之前，当事人一方明确表示或者以自己的行为表明不履行主要债务；

（三）当事人一方迟延履行主要债务，经催告后在合理期限内仍未履行；

（四）当事人一方迟延履行债务或者有其他违约行为致使不能实现合同目的；

（五）法律规定的其他情形。

第九十六条 当事人一方依照本法第九十三条第二款、第九十四条的规定主张解除合同的，应当通知对方。合同自通知到达对方时解除。对方有异议的，可以请求人民法院或者仲裁机构确认解除合同的效力。

法律、行政法规规定解除合同应当办理批准、登记等手续的，依照其规定。

第九十七条 合同解除后，尚未履行的，终止履行；已经履行的，根据履行情况和合同性质，当事人可以要求恢复原状、采取其他补救措施，并有权要求赔偿损失。

案件来源

马某与李某房屋租赁合同纠纷二审民事判决书［（2017）京 02 民终 11623 号］

099 一人公司承租人的股东不能证明个人财产独立于公司财产并承担连带责任的认定标准

阅读提示

写字楼租赁中，若承租人属于一人有限责任公司，则发生欠缴租金等事宜，导致合同解除的，出租人可以诉请该公司股东就欠付租金等债务承担连带责任。此为公司法就一人有限公司设立的制度，在立法论上，属于举证责任倒置，优先保护债权人。

本案中，承租人为一人公司，一审法院根据合同相对性，判决该公司股东无须就公司债务承担连带责任。二审法院改变该裁判观点，认为，股东不能提供公司的财务账簿及年度审计报告，证明个人财产独立于公司财产的，需就公司欠付租金等债务承担连带责任。

裁判要旨

一人公司承租人的股东不能提供公司的财务账簿及年度审计报告，证明个人财产独立于公司财产的，需就公司欠付租金等债务承担连带责任。

案情简介

2006年10月8日，F公司（出租人）与Y公司（承租人）签订的《房屋租赁合同》，约定Y公司租赁F公司北京市西城区某写字楼一栋，租赁期限为10年，每年度租金为290万元。如Y公司逾期20日仍未支付，F公司有权终止合同，收回所租赁的全部财产和房屋。F公司依约交付房屋。

2011年，因Y公司（法定代表人范某，一人公司）欠付租金，F公司提起诉讼，诉请解除租赁合同，Y公司支付欠付租金及相应的违约金，范某对上述义务承担连带责任。

一审法院认为，合同解除，但由于Y公司系依法注册的法人单位，可以承担合同约定的民事法律责任，判决不予支持F公司诉请范某承担连带责任。经F公司上诉，二审法院判决变更一审判决第二项，改判范某承担连带责任。

裁判要点

二审法院改判认定范某对公司欠付租金等债务承担连带责任的原因在于：

1. 一人公司承租人股东不能证明个人财产独立于公司财产的，需就欠付租金等债务承担连带责任。

一审法院仅仅从合同相对性出发，认为该一人公司具有独立法人资格，故股东范某无须承担连带责任。二审法院对此予以改判，引用《中华人民共和国公司法》第六十四条的规定，一人有限责任公司的股东不能证明公司财产独立于股东自己的财产的，应当对公司债务承担连带责任。该规则为举证责任倒置，由一人公司股东承担财产相互独立的证明责任，在立法论上，属于对一人公司交易第三人及交易安全的优先保护。

2. 一人公司股东不能证明个人财产独立于公司财产的判断标准。

二审法院从以下两个标准予以判断：一是范某提交的他人实际经营Y公司的证据，不能证明其本人的财产与公司财产是独立的；二是范某、Y公司未能提供Y公司的财务账簿及年度审计报告。因此，裁判不能确认范某的个人财产与Y公司是相互独立的，范某需对Y公司债务承担连带责任。

实务经验总结

前事不忘，后事之师。为避免未来发生类似败诉，提出如下建议：

在写字楼租赁中，承租人属于一人公司的，该公司运营必须规范，按照公司法等法律法规的规定，决策需有决议，制作财务账簿与年度审计报告等。否则，一旦因欠付租金等产生违约责任，该公司股东需就此债务承担连带责任。另外，公司交由他人运营，并不能免除该股东的连带责任。

法院判决

本院认为，F 公司上诉主张工商营业执照登记 Y 公司为自然人独资有限责任公司，股东为范某一人，故 Y 公司系一人有限责任公司。依据公司法的规定，范某不能证明公司财产独立于股东自己的财产，应当对公司债务承担连带责任。故 F 上诉要求范某对 Y 公司的债务承担连带给付责任。经本院核实，Y 公司工商注册公司类型为有限责任公司（自然人独资），即为一人有限责任公司。按照《中华人民共和国公司法》第六十四条的规定，一人有限责任公司的股东不能证明公司财产独立于股东自己的财产的，应当对公司债务承担连带责任。范某先提交的股权转让协议的真实性无法核实，且与工商注册登记内容不一致，本院不予认定。范某提交的他人实际经营 Y 公司的证据，不能证明其本人的财产与公司财产是独立的，且范某、Y 公司未能提供 Y 公司的财务账簿及年度审计报告，故本院不能确认范某的个人财产与 Y 公司是相互独立的。鉴于此，F 公司上诉要求范某对 Y 公司的本案债务承担连带给付责任符合法律规定，本院予以支持，一审判决对 F 公司的此项请求未予支持不当，本院予以改判。

相关法律规定

《中华人民共和国合同法》

第八条 依法成立的合同，对当事人具有法律约束力。当事人应当按照约定履行自己的义务，不得擅自变更或者解除合同。

依法成立的合同，受法律保护。

第九十四条 有下列情形之一的，当事人可以解除合同：

（一）因不可抗力致使不能实现合同目的；

（二）在履行期限届满之前，当事人一方明确表示或者以自己的行为表明不履行主要债务；

（三）当事人一方迟延履行主要债务，经催告后在合理期限内仍未履行；

（四）当事人一方迟延履行债务或者有其他违约行为致使不能实现合同目的；

（五）法律规定的其他情形。

第一百零七条 当事人一方不履行合同义务或者履行合同义务不符合约定的，应当承担继续履行、采取补救措施或者赔偿损失等违约责任。

《中华人民共和国公司法》

第六十二条 一人有限责任公司应当在每一会计年度终了时编制财务会计报告，并经会计师事务所审计。

第六十三条 一人有限责任公司的股东不能证明公司财产独立于股东自己的财产的，应当对公司债务承担连带责任。

案件来源

F公司上诉Y公司等房屋租赁合同纠纷案［（2016）京02民终5427号］

100 次承租人抗辩出租人行使合同解除权应一次性足额清偿承租人债务

阅读提示

在写字楼租赁中，转租是常见的现象。但是承租人因拖欠租金导致出租人解约要求腾退时，次承租企业因各种原因，如次承租人又转租给百余个小商家，解约成本高昂，或迁址导致商业机会流失等，想继续承租的，如何操作。

根据本文所引案例，司法解释相关规定赋予转租合同有效的次承租人一项抗辩权，即次承租人能够一次性足额支付承租人拖欠的租金、违约金的，可以抗辩出租人行使合同解除权。而且，次承租人代为支付的租金和违约金超出其应付的租金数额，可以折抵租金或者向承租人追偿。

裁判要旨

次承租人主张代承租人向出租人履行租赁合同债务的，应当按照承租人所欠租金及违约金数额足额一次性支付，即次承租人抗辩出租人行使合同解除权应以承租人债务被清偿为前提。

案情简介

2011 年 5 月 18 日，D 公司（出租方）与 S 公司（承租方）签订《租赁协议》，约定 S 公司承租该案涉写字楼。2012 年，S 公司（出租方）与 T 公司（承租方）就案涉写字楼第二层签订《租赁协议》，约定 T 公司承租该楼层。后 T 公司将该楼层又分租给 100 余个商户。

因 S 公司拖欠租金数额巨大，D 公司提起诉讼，经两审获得胜诉，判决支持 D 公司诉讼请求。现因 S 公司不履行生效判决确定的缴纳租金义务，D 公司将承租人 S 公司及次承租人 T 公司起诉至法院，诉请解除租赁合同，支付租金，腾退房屋等。

庭审中，S 公司未到庭应诉，T 公司抗辩称，根据最高人民法院的相关司法解释，当承租人因拖欠房租导致出租人欲解除合同涉及腾退次承租人的，次承租人有抗辩权，通过替代承租人缴纳欠缴的租金而请求合同继续履行。现 T 公司经营状况良好，且愿意代替承租人分期缴纳租金 800 万元，故合同应继续履行。

一审人民法院不予支持 T 公司要求分期代偿 S 公司所欠租金并据此抗辩 D 公司行使合同解除权的主张。T 公司上诉，二审法院判决驳回上诉，维持原判。

裁判要点

两审法院不支持次承租人分期代缴租金并抗辩出租人行使合同解除权的原因在于：

1. 次承租人有权代承租人缴纳欠缴的租金违约金而请求合同继续履行。

根据最高人民法院的司法解释，次承租人有权代承租人缴纳欠缴的租金、违约金，以此抗辩出租人行使合同解除权而请求合同继续履行。当然，此处的次承租人的权利来源应是合法的，即转租合同有效。

2. 次承租人代承租人缴纳拖欠的租金、违约金等应为一次性足额缴纳。

本案中，次承租人因为愿意代承租人缴纳部分租金且主张分期缴纳，故裁判认定不能产生抗辩出租人行使解除权的法律后果。另外，鉴于民商事领域当事人意思自治的原则，出租人有权接受次承租人分期分批缴纳，或就此达成和解协议，但该等行为的本质为出租人行使处分权，而非本条规则意旨所指称的次承租人抗辩权。

实务经验总结

前事不忘，后事之师。为避免未来发生类似败诉，提出如下建议：

1. 次承租人需一次性足额缴纳承租人拖欠的租金、违约金等才有权抗辩出租人行使合同解除权；发生纠纷后，次承租人应积极主动与出租人和解或达成调解，获得资金转圜的余地。

2. 在本案情形下，若次承租人并不拖欠承租人的租金，则另可与出租人协商，利用该等时机，寻求直接与出租人签约。鉴于次承租人又转租给百余户小租户，出租人难以管理收租且腾退成本耗时高昂，因此次承租人可以此与出租人协商并妥善议价解决争议。

法院判决

一审法院认为，次承租人主张代承租人向出租人履行租赁合同债务的，应当按照承租人所欠租金及违约金数额足额一次性支付，即解除权的阻却应以承租人债务被清偿为前提。本案中，S 公司自 2012 年 7 月至今拖欠的租金数额已远大于 800 万元，且经原审法院明示，T 公司于庭审中表示无法一次性支付 800 万元，需要四年时间付清，对于 D 公司所主张的共计 1,600 万元的所欠租金亦表示无法一次性支付，而 D 公司明确表示不同意 T 公司分期支付所欠租金。在此情况下，T 公司行使抗辩权并无前提依据，故对 T 公司要求分期代偿 S 公司所欠租金并据此抗辩 D 公司合同解除权的主张，不予支持。

二审法院认为，本案原审第三人即次承租人 T 公司称可代为 S 公司支付所欠租金，要求 D 公司与 S 公司签订的租赁协议继续履行，T 公司的上述要求，符合法律规定，本院也给予了 T 公司代为支付的期间，但其未支付，双方亦未达成调解意向，故对 T 公司的上诉请求难以支持。

相关法律规定

《中华人民共和国合同法》

第六十条 当事人应当按照约定全面履行自己的义务。

当事人应当遵循诚实信用原则，根据合同的性质、目的和交易习惯履行通知、协助、保密等义务。

第九十四条 有下列情形之一的，当事人可以解除合同：

（一）因不可抗力致使不能实现合同目的；

（二）在履行期限届满之前，当事人一方明确表示或者以自己的行为表明不履行主要债务；

（三）当事人一方迟延履行主要债务，经催告后在合理期限内仍未履行；

（四）当事人一方迟延履行债务或者有其他违约行为致使不能实现合同目的；

（五）法律规定的其他情形。

第九十七条 合同解除后，尚未履行的，终止履行；已经履行的，根据履行情况和合同性质，当事人可以要求恢复原状、采取其他补救措施，并有权要求赔偿损失。

第一百零七条 当事人一方不履行合同义务或者履行合同义务不符合约定的，应当承担继续履行、采取补救措施或者赔偿损失等违约责任。

第二百一十六条 出租人应当按照约定将租赁物交付承租人，并在租赁期间保持租赁物符合约定的用途。

《最高人民法院关于审理城镇房屋租赁合同纠纷案件具体应用法律若干问题的解释》

第十七条 因承租人拖欠租金，出租人请求解除合同时，次承租人请求代承租人支付欠付的租金和违约金以抗辩出租人合同解除权的，人民法院应予支持。但转租合同无效的除外。

次承租人代为支付的租金和违约金超出其应付的租金数额，可以折抵租金或者向承租人追偿。

案件来源

北京D公司等房屋租赁合同纠纷二审民事判决书［（2015）二中民终字第00704号］

图书在版编目（CIP）数据

房屋买卖、租赁纠纷案件胜诉实战指南：疑难案件办案思路和实务要点详解 / 李舒主编 . —北京：中国法制出版社，2019.10
ISBN 978-7-5216-0603-4

Ⅰ. ①房… Ⅱ. ①李… Ⅲ. ①房屋纠纷—案例—中国 Ⅳ. ① D925.105
② D922.385

中国版本图书馆 CIP 数据核字（2019）第 226043 号

策划编辑 袁笋冰　　责任编辑 王林林　　封面设计 杨译江

房屋买卖、租赁纠纷案件胜诉实战指南：疑难案件办案思路和实务要点详解

FANGWU MAIMAI、ZULIN JIUFEN ANJIAN SHENGSU SHIZHAN ZHINAN: YINAN ANJIAN BANAN SILU HE SHIWU YAODIAN XIANGJIE

主编 / 李　舒

经销 / 新华书店

印刷 / 廊坊一二〇六印刷厂

开本 / 710 毫米 ×1000 毫米　16 开　　印张 / 24.5　字数 / 439 千

版次 / 2019 年 10 月第 1 版　　2019 年 10 月第 1 次印刷

中国法制出版社出版

书号 ISBN 978-7-5216-0603-4　　定价：98.00 元

北京西单横二条 2 号

邮政编码：100031　　传真：010-66031119

网址：http://www.zgfzs.com　　编辑部电话：010-66067369

市场营销部电话：010-66033393　　邮购部电话：010-66033288